A morte da morte

NA MORTE DE CRISTO

Dados Internacionais de Catalogação na Publicação (CIP)
Angélica Ilacqua CRB-8/7057

Owen, John, 1616-1683
    A morte da morte na morte de Cristo / John Owen; tradução de Robinson Malkomes. — São Paulo: Vida Nova, 2024.
    416 p.

ISBN 978-65-5967-129-8
Título original: *The death of death in the death of Christ*

1. Redenção 2. Expiação 3. Cristianismo I. Título II. Malkomes, Robinson

22-3088   CDD 234.3

Índices para catálogo sistemático

1. Redenção

A morte da morte na morte de Cristo

*Tratado sobre a redenção e a reconciliação
presentes no sangue de Cristo*

JOHN OWEN

ENSAIO INTRODUTÓRIO DE J. I. PACKER

TRADUÇÃO
ROBINSON MALKOMES

VIDA NOVA

©1648, de John Owen
Título do original: *The death of death in the death of Christ*
edição publicada por Christian Classics Ethereal Library
(Grand Rapids, Michigan, EUA).

Todos os direitos em língua portuguesa reservados por
Sociedade Religiosa Edições Vida Nova
Rua Antônio Carlos Tacconi, 63, São Paulo, SP, 04810-020
vidanova.com.br | vidanova@vidanova.com.br

1.ª edição: 2024

Proibida a reprodução por quaisquer meios,
salvo em citações breves, com indicação da fonte.

Impresso no Brasil / *Printed in Brazil*

Todas as citações bíblicas sem indicação foram traduzidas
diretamente do original, salvo indicação contrária.

Direção executiva
Kenneth Lee Davis

Coordenação editorial
Ubevaldo G. Sampaio

Edição e preparação de texto
Robinson Malkomes

Revisão de provas
Eliel Vieira

Coordenação de produção
Sérgio Siqueira Moura

Diagramação
Sandra Reis Oliveira

Capa
Wesley (@falecomwesley)

Sumário

Ensaio introdutório de J. I. Packer 9

Apresentação 39

Prefácio 41

Análise 45

Ao justo e honorável Robert, Conde de Warwick 53

Dois depoimentos sobre o tratado a seguir 55
    De Stanley Gower
    De Richard Byfield

Ao leitor 59

A morte da morte na morte de Cristo
Livro I

1. Da finalidade geral da morte de Cristo apresentada nas Escrituras 75

2. Da natureza geral de uma finalidade e algumas distinções que lhe dizem respeito 79

3. Do agente ou principal autor de nossa redenção e da primeira coisa distintamente atribuída à pessoa do Pai 83

4. Das coisas que, na obra da redenção, são atribuídas de modo peculiar à pessoa do Filho 95

5. As ações peculiares ao Espírito Santo nesse empreendimento 101

6. Os meios utilizados nessa obra pelos agentes mencionados 103

7. Razões que provam que a oblação e a intercessão de Cristo constituem integralmente o meio para a consecução da mesma finalidade proposta e têm ambas o mesmo objeto pessoal 107

8. Respostas às objeções contra a proposta anterior 113

Livro II

1. Considerações prévias para um exame mais específico do propósito adequado e do efeito da morte de Cristo 131
2. Alguns erros e falsos propósitos atribuídos à morte de Cristo 135
3. A finalidade imediata da morte de Cristo e as diferentes formas pelas quais ela é idealizada 141
4. Da distinção de impetração e aplicação — usos e abusos; opinião dos adversários sobre todos os pontos de controvérsia; declaração da questão por ambos os lados 157
5. Aplicação e impetração 169

Livro III

1. Dois argumentos contra a redenção universal baseados na natureza da nova aliança e sua dispensação 175
2. Mais três argumentos 181
3. Mais dois argumentos baseados na pessoa de Cristo 189
4. Da santificação, da causa da fé e sua obtenção pela morte de Cristo 195
5. Sequência dos argumentos baseados na natureza e definição da redenção 205
6. A natureza da reconciliação e o argumento dela derivado 209
7. A natureza da reparação feita por Cristo e argumentos dela derivados 213
8. Digressão sobre o conteúdo de uma conferência acerca da reparação feita por Cristo 223
9. Segunda parte da digressão anterior — argumentos que provam a reparação feita por Cristo 231
10. O mérito de Cristo e argumentos dele derivados 239
11. Último argumento geral 243

Livro IV

1. Considerações iniciais para a solução das objeções 251
2. Introdução à resposta dada a argumentos específicos 275
3. Desdobramento dos textos bíblicos remanescentes apresentados como confirmação do primeiro argumento geral da redenção universal 291
4. Resposta ao segundo argumento geral pela universalidade da redenção 307
5. Resposta ao último argumento extraído das Escrituras 327
6. Resposta ao vigésimo capítulo do livro *A universalidade da livre graça de Deus*, composto por todos os argumentos empregados pelo autor em sua obra para provar a universalidade da redenção 339
7. Refutação de objeções remanescentes 381

Apêndices

Alguns testemunhos dos antigos 403

Apêndice em resposta a um livro com doutrinas equivocadas recentemente publicado pelo Sr. Joshua Sprigge 409

Ensaio Introdutório de J. I. Packer[1]

I

O REDESCOBRIMENTO DO EVANGELHO

A morte da morte na morte de Cristo é uma obra polêmica, cujo intuito é mostrar, entre outras coisas, que a doutrina da redenção universal é antibíblica e destrutiva para o evangelho. Há muitos para quem, provavelmente, ela não se reveste de qualquer interesse. Aqueles que não vêem necessidade de precisão doutrinária e nem têm tempo para os debates teológicos que mostram haver divisões entre os chamados evangélicos, bem poderão lamentar esta edição. Outros poderão achar que o próprio som da tese de Owen é tão chocante que até mesmo se recusem a ler seu livro, mostrando assim seu preconceito causado por uma paixão pelas suas próprias suposições teológicas. Porém, esperamos que esta edição chegue às mãos de leitores dotados de espírito diferente. Hoje em dia há sinais de um renovado interesse pela teologia da Bíblia — uma nova disposição em submeter a teste as tradições, para pesquisar as Escrituras e para meditar sobre as questões da fé. É para quem compartilha dessa disposição que o tratado de Owen é dirigido, na crença de que nos ajudará em uma das mais urgentes tarefas que desafiam a cristandade evangélica atual — a recuperação do evangelho, ou melhor, o seu redescobrimento.

Esta última observação pode deixar alguns em atitude defensiva; mas parece ser confirmada pelos fatos.

Não há dúvida de que o mundo evangélico de nossos dias encontra-se em um estado de perplexidade e flutuação. Em questões como na prática do evangelismo, no ensino sobre a santidade, na edificação da vida das igrejas locais, na maneira dos pastores tratarem com as almas e exercerem a disciplina há evidências de uma insatisfação generalizada com as coisas conforme elas estão, bem como de uma insatisfação geral acerca do caminho à frente. Esse é um fenômeno complexo,

---

[1] Este ensaio introdutório foi publicado em português por FIEL sob o título *O "antigo" evangelho* e cedido para enriquecer a presente edição. (N. do E.)

para o qual muitos fatores têm contribuído. Porém, se descermos até à raiz da questão, descobriremos que essas perplexidades, em última análise, devem-se ao fato que temos perdido de vista o evangelho bíblico. Sem o percebermos, durante os últimos cem anos temos trocado o evangelho por um substitutivo que, embora lhe seja semelhante quanto a determinados pormenores, trata-se de um produto inteiramente diferente. Daí surgem as nossas dificuldades; pois o produto substitutivo não corresponde às finalidades para os quais o evangelho autêntico do passado mostrou-se tão poderoso. O novo evangelho fracassa notavelmente em produzir reverência profunda, arrependimento profundo, humildade profunda, espírito de adoração e preocupação pela situação da igreja. Por quê? Cumpre-nos sugerir que a razão jaz em seu próprio caráter e conteúdo.

Não leva os homens a terem pensamentos centrados em Deus, temendo-o em seus corações, mesmo porque, primariamente, não é isso que o novo evangelho procura fazer. Uma das maneiras de declararmos a diferença entre o novo e o antigo evangelho é afirmar que o novo preocupa-se por demais em "ajudar" o homem — criando nele paz, consolo, felicidade e satisfação — e pouco demais em glorificar a Deus.

O antigo evangelho também prestava "ajuda" — mais do que o novo, na realidade. Mas fazia-o apenas incidentalmente — visto que sua preocupação primária sempre foi a de glorificar a Deus. Era sempre e essencialmente uma proclamação da soberania divina em misericórdia e juízo, uma convocação para os homens prostrarem-se e adorarem ao todo-poderoso Senhor de quem os homens dependem quanto a todo bem, tanto no âmbito da natureza quanto no âmbito da graça. Seu centro de referência era Deus, sem a mínima ambiguidade. Porém, no novo evangelho o centro de referência é o homem. Isso é a mesma coisa que dizer que o antigo evangelho era *religioso* de uma maneira que o novo evangelho não o é. Enquanto que o alvo principal do antigo era ensinar os homens a adorarem a Deus, a preocupação do novo parece limitar-se a fazer os homens sentirem-se melhor. O assunto abordado pelo antigo evangelho era Deus e os seus caminhos com os homens; e o assunto abordado pelo novo é o homem e a ajuda que Deus lhe dá. Nisso há uma grande diferença. A perspectiva e a ênfase inteiras da pregação do evangelho se alteraram.

Dessa mudança de interesses originou-se a mudança de conteúdo, pois o novo evangelho na realidade reformulou a mensagem bíblica no suposto interesse da prestação de "ajuda" ao homem. De acordo com isso, não são mais pregadas verdades bíblicas tais como a incapacidade natural do homem em crer, a eleição divina e gratuita como a causa final da salvação, e a morte de Cristo especificamente pelas suas ovelhas. Essas doutrinas, segundo o novo evangelho, não "ajudam" o homem; mas antes, contribuem para levar os pecadores ao desespero, sugerindo-lhes que não podem salvar-se, através de Cristo, pela sua própria capacidade. (Nem é considerada a possibilidade desse desespero ser salutar; antes, é aceito como ponto pacífico que o mesmo não é saudável, visto que destroçaria a nossa auto-estima.) Sem importar exatamente como seja a questão (falaremos mais a esse respeito, mais adiante), o resultado dessas omissões é que apenas uma parcela do evangelho bíblico está sendo pregada como se fosse a totalidade do mesmo; e, uma meia-verdade que se mascara como se fosse a verdade inteira torna-se uma mentira completa. Assim, apelamos aos homens como se eles todos tivessem a capacidade de receber a Cristo a qualquer momento. Falamos sobre a sua obra remidora como se ele nada mais tivesse feito do que morrer para capacitar-nos a nos salvarmos, mediante o nosso crer. Falamos sobre o amor de Deus como se isso não fosse mais do que a disposição geral de receber qualquer um que queira voltar-se para Deus e confiar nele. E retratamos o Pai e o Filho não como soberanamente ativos em atrair a eles os pecadores, mas como se eles se mantivessem em quieta impotência, "à porta do nosso coração", esperando nossa permissão para entrar. É inegável que é dessa maneira que andamos pregando; e talvez seja assim que cremos. Porém, cumpre-nos dizer decisivamente que esse conjunto de meias-verdades distorcidas é algo totalmente diverso do evangelho bíblico. A Bíblia é contra nós, quando pregamos dessa maneira; e o fato que tal pregação tornou-se a prática quase padronizada entre nós serve apenas para demonstrar quão urgente se tornou que revisássemos toda a questão.

Redescobrir o antigo, autêntico e bíblico evangelho, e fazer nossa pregação e nossa prática ajustarem-se ao mesmo, talvez seja a nossa mais premente necessidade atual. E é precisamente nesse ponto que o tratado da Owen sobre a redenção nos pode ser útil.

II

"Mas, espere um minuto", diz alguém, "está certo falar dessa maneira sobre o evangelho. Mas certamente o que Owen está fazendo é defender a expiação limitada — um dos cinco pontos básicos do calvinismo. Quando você fala em redescobrir o evangelho, o que você quer dizer não é que todos nós nos devemos tornar calvinistas?"

Essas questões são dignas de serem consideradas, porque, sem dúvida, elas ocorrem a muitas pessoas. Ao mesmo tempo, porém, são questões que refletem grande dose de preconceito e ignorância. "Defender a expiação limitada" — como se isso fosse tudo quanto a teologia reformada, ao expor o âmago do evangelho, quisesse, realmente, fazer! "Você apenas quer que todos nós nos tornemos calvinistas" — como se os teólogos reformados não tivessem outro interesse além de recrutar indivíduos para o seu partido, ou como se alguém se tornar um calvinista fosse o último estágio da depravação teológica, e nada tivesse a ver com o evangelho.

Antes de responder diretamente a essas indagações, teremos de tentar remover os preconceitos que subjazem às mesmas, deixando claro o que o calvinismo realmente significa. E, assim sendo, queremos solicitar do leitor que tome nota dos seguintes fatos de natureza histórica e teológica a respeito do calvinismo em geral, e dos "cinco pontos", em particular. Em primeiro lugar, deve-se observar que os "cinco pontos do calvinismo", assim chamados, são simplesmente a resposta calvinista aos cinco pontos do manifesto *The remonstrance* [A remonstrância] apresentado por certos "belgas semipelagiano", no começo do século 17.[2] A teologia ali contida (conhecida na história como arminianismo) originou-se de dois princípios filosóficos: primeiro, que a soberania divina é incompatível com a liberdade humana, e, portanto, também com a responsabilidade humana; em segundo lugar, que habilidade é algo que limita a obrigação. (A acusação de semipelagianismo ficou assim justificada.) Com base nesses princípios, os arminianos extraíram duas deduções; primeira, visto que a Bíblia considera a fé como um ato humano livre e responsável, ela não pode ser causada por Deus, mas é exercida independentemente dele; segunda, visto que a Bíblia considera a fé como obrigatória da parte de todos quantos ouvem o evangelho, a capacidade de crer deve ser universal. Portanto, eles afirmam, as Escrituras devem ser interpretadas como se ensinassem as seguintes posições:

(1) O homem nunca é de tal modo corrompido pelo pecado que não possa crer salvificamente no evangelho, uma vez que este lhe seja apresentado; e

(2) o homem nunca é de tal modo controlado por Deus que não possa rejeitá-lo.

---

[2] John Owen, *The works of John Owen* (London: Banner of Truth, 1991), p. 6.

(3) A eleição divina daqueles que serão salvos alicerça-se sobre o fato da previsão divina de que eles haverão de crer, por sua própria deliberação.
(4) A morte de Cristo não garantiu a salvação para ninguém, pois não garantiu o dom da fé para ninguém (e nem mesmo existe tal dom); o que ela fez foi criar a possibilidade de salvação para todo aquele que crê.
(5) Depende inteiramente dos crentes manterem-se em um estado de graça, conservando a sua fé; aqueles que falham nesse ponto, desviam-se e se perdem. Dessa maneira, o arminianismo faz a salvação do indivíduo depender, em última análise, do próprio homem, pois a fé salvadora é encarada, do princípio ao fim, como obra do homem, pertencente ao homem e nunca a Deus.

O Sínodo de Dort foi convocado em 1618 a fim de manifestar-se sobre essa teologia, e os "cinco pontos do calvinismo" representam suas contra-afirmações. Esses cinco pontos originam-se de um princípio inteiramente diferente — o princípio bíblico de que "a salvação vem do Senhor" (Jn 2.9). Esses cinco pontos podem ser sumariados como segue: (1) O homem caído, em seu estado natural, não tem capacidade alguma para crer no evangelho, tal como lhe falta toda a capacidade para dar crédito à lei, a despeito de toda indução externa que sobre ele possa ser exercida. (2) A eleição de Deus é uma escolha gratuita, soberana e incondicional de pecadores, como pecadores, para que venham a ser redimidos por Cristo, para que venham a receber fé e para que sejam conduzidos à glória. (3) A obra remidora de Cristo teve como sua finalidade e alvo a salvação dos eleitos. (4) A obra do Espírito Santo, ao conduzir os homens à fé, nunca deixa de atingir o seu objetivo. (5) Os crentes são guardados na fé e na graça pelo poder inconquistável de Deus, até que eles cheguem à glória. Esses cinco pontos têm sido convenientemente indicados pela palavra mnemônica TULIP: Total depravação, uma eleição incondicional, limitada expiação, irresistível graça e perseverança dos santos.

Ora, temos aqui duas interpretações coerentes do evangelho bíblico, que fazem oposição uma à outra. A diferença entre elas não é primariamente uma questão de ênfase, mas de conteúdo. Uma delas proclama um Deus que salva; a outra alude a um Deus que permite o homem salvar a si mesmo. O primeiro desses pontos de vista apresenta os três grandes atos da santa Trindade na recuperação da humanidade perdida — eleição por parte do Pai, redenção por parte do Filho, chamada por parte do Espírito Santo — como sendo dirigidos às mesmas pessoas, garantindo infalivelmente a salvação delas. Mas, o outro ponto de vista empresta a cada um desses atos uma referência diferente (o objeto da redenção seria a humanidade inteira, os objetos da chamada seriam aqueles que ouvem o evangelho, e os objetos da eleição seriam aqueles que correspondem a essa chamada), e nega que a salvação de qualquer pessoa seja garantida por qualquer desses atos. Essas duas teologias, assim sendo, concebem o plano da salvação em termos inteiramente diferentes. Uma delas faz a salvação depender da obra de Deus, e a outra faz a salvação depender da obra do homem. Uma delas considera a fé como parte do dom divino da salvação, mas a outra pensa que a fé é a contribuição do homem para a sua salvação. Uma delas atribui a Deus toda a glória pela salvação dos crentes, mas a outra divide as honras entre Deus, que, por assim dizer, construiu o maquinismo da salvação, e o homem, que põe esse maquinismo em funcionamento quando crê. Não há dúvida de que essas diferenças são importantes, e o valor permanente dos "cinco pontos", como um sumário do calvinismo, é que eles deixam claro os pontos em que divergem e a extensão da divergência entre os dois conceitos.

Entretanto, não seria correto meramente equiparar o calvinismo com os "cinco pontos". Os cinco pontos explicativos, que alistamos a seguir, deixarão isso mais claro.

Em primeiro lugar, o calvinismo é algo muito mais amplo do que parecem indicar os "cinco pontos". O calvinismo é um ponto de vista universal, derivado de uma clara visão de Deus como o Criador e Rei do mundo inteiro. O calvinismo é a tentativa coerente de reconhecer o Criador como o Senhor, aquele que faz todas as coisas segundo o conselho da sua vontade. O calvinismo é uma maneira teocêntrica de pensar acerca da vida, sob a direção e controle da própria Palavra de Deus. Em outras palavras, o calvinismo é a teologia da Bíblia vista da perspectiva da Bíblia — a visão teocêntrica que vê o Criador como a origem, o meio e o fim de tudo quanto existe, tanto no âmbito da natureza quanto no âmbito da graça. O calvinismo, assim sendo, reflete o teísmo (a crença em Deus como o fundamento de todas as coisas), reflete a religião (a dependência a Deus como o doador de todas as coisas), e reflete a posição evangélica (a confiança em Deus através de Cristo, para todas as coisas), tudo na sua forma mais pura e mais altamente desenvolvida. O calvinismo é uma filosofia unificada da história, que encara a inteira diversidade de processos e eventos que têm lugar no mundo de Deus, como nada mais e nada menos do que a concretização de seu grandioso plano preordenado, visando suas criaturas e sua igreja. Os cinco pontos asseveram precisamente que Deus é soberano quando salva o indivíduo; mas o calvinismo, como tal, preocupa-se com assertivas muito mais amplas, acerca do fato que Deus é soberano em tudo.

Em segundo lugar, os "cinco pontos" apresentam a soteriologia calvinista em forma negativa e polêmica, ao passo que o calvinismo, propriamente dito, é essencialmente expositivo, pastoral e construtivo. Pode definir a sua posição em termos das Escrituras sem qualquer alusão ao arminianismo, e não precisa viver combatendo perenemente a arminianos reais ou imaginários a fim de manter-se vivo. O calvinismo não se interessa por questões negativas, como tais; e, quando o calvinismo entra em luta, luta por causa de valores evangélicos positivos. O arcabouço negativo dos "cinco pontos" é ilusório, principalmente no que concerne ao terceiro ponto (expiação limitada ou redenção particular), que com frequência é lido dando-se ênfase ao adjetivo, como se indicasse que os calvinistas têm um interesse todo especial em confinar os limites da misericórdia divina. Na verdade, entretanto, o propósito dessa fraseologia, conforme veremos adiante, é salvaguardar a afirmação central do evangelho — o fato que Cristo é um redentor que realmente redime. Por semelhante modo, as negações de uma eleição que é condicional e de uma graça que é resistível, têm por escopo salvaguardar a verdade positiva de que Deus é quem salva. As reais negações são as do arminianismo, o qual nega que a eleição, a redenção e a chamada sejam atos salvíficos de Deus. O calvinismo rejeita essas negações a fim de asseverar o conteúdo positivo do evangelho, com o propósito positivo de fortalecer a fé e edificar a igreja.

Em terceiro lugar, o próprio fato que a soteriologia calvinista é exposta sob a forma de cinco pontos distintos (um número devido, conforme já explicamos, meramente ao fato de haver cinco pontos arminianos para serem respondidos pelo Sínodo de Dort) tende por obscurecer o caráter orgânico do pensamento calvinista sobre a questão. Pois esses cinco pontos, apesar de declarados em separado, na verdade são indivisíveis. Eles dependem uns dos outros; ninguém pode rejeitar um deles sem rejeitar a todos, pelo menos no sentido tencionado pelo Sínodo de Dort. Para o calvinismo, na realidade só há *um* ponto a ser enfatizado no campo da soteriologia: o ponto que *Deus salva pecadores*. Deus — o Jeová triúno, Pai, Filho e Espírito Santo; três pessoas trabalhando em conjunto, em sabedoria, poder e amor soberanos, a fim de realizar a salvação de um povo escolhido. O Pai escolhendo, o Filho cumprindo a vontade do Pai de remir e o

Espírito Santo executando o propósito do Pai e do Filho mediante a renovação do homem. *Salva* — Deus faz tudo, do começo ao fim, tudo quanto é mister para levar os homens da morte no pecado à vida em glória: Deus planeja, realiza e transmite a redenção, e também chama e conserva, justifica, santifica e glorifica. *Os pecadores* — homens conforme Deus os encontra, isto é, culpados, vis, impotentes, incapazes de levantar um dedo a fim de cumprirem a vontade de Deus ou melhorarem a sua porção espiritual. *Deus salva pecadores* — e a força dessa confissão não pode ser enfraquecida pelo rompimento da unidade da obra da divina Trindade, ou por dividir a efetivação da salvação entre Deus e o homem, como se a parte decisiva fosse a humana, ou por suavizar a incapacidade do pecador, de tal maneira que ele mereça ser louvado, juntamente com o Salvador, por sua própria salvação. Esse é o grande ponto da soteriologia calvinista que os "cinco pontos" buscam estabelecer, e que é negado pelo arminianismo, em todas as suas formas: a saber, que os pecadores não podem salvar a si mesmos em qualquer sentido, porquanto a salvação, do começo ao fim, em sua totalidade, no passado, no presente e no futuro, vem do Senhor, a quem cabe toda a glória para sempre. Amém.

Isso leva-nos à nossa quarta observação, que é a seguinte: a fórmula de cinco pontos obscurece a profundidade da diferença entre a soteriologia calvinista e a soteriologia arminiana. Não parece haver dúvidas que isto tem desviado a muitos. Na fórmula dos cinco pontos, a ênfase recai sobre o adjetivo, e isso, naturalmente, causa a impressão de que no tocante aos três grandes atos salvadores de Deus o debate gira em torno apenas dos adjetivos — que ambos os lados concordam sobre o que significam a eleição, a redenção e o dom da graça interior, diferindo somente quanto à posição do homem em relação aos mesmos: se o primeiro é condicionado à fé prevista ou não; se o segundo tenciona a salvação de todos os homens ou não; se o terceiro sempre mostra-se invencível ou não. Porém, esse é um conceito inteiramente errado. A mudança de adjetivo, em cada caso, envolve a mudança de sentido do substantivo. Uma eleição que é condicional, uma redenção que é universal e uma graça interior que é resistível, não é a mesma forma de eleição, redenção e graça interior que o calvinismo afirma. A questão central, portanto, não diz respeito a se os adjetivos são adequados ou não, e, sim, qual a definição dos substantivos. Ambos os lados da polêmica percebiam isso claramente quando a controvérsia teve início, sendo importante que também possamos perceber tal coisa, pois, de outro modo, não existe nenhuma razão ou base para o debate calvinismo-arminianismo. Vale a pena estabelecer as diferentes definições, lado a lado.

(1) O ato divino da eleição foi definido pelos arminianos como a resolução de receber na filiação e na glória uma classe devidamente qualificada de pessoas — os crentes em Cristo.[3] Isso reduz-se a uma resolução de receber indivíduos somente em virtude de ter previsto o fato contingente de que eles, por si mesmos, haveriam de crer. Nada haveria no decreto da eleição para assegurar que existiria algum habitante na Nova Jerusalém; no arminianismo, Deus não determina que qualquer homem em particular venha a crer. Os calvinistas, entretanto, definem a eleição como a escolha de pessoas específicas, sem méritos, para serem salvas do pecado e conduzidas à glória, e, com essa finalidade, serem redimidas mediante a morte de Cristo, recebendo fé através da chamada eficaz do Espírito Santo. Enquanto o arminiano diz: "Devo minha eleição à minha fé", o calvinista diz: "Devo a minha fé à minha eleição". Sem dúvida, esses dois conceitos da eleição são diametralmente opostos.

(2) A obra remidora de Cristo foi definida pelos arminianos como a remoção de um obstáculo (as reivindicações não-satisfeitas da justiça) que havia no caminho da oferta divina do perdão aos pecadores, conforme ele desejava fazê-lo, sob a condição de que eles cressem. Ainda de acordo com o arminianismo, a redenção assegurou para Deus o direito de fazer essa oferta, mas não garantiu por si mesma que qualquer indivíduo viria a aceitá-la; pois a fé, sendo obra do próprio homem, não é um dom que lhe seja dado com base no calvário. A morte de Cristo criou a oportunidade para o exercício da fé salvadora, mas isso foi tudo quanto ela conseguiu. Os calvinistas, porém, definem a redenção como o real ato vicário de Cristo, mediante o qual ele suportou a pena do pecado no lugar de certos pecadores específicos, e através desse ato Deus reconciliou-se com eles, tendo sido eternamente anulada a punição que eles mereciam receber, tendo-lhes sido garantido o direito à vida eterna. Em consequência disso, agora, aos olhos de Deus, eles têm o direito ao dom da fé, como meio de entrada no aprazimento da herança deles. Em outras palavras, o calvário não apenas possibilitou a salvação daqueles por quem Cristo morreu; mas também garantiu que eles seriam conduzidos à fé e que a salvação deles realizar-se-ia. A cruz *salva*. Quando os

---

[3]Mais quaisquer outros que, embora não tendo ouvido o evangelho, viveram de acordo com a luz que tiveram — mas este ponto não precisa ser exposto neste ensaio.

arminianos meramente dizem: "Eu não poderia ter obtido a minha salvação sem o calvário", os calvinistas asseveram: "Cristo obteve para mim a minha salvação no calvário". Os primeiros fazem da cruz o *sine qua non* da salvação; os últimos vêem a cruz como a real causa eficiente da salvação, derivando cada bênção espiritual, com inclusão da própria fé, da grande transação efetuada entre Deus e o seu Filho, e cumprida na colina do calvário. Claramente, esses dois conceitos de redenção estão em desacordo.

(3) O dom da graça interior, dado pelo Espírito Santo, foi definido pelos arminianos como uma "persuasão moral", a mera concessão da compreensão da verdade divina. Isso, eles admitiam — de fato, insistiam — por si mesmo não assegura que alguém chegará a corresponder com a fé. Os calvinistas, porém, definem esse dom não como mera iluminação, mas também como uma operação regeneradora de Deus nos homens, "tirando-lhes o seu coração de pedra e conferindo-lhes um coração de carne; renovando-lhes a vontade, e, por seu todo-poderoso poder, dirigindo-os para aquilo que é bom; e atraindo-os eficazmente para Jesus Cristo; e, no entanto, vindo eles de forma perfeitamente voluntária, *tendo sido inclinados a isso pela graça divina*".[4] A graça divina mostra-se irresistível, precisamente porque destrói a disposição do homem à resistência. Por conseguinte, onde os arminianos contentam-se em dizer: "Resolvi aceitar a Cristo", ou então: "Decidi-me por Cristo", os calvinistas preferem referir-se à sua conversão em termos mais teológicos, deixando claro quem realmente fez a obra:

> Enquanto preso o espírito jazia
> Nas sombras do pecado que seduz;
> Com teu olhar a noite fez-se dia,
> E despertando vi a masmorra em luz.
>
> Caíram-me as algemas, livre me senti,
> E pondo-me de pé eu logo te segui.[5]

Como é evidente, essas duas noções a respeito da graça interior são totalmente contrárias uma à outra.

---

[4]Confissão de Fé de Westminsier, 10.1.
[5]Charles Wesley escreveu este hino; mas é uma entre várias passagens de seus hinos que faz-nos indagar, junto com o Rabi Dun-can: "Onde está o seu arminianismo agora, amigo?".

Ora, os calvinistas asseveram que a ideia arminiana da eleição, da redenção e da chamada, como atos de Deus que não salvam, corta pela raiz o próprio cerne do sentido bíblico. Assim, dizer, no sentido arminiano, que Deus elege os crentes, que Cristo morreu por todos os homens, e que o Espírito vivifica aqueles que recebem a palavra, realmente é dizer que, no sentido bíblico, Deus a ninguém elege, que Cristo por ninguém morreu e que o Espírito Santo a ninguém vivifica. A questão em foco nessa controvérsia, por conseguinte, é o sentido dado a esses termos bíblicos, bem como a outros termos soteriologicamente significativos, tais como o amor de Deus, o pacto da graça e o próprio verbo "salvar", com seus sinônimos. Os arminianos emprestam a todos eles o sentido que a salvação não depende diretamente de qualquer decreto ou ato de Deus, mas da atividade independente do homem, ao crer. Os calvinistas asseguram que esse princípio em si não é bíblico nem religioso, e tal aplicação perverte, de forma demonstrável, o sentido das Escrituras e solapa o evangelho em cada ponto onde o mesmo é aplicado. A controvérsia arminiana gira em torno de nada mais do que isso.

Há ainda um quinto aspecto de acordo com o qual a fórmula de cinco pontos é deficiente. Sua própria forma (uma série de negações das assertivas arminianas) empresta cor à impressão de que o calvinismo é uma modificação do arminianismo; que o arminianismo ocupa uma posição primária, na ordem das coisas, e que o calvinismo desenvolveu-se como um rebento proveniente do arminianismo. E mesmo quando se demonstra que essa conclusão é falsa, diante da história, permanece de pé a suspeita, em muitas mentes, de que essa é a verdadeira explicação da relação entre esses dois pontos de vista. Supõe-se de modo geral que o arminianismo (que, conforme temos visto até esta altura, corresponde perfeitamente ao novo evangelho de nossos próprios dias) resulta da leitura das Escrituras de uma maneira "natural", sem preconceitos e sofisticações, e que o calvinismo é um desenvolvimento desnatural, menos produto dos próprios textos sagrados do que da lógica profana que se alicerça nos textos bíblicos, distorcendo o sentido claro dos mesmos e perturbando-lhes o equilíbrio, ao forçá-los para dentro de um arcabouço sistemático que a própria Bíblia não ensina. Apesar de que isso possa exprimir uma verdade acerca de alguns calvinistas, nada poderia estar mais afastado da verdade, no tocante a uma generalização do calvinismo.

Certamente, o arminianismo é "natural" em certo sentido, isto é, que representa uma perversão característica do ensino bíblico por parte da mentalidade caída do homem, que, até no que concerne à salvação, não pode suportar ter de renunciar à ilusão de ser o dono de seu destino e o capitão de sua própria alma. Essa perversão já havia aparecido antes no pelagianismo e no semi-pelagianismo do período patrístico, e, posteriormente, no escolasticismo, tendo reaparecido, desde o século 17, tanto na teologia católica-romana quanto entre os grupos protestantes, em vários tipos de liberalismo racionalista e dentro do moderno ensino evangélico. Não duvidamos que essa perversão sempre haverá de continuar entre nós, neste mundo. Enquanto a mente humana caída for o que é, a maneira arminiana de pensar continuará a ser um tipo natural de equívoco. Porém, a interpretação arminiana não é natural em qualquer outro sentido. De fato, o calvinismo é que compreende as Escrituras em seu sentido natural, ou, conforme poderíamos afirmar, em seu sentido inescapável. O calvinismo é que sustenta o que a Bíblia realmente diz. O calvinismo é que insiste em levar a sério as assertivas bíblicas de que Deus salva, e que ele salva àqueles aos quais escolheu para serem salvos, salvando-os através da graça, sem o concurso das obras humanas, de tal maneira que ninguém possa jactar-se, porquanto Cristo lhes é dado como um perfeito Salvador, e que a salvação inteira deles deriva-se da cruz, que a obra remidora deles foi concluída na cruz. É o calvinismo que dá a devida honra à cruz. Assim, quando um calvinista canta:

> Uma colina verde existe além,
> Sem ter os muros a lhe rodear
> Onde o Senhor Jesus, o Sumo Bem,
> Na cruz morreu para nos salvar.
>
> Pelo nosso pecado ele morreu,
> Para fazer bondoso o nosso coração.
> E para o céu ganharmos, você e eu,
> Seu sangue deu por nossa salvação.

Ele entende as coisas realmente assim. O calvinista não diz que o propósito salvador de Deus, na morte de seu Filho, foi apenas um desejo destituído de eficácia, cujo cumprimento depende da vontade do homem de crer, de tal maneira que, apesar de tudo quanto Deus podia fazer, Cristo poderia ter morrido sem que ninguém fosse salvo. O calvinista, pois, insiste que a Bíblia vê a cruz como a revelação do divino poder de salvar, e não a impotência divina. Cristo não obteve uma salvação hipotética para crentes hipotéticos, uma mera possibilidade de salvação para qualquer indivíduo que quisesse crer. Antes, proveu uma salvação real para todo o seu povo escolhido. O precioso sangue de Cristo realmente "salva a todos nós"; desse sangue deriva-se o efeito tencionado de Sua auto-oferta, por causa daquilo que a cruz envolve. Seu poder salvador não depende da adição da fé; seu poder salvador é de tal natureza que a fé flui desse poder. A cruz garante a plena salvação de todos aqueles por quem Cristo morreu. "Mas longe esteja de mim gloriar-me, senão na cruz de nosso Senhor Jesus Cristo" (Gl 6.14).

Por esta altura, torna-se clara a real natureza da soteriologia calvinista. Não se trata de alguma extravagância artificial, e nem é o produto de uma lógica excessivamente ousada. A sua confissão central, de que *Deus salva pecadores*, e de que *Cristo redimiu-nos com o seu sangue,* é o testemunho tanto da Bíblia como de um coração crente. O calvinista é o crente que confessa diante dos homens, em sua teologia, exatamente aquilo que ele crê em seu coração, diante de Deus, quando ora. Ele pensa e fala o tempo todo na graça soberana de Deus, na maneira como todo o crente faz quando pleiteia em favor das almas alheias, ou quando obedece ao impulso de adorar que surge espontaneamente, impelindo-o a negar a si mesmo qualquer louvor, atribuindo todo o louvor e glória pela sua salvação ao seu Salvador. O calvinismo, portanto, é a teologia natural gravada no coração do homem renovado em Cristo, ao passo que o arminianismo é um pecado do intelecto enfermo, sendo natural somente no sentido que todos os pecados dessa ordem são naturais, inclusive no caso do homem regenerado. A maneira calvinista de pensar reflete o crente no seu novo e verdadeiro nível intelectual; a maneira arminiana de pensar reflete o crente que não se manifesta devidamente, por causa da sua fraqueza da carne. O calvinismo é aquilo que a verdadeira igreja de Cristo sempre defendeu e ensinou, quando sua mente não estava desviada pela controvérsia e pelas tradições falsas, porquanto dava atenção ao que as Escrituras realmente diziam. Esse é o significado do testemunho dos pais da igreja diante do ensino dos "cinco pontos", testemunho esse que pode ser abundantemente citado. (Owen ajunta algumas dessas citações relativas à redenção; uma coleção bem maior pode ser vista na obra de John Gill, *The cause of God and truth* [A causa de Deus e da verdade].) Na realidade é um equívoco intitular essa soteriologia de "calvinismo", porque não é uma peculiaridade de João Calvino e dos teólogos de Dort, mas uma parte da verdade revelada por Deus e da fé cristã universal. "Calvinismo" é um daqueles "nomes odiosos" que o preconceito acumulado em séculos tem conferido pejorativamente à posição bíblica. Mas a verdade é que o calvinismo reflete com precisão o evangelho ensinado na Bíblia.[6]

À luz desses fatos, podemos agora dar uma resposta direta às perguntas com as quais iniciamos este livro.

"Será que tudo quanto Owen está fazendo é defendendo a ideia de uma expiação limitada?". Absolutamente não. Ele está fazendo muito mais do que isso. Falando estritamente, o alvo do livro de Owen não é de modo algum defensivo, e, sim, construtivo. Trata-se de uma inquirição bíblica e teológica; seu propósito é apenas tornar claro aquilo que as Escrituras realmente ensinam sobre o tema central do evangelho — a realização de nosso Salvador. Conforme seu título proclama, trata-se de um "tratado sobre a redenção e reconciliação que há no sangue de Cristo, paralelamente ao seu mérito e à satisfação realizada pelo mesmo". A pergunta que Owen, tal como os mestres de Dort antes dele, realmente procura responder, é apenas esta: no que consiste o evangelho? Todos concordam que o evangelho é a proclamação de Cristo como o redentor, embora haja disputa quanto à natureza e à extensão da sua obra remidora. Pois bem, que dizem as Escrituras? Qual o alvo e a realização que a Bíblia atribui à obra de Cristo? Isso era o que Owen procurava elucidar. É verdade que ele abordou a questão de uma maneira diretamente polêmica, moldando o seu livro como um argumento contra a "a convicção de que Cristo pagou um resgate geral em favor de todos; a convicção de que ele morreu para redimir cada um dos homens".[7] Porém, sua obra é um tratado expositivo sistemático, e não uma mera contenda episódica. Owen abordou a controvérsia por prover a oportunidade para exibir de modo pleno o relevante ensino bíblico, em sua ordem e conexão apropriadas. Tal como na obra de Hooker, *Laws of ecclesiastical polity* [Leis da norma eclesiástica], a parte polêmica é incidental e de interesse secundário; o seu valor principal reside no

---

[6]C. H. Spurgeon, pois, estava com toda a razão, ao dizer: "Minha opinião pessoal é que não há tal coisa como a pregação de Cristo, e este crucificado, a menos que se pregue aquilo que atualmente se chama calvinismo. É um apelido chamar isso de calvinismo; pois o calvinismo é o evangelho, e nada mais. Não creio que possamos pregar o evangelho [...] a menos que preguemos a soberania de Deus em sua dispensação da graça; e também a menos que exaltemos o amor eletivo imutável, eterno, inalterável e conquistador de Jeová; como também não penso que possamos pregar o evangelho a menos que o alicercemos sobre a redenção especial e particular de seu povo eleito e escolhido, que Cristo realizou na cruz; e também não posso compreender um evangelho que permite que os santos apostatem, depois de terem sido chamados". *Spurgeon's autobiography* [A autobiografia de Spurgeon], vol. 1, p. 172.

[7]*A morte da morte na morte de Cristo*, p. 77.

fato que o autor usa a parte polêmica a fim de fomentar seu próprio desígnio, levando avante o seu próprio argumento.

Essencialmente, esse argumento é muito simples. Owen observou que a questão que serviu de motivo de seu escrito — a extensão da expiação — envolve mais a questão acerca da sua natureza, visto que, se foi oferecida para salvar a alguns que, em última análise, perecerão, não pode ter sido uma transação que garante a salvação real de todos aqueles para quem ela foi designada. Todavia, diz Owen, essa é precisamente a espécie de transação ensinada pela Bíblia. Os dois primeiros capítulos do seu tratado consistem em uma maciça demonstração do fato que, de acordo com as Escrituras, a morte de nosso Redentor realmente salva o seu povo, conforme tinha o propósito de fazer.

O terceiro capítulo consiste em uma série de dezesseis argumentos contra a hipótese de uma redenção universal, todos os quais têm o intuito de demonstrar, por um lado, que as Escrituras referem-se à obra remidora de Cristo como realização eficaz, ficando excluída a ideia de haver sido tencionada para qualquer indivíduo que, finalmente, venha a perecer, e, por outro lado, que se a sua extensão tencionada tivesse sido universal, então *ou* todos seriam salvos (o que é negado pelas Escrituras, e os advogados da "redenção universal" não afirmam), ou *então*, que o Pai e o Filho fracassaram em fazer aquilo que se dispuseram a fazer — o que, no dizer de Owen, "parece ser uma blasfêmia e uma ofensa à sabedoria, ao poder e à perfeição de Deus, assim como também uma depreciação do valor e da dignidade da morte de Cristo".[8]

Finalmente, no seu quarto capítulo, Owen mostra, com grande coerência, que as três classes de textos que alegadamente provariam que Cristo morreu por indivíduos que não serão salvos (os textos que dizem que ele morreu pelo "mundo", por "todos", e aqueles que alguns concebem como se ensinassem o perecimento daqueles por quem ele morreu), não podem estar ensinando tal coisa, à base de uma sã exegese; e, além disso, que as inferências teológicas mediante as quais a redenção universal supostamente estaria firmada, na realidade são falazes. A verdadeira avaliação evangélica da reivindicação de que Cristo morreu por cada indivíduo, incluindo até mesmo aqueles que perecem, é ressaltada no livro de Owen ponto após ponto. Longe de magnificar o amor e a graça de Deus, essa reivindicação desonra tanto ao amor de Deus quanto a ele mesmo, porquanto

---
[8]Ibidem, p. 78.

reduz o amor de Deus a um desejo impotente, e transforma a economia inteira da graça "salvadora" (assim chamada, pois "salvadora", na realidade, é um adjetivo mal aplicado, segundo esse ponto de vista) em um monumental fracasso divino.

Ademais, além de não magnificar o mérito e o valor da morte de Cristo, esse ponto de vista torna-os baratos, pois faz Cristo ter morrido inutilmente. Em último lugar, longe de conceder um encorajamento adicional à fé, esse ponto de vista destrói a base escriturística da segurança eterna, porquanto nega que seja possível o conhecimento de que Cristo morreu por mim (ou fez ou está fazendo qualquer coisa por mim) como base suficiente para dali eu inferir a minha eterna salvação.

De conformidade com esse ponto de vista, a minha salvação depende não do que Cristo fez por mim, mas daquilo que, subsequentemente, eu puder fazer por mim mesmo. Dessa forma, esse ponto de vista deprecia o amor de Deus e a redenção de Cristo, retirando-lhes a glória que as Escrituras lhes atribuem, além de introduzir um princípio antibíblico de auto-salvação, exatamente no ponto onde a Bíblia diz explicitamente: "... não de obras, para que ninguém se glorie" (Ef 2.9). É impossível que ambas as coisas prevaleçam ao mesmo tempo: uma expiação de extensão universal é uma expiação depreciada. Tal redenção perde a sua força salvífica, pois requer que nos salvemos a nós mesmos. A doutrina de uma redenção universal deve ser rejeitada como um perigoso equívoco, conforme Owen também a rejeita. Em contraste, porém, a doutrina exposta por Owen, conforme ele demonstra, é bíblica e honra a Deus. Exalta a Cristo, pois ensina os crentes a gloriarem-se exclusivamente na sua cruz, extraindo sua esperança e segurança somente da morte e da intercessão do seu Salvador. Em outras palavras, trata-se de uma posição genuinamente evangélica. Na verdade, esse é o evangelho de Deus e a fé universal da igreja de Cristo.

Não é exagero dizer que nenhuma exposição comparável a respeito da obra da redenção planejada e executada pelo trino Jeová fora preparada, desde que Owen publicou o seu livro. Nenhum livro similar foi necessário. Ao discutir sobre esse livro, Andrew Thomson observa como Owen "faz a gente sentir, ao chegar ao final de seu assunto, que ele também o exauriu".[9]

Pode-se demonstrar que esse é o caso aqui. Sua interpretação dos textos é segura; o seu poder de construção teológica é soberbo; coisa alguma é omitida, dentre tudo quanto precisa ser discutido, e (até onde este escritor é capaz de

---

[9] John Owen, *The works of John Owen* (London: Banner of Truth, 1991), p. 38.

perceber) nenhum argumento favorável ou contrário à sua posição foi jamais usado, desde os dias de Owen, que ele mesmo não tenha observado e ventilado. É em vão que alguém rebusca em seu livro os lapsos e os vôos de lógica mediante os quais, supostamente, os teólogos reformados estabeleceriam a sua posição. Tudo quanto alguém ali encontra é uma exegese sólida, minuciosa, seguindo de perto a maneira bíblica de pensar. A obra de Owen é construtiva, alicerçada sobre uma ampla análise bíblica do coração do evangelho, devendo ser tomada a sério como tal. Talvez não tenha sido escrita como uma espécie de apelo em prol de "suposições" tradicionais, pois ninguém tem o direito de repelir a doutrina da expiação limitada como uma monstruosidade da lógica calvinista enquanto não houver refutado a prova, oferecida por Owen, de que isso faz parte da apresentação bíblica uniforme da redenção, algo claramente ensinado em textos evidentes, um após o outro. E ninguém conseguiu ainda refutá-lo.

"Você falou em redescobrir o evangelho", diz nosso questionador, "e isso não significa apenas que você quer que todos nós nos tornemos calvinistas?"

Essa indagação presumivelmente gira não em torno da palavra calvinista, mas da coisa em si. Pouco importa se nos chamamos calvinistas ou não; o que importa é que compreendamos biblicamente o evangelho.

Mas, isso, conforme pensamos, na realidade significa compreendê-lo conforme o tem feito o calvinismo histórico. A alternativa consiste em compreendê-lo mal e distorcê-lo. Dissemos antes que o evangelicalismo moderno, a grosso modo, tem deixado de pregar o evangelho à moda antiga; e francamente admitimos que o novo evangelho, naquilo em que se desvia do antigo, parece-nos ser uma distorção da mensagem da Bíblia.

E agora podemos perceber o que tem sido erroneamente exposto. Nossa moeda teológica tem sido depreciada. Nossas mentes têm sido condicionadas a pensar sobre a cruz como uma redenção que faz menos do que redimir, e a pensar sobre Cristo como um Salvador que faz menos do que salvar, e a pensar sobre o amor de Deus como um débil afeto, que não pode impedir alguém de cair no inferno, e a pensar sobre a fé como a ajuda humana de que Deus necessita para cumprir os seus propósitos. Em resultado disso, não mais somos livres para acreditar no evangelho bíblico ou para anunciá-lo. Não podemos acreditar no mesmo, porque os nossos pensamentos são arrebatados nas circunvoluções do sinergismo. Somos perseguidos pela noção arminiana de que se a fé e a incredulidade tiverem de ser atos responsáveis, terão de ser atos exclusivamente humanos. E, daí deriva-se a ideia que não somos livres para crer que somos salvos inteiramente pela graça divina, através de uma fé que é dom de Deus e que chega até nós por meio do calvário. Ao invés disso, ficamos envolvidos em uma estranha maneira de dúbio pensar, acerca da salvação, pois, em um momento, dizemos a nós mesmos que tudo depende de Deus, para, no momento seguinte, dizermos que tudo depende de nós. A confusão mental daí resultante priva Deus de grande parte da glória que lhe deveríamos atribuir como autor e consumador da salvação, e a nós mesmos do consolo que poderíamos extrair do conhecimento daquilo que Deus fez por nós.

E então, quando passamos a pregar o evangelho, nossos falsos preconceitos nos fazem dizer exatamente o oposto daquilo que tencionávamos. Queremos (e com toda a razão) proclamar Cristo como nosso Salvador. Não obstante, terminamos dizendo que Cristo, após ter tornado possível a nossa salvação, deixou que fôssemos nossos próprios salvadores. E tudo termina dessa maneira. Queremos magnificar a graça salvadora de Deus, bem como o poder salvador de Cristo. E assim declaramos que o amor remidor de Deus abarca todos os homens, e que Cristo morreu para salvar todo homem, e proclamamos que a glória da misericórdia divina deve ser medida através desses fatos. Mas então, a fim de evitarmos o universalismo, somos forçados a depreciar tudo aquilo quanto vínhamos exaltando, passando a explicar que, afinal de contas, nada daquilo que Deus e Cristo fizeram pode salvar-nos, a menos que acrescentemos algo — o fator decisivo que realmente nos salva é o nosso próprio ato de crer. O que dizemos, portanto, resume-se nisto: Cristo salva-nos com a nossa ajuda. E o que isso significa, depois de passar pelo crivo de nosso raciocínio, é o seguinte: salvamo-nos a nós mesmos, com a ajuda de Cristo.

Esse é um anticlímax vazio de significado. Porém, se começarmos afirmando que Deus tem um amor salvífico para todos, e que Cristo morreu para salvar todos, ao mesmo tempo em que repudiamos tornarmo-nos universalistas, nada mais restará para dizermos. Portanto, sejamos claros sobre o que temos feito, após ter exposto a questão dessa maneira. Não temos exaltado a graça divina e nem a cruz de Cristo; antes, temo-las tornado baratas. Teremos limitado a expiação muito mais drasticamente do que o faz o calvinismo. Pois, ao passo que o calvinismo, assevera que a morte de Cristo salva a todos quantos foram predestinados para a salvação, teremos negado que a morte de Cristo, como tal, seja suficiente para salvar qualquer pessoa.[10]

Teremos lisonjeado a ímpios e impenitentes pecadores, ao assegurar-lhes que eles têm a capacidade de arrependerem-se e crer, embora Deus não possa dar-lhes essa capacidade. Talvez também tenhamos transformado em coisas triviais o arrependimento e a fé, a fim de tornar-se plausível essa certeza ("é tudo muito simples — apenas abra o seu coração para o Senhor..."). Por certo, teremos negado da maneira mais eficaz a soberania de Deus, além de havermos solapado a convicção básica da religião cristã — o fato que o homem está sempre nas mãos de Deus. Na verdade, teremos perdido muita coisa. Assim sendo, não admira que a nossa pregação tanto se ressinta de falta de reverência e humildade, e que os nossos professores convertidos mostrem-se tão autoconfiantes e tão deficientes quanto ao conhecimento de si mesmos, bem como nas boas obras que as Escrituras consideram fruto do verdadeiro arrependimento.

É de uma fé e de uma pregação assim degeneradas que o livro de Owen nos quer libertar. Se nós o ouvirmos, ele nos ensinará tanto como crer no evangelho bíblico quanto como devemos pregá-lo. Quanto à fé, ele nos levará a nos prostrarmos diante de um Salvador soberano que realmente salva, louvando-o em face de sua morte remidora, que assegurou que todos aqueles por quem ele morreu serão conduzidos à glória. Não podemos enfatizar em demasia que não teremos percebido o pleno significado da cruz, enquanto não a tivermos visto conforme os teólogos de Dort a viram — como o centro do evangelho, flanqueada, por um

---

[10]Compare-se isso com o que disse C. H. Spurgeon: "Por muitas vezes nos é dito que limitamos a expiação de Cristo, por dizermos que Cristo não pagou a dívida de todos os homens, ou todos os homens seriam salvos. Ora, a nossa resposta a isso é que, por outro lado, nossos oponentes limitam a expiação de Cristo, e não nós. Os arminianos dizem: Cristo morreu por todos os homens. Perguntemos deles o que querem afirmar com isso. Porventura, Cristo morreu para garantir a salvação de todos os homens? E eles respondem: 'Não, certamente que não'. E então fazemos-lhes a próxima pergunta: E Cristo morreu para garantir a salvação de qualquer indivíduo em particular? E eles respondem com um 'não'. Eles são forçados a admitir isso, se tiverem de ser coerentes. Eles respondem com um 'não' e ajuntam: 'Cristo morreu para que qualquer homem fosse salvo se...' — e então seguem-se certas condições para a salvação. Ora, quem é que limita a morte de Cristo? São vocês. Vocês dizem que Cristo não morreu para garantir de modo infalível a salvação de qualquer pessoa. Desculpe, mas, nós corrigimos àqueles que dizem que nós limitamos a extensão da morte de Cristo, e dizemos: 'Não, meu caro amigo, você é que está fazendo isso'. Nós dizemos que Cristo morreu de modo a garantir infalivelmente a salvação de uma multidão que ninguém pode enumerar, os quais, através da morte de Cristo, não apenas poderão ser salvos, mas serão realmente salvos, e não poderão deixar de ser salvos, seja de que maneira for. Você gosta de seu ponto de vista sobre a expiação; pode ficar com o mesmo. Mas nunca renunciaremos ao nosso ponto de vista por causa do seu".

lado, pela total incapacidade humana e pela eleição incondicional, e, por outro lado, pela graça irresistível e pela preservação final. Pois, o completo significado da cruz só aparece quando a expiação é definida nos termos dessas quatro verdades. Cristo morreu a fim de salvar um determinado grupo de impotentes pecadores, aos quais Deus amou com amor gratuito e salvador. A morte de Cristo assegurou a chamada e a preservação — a salvação presente e a salvação final — de todos aqueles cujos pecados ele levou sobre si. Esse era e continua sendo o significado do calvário. A cruz *salvou;* a cruz *salva.* Esse é o âmago mesmo da autêntica fé evangélica. Conforme Cowper entoou:

> Cordeiro amado, o sangue teu é vida,
> E seu poder não perderá jamais,
> Até que a grei divina redimida
> Salva então seja e já não peque mais.

Essa é a triunfante convicção que sublinha o antigo evangelho, tal como faz o Novo Testamento inteiro. E isso é o que Owen nos ensina a crer inequivocadamente. E, em segundo lugar, Owen deseja libertar-nos, se ao menos nos o ouvirmos, para podermos anunciar o evangelho bíblico. Essa assertiva pode parecer paradoxal, pois com frequência imagina-se que aqueles que não pregam que Cristo morreu a fim de salvar a todos os homens acabam não ficando com evangelho nenhum. Pelo contrário, no entanto, o que resta aos tais é simplesmente o evangelho neo-testamentário. O que significa pregar "o evangelho da graça de Deus"? Owen toca nesse ponto apenas de forma breve e incidental,[11] mas os seus comentários são repletos de luz. Pregar o evangelho, diz-nos ele, não é uma questão de dizer à congregação de ouvintes que Deus concentrou o seu amor sobre cada um deles, e que Cristo morreu para salvar a cada um deles; pois tais afirmações, quando biblicamente compreendidas, dariam a entender que todos eles serão infalivelmente salvos, e isso não pode ser reconhecido como verdade. O conhecimento de que o indivíduo é objeto do eterno amor de Deus e da morte remidora de Cristo pertence ao campo da segurança do indivíduo,[12] o que, segundo a natureza do caso,

---

[11]*A morte da morte na morte de Cristo*, p. 256-8, 363.
[12]Ibidem, p. 387. "Pois eu pergunto, de acordo com as Escrituras, como um homem pode ter a garantia de que Cristo morreu por ele em particular? Não é essa a mais alta expressão de fé? Não inclui ela um senso do amor espiritual de Deus derramado em nosso coração? Não é esse o ápice do

não pode anteceder ao exercício da fé salvadora; antes, deve ser inferido do fato que alguém creu, e não que isso foi proposto como razão pela qual alguém deveria crer. De conformidade com as Escrituras, pregar o evangelho é inteiramente uma questão de proclamar aos homens, como verdade divina na qual todos temos a obrigação de crer e de agir em conformidade com ela, os seguintes quatro fatos:

(1) todos os homens são pecadores, nada podendo fazer a fim de salvarem a si mesmos;
(2) Jesus Cristo, o Filho de Deus, é um perfeito salvador dos pecadores, incluindo os piores dentre eles;
(3) o Pai e o Filho prometeram que todos quantos reconhecerem que são pecadores e puserem fé em Cristo como seu salvador, serão recebidos no favor divino, e que nenhum dos tais será rejeitado (essa promessa é uma "verdade infalível, fundamentada na superabundante suficiência da oferta que Cristo fez de si mesmo pelos homens, quem quer que sejam (em maior número ou menor) os beneficiários pretendidos");[13]
(4) Deus fez do arrependimento e da fé um dever, exigindo de cada indivíduo que ouve o evangelho "verdadeira entrega e descanso da alma em Cristo na promessa do evangelho como Salvador suficiente e capaz de libertar e salvar de forma absoluta aqueles que se chegam a Deus por meio dele. Ele tem a prontidão, capacidade e vontade, pela preciosidade de seu sangue e pela suficiência de seu resgate, para salvar todos os que se entregam espontaneamente a ele com esse fim, dentre os quais ele se prontifica a estar presente".[14]

Em outras palavras, a tarefa do pregador é *mostrar Cristo*: explicando a necessidade que o homem tem dele, a sua suficiência para salvar, e a sua oferta de si mesmo, dentro das promessas bíblicas, como salvador de todos quantos verdadeiramente voltarem-se para ele; e mostrar, completa e claramente como essas verdades aplicam-se aos ouvintes reunidos à sua frente. Não compete a ele dizer, e nem aos seus ouvintes indagar, por quem Cristo morreu em particular. "Nenhum dos chamados pelo evangelho chega a indagar qual o propósito e qual a intenção de Deus a respeito do objetivo particular da morte de Cristo, pois

---

consolo transmitido pelo apóstolo em Romanos 8.34 e o fundamento de toda sua alegre convicção em Gálatas 2.20?".
[13]Ibidem, pág. 274.
[14]Ibidem, pág. 385.

todos eles estão plenamente seguros de que a sua morte será proveitosa para aqueles que nele crerem e lhe forem obedientes." Depois que a fé salvadora foi exercida, "compete ao crente assegurar a sua alma — na medida em que ele for achando o fruto da morte de Cristo em si mesmo e em favor de si mesmo — da boa-vontade e do eterno amor de Deus para com ele, ao enviar o seu Filho para morrer por ele, em particular;[15] mas não antes disso. A tarefa à qual ele é chamado pelo evangelho é simplesmente o exercício da fé, o que ele tem a obrigação e é ordenado a fazer, através da ordem e da promessa de Deus.

Cabem aqui alguns comentários sobre esse conceito do que significa a pregação do evangelho.

Em primeiro lugar, devemos observar que o antigo evangelho exposto por Owen não contém menos plena e gratuita oferta de salvação do que sua contraparte moderna. Ele apresenta ampla base para a fé (a suficiência de Cristo e a promessa de Deus), além de motivos coerentes para a fé (a necessidade do pecador e a ordem dada pelo Criador, a qual é também o convite do Redentor). O novo evangelho nada ganha, quanto a esse particular, por asseverar uma redenção universal. O antigo evangelho certamente não tem espaço para sentimentalismos baratos, que transformem a livre misericórdia divina aos pecadores em um amolecimento constitucional de sua parte, que possamos tomar por certo; e nem tolera a apresentação degradadora de Cristo como um salvador perplexo, frustrado naquilo que ele esperava fazer, devido à incredulidade humana; e nem cai indulgentemente em apelos sentimentais aos não-convertidos, para que deixem Cristo salvá-los, por terem piedade de seu desapontamento. O Salvador digno de dó e o Deus patético dos púlpitos modernos eram desconhecidos no antigo evangelho.

O antigo evangelho diz aos homens que eles precisam de Deus, e não que Deus precisa deles (uma falsidade moderna); nem os exorta a terem compaixão de Cristo. Antes, anuncia que Cristo tem misericórdia deles, embora a misericórdia seja a última coisa que eles mereçam. Jamais perde de vista a majestade divina e o poder soberano do Cristo ao qual proclama, mas antes, rejeita categoricamente todas as descrições de Cristo que tendam por obscurecer a sua livre onipotência. Será que isso significa, entretanto, que o pregador do antigo evangelho sente-se inibido ou está confinado ao oferecimento de Cristo aos homens, e em convidá-los para que o recebam? De forma nenhuma. Na verdade, justamente devido ao

---

[15] Ibidem.

fato que o pregador reconhece que a misericórdia divina é livre e soberana, ele encontra-se em uma posição de dar muito mais valor à oferta de Cristo, em sua pregação, do que o expositor do novo evangelho. Pois essa oferta, por si mesma, é algo muito mais maravilhoso, em seus princípios fundamentais, do que jamais poderia sê-lo aos olhos daqueles que consideram o amor a todos os pecadores como uma necessidade da natureza de Deus, e, portanto, algo implícito.

E pensar que o santo Criador, que nunca necessitou do homem para a sua felicidade, que poderia com toda a razão ter banido a nossa raça caída para sempre, sem misericórdia, no entanto, escolheu redimir alguns dentre os homens! E que o seu próprio Filho dispôs-se a experimentar a morte e descer ao inferno a fim de salvá-los! E que agora, de seu trono, ele fala a homens ímpios, conforme Ele o faz nas palavras do evangelho, exortando-os através do mandamento de se arrependerem e crerem, sob a forma de um convite compassivo para terem compaixão de si mesmos e de preferirem a vida! Esses pensamentos são os focos em torno dos quais revolve a pregação do antigo evangelho. Tudo é realmente maravilhoso, exatamente porque nada disso pode ser contado como algo que acontece automaticamente. Mas, talvez, a maior maravilha de todas — o ponto mais santo em todo o terreno sagrado da verdade do evangelho — seja o convite gratuito que "o Senhor Cristo" (conforme Owen gostava de chamá-lo) faz reiteradamente a pecadores culpados, para que venham a ele e achem descanso para as suas almas. A grande glória desses convites é que eles são feitos pelo próprio Rei onipotente, da mesma maneira que faz parte da glória central do Cristo entronizado o fato que ele condescende em continuar a fazer esse convite.

E faz parte da glória do ministério do evangelho que o pregador dirija-se aos homens na qualidade de embaixador de Cristo, encarregado de entregar pessoalmente o convite do Rei, a cada pecador presente, convocando-os todos a se voltarem para Deus e viverem. O próprio Owen demora-se nessa passagem endereçada aos não-convertidos.

> Considerai a infinita condescendência e amor de Cristo, em seus convites e chamamentos para que você venha a ele, a fim de receber vida, livramento, misericórdia, graça, paz e salvação eterna. Multidões desses convites e chamamentos estão registrados nas Escrituras, e todos eles são alimentados com aqueles benditos encorajamentos que a sabedoria divina sabe que são apropriados a pecadores perdidos e convictos de pecado [...] De acordo com

a declaração e pregação deles, Jesus Cristo continua buscando os pecadores, chamando-os, convidando-os e encorajando-os para que venham a ele.

Isto representa a palavra que ele agora vos dirige: Por que quereis morrer? Por que quereis perecer? Por que não tendes compaixão de vossas próprias almas? Podem vossos corações resistir, ou podem vossas mãos ser suficientemente fortes, no dia da ira, que já se aproxima? [...] Olhai para mim, e sede salvos; vinde a mim, e eu vos livrarei de todos os vossos pecados, tristezas, temores, fardos e darei descanso às vossas almas. Vinde, eu vos rogo; deixai de lado toda a procrastinação, todas as demoras; não continueis a rejeitar-me; a eternidade está às portas [...] não me odieis de tal modo que prefirais perecer, ao invés de receberdes o livramento através de mim.

"Essas e outras coisas o Senhor Cristo continuamente declara, proclama, roga e urge diante das almas dos pecadores [...] Ele o faz na pregação da Palavra, como se estivesse presente convosco, estando entre vós, falando pessoalmente a cada um em particular [...] Ele designou os ministros do evangelho para estarem diante de vós, para tratarem convosco em lugar dele, considerando como seus os convites feitos em seu nome. (Veja 2Co 5.19-20).[16]

Esses convites são *universais*. Cristo dirige-os a pecadores; e cada indivíduo, que acredita que Deus é veraz, está na obrigação de tratá-los como palavras de Deus a ele dirigidas pessoalmente, aceitando a segurança universal que acompanha tais convites, no sentido de que todos quantos vierem a Cristo serão recebidos. Além disso, esses convites são *reais;* Cristo oferece-se genuinamente a todos quantos escutam o evangelho; Cristo é, na verdade, o perfeito salvador de todos quantos nele confiam. A questão da extensão da expiação não surge dentro da pregação evangelística; pois a mensagem a ser anunciada é simplesmente esta — que Jesus Cristo, o Senhor soberano, o qual morreu pelos pecadores, agora convida gratuitamente os pecadores para que venham a ele. Deus ordena a todos que se arrependam e creiam; Cristo promete vida e paz a todos quantos assim o fizerem. E ainda, esses convites são *maravilhosamente graciosos;* os homens os desprezam e rejeitam, e jamais são dignos dos mesmos, em todo e qualquer caso. A despeito disso, Cristo continua a fazer tais convites. Ele não precisa fazê-lo, mas mesmo assim o faz. "Vinde a mim [...] e eu vos darei descanso..." Essa continua sendo a sua palavra ao mundo, jamais cancelada, sempre precisando ser pregada.

---

[16]John Owen, *The works of John Owen* (London: Banner of Truth, 1991), p. 422.

Aquele cuja morte garantiu a salvação de todo o seu povo, deve ser proclamado por toda a parte como o perfeito Salvador, e todos os homens são convidados e exortados a confiarem nele, sem importar quem eles sejam ou o que têm sido. O evangelismo do antigo evangelho está alicerçado sobre esses três discernimentos.

É um engano supor que a pregação evangelística que se alicerça sobre esses princípios tem de ser anêmica e desanimada, em comparação com o que os arminianos podem fazer. Aqueles que estudam os sermões impressos de dignos expositores do evangelho, tais como John Bunyan (cuja pregação o próprio Owen tanto admirava), ou Whitefield, ou Spurgeon, descobrem que, de fato, eles proclamam o Salvador e convocam a ele os pecadores com uma plenitude, um calor, uma intensidade e uma força abaladora sem iguais na literatura religiosa protestante. Ao analisar descobre-se que o elemento que emprestava à pregação deles o poder sem par de avassalar os seus ouvintes, proporcionando alegria ao coração contrito ante as riquezas da graça de Deus — e que continua transmitindo esse poder, mesmo no caso dos seus leitores modernos endurecidos — era a insistência deles sobre o fato de que a graça divina é *gratuita*. Eles sabiam que as dimensões do amor divino não são compreendidas nem pela metade enquanto a pessoa não perceber que Deus não precisava ter escolhido alguém para a salvação e nem ter dado o seu Filho para morrer; e nem precisava Cristo tomar sobre si mesmo a condenação, vicariamente, para redimir homens, e nem precisava convidar indiscriminadamente aos pecadores para virem a ele, conforme ele o faz, porquanto todo o trato gracioso de Deus com os homens origina-se inteiramente do próprio livre propósito dele. Sabendo disso, eles frisavam o fato, e era essa saliência que punha a pregação evangelística deles em uma classe toda especial e própria. Outros evangélicos, possuidores de uma mais superficial e menos adequada teologia da graça, têm posto a ênfase central de sua pregação do evangelho sobre a necessidade que os pecadores têm de perdão, ou paz, ou poder, podendo adquirir essas coisas tomando uma "decisão em favor de Cristo". Não pode ser negado que a pregação desses últimos tem produzido frutos (porquanto Deus usa a sua verdade, mesmo quando imperfeitamente exposta e misturada com o erro), embora esse tipo de evangelismo sempre esteja sujeito à crítica, por estar por demais centralizado no homem e por ser beato. Porém, tem cabido (necessariamente) a pregadores calvinistas, e àqueles outros, como os irmãos Wesley, que voltam à maneira calvinista de pensar, logo que iniciam um sermão dirigido a pessoas não-convertidas, à pregação do evangelho de uma maneira que ressalta, acima de tudo o mais, o amor gratuito, a condescendência bem disposta, a longanimidade paciente e a infinita gentileza do Senhor Jesus Cristo. E, sem dúvida nenhuma, essa é a maneira mais bíblica e edificante de pregar; pois os convites evangelísticos, dirigidos aos pecadores, nunca honram a Deus e exaltam tanto a Cristo, e nem se mostram tão poderosos para despertar e confirmar a fé, do que quando se dá o peso que convém à livre onipotência da misericórdia divina como sua fonte de origem. Ao que parece, os pregadores do antigo evangelho são as únicas pessoas cuja posição teológica lhes permite fazer justiça à revelação da bondade divina, no livre oferecimento de Cristo aos pecadores.

Acresça-se a isso que o antigo evangelho salvaguarda valores que são perdidos pelo novo evangelho. Já pudemos ver que o novo evangelho, ao asseverar uma redenção universal e um propósito divino salvador universal, é forçado a desvalorizar a graça e a cruz ao negar que o Pai e o Filho são soberanos na salvação; porquanto assegura que depois do Pai e de Cristo terem feito tudo quanto podem ou desejariam fazer, em última análise depende da própria escolha do indivíduo se o propósito salvífico de Deus cumprir-se-á neles ou não. Essa posição, pois, produz dois efeitos infelizes. O primeiro é que nos compele a compreender mal o significado dos graciosos convites de Cristo no evangelho, sobre os quais temos falado; pois agora temos de lê-los não como expressões da terna paciência de um todo-poderoso soberano, mas como os apelos patéticos de um desejo impotente. E assim, o entronizado Senhor é subitamente metamorfoseado em uma débil e fútil figura, a bater desconsoladamente à porta do coração humano, o qual ele não é capaz de abrir. Essa é uma vergonhosa desonra para o Cristo do Novo Testamento. E a segunda implicação é igualmente séria. Pois esse ponto de vista na verdade nega que dependemos de Deus, quando se trata de decisões vitais, arrebatando-nos para fora de sua mão, dizendo-nos que aquilo que somos, afinal de contas, é aquilo que o pecado nos ensinou a pensar que éramos — senhores de nosso destino, capitães de nossas próprias almas. E isso serve tão somente para solapar os próprios alicerces do relacionamento religioso do homem com o seu Criador.

Em face disso, dificilmente nos podemos admirar que os convertidos sob o novo evangelho com tanta frequência se mostrem irreverentes e irreligiosos, porque essa é a tendência natural dessa modalidade de ensino.

O antigo evangelho, todavia, fala de modo muito diferente, e revela uma tendência inteiramente diferente. Por um lado, ao expor a necessidade que o homem tem de Cristo, ele salienta algo que o novo evangelho ignora totalmente

— que os pecadores não podem obedecer ao evangelho, tal como não podem obedecer à Lei, sem um coração renovado. E, por outro lado, ao declarar o poder de Cristo para salvar, proclama-o como o autor e principal agente da conversão, a qual vem através do seu Espírito, à medida em que o evangelho é proclamado, a fim de renovar os corações dos homens e atraí-los a si mesmo. Em consonância com isso, ao aplicar a mensagem, o antigo evangelho, enquanto destaca que a fé faz parte dos deveres do homem, também, salienta o fato de que a fé não está dentro do poder do homem, pelo contrário, salienta que o homem depende de Deus como fonte da fé que ele próprio exige. Assim, o antigo evangelho não anuncia meramente que os homens *devem* vir a Jesus Cristo para receberem a salvação, mas também que eles *não podem* fazê-lo, a menos que o próprio Cristo os atraia. Assim sendo, o antigo evangelho labora para derrubar a confiança própria do homem, convencendo os pecadores que a salvação deles está inteiramente fora do seu controle, levando-os a depender, em autodesespero, da gloriosa graça de um Salvador soberano, não somente quanto à retidão mas também quanto à fé.

Não é provável, por conseguinte, que um pregador do antigo evangelho sinta-se feliz em expressar a aplicação do mesmo sob a forma que requeira uma "decisão para Cristo", conforme a expressão é correntemente usada. Pois, por um lado, essa frase envolve associações erradas. Sugere a ideia de estar colocando alguém em um cargo, no qual a pessoa entra por meio de um voto — um ato no qual o candidato não desempenha qualquer papel, além daquele de oferecer-se à eleição, e então tudo é resolvido pela escolha independente do eleitor. No entanto, não elegemos o Filho de Deus como nosso Salvador, e nem ele permanece passivo, enquanto os pregadores fazem uma campanha em seu favor, obtendo apoio para a sua causa. Não devemos pensar no evangelismo como uma espécie de eleição política. Por outro lado, essa frase obscurece a própria coisa que é essencial ao arrependimento e à fé — a negação do próprio "eu" numa aproximação pessoal a Cristo. Não é de forma alguma óbvio que decidir-se *ao lado* de Cristo seja a mesma coisa que vir a ele, descansar nele e abandonar o pecado e o esforço próprio. Soa antes como algo que envolve menos, e por isso tende a instilar nos ouvintes noções defeituosas daquilo que o evangelho realmente requer dos pecadores. Portanto, "decidir-se ao lado de Cristo" não é uma expressão feliz e acertada, sob qualquer ponto de vista.

Diante da pergunta: Que devo fazer para ser salvo? o antigo evangelho responde: Crê no Senhor Jesus Cristo. Para a seguinte pergunta: O que significa crer no Senhor Jesus Cristo? A resposta é: Significa reconhecer-se como pecador, e que Cristo morreu pelos pecadores; abandonar toda a justiça própria e toda a autoconfiança, e lançar-se inteiramente nos braços dele para receber o perdão e a paz; significa trocar a inimizade natural e rebelião do homem contra Deus por um espírito de grata submissão à vontade de Cristo, através da renovação do próprio coração, por meio do Espírito Santo. E ainda diante desta outra pergunta: Como poderei arrepender-me e crer em Cristo, se não tenho a capacidade natural para fazer essas coisas? O antigo evangelho retruca: Olhe para Jesus Cristo, fale com Cristo, clame a Cristo, tal como você é; confesse o seu pecado, a sua impenitência, a sua incredulidade, e fique na dependência da sua misericórdia, rogando-lhe que lhe conceda um novo coração, que opere em você verdadeiro arrependimento e fé firme; peça-lhe que retire o seu maldoso coração de incredulidade e que escreva em seu interior a sua Lei, a fim de que, dali em diante, você nunca mais se desvie dele. Volte-se para ele e confie nele, de todo o seu coração, pedindo graça para voltar-se e confiar mais completamente. Use os meios de graça com toda a expectação, olhando para Cristo para que ele se aproxime de você conforme você procura aproximar-se dele. E também vigie, ore, leia e ouça a Palavra de Deus, adore-o e tenha comunhão com o seu povo, e assim prossiga até que você tenha a certeza, sem qualquer sombra de dúvida, de que realmente você é um ser transformado, um crente arrependido, e que o novo coração que você almeja já lhe foi outorgado. A ênfase desse conselho recai sobre a necessidade de invocar a Cristo diretamente, a cada passo que tiver de ser dado.

> Não te cause a consciência mais demora,
> Nem leve ao doce sonho ou ilusão;
> O que ele quer, até mesmo agora
> É que o anseies em teu coração.

Portanto, não adie sua busca até pensar que está em melhores condições, mas confesse honestamente a sua pecaminosidade, e entregue-se agora mesmo a Cristo, o único que pode torná-lo uma nova criatura. Espere nele até que a sua luz raie em sua alma, conforme as Escrituras prometem que sucederá. Qualquer coisa que envolva menos do que essa maneira direta de tratar com Cristo é uma desobediência ao evangelho. Esse é o exercício do Espírito para o qual o antigo evangelho convoca os seus ouvintes. "Creio. Ajuda-me na minha incredulidade", deve ser o grito da alma dos pecadores. O antigo evangelho é proclamado na firme confiança de que o Cristo acerca de quem ele testifica, o Cristo que é o real comunicador quando os convites bíblicos para se confiar nele são expostos e aplicados, não está esperando passivamente que o homem tome a decisão mediante a pregação da sua Palavra. Ao contrário, continua onipotentemente ativo, trabalhando com e através da Palavra de Deus, para atrair o seu povo à fé em Sua pessoa. A pregação do novo evangelho, por outro lado, com frequência é descrita como a tarefa de "conduzir homens a Cristo" — como se somente os homens se movessem, ao passo que Cristo permanece estático. No entanto, a tarefa da pregação do antigo evangelho poderia ser mais apropriadamente descrita como o ato de conduzir Cristo aos homens, pois aqueles que o pregam sabem que enquanto eles se esforçam por retratar Cristo diante dos olhos dos homens, o todo-poderoso Salvador a quem eles proclamam está realizando sua obra por meio das palavras deles, visitando pecadores com a salvação, despertando-os para a fé, atraindo-os misericordiosamente a ele.

Esse evangelho mais antigo e original é aquele que Owen queria ensinar-nos: o evangelho da graça soberana de Deus, em Cristo, como o autor e consumador da fé e da salvação. Esse é o único evangelho que pode ser pregado com base nos princípios expostos por Owen. E aqueles que tiverem provado o seu sabor, jamais haverão de procurar outro evangelho. Nessa questão de pregar o evangelho e nele crer, tal como em outras coisas, as palavras de Jeremias continuam tendo perfeita aplicação: "Assim diz o Senhor: Ponde-vos à margem no caminho e vede, perguntai pelas veredas antigas, qual é o bom caminho; andai por ele e achareis descanso para as vossas almas..." (Jr 6.16). Não seria ruim, nem para nós e nem para a igreja, sentirmo-nos barrados, tal como Owen queria barrar-nos, de aceitar esse moderno evangelho, o qual pretende substituir o antigo.

Poderíamos dizer mais. Porém, continuar seria exceder os limites de um ensaio introdutório. As observações anteriores foram feitas simplesmente para mostrar quão importante é, no tempo presente, que atentemos cuidadosamente à análise de Owen sobre o que a Bíblia diz acerca da obra salvadora de Jesus Cristo.

III

A morte da morte é uma obra sólida, composta de exposição detalhada e de argumentos incontestáveis, requerendo estudo árduo, conforme Owen plenamente percebia; um exame superficial de pouco adiantará. ("Leitor, [...] Se, a exemplo de muitos nestes dias de dissimulação, for um apreciador de títulos e subtítulos e se encarar os livros como alguém que entra em um teatro e depois simplesmente sai — você já se divertiu; adeus!")[17] Owen sentia, entretanto, que tinha o direito de exigir estudo árduo, pois o seu livro era o produto de trabalho árduo ("uso das conclusões de alguns de meus arrazoados após mais de sete anos de pesquisa séria acerca do pensamento de Deus nessas questões. Espero que eles estejam sustentados com a força de Cristo e tenham sido guiados por seu Espírito")[18]; e ele tinha a certeza, em sua mente, de que não fizera o estudo exaustivo do assunto. ("Não estou totalmente convicto de que não serei bem-sucedido, mas tenho certeza de que não viverei o suficiente para ver uma sólida resposta.")[19] A passagem do tempo tem servido apenas para justificar o seu otimismo.

---

[17] *A morte da morte na morte de Cristo*, p. 59.
[18] Ibidem.
[19] Ibidem, p. 71.

Apresentação

Salus electorum, sanguis Jesu; ou a morte
da morte na morte de Cristo:

Tratado da redenção e da reconciliação viabilizadas pelo sangue de Cristo; mérito e reparação a elas inerentes.

Afirmação da finalidade própria da morte de Cristo; atribuição de seus efeitos e frutos imediatos, incluindo seu alcance em relação a seu objeto, e análise completa da controvérsia sobre a redenção universal.

Em quatro partes:

1. Declaração do conselho eterno e da distinta cooperação da santíssima Trindade para a obra de redenção no sangue de Cristo; intenção pactuada e cumprimento da finalidade de Deus.

2. Eliminação das falsas e supostas finalidades da morte de Cristo, incluindo as distinções criadas para solucionar as diversas contradições da pretensa expiação universal; declaração da controvérsia.

3. Argumentos contrários à redenção universal extraídos da Palavra de Deus; afirmação da reparação e do mérito de Cristo.

4. Resposta a todas as objeções consideráveis apresentadas pelos arminianos ou por outros (seus últimos seguidores no que diz respeito a este assunto) em defesa da redenção universal; ampla apresentação de todos os textos das Escrituras que, com essa finalidade, são propostos e distorcidos.

"O Filho do Homem veio não para ser servido, mas para servir e dar a vida em resgate de muitos" (Mt 20.28).

"Em quem temos a redenção por seu sangue, o perdão dos pecados, segundo a riqueza de sua graça" (Ef 1.7).

Imprimatur, John Cranford. 22 de janeiro de 1647.

Prefácio

Nos testemunhos dos pais antigos, incluídos por Owen ao presente tratado, ele cita Agostinho e Próspero como autoridades para apoio de sua visão de uma expiação definida e eficaz. Esses pais, opondo-se aos pelagianos e semipelagianos de seus dias, defendiam essa visão, mas esta não ocupava um lugar de destaque nas principais controvérsias com as quais esses nomes estavam honrosamente vinculados. Esse assunto não era de forma alguma motivo de controvérsia especial nem estava no centro dos pensamentos que eles defendiam, pensamentos que lhes conquistaram louros nas esferas polêmicas em que foram discutidos. O assunto apareceu exatamente quatro séculos depois na disputa entre Hincmar e Gottschalc. O debate em torno do alcance da expiação ganhou formas distintas e afirmativas. No apêndice do presente tratado se encontram as decisões dos diversos concílios convocados para arbitrar esses princípios conflitantes. Na Holanda, a mesma controvérsia se renovou entre gomaristas e arminianos, quando o Sínodo de Dort, em um de seus artigos, condenou a doutrina remonstrante da expiação universal. Cameron, competente professor de teologia em Saumur, foi o último que deu origem à importante análise dessa questão antes de Owen redigir seu tratado sobre ela. Os pensamentos de Cameron foram adotados e defendidos com grande habilidade por dois de seus seguidores, Amyraut e Testard; em 1634, eclodiu uma controvérsia que agitou a Igreja da França durante muitos anos. Amyraut foi apoiado por Daillé e Blondell. E recebeu uma competente oposição da parte de Rivet, Spanheim e Des Marets.

Nas duas últimas ocasiões em que a discussão sobre o alcance da expiação reviveu nas Igrejas Reformadas, houve uma distinção essencial, geralmente esquecida, entre os pontos especiais para os quais as controvérsias respectivamente se voltaram. O objetivo do artigo sobre a morte de Cristo, declarado pelo Sínodo de Dort, era contrariar o princípio de que Cristo, por meio da expiação, somente adquiriu para o Pai liberdade e direito plenos para instituir um novo procedimento com todos os homens, pelo qual, condicionados à sua própria obediência, eles podiam ser salvos. Os teólogos de Saumur não aceitavam esse princípio como representação correta de seus pensamentos. Admitindo que, pelo propósito de Deus, e através da morte de Cristo, os eleitos têm a garantia infalível do usufruto da salvação, eles insistiram em um decreto antecedente, pelo qual Deus tem liberdade para dar a salvação a todos os homens através de Cristo, sob a *condição* que creiam nele. Deve-se a isso o fato de seu sistema de ideias ter recebido o nome de *universalismo hipotético*. A diferença essencial entre o universalismo hipotético e a teoria do arminianismo estrito reside na segurança absoluta afirmada por aquele no que diz respeito à restauração espiritual dos eleitos. Eles concordam, no entanto, na atribuição de algum tipo de universalidade à expiação e na afirmação de que, sob certa condição, passível de ser cumprida por todos os homens, — obediência em geral, de acordo com os arminianos, e fé, de acordo com os teólogos de Saumur, — todos têm acesso aos benefícios da morte de Cristo. Para conferir coerência à teoria de Amyraut, a fé deve, em certo sentido, ser possível a todos os homens; De acordo com isso, ele sustentava a doutrina da *graça universal*, ponto em que sua teoria se distingue em essência da doutrina da expiação universal abraçada por eminentes teólogos calvinistas, que defendiam a necessidade da *operação especial* da graça para o exercício da fé. Os leitores de Owen entenderão, a partir dessa explicação menos aprofundada, por que ele insiste com perspicácia peculiar e reiteração da declaração da refutação do sistema condicional, ou do sistema da *graça universal*, de acordo com o nome que adotado em discussões posteriores. Ela era aparentemente válida e contava com o apoio de muitos homens cultos. Transitava nas igrejas estrangeiras e parece ter sido acatada por More, ou Moore, a cuja obra, *The universality of God's free grace* [A universalidade da livre graça de Deus], nosso autor responde com grande abrangência.

Em *Gangræna* (parte 2, p. 86), Edwards retrata Thomas More como "grande sectário, que causou muitos males em Lincolnshire, Norfold e Cambridgeshire; famoso também em Boston, Lynn e até na Holanda, seguido por muitos em diferentes lugares". Sua obra foi publicada em 1643, e no mesmo ano veio à lume uma resposta redigida por Thomas Whitefield, *Minister of the gospel at Great Yarmouth* [Ministro do evangelho em Great Yarmouth]. O Sr. Orme comenta: "Ele tem o cuidado de nos informar na página de rosto que 'Thomas More era um tecelão em Wills, perto de Wisbitch'". E ele acrescenta, em relação à produção de More: "Embora eu não subscreva o argumento da obra, não hesito em dizer que ela é adequada aos talentos de um tecelão e não desabona sua espiritualidade". Acrescente-se que o tecelão também foi autor de outras obras: *Discovery of seducers that creep into houses* [Expondo os sedutores que entram sorrateiramente nos lares], On baptism

[Sobre o batismo], *A discourse about the precious blood and sacrifice of Christ* [Discurso sobre o precioso sangue e o sacrifício de Cristo] etc.

Em 1650, Horne, ministro de Lynn em Norfolk, homem, de acordo com Palmer (*Nonconf. Mem.*, parte 3, p. 6-7), "de uma espiritualidade exemplar e primitiva", e autor de várias obras, publicou uma resposta à obra de Owen, sob o título *The open door for man's approach to God; or, a vindication of the record of God concerning the extent of the death of Christ, in answer to a treatise on that subject by Mr John Owen* [A porta aberta para o acesso do homem a Deus; ou, uma vindicação do registro de Deus sobre a extensão da morte de Cristo, em resposta a um tratado sobre o assunto de autoria do Sr. John Owen]. Horne era razoavelmente famoso por seus conhecimentos das línguas orientais e, "algumas de suas observações e interpretações das Escrituras", na opinião do Sr. Orme, "eram merecedoras da atenção de Owen". Todavia, na epístola apensada ao início de sua obra *Vindiciæ evangelicæ* [Vindicações do evangelho], Owen expressa sua opinião segundo a qual o texto de Horne não merecia uma resposta.

Dois anos após a publicação do trabalho seguinte, seu autor teve de defender algumas opiniões nele defendidas contra um adversário mais temível e celebrado. Em um apêndice de *Aphorisms on justification* [Aforismos sobre a justificação], Richard Baxter expressou sua discordância em relação a alguns posicionamentos de Owen acerca da redenção. Owen fez sua réplica em um tratado que pode ser considerado um apêndice de *A morte da morte na morte de Cristo*, de sua autoria. Nas discussões entre os dois, há tantas sutilezas acadêmicas de ambas as partes, que parece não haver muito interesse na questão geral em torno da qual eles divergiam.

Talvez seja necessário afirmar com exatidão o pensamento que Owen de fato defendia no tema do alcance da expiação. Em termos gerais, todas as opiniões podem ser reduzidas a quatro. Não são muitos os que defendem a ideia de que Cristo morreu para salvar todos os homens. Outros sustentam a visão condenada pelo Sínodo de Dort, a saber, que a morte de Cristo permitiu que Deus salvasse a todos ou qualquer um que satisfizesse a condição da obediência. Há um terceiro grupo que, embora creia que a morte de Cristo é garantia infalível da salvação dos eleitos, sustenta que, na medida em que Cristo, obedecendo e sofrendo, fez o que todos os homens estavam obrigados a fazer, e sofreu o que todos os homens mereciam sofrer, sua expiação é geral, mas também específica em relação e referência e, por isso, o evangelho lhes pode ser oferecido livremente.

Por último, há aqueles, incluindo Owen, que defendem uma expiação limitada ou definida, que implica necessariamente um vínculo entre a morte de Cristo e a salvação daqueles em favor dos quais ele morreu, ao passo que a verdadeira relação com os perdidos é relegada à esfera das coisas não reveladas, salvo o fato de que sua culpa e punição são potencializadas pela rejeição da misericórdia oferecida no evangelho. Em *History of doctrines* [História das doutrinas] (vol. 2, p. 255), Hagenbach faz a estranha afirmação de que "no que diz respeito ao alcance da expiação, todas as denominações, com exceção das calvinistas, sustentam que a salvação é oferecida a todos". Seria difícil apontar algum calvinista, digno do nome, que sustente que a salvação não deve ser oferecida a todos. É necessário dizer que, pelo menos Owen, calvinista dos calvinistas, não defendia essa ideia. Pelo contrário, entre os calvinistas que abraçam a doutrina de uma expiação limitada, o que se discute não é se o evangelho deve ser universalmente oferecido, mas em que a oferta universal do evangelho se ampara — a simples ordem e garantia da Palavra, ou a suficiência intrínseca e infinita da expiação. Talvez este ponto nunca tenha sido formalmente elaborado na mente de nosso autor, mas ele insinua que a suficiência inata da morte de Cristo é a base de sua oferta a eleitos e réprobos".

Digna de honrosa menção entre as edições de sua grande obra é a versão de 1755, impressa em Edimburgo, sob a supervisão do Rev. Adam Gib. Ela foi impressa com cuidado, e considerável atenção é dispensada à numeração, além de uma rica análise que antecede a obra como um todo. Não nos sentimos à vontade para adotar a numeração em todos os aspectos, pois usou-se de um pouco mais de liberdade com o original em comparação com os princípios sobre os quais a presente edição das obras de Owen foi publicada. No preparo da análise a seguir, reconhecemos nossa dependência dessa edição no preparo da análise abaixo, em grande parte nela inspirada.

Análise

LIVRO I

Declara o conselho eterno e a distinta cooperação presente da santíssima Trindade para a obra de redenção no sangue de Cristo; com pacto da intenção e cumprimento da finalidade de Deus.

Capítulo 1. A finalidade da morte de Cristo, conforme apresentada pelas Escrituras. I. O que o Pai e ele mesmo pretendiam com ela. II. O que efetivamente ela cumpriu e realizou: 1. Reconciliação; 2. Justificação; 3. Santificação; 4. Adoção; 5. Glorificação. III. Panorama da doutrina contrária.

Capítulo 2. A natureza de uma finalidade em geral e algumas distinções a esse respeito: I. A distinção geral entre finalidade e meio. II. Sua relação mútua: 1. No sentido moral. 2. No sentido natural. III. Uma dupla finalidade, a saber: 1. Da obra. 2. Do agente da obra. IV. A finalidade de todo agente livre é aquilo que ele efetua ou aquilo em favor de que a obra é efetuada. V. Dois tipos de meios, a saber: 1. Os que são um bem em si mesmos. 2. Os que não são um bem em si mesmos, mas conduzem à finalidade. VI. Aplicação dessas distinções ao presente tema.

Capítulo 3. I. O Pai como principal autor da obra de nossa redenção. II. Ações atribuídas à pessoa do Pai: 1. O Pai envia seu Filho ao mundo para executar a obra de redenção: (1.) Impondo-lhe o ofício de mediador por um ato de autoridade: [1.] A imposição proposital de seu conselho. [2.] A real nomeação de Cristo como mediador. (2.) Concedendo-lhe plenos dons e graças: [1.] Cristo possuía uma divindade perfeita, natural e suficiente; [2.] Tinha uma plenitude que lhe foi comunicada. (3.) Fazendo com ele uma aliança relativa à sua obra: [1.] Com uma promessa de assistência. [2.] Com uma promessa de êxito. 2. O Pai coloca sobre ele a punição pelo pecado.

Capítulo 4. Das coisas que, na obra da redenção, são atribuídas de modo peculiar à pessoa do Filho: I. Sua encarnação. II. Sua oblação. III. Sua intercessão.

Capítulo 5. Ações peculiares do Espírito Santo nessa questão: I. Quanto à encarnação de Cristo. II. Quanto à oblação ou paixão de Cristo. III. Quanto à ressurreição de Cristo.

Capítulo 6. Os meios usados nessa obra pelos agentes acima mencionados: I. Os meios usados perfazem toda a dispensação da qual Cristo é chamado mediador: 1. Sua oblação. 2. Sua intercessão. II. Sua oblação não é um meio em si, mas somente veículo para sua finalidade e inseparável da intercessão de Cristo. 1. Ambas têm a mesma finalidade. 2. Ambas têm o mesmo alcance no que diz respeito aos mesmos objetos. 3. A oblação de Cristo é fundamento de sua intercessão.

Capítulo 7. Razões que provam a oblação e a intercessão de Cristo como um só meio no que diz respeito à consecução da mesma finalidade proposta e ao mesmo objeto pessoal. I. Elas estão vinculadas nas Escrituras. II. Ambas são atos do mesmo ofício sacerdotal. III. Da natureza da intercessão de Cristo. IV. Da identidade entre o que ele substituiu em sua oblação e o que resulta de sua intercessão. V. Ambas são vinculadas por ele mesmo (Jo 17). VI. A separação das duas resulta na triste realidade da retirada de todo consolo por sua morte.

Capítulo 8. Respostas às objeções de Thomas More aos argumentos anteriores em favor do vínculo indestrutível entre a oblação e a intercessão de Cristo, a saber: I. Cristo é um duplo mediador, tanto geral como específico, conforme supostamente se alega em 1Timóteo 2.5; 6.10; Hebreus 9.15. II. Quanto à substância da intercessão de Cristo, conforme Isaías 53.12; Lucas 23.34; João 17.21-23; Mateus 5.14-16; João 1.9. III. Cristo é sacerdote em favor de todos quanto a uma finalidade e em favor de apenas alguns quanto a todas as finalidades, conforme supostamente se alega em Hebreus 2.9; 9.14,15,26; Jo 1.29; 1João 2.2; Mateus 26.28.

LIVRO II

Eliminação das falsas e supostas finalidades da morte de Cristo, incluindo as distinções criadas para solucionar as diversas contradições da pretensa expiação universal; declaração da controvérsia.

Capítulo 1. Considerações preliminares para uma análise mais particular da finalidade e do efeito da morte de Cristo. I. A finalidade suprema da morte de Cristo relativamente a Deus. II. A finalidade subordinada de sua morte relativamente a nós.

Capítulo 2. Eliminação de finalidades equivocadamente atribuídas à morte de Cristo. I. Ela não representava sua vontade. II. Garantir-lhe o direito de salvar os pecadores não representava a vontade do Pai.

Capítulo 3. Especificamente da finalidade imediata da morte de Cristo e dos diversos meios pelos quais ela é idealizada. A finalidade imediata da morte de Cristo declarada especificamente nas Escrituras, a saber: I. As passagens que revelam a intenção e o conselho de Deus e o próprio pensamento do Salvador com relação a essa obra (Mt 18.11 etc). II. As passagens que afirmam a realização ou efeito de sua oblação (Hb 9.12,14,26 etc). III. As passagens que apontam para as pessoas pelas quais Cristo morreu (Mt 26.28; Is 53.11 etc.). A força da palavra "muitos" em vários textos e o argumento deles extraído, em comparação com outros textos, força esta substanciada nas objeções de Thomas More.

Capítulo 4. Da distinção entre impetração e aplicação: I. O sentido em que os adversários usam essa distinção e as diversas formas pelas quais a expressam. II. A distinção devidamente analisada. 1. A real natureza, o sentido e a sua aplicação: (1) Ela nada tem a ver com a intenção de Cristo. (2) Nessa questão, a vontade de Deus não está de modo algum condicionada a alguma coisa. (3) Tudo o que é obtido por Cristo não é concedido mediante condição, e a condição mediante a qual algumas coisas são concedidas é produto de aquisição. (4) Impetração e aplicação têm por objetos as mesmas pessoas. 2. O sentido atribuído pelos que procuram sustentar uma redenção universal fundamentados nessa distinção e uma exposição das várias opiniões acerca desse tema. III. Declaração da questão principal.

Capítulo 5. Ainda sobre aplicação e impetração. I. Estas, embora admitam distinção, não admitem separação relativa a seus objetos, conforme fica provado por vários argumentos. II. Vários argumentos que refutam a defesa feita pelos arminianos nesse tema (sob a alegação de que Cristo adquiriu todos os bens para todos os homens, bens que lhes são concedidos mediante condição, as quais, se não forem cumpridas justificam sua não concessão).

LIVRO III

Argumentos contrários à redenção universal extraídos da Palavra de Deus; afirmação da reparação e do mérito de Cristo.

Capítulo 1. Argumentos contrários à universalidade da redenção. Os dois primeiros extraídos da natureza da nova aliança e sua dispensação. Primeiro argumento: da natureza da aliança da graça firmada em Cristo, não com todos, mas apenas com alguns. Segundo argumento: da dispensação da aliança da graça não extensiva a todos, mas somente a alguns.

Capítulo 2. Mais três argumentos: Terceiro argumento: da natureza absoluta da aquisição feita por Cristo e de seus objetos. Quarto argumento: da distinção dos homens em dois grupos segundo o propósito eterno de Deus. Quinto argumento: as Escrituras em lugar algum afirmam que Cristo morreu por todos.

Capítulo 3. Mais dois argumentos baseados na pessoa representada por Cristo: Sexto argumento: Cristo morreu como substituto. Sétimo argumento: Cristo é mediador.

Capítulo 4. Santificação, causa da fé e sua substituição pela morte de Cristo. Oitavo argumento: a eficácia da morte de Cristo no tocante à santificação. Nono argumento: da substituição da fé pela morte de Cristo. Décimo argumento: o povo de Israel como antítipo.

Capítulo 5. Continuação dos argumentos e descrição da questão, primeiramente da redenção. I. Décimo primeiro argumento: a *redenção* pela morte de Cristo.

Capítulo 6. A natureza da reconciliação e o argumento nela baseado. II. Décimo segundo argumento: a *reconciliação* pela morte de Cristo.

Capítulo 7. A natureza da reparação feita por Cristo e os argumentos nela baseados. III. Décimo terceiro argumento: a *reparação* feita pela morte de Cristo. 1. O que é reparação. (1) Cristo fez reparação e como a fez; contra Grotius. (2) Atos praticados por Deus nessa questão. [1] Da justiça rigorosa, na condição de credor; contra Grotius. [2] Da soberania e domínio supremos. Consequências desses atos para aqueles por quem Cristo fez reparação. 2. Incoerência de todos esses elementos em relação à redenção universal.

Capítulo 8. Digressão sobre uma conferência acerca da reparação feita por Cristo. I. Sua coerência com o amor eterno de Deus por seus eleitos. II. A necessidade da reparação para cumprimento dos propósitos desse amor.

Capítulo 9. Segunda parte da digressão com argumentos que provam a reparação feita por Cristo. Primeiro argumento: Cristo tomou sobre si o pecado e a punição dele decorrente. Segundo argumento: Cristo pagou um resgate pelos pecadores. Terceiro argumento: Cristo fez expiação e trouxe reconciliação. Quarto argumento: a natureza do exercício de seu ofício sacerdotal sobre a terra. Quinto argumento: da necessidade decorrente para a fé e o consolo. Sexto argumento: de 2Coríntios 5.21 e Isaías 53.5.

Capítulo 10. O mérito de Cristo e argumentos decorrentes. IV. Décimo quarto argumento: do mérito atribuído à morte de Cristo. V. Décimo quinto argumento: As expressões "morreu por nós", "levou nossos pecados", é nosso "fiador" etc.

Capítulo 11. Último argumento geral. VI. Décimo sexto argumento: passagens específicas das Escrituras, a saber: 1. Gênesis 3.15. 2. Mateus 7.23 etc.

LIVRO IV

Resposta a todas as objeções consideráveis apresentadas pelos arminianos ou por outros em defesa da redenção universal; ampla apresentação de todos os textos das Escrituras que, com essa finalidade, são propostos e distorcidos.

Capítulo 1. Considerações preliminares visando à solução das objeções. I. O valor infinito do sangue de Cristo. II. A administração da nova aliança sob o evangelho. III. Distinção entre o dever do homem e o propósito de Deus. IV. O erro cometido pelos judeus no tocante ao alcance da redenção. V. A natureza e o significado dos termos gerais: 1. A palavra "mundo" e suas várias acepções. 2. A palavra "todos" com diferentes alcances. VI. Alusões a pessoas e coisas segundo sua aparência. VII. Diferença entre o julgamento da caridade e a verdade. VIII. O vínculo infalível de fé e salvação. IX. A mescla de eleitos e réprobos no mundo. X. Diferentes atos e graus de fé.

Capítulo 2. Introdução às respostas a objeções específicas. Resposta às objeções das Escrituras, a saber: I. A palavra "mundo" em diversas passagens bíblicas. 1. João 3.16 amplamente exposto e substanciado.

Capítulo 3. Desdobramento dos textos bíblicos remanescentes apresentados em confirmação da primeira objeção geral ou argumento da redenção universal. 2. 1João 2.1,2 amplamente exposto e ratificado. 3. João 6.51 explicado. 4. Ratificação de outros textos apresentados por Thomas More, a saber:

(1) 2Coríntios 5.19. (2) João 1.9. (3) João 1.29. (4) João 3.17. (5) João 4.42; 1João 4.14; João 6.51.

Capítulo 4. Resposta à segunda objeção geral ou argumento da universalidade da redenção. II. A palavra "todos" em diversas passagens bíblicas, a saber: 1. 1Timóteo 2.4,6. 2. 2Pedro 3.9. 3. Hebreus 2.9. 4. 2Coríntios 5.14,15. 5. 1Coríntios 15.22. 6. Romanos 5.18.

Capítulo 5. Resposta à última objeção ou argumento extraído da Escrituras. III. Textos que parecem defender a ideia de que alguns pelos quais Cristo morreu podem perecer, a saber: 1. Romanos 14.15. 2. 1Coríntios 8.11. 3. 2Pedro 2.1. 4. Hebreus 10.29.

Capítulo 6. Resposta ao vigésimo capítulo do livro *The universality of God's free grace* [A universalidade da livre graça de Deus], uma compilação dos argumentos empregados pelo autor (Thomas More) em sua obra para provar a universalidade da redenção. Respostas. Primeiro argumento: o sentido literal e absoluto das Escrituras. Segundo argumento: alegação de que as frases bíblicas não se submetem a limites. Terceiro argumento: a exaltação de Cristo como Senhor e Juiz de todos (Rm 14.9,11,12). Quarto argumento: a oferta da morte de Cristo feita a todos pelo evangelho. Quinto argumento: a confissão que todos farão de Cristo. Sexto argumento: as Escrituras, suas afirmações e consequências. Respostas às provas do sexto argumento. 1. Em 1João 4.14; 1.4,7; 1Timóteo 2.4. 2. Alguns textos anteriormente ratificados. 3. Salmos 19.4; Romanos 5.18; Atos 14.17 etc. 4. João 16.7-11 etc. 5. Ezequiel 18.23,32; 33.11 etc. 6. Mateus 28.19,20; Marcos 16.15; Isaías 45.22 etc. 7. Atos 2.38,39 etc. 8. 1Coríntios 15.21,22, 45-47; Romanos 3.22-25 etc. 9. Mateus 28.19,20; 2Coríntios 5.19 etc. 10. Mateus 5.44,48; 1Timóteo 2.1-4 etc. 11. 1Timóteo 2.3,8 etc. 12. 1Coríntios 6.10,11 etc. 13. Tito 2.11,13, 3.4,5 etc. 14. João 3.19 etc. 15. Objeções bíblicas aos homens. 16. Judas 4,12,13 etc. 17. Romanos 14.9-12 etc. 18. Judas 3-5.

Capítulo 7. Respostas a outras objeções da razão. Primeira objeção: os homens são obrigados a crer que Cristo morreu por eles. Segunda objeção: alegação de que a doutrina da redenção particular ocupa a mente dos pecadores com dúvidas e hesitações quanto à obrigatoriedade da fé; resposta à objeção. Terceira objeção: essa doutrina deprecia a liberdade da graça; resposta à objeção. Quarta objeção: essa doutrina deprecia o mérito de Cristo; resposta à objeção. Quinta objeção: essa doutrina desfigura o consolo do evangelho; como resposta, prova-se o seguinte: 1. A doutrina da redenção universal não apresenta fundamentos para o consolo. 2. Ela praticamente destrói o verdadeiro fundamento para o consolo. 3. A doutrina da redenção particular não é passível de justas objeções relativas a esse tema. 4. Essa doutrina é o verdadeiro e sólido fundamento de todo consolo permanente — Editor.

Ao justo e honorável Robert, Conde de Warwick[1]

Meu senhor:
Não foi com o intuito de privilegiar o tratado a seguir, nem para me aproveitar de vossa dignidade e honra pessoais, que me convenci de ousadamente aqui prefixar vosso honroso nome. Que o bom sucesso ou o fracasso deste tratado sejam consequências do juízo de valor a ele atribuído pelos leitores. Vosso caráter é o que verdadeiramente agrega nobreza a Vossa Senhoria e conduziu vossa família à posteridade com o eminente brilho acrescentado ao rol de vossos honrados ancestrais. Caso quisesse escrever o presente tratado por mim mesmo, minha falta de aptidão para empreender tal tarefa tornaria necessariamente meu desempenho inaceitável.

Tampouco desejo de forma alguma tentar conquistar ainda mais vosso favor por meio deste tratado, o qual desfruta de condição muito inferior se comparado ao que já recebi de Vossa Senhoria. Estou plenamente decidido a não visar dentre os filhos dos homens nenhuma estima além daquela que me seja concedida pelo ato de me desincumbir de meu dever diante de Jesus Cristo, meu Senhor. Dele sou inteiramente.

Não é por nenhuma dessas razões que aqui prefixo vosso nome, nem por nada parecido, nem por assuntos e finalidades habituais das dedicatórias, reais ou simuladas. Viso apenas aproveitar a oportunidade para testemunhar a todo o mundo a resposta do meu coração à responsabilidade que Vossa Senhoria se agradou de me impor. Concedestes o favor imerecido, e que por mim não foi buscado, de abrir a porta que vos foi confiada, para me dar acesso ao lugar para onde fui dirigido pela providência do Altíssimo a pregar o evangelho, lugar onde fui procurado por seu povo. Ouso dizer, pela graça de Deus, que uma variedade de orações e agradecimentos é oferecida a Vossa Senhoria e em vosso favor, cujo coração não desprezará outro coração que aprendeu a valorizar o menor entre os de Cristo, quem quer que seja. E é oferecida em favor daquele que é menos do

---

[1] Esse nobre é retratado por Neal como "o maior defensor dos puritanos". Ele ocupou o cargo de almirante na frota parlamentar. Tomou posse dos navios que pertenciam ao rei e os usou contra os interesses da coroa ao longo de toda a guerra. Foi desse nobre que Owen recebeu a indicação para ser ministro em Coggeshall. Seu caráter honesto e amável foi amplamente reconhecido mesmo após sua morte, sendo lembrado como "O Bom Conde de Warwick". (N. do E.)

que o menor de todos os santos de Deus, indigno do nome que, mesmo assim, ousadamente subscreve — aquele que, de Vossa Senhoria, é o servo mais agradecido a serviço de Jesus Cristo,

John Owen

Dois depoimentos sobre o tratado a seguir

Leitor,
Principalmente sobre duas colunas carcomidas sustenta-se a estrutura do arminianismo dos últimos dias (ovo posto pelo velho pelagianismo, que esperávamos já estar podre, mas sobre o qual ele se mantém, chocado pelas extravagantes ideias das mentes apóstatas e degeneradas de nosso meio).

Uma dessas colunas é a afirmação de que *Deus ama a todos igualmente*, tanto Caim quanto Abel, tanto Judas quanto o restante dos apóstolos.

A outra é que Deus, para *viabilizar a redenção de todos a quem ele disponibiliza o evangelho, oferece tanto Cristo, a grande dádiva de seu amor eterno, quanto o poder de nele crer*. Por isso, a redenção pode ser aplicada com eficácia para a salvação daqueles que decidem fazer uso do que lhes é colocado à disposição.

A primeira afirmação destrói a graça *livre* e *especial* de Deus, pois lhe confere alcance universal. A segunda permite que o homem se glorie em si mesmo e não em Deus. Assim, não há diferença nas ações de Deus, tanto para salvar o crente quanto o réprobo. Cristo morreu igualmente por ambos e lhes concede a capacidade de aceitarem Cristo. O próprio homem toma uma decisão baseada em seu livre-arbítrio. Cristo coloca diante de ambos a salvação e a capacidade de serem salvos.

Essa doutrina maldita desvia as sagradas Escrituras de seu próprio alvo, que é abater o orgulho do homem e levá-lo ao desespero quando olha para si mesmo, ao mesmo tempo que promove e estrutura a glória da livre graça de Deus desde o início até o fim da salvação do homem. A mão do homem lança o alicerce de sua casa espiritual e pode edificá-la até o fim.

O reverenciado e culto autor deste livro recebeu de Deus (a exemplo de Sansão) força para pôr abaixo essa casa carcomida, derrubando-a sobre a cabeça dos filisteus que a sustentavam. Leia-o com toda diligência. Não tenho dúvida de que o leitor se juntará a mim para afirmar que os assuntos que correm pelas veias de cada argumento são deveras variados, conduzidos com a força de um juízo marcado por sua natureza sóbria e profunda, carreados pela vida e pelo poder de um espírito celestial, todos expressos com palavras sábias e diretas, tanto que o leitor se deliciará com a leitura e louvará a Deus pela vida do autor. Minha sincera oração é que tanto o autor quanto o tratado sejam cada vez mais úteis. O mais indigno dos ministros do evangelho,

Stanley Gower[2]

Leitor cristão,
Somente a tal dirigem-se estas palavras. Pelo fato de essa designação ser marca de distinção, ela seria inadequada se todos na presente era do evangelho portassem o precioso nome de Cristo, ou se esse nome fosse de amplo e geral conhecimento. Mas se Deus estabelece uma distinção entre uns e outros, quer aceitemos, quer não, então não há o que discutir, a diferença existe — diferença que Deus e Cristo impõem unicamente por beneplácito deles.

Este livro se empenha visceralmente na luta por essa verdade em oposição à heresia da *redenção universal*. Com a devida licença do leitor, não posso deixar de chamar isso de heresia, a menos que se tenha descoberto enquanto o mundo continua sendo mundo, que Adão e todos que o sucederam, pela via natural de geração, foram colocados por Cristo na condição de redimidos e feitos cristãos, mas depois caíram, gerações inteiras deles, e perderam tal condição e sua natureza cristã, passando à condição de ateus, sem Deus no mundo, e de pagãos, judeus e turcos, como os vemos nestes dias.

Do autor deste livro pouco sei além do nome. É por causa do próprio livro que ouso escrever estas poucas linhas. Tendo ele me sido entregue para examiná-lo, sua leitura me foi útil e prazerosa. Tive prazer na precisão dos argumentos, na clareza e amplitude das respostas e na franqueza da linguagem. Foram-me úteis a defesa de passagens bíblicas mal-usadas, a luz projetada sobre lugares obscuros e, principalmente, a revelação do mistério oculto de Deus Pai e de Cristo na gloriosa obra de redenção pela graça. Esse tratado promete prazer e utilidade semelhantes a todos os leitores atentos, pois a presente controvérsia é ventilada de tal forma que a doutrina da fé, na qual devemos crer, é ensinada com plena destreza. Na obra de redenção, a glória de cada pessoa na unidade da Divindade se distingue com brilho e esplendor; a heresia dos arminianos é golpeada no maxilar, e seus promotores, submetidos a cabresto.

---

[2]Teólogo puritano de considerável eminência e membro da Assembleia de Westminster. Foi ministro de Brampton Bryan, em Herefordshire, e depois em Dorchester, onde parece que, por volta de 1660, ainda estava vivo. (N. do E.)

Se, na terra, o sangue puder estar separado da água e do Espírito — puder testemunhar sozinho ou testemunhar onde a água e o Espírito concordem em não se fazer presentes; se, no céu, o Verbo der testemunho sem o Pai e o Espírito Santo; se o Pai, o Verbo e o Espírito Santo não forem um só em *essência*, assim como também não forem um só no que diz respeito à *vontade*, à *obra* e ao *testemunho da redenção dos pecadores*, então se poderá considerar verdadeira a redenção universal de todo e qualquer pecador, embora ele não seja eleito pelo Pai nem santificado ou selado pelo Espírito da graça. A glória da graça de Deus, livre e divisória, e a salvação dos eleitos pela redenção em Jesus Cristo são o desejo genuíno e o supremo alvo de todo verdadeiro cristão. Visando a esse desejo e alvo, declaro-me para sempre pronto a servir o leitor. Em Cristo Jesus,

Richard Byfield[3]

---

[3]Richard Byfield foi expulso pelo Ato de Uniformidade de Long Ditton, no condado de Surrey. Além de alguns sermões e tratados, foi autor de *The doctrine of Sabbath vindicated* [A doutrina do sábado vindicada]. Ele sofreu suspensão e confisco de bens por quatro anos por não apoiar o *Book of sports* [Livro dos esportes] (que regulamentava as atividades recreativas permitidas aos domingos e em feriados religiosos). Foi membro da Assembleia de Westminster. Durante o tempo de Cromwell, houve uma divergência entre ele e o patrono da paróquia, Sir John Evelyn, sobre as reformas da igreja. Cromwell os reuniu, conseguiu reconciliá-los e, para consolidar a reconciliação, generosamente adiantou cem libras, metade da quantia necessária para as reformas. Byfield não conhecia Owen, nem mesmo pelo nome, quando deu sua recomendação para este trabalho. Na época, era importante para Owen ter o respaldo de Byfield; e o favor é retribuído pelo fato de que Byfield deve a maior parte de sua própria fama perante a posteridade ao apoio que deu ao jovem e promissor autor teológico de sua época. (N. do E.)

Ao leitor

Leitor,
Se pretende seguir adiante, eu o convido a se deter neste ponto por um momento. Se, a exemplo de muitos nestes dias de dissimulação, for um apreciador de títulos e subtítulos e se encarar os livros como alguém que entra em um teatro e depois simplesmente sai — você já se divertiu; adeus! Mas gostaria de dirigir algumas palavras introdutórias àquele que decidir fazer um exame sério do texto abaixo e de fato quiser ficar satisfeito com a palavra e com a razão cristã no importante conteúdo a seguir. Há diversos pontos relevantes para o tema que nos dispomos a analisar, e não tenho dúvida de que o leitor os conhece. Portanto, não o submeterei ao incômodo de uma repetição desnecessária.

Apenas peço sua permissão para preambular esta iniciativa fazendo uso das conclusões de alguns de meus arrazoados após mais de sete anos de pesquisa séria acerca do pensamento de Deus nessas questões. Espero que eles estejam sustentados com a força de Cristo e tenham sido guiados por seu Espírito. Incluirei uma análise séria de tudo o que pude depreender das ideias que a sagacidade humana, no passado distante ou nos últimos dias, publicou em oposição à verdade. É isto que desejo declarar aqui em conformidade com a medida do dom recebido. Portanto, gostaria que o leitor observasse algumas coisas relativas ao tema principal.

Primeira, a afirmação da *redenção universal*, ou resgate geral, não atinge *sozinha* nem o menor de seus alvos. Para que isso se tornasse aceitável, seria preciso eliminar a eleição gratuita pela graça como fonte de todas as dispensações seguintes e todos os propósitos seletivos do Todo-Poderoso que dependam de sua vontade e beneplácito. Por isso, aqueles que por um momento ("populo ut placerent, quas fecere fabulas") desejam preservar a noção de uma livre graça eternamente seletiva acabam esgarçando todo o tecido imaginário da redenção geral por eles entrelaçado no que diz respeito a qualquer fruto ou proveito dela advindos. Alguns conferem ao decreto de eleição uma "anterioridade à morte de Cristo" (conforme eles próprios absurdamente declaram). Eles assim configuram uma dupla eleição[4] em que

---

[4] Thomas More, *The universality of free grace* [A universalidade da livre graça]. (Ele se refere a um autor conhecido pelo nome de Thomas More [N. do E.].)

alguns são eleitos para serem filhos, e os outros, para serem servos. Mas a eleição de alguns para serem servos é o que as Escrituras chamam de "reprovação". Elas se referem a isso como uma questão ou propósito de rejeição (Rm 9.11-13). Ser um servo, em comparação com a liberdade de que desfrutam os filhos, é o mais alto grau de maldição que se pode expressar (Gn 9.25). Seria essa a eleição de que tratam as Escrituras? Ademais, se Cristo morreu para viabilizar a adoção e a herança de filhos àqueles pelos quais morreu, que vantagem haveria para os que foram predestinados à condição de servos? Outros[5] afirmam um decreto geral condicional como realidade anterior à eleição. Eles declaram que este se trata do primeiro propósito seletivo relativamente aos filhos dos homens, algo que depende unicamente do beneplácito de Deus. Eles negam que somente os eleitos se beneficiarão da morte de Cristo ou dos frutos dela advindos, seja graça ou glória. Ora, qual a finalidade disso? A que propósito serve o resgate geral, a não ser que o Deus todo-poderoso permitiria que o precioso sangue de seu amado Filho fosse derramado por um número incalculável de almas, as quais não se beneficiariam de uma única gota e, portanto, no que lhes diz respeito, seria um sangue derramado em vão ou vertido somente para que elas sofressem uma condenação maior ainda? Assim, essa fonte da livre graça, o alicerce da nova aliança, o fundamento de todas as dispensações do evangelho, esse fértil ventre de todas as eternas misericórdias seletivas do propósito de Deus segundo a eleição, tudo isso deve ser rebatido, desprezado, objeto de blasfêmia, para que uma invenção dos filhos dos homens não pareça *truncus ficulnus, inutile lignum,* um disparate; e todos os pensamentos do Altíssimo que fazem distinção entre os seres humanos devem ser adaptados às iniciativas humanas santas e espirituais, segundo dizem alguns, ou delas derivados, conforme dizem outros. *Gratum opus agricolis* — um saboroso sacrifício ao deus romano Baco, uma orgia sagrada ao deplorável Pelágio.

Em segundo lugar, o livre-arbítrio (o grande amor deformado da natureza corrompida, a Palas Atena ou amada autoconcepção de mentes obscurecidas) encontra corações e braços abertos para seus abraços adúlteros. Sim, a sorte está lançada, e o Rubicão foi transposto, *eo devenere fata ecclesiæ*. O livre-arbítrio, opondo-se à livre graça seletiva de Deus como a única inimiga declarada, avança. Apresenta-se como uma capacidade inata que todos têm para se apossar de um pouco da misericórdia geral sob o nome de livre graça. *Tantane nos tenuit generis*

---

[5] Camero, Amyrald etc.

fiducia vestri? Esta é a livre graça dos universalistas, a qual, segundo as Escrituras, é a natureza maldita e corrompida. Nem poderia ser ela outra coisa. Uma redenção geral sem livre-arbítrio não passa de phantasiae inutile pondus — "fantasias inúteis". Para eles, o mérito da morte de Cristo é como um frasco de bálsamo, que não tem poder para atuar ou se aplicar a indivíduos em particular. Colocado à vista de todos pelo evangelho, aqueles que quiserem, por esforço próprio, dele tomar posse e aplicá-lo a si mesmos, podem ser curados. É por isso que esse velho ídolo do livre-arbítrio tem desfrutado de tanta estima e valor nestes dias. É tão útil à redenção geral, que esta não pode viver um único dia sem ele. Se o que as Escrituras dizem for verdade, a saber, que estamos naturalmente mortos em nossas "transgressões e pecados", das águas do resgate geral não sobrará uma gota sequer para nos dessedentar. A exemplo da madeira da videira, dele não se faz nem uma estaca onde se pendure uma roupa. O leitor encontrará no tratado a seguir uma plena declaração dessas coisas. Mas aqui, embora todas as ações e iniciativas babilônicas dos antigos pelagianos, com seus sucessores artificiosos, os arminianos dos últimos dias, pareçam fáceis e simples, mostrarei ao leitor abominações piores que essas e outras revelações das imagens produzidas pelo coração dos filhos dos homens. Apoiando a ideia de redenção universal, não foram poucos os que chegaram a negar o mérito de Cristo e a reparação feita por ele, conforme o caminho naturalmente tomado por essa teoria. P - H -, sendo incapaz de desfazer esse nó górdio, ousou simplesmente cortá-lo, inutilizando assim ambas as pontas da corda. Cristo morreu por todos os homens ou não? Ele responde: "Ele não morreu por todos nem por ninguém, mas para comprar vida e salvação para eles". ῏Ω τᾶν ποῖόν σε ἔπος φύγεν ἕρκος ὀδόντων; será o maldito socinianismo expresso em um glorioso descortinar da livre graça? Se pedirmos provas dessa afirmação, não nos desapontaremos se esperarmos argumentos aquileus, invencíveis. Aliás, o que ouviremos serão palavras pretensiosas, expressões estrepitosas e ruídos vazios. Tal é o discurso produzido pelos que não sabem do que falam nem o que afirmam. Produtos pomposos e desprezíveis! Pobres criaturas, cuja alma é mercadejada pelas novidades e vaidades de faces maquiadas. Enquanto esses Joabes nos saúdam com o ósculo da livre graça, não percebemos que trazem nas mãos a espada que nos será cravada no abdômen e ferirá de morte a fé e a consolação cristãs. A profunda humilhação de nosso bendito Redentor consistiu em ter ele levado sobre si o castigo que nos traz a paz e a punição de nossas transgressões, em ter sido feito maldição e pecado, abandonado sob a ira e o poder da morte, em ter conquistado a redenção e a remissão dos pecados pelo derramamento de seu sangue, em ter se oferecido como sacrifício a Deus, para fazer reconciliação e adquirir a expiação, em sua intercessão contínua no santo dos santos, com todos os benefícios de sua mediação. Parece que, para os universalistas, nada disso conquistou vida e salvação, nem a remissão de pecados, mas serviu apenas para declarar que não somos aquilo que as Escrituras afirmam sermos, a saber, malditos, culpados, corrompidos e destinados ao inferno. "Judas, com um beijo trais o Filho do Homem?". Veja uma contestação mais ampla desse ponto no livro III.

Ora, esta última afirmação, plenamente fantasiosa, abriu uma porta a todas aquelas pretensas e gloriosas iniciativas que transformaram a pessoa e a mediação de Cristo em amor e bondade difusas, transmitidas pelo Criador à nova criação. Isso é mais absurdo que as fábulas de Cerdão e menos inteligível que os números platônicos e os éons valentinianos.[6] Nem a corrupção das Escrituras levada a cabo por Marcião, aquele verme do Ponto, se iguala ao desprezo e escárnio advindos desses patéticos impostores, que isentam de juízo suas descobertas verbalizadas e exaltam suas revelações a um nível acima de sua autoridade. Alguns não param por aqui; mas as portas do próprio céu estão escancaradas para todos. Partindo da redenção universal, por meio da justificação universal em uma aliança geral, eles chegam ("haud ignota loquor") à salvação universal. Ademais, a herança que adquirem não pode ser perdida.

Quare agite, ô juvenes, tantarum in munere laudum,
Cingite fronde comas, et pocula porgite dextris,
Communemque vocate Deum, et date vina volentes.[7]

Segui, jovens destemidos, no louvor dessa livre graça;
Cercai vossas comportas com baías; e segurai cálices cheios
em vossa mão direita; bebei à vontade, então
conclamai a esperança comum, o resgate geral.

Não me oponho ao que motiva essa e outras convicções, pois são completamente novas aos desta geração. Mas, a propósito, permitam-me acrescentar,

---

[6]Ireneu, *Contra as heresias* 6,7,14,15 etc [publicado em português por Paulus sob o título *Contra as heresias*]; Clemente de Alexandria, *Stromata* 3; Epifânio, *Panarion* 31; Tertuliano, *Contra os valentinianos*.
[7]Virgílio, *Eneida* 8.273 et seq [publicado em português por Editora 34 sob o título *Eneida*].

cada geração se empenha na busca da verdade. Ainda não chegamos ao fundo do poço do mal ou da virtude. Há cinco mil anos ou mais, todo o mundo vem se envolvendo na prática da iniquidade. Ainda assim, *aspice hoc novum*, "contemplem esta novidade", pode ser a conclamação diante de um crime. Contemplem-se as novas invenções de cada dia! Assim, não causa espanto a ideia de que ainda não se descobriu toda a verdade. A eles ainda pode ser revelada alguma coisa, eles que ainda não se convenceram. Não é de admirar que Saul estivesse entre os profetas, pois quem eles têm por pai? Não seria ele livre em suas dispensações? Todas as profundezas das Escrituras, onde elefantes poderiam nadar, já foram atingidas? Observem-se os avanços do último século na revelação das verdades de Deus e ninguém seria tão obstinado, a ponto de alegar que nada mais há para ser descoberto. Pretendo me opor apenas ao desejo veemente de fantasias corrompidas, à audácia de mentes obscurecidas e ao desperdício lascivo da inteligência, que ventilam inutilidades recém-criadas, vaidades insignificantes, tudo isso misturado a alguns toques de blasfêmia.

Oponho-me a isso, em especial considerando a mentalidade dos dias em que vivemos, a qual, por um meio ou outro, é causa de um interesse quase generalizado por novidades. "Alguns são ingênuos; outros, negligentes; outros caem em heresia e alguns a procuram."[8] A cada dia aumenta em mim a grande suspeita (da qual eu agradeceria se me livrassem, desde que sobre fundamentos sólidos) de que o orgulho do espírito, com o objetivo de crescer diante da opinião dos outros, semelhante ao que motivou Heróstrato, tem levado muitos à concepção e publicação de algumas falsas ideias facilmente inventadas. Por acaso não poderíamos cogitar também que, levados pela mesma ânsia de superar seus colegas, eles praticamente lutam para idear artifícios únicos? Ainda que por meio de associações desesperadas, ser seguidor dos outros é um ato assaz vexatório.

Aude[9] aliquod brevibus Gyaris, et carcere dignum,
Si vis esse aliquis: probitas laudatur et alget.[10]

---

[8]*Quidam creduli, quidam negligentes sunt, quibusdam mendacium obrepit, quibusdam placet.*
[9]*In tam occupata civitate fabulas vulgaris nequitia non invenit.* — Sêneca, *Cartas a Lucílio* 120 [publicado em português por Fundação Calouste Gulbenkian sob o título *Cartas a Lucílio*].
[10]Juvenal, *Sátiras* 1.74 [publicado em português por Ediouro sob o título *Sátiras*].

Se nestes dias agitados, amigos, quisermos que tais ideias se destaquem, que não seja nenhum pecado de menor monta, nenhuma opinião subalterna. Acerca das heresias comuns, poderíamos dizer:

Quis leget hæc? Nemo hercule nemo,
Vel duo, vel nemo.[11]

Quem lerá essas coisas? Nem uma só pessoa, sem dúvida, nem uma só pessoa, talvez duas, ou nem uma só.

É mister que sejam feitos gloriosos, além da compreensão humana e acima da sabedoria da palavra, aquilo que atrai o olhar das pobres almas enganadas. Possa o grande pastor das ovelhas, nosso Senhor Jesus Cristo, trazer de volta os que vagueiam longe do aprisco! Mas, voltando ao ponto de onde fizemos essa digressão:

Essa teoria é uma Helena fatal, uma fantasia inútil, estéril e infrutífera, cuja entronização tem causado às igrejas de Deus discussões monótonas e cansativas; uma espécie de Roma, lugar desolado, sujo e cheio de barracos, enquanto o mundo todo não é roubado e saqueado para enfeitá-la. Vamos supor que Cristo tenha morrido por todos, mas se Deus, em seu livre propósito, escolheu alguns que obteriam vida e salvação, deixando os outros de lado, o benefício seria dos *escolhidos* ou de *todos*? Certamente, o propósito de Deus prevalecerá, e ele fará o que for de seu agrado. Portanto, ou a eleição (em conformidade com Huberus), em uma crassa contradição, deve se tornar em algo universal, ou o Altíssimo deve abdicar de seus pensamentos em favor do livre-arbítrio do homem. Mas se a livre graça de Deus atua de forma eficaz sobre alguns, mas não sobre outros, terão estes últimos, preteridos por sua poderosa atuação, algum benefício na redenção universal? O benefício não será maior do que aquele obtido pelos egípcios sobre cujas casas sem a marca do sangue o anjo passou, deixando mortos atrás de si. Então, a livre graça, poderosa e soberana, deve recolher suas velas, para que o livre-arbítrio, à semelhança dos navios alexandrinos com destino aos portos de Roma, possa entrar com suas velas estendidas, pois, sem ele, todo o território da redenção universal certamente ficará à míngua. Mas se as doutrinas da eleição eterna de Deus, da livre graça da conversão, da perseverança e de suas necessárias

---

[11] Pérsio, *Sátiras* 1.2 [publicado em português por Arche sob o título *Sátiras*].

consequências forem afirmadas, o livre-arbítrio se mostrará risível. Ele não tem a mínima aparência de benefício ou consolação, mas somente o que rouba da soberania e graça de Deus. Mais adiante trataremos disso.

Algumas ciladas retóricas costumam ser usadas pelos defensores do resgate geral. Com sua paciência, caro leitor, nós as examinaremos neste início para afastar algumas ideias errôneas que podem se colocar no caminho da verdade.

Em primeiro lugar, eles dizem que a glória de Deus é grandemente exaltada por essa teoria, uma vez que sua *boa vontade e bondade para com os homens se manifestam copiosamente na ampliação de seu alcance*. A livre graça de Deus, restringida por outros, é apresentada com uma benignidade poderosa. Com efeito, o que eles afirmam é o seguinte: "Tudo estará bem quando Deus estiver satisfeito com aquela porção de glória que lhe atribuímos". Os príncipes deste mundo veem grande sabedoria na sobrevalorização de seus favores e enchem a boca para ostentar seus feitos. Por acaso, seria aceitável mentir por Deus, ampliando sua generosidade além dos limites e marcos eternos para ela fixados em sua Palavra? Mude um fio de cabelo de sua cabeça, ou acrescente meio metro à sua própria estatura antes de conceder ao Todo-Poderoso alguma glória que ainda não lhe pertença. Mas, em grande parte, é assim que a natureza corrompida trata os mistérios, dessa forma manifestando sua indignidade e perversidade. Eles dizem que não há problema se a graça divina se estende a todos os ofensores, embora sua graça seja livre, e se ele age como bem entende com aqueles que são seus, sem precisar dar explicação alguma; nesse caso, ele é gracioso, misericordioso etc. Mas, uma vez que se diga que as Escrituras apresentam sua soberania e sua graça livre e seletiva, harmonizadas em sua dispensação com seu propósito segundo a eleição, então Deus é visto como desumano, monstruoso, mau e terrível. Os mais cultos saberão onde se encontra esse tipo de afirmação, e não farei propaganda dessas blasfêmias. Tertuliano refere-se às divindades pagãs nos seguintes termos: *Si deus homini non placuerit, deus non erit* (se deus não agrada aos homens, ele não é deus). Deverá a mesma afirmação se aplicar a nós? Deus nos livre disso! Esse orgulho nos é inato;[12] defendê-lo é uma atitude que faz parte de nossa condição corrompida. Se, porém, quisermos afirmar a glória de Deus, usemos a linguagem dele, ou nos calemos para sempre. A glória que nele há é a glória que ele atribui a si próprio. Nossas invenções, por mais esplêndidas que sejam aos nossos olhos,

---

[12] *Natura sic apparet vitiata ut hoc majoris vitii sit non videre.*— Agostinho.

são abominações para ele, tentativas de demovê-lo de sua eterna excelência para igualá-lo a nós. Deus jamais permitiria que sua honra fosse definida segundo a vontade da criatura. A obediência do paraíso era uma obediência regulamentada. Desde o momento em que passaram a existir criaturas para adorá-lo, suas prescrições têm sido a base da aceitação de qualquer dever. Até os pagãos sabiam que o único serviço aceitável a Deus era o que ele mesmo havia exigido, e a única glória que ele aceitaria era a glória que ele mesmo revelara, para que nela se manifestasse glorioso. Assim, Epimênides[13] advertiu os atenienses em ocasiões de perigo a sacrificar Θεῷ προσήκοντι, "àquele a quem fosse devido e aceitável", o que deu ocasião ao altar que Paulo viu com a inscrição Ἀγνώστῳ Θεῷ, "ao Deus desconhecido". Sócrates nos diz, por meio de Platão,[14] que todos os deuses devem ser adorados τῷ μάλιστα αὐτῷ ἀρέσκοντι τρόπῳ, "da forma que mais lhes agrade a mente". No cristianismo, Jerônimo estipula como regra: "honos præter mandatum est dedecus", ou seja, Deus é desonrado pela honra que lhe é atribuída fora de suas prescrições, ideia habilmente fundamentada no segundo mandamento: *Non imago, non simulachrum damnatur, sed non facies tibi*. Atribuir a Deus algo que ele não atribui a *si mesmo* é desrespeitar o mandamento não farás para ti, uma divinização de nossos próprios pensamentos. Portanto, deixem os homens de esquadrinhar a glória de Deus segundo seus próprios critérios corrompidos e de acordo com suas convicções ainda mais corruptas. Somente a Palavra deve arbitrar as coisas de Deus. Espero que o presente tratado não apresente nada contrário às ideias naturais de Deus e de sua bondade que tenha ficado retido nas tristes ruínas de nossa ingenuidade. Com base nisso, declaramos que toda a glória de Deus supostamente afirmada pela teoria do resgate geral, por mais magnífica que pareça à nossa natureza obtusa, não passa de uma retórica pecaminosa, pois obscurece a glória na qual Deus de fato se compraz.

Em segundo lugar, em uma estrutura fortemente fictícia, afirma-se que a importância e o valor da reparação feita por Cristo são copiosamente ampliados se ela for aplicada a todos os homens, ao contrário do que professa a extensão limitada a alguns. Além de estender as coisas de Deus além dos limites que o próprio Deus estabeleceu para elas, o mérito da morte de Cristo, consistindo em sua própria importância e suficiência internas e dando ocasião ao mister imposto

---

[13]Diógenes Laércio, *Vidas e doutrinas dos filósofos ilustres* [publicado em português por UnB sob o título *Vidas e doutrinas dos filósofos ilustres*].
[14]Platão, *Leis* [publicado em português por Edições 70 sob o título *Leis*, 2 vols]

à justiça de Deus quanto à sua aplicação em favor daqueles pelos quais Cristo morreu, esse mérito fica apequenado, enfraquecido e desconsiderado, como se jamais pudesse trazer algum benefício para alguma alma em particular. Essa teoria é plenamente exposta no presente tratado, o que me leva a desejar que ele seja digno da sincera atenção do leitor, uma vez que não se trata de uma questão de pequena monta.

Em terceiro lugar, muitos textos das Escrituras, aparentemente favoráveis à redenção universal, encerram ambiguidades em algumas palavras, figuradas ou indefinidas, mas parecem ter um alcance universal. Esses textos são motivo de grande regozijo para os defensores dessa teoria. Quanto a isso, desejo apenas que o leitor não se impressione com a quantidade de textos das Escrituras recentemente reunidos por alguns (em especial, por Thomas More em *The universality of free grace* [A universalidade da livre graça]), como se essas passagens provassem e confirmassem a teoria em favor da qual são apresentadas. Em vez disso, prepare-se para se impressionar diante da ousadia com que certas pessoas, em particular a acima citada, fazem malabarismos retóricos sem lastro algum. Não obstante todo o seu engodo, ficará claro que eles sustentam o peso dessa construção com três ou quatro textos das Escrituras, a saber, 1Timóteo 2.5,6; João 3.16,17; Hebreus 2.9; e 1João 2.2, e alguns poucos outros. Tal sustentação é feita com base na ambiguidade de duas ou três palavras, as quais, não há como negar, permitem várias acepções. Estas são examinadas mais a fundo no tratado a seguir. Nossos adversários não se defendem com absolutamente nenhuma passagem que tenha bons fundamentos para se oporem à redenção eficaz limitada aos eleitos. O livro de Thomas More será submetido a uma completa averiguação e despojado de sua suposta força.

Em quarto lugar, alguns homens têm equivocadamente se convencido de que a opinião dos universalistas presta um grande serviço na apresentação do amor e da livre graça de Deus. Eles fazem da gloriosa expressão "livre graça" o único elemento formulado nessa teoria, a saber: "Deus ama a todos igualmente, enviou Cristo para morrer por todos e está disposto a salvar a todos os que a ele recorrerem". Vemos todos os dias quantas pessoas mordem ansiosamente a isca e são pegas pelo anzol dessa teoria. A grande verdade é que ela destrói completamente a livre graça seletiva de Deus em todas as suas dispensações e atuações. Ela claramente se opõe à livre graça da eleição, conforme já dissemos, e ao próprio amor que levou Deus a enviar seu Filho. Sua livre graça do chamado eficaz precisa dar lugar ao celebrado livre-arbítrio. Aliás, toda a aliança da graça é cancelada pelo universalismo com sua ideia de eliminação da ira devida à quebra da aliança das obras. O que mais eles poderiam imaginar que seria concedido a "todos" aqueles com os quais, eles afirmam, a aliança foi firmada? Por certo, eles não levam em conta João 3.36. Não obstante a retórica da livre graça, eles se veem obrigados a conceder que, depois de tudo o que foi realizado pela morte de Cristo, é possível que ninguém seja salvo. Espero assim ter apresentado aqui uma prova cabal: se o que Cristo conquistou por sua morte se limita ao que eles atribuem a ela, é impossível que alguém seja salvo. *Quid dignum tanto?*

Em quinto lugar, a teoria da redenção universal tem a vantagem de apresentar aos que dela se convencem um rápido meio de se livrarem de suas dúvidas e perplexidades, dando-lhes toda a consolação que a morte de Cristo pode dar, antes mesmo que sintam o poder dessa morte atuando sobre eles. A eficácia da livre graça não lhes é necessária para se unirem a Cristo na promessa, nem precisam ter algum interesse específico por ele. Consideram que contemplar essas coisas e esperar por elas é enfadonho para a carne e o sangue. Alguns alardeiam que essa convicção efetua em uma hora aquilo que há sete anos esperavam obter sem sucesso algum. Para dissipar essa retórica precária e vazia, mostrarei adiante que ela tem plenas condições de enganar multidões com engodos aparentemente plausíveis, mas a grande verdade é que ela compromete o próprio fundamento da forte e infalível consolação que Deus deseja intensamente outorgar aos herdeiros da promessa.

Essas e outras são as ciladas com as quais os defensores do resgate geral procuram se recomendar às almas crédulas. Por meio deles, conseguem fácil acesso à fé dessas almas, para que venham a engolir e digerir o veneno amargo que as espreita no fundo do cálice que lhes é oferecido. Para livrar sua mente das generalidades vazias, achei adequado apresentar ao leitor apenas um panorama neste início, para lhe dar melhores condições de examinar com cuidado todas as coisas sem usar dois pesos e duas medidas. Mais à frente, o leitor poderá averiguar dados mais específicos onde reside a grande força de nossos adversários. Por ora, resta-me fazer ao leitor cristão um breve relato de meu chamado para esta obra e de como o atendi, para então encerrar este prefácio. Gostaria primeiramente de deixar claro que o que me levou a assumir esta tarefa não foi algum desejo de beber das águas de Meribá, nem de ter parte na porção de Ismael, nem de levantar a mão contra os outros, nem de que os outros levantem a mão contra mim. Uma das coisas que mais me fazem mal é me ver diante da necessidade de debater em controvérsias. Minha alma tem muito mais prazer nas águas de Siloé:

Nuper me in littore vidi,
Cum placidum ventis staret mare.[15]

Não sei que atração pode haver em estar, muito menos se deter, em um território em que há lutas e contendas, onde, conforme diz Tertuliano[16] se referindo ao Ponto, "omne quod flat Aquilo est", não sopra vento algum que não seja cortante e doloroso. É diminuto o prazer de trilhar caminhos perigosos, à beira de precipícios e com dificuldades desagradáveis por todo lado:

Utque viam teneas, nulloque errore traharis;
Per tamen adversi gradieris cornua Tauri,
hæmoniosque arcus, violentique ora Leonis".[17]

Em tais coisas e caminhos não reside paz nem calmaria, mas tumultos e dissensões incessantes:

Non hospes ab hospite tutus,
Non socer a genero: fratrum quoque gratia rara est.[18]

Os mais fortes laços de nossas melhores relações pessoais sempre são por eles desfeitos. Eu me disporia com firmeza resoluta a evitar todas as batalhas de palavras e todos os combates em papel pelo resto de meus dias, que são poucos e maus, se não fosse o preceito de Judas 3, que me leva a "lutar pela fé entregue aos santos de uma vez por todas", e o mais profundo do meu ser na tentativa de evitar a perda de pobres almas seduzidas.

Não é, portanto, nenhuma índole contenciosa que motivou esta iniciativa. Também não foi o orgulho de minha própria capacidade para esta obra, como

---

[15]Virgílio, *Bucólicas* 2.25 [publicado em português por Unicamp sob o título *Bucólicas*].
[16]Tertualino, *Adversus Marcionem* [Contra Marcião].
[17]Ovídio, *Metamorfoses* 2.79 [publicado em português Penguin-Companhia sob o título *Metamorfoses*].
[18]Ibidem 1.144.

se, dentre muitos, eu fosse o mais capaz de executá-la. Tenho consciência de que em todas as coisas sou "o menor dentre todos os santos"; então nesses sou

οὔτε τρίτος οὔτε τέταρτος
Οὔτε δυωδέκατος οὐδ' ἐν λόγῳ οὐδ' ἐν ἀριθμῷ

Nos últimos anos, autores mais capazes[19] têm discutido e excogitado algumas dessas questões em nossa língua. Aliás, alguns desses textos me chegaram às mãos, mas nenhum de peso, antes que eu praticamente tivesse finalizado esta minha empreitada. Isso faz um ano ou pouco mais. Fiquei satisfeito, porque, juntos, trataram de certas partes da controvérsia, principalmente refutando objeções, mas nenhum deles sistematizou nem abrangeu a questão na totalidade de seus pontos. Percebi que a natureza das coisas que estavam sendo debatidas, a saber, reparação, reconciliação, redenção e outras afins, continuava obscura; faltava um firme alicerce para toda a construção. Sempre desejei que alguém assumisse a parte principal do debate e, com base na Palavra, descortinasse o fundamento de toda a dispensação do amor de Deus aos seus eleitos em Jesus Cristo, incluindo sua transmissão por meio das promessas do evangelho — todos os frutos desse amor — adquiridas e substituídas pela oblação e intercessão de Jesus Cristo, evidenciando assim o grande desígnio da bendita Trindade na grande obra de redenção. Também ficaria claro como são vãos e inúteis as tentativas e os esforços empreendidos para levar esse amor e seus frutos além dos limites estipulados por seus principais agentes. Desejava também que se apresentassem argumentos para confirmação da verdade que declaramos em oposição às heresias, dessa forma firmando os mais fracos e convencendo os dissidentes. Eu esperava também que a doutrina da reparação feita por Cristo, de seu mérito e da reconciliação resultantes, bem compreendida por poucos, e ultimamente contestada por alguns, doutrina tão vinculada à redenção, fosse apresentada, esclarecida e defendida por autores habilidosos. Mas agora, depois de esperar por muito tempo, e não encontrando ninguém que atendesse à minha expectativa, embora eu possa realmente dizer de mim mesmo, como aquele personagem numa comédia: *Ego me neque tam astutum esse, neque ita perspicacem id scio* (Eu não me acho tão esperto, nem tão perspicaz, eu não sei), que eu devo ser

---

[19] "Vindic. Redempt.", por meu reverendo e erudito irmão, Sr. John Stalham; Sr. Rutherford, *Christ drawing sinners* [Cristo atraindo pecadores].

apto para tal empreendimento, enquanto o conselho do poeta também ecoa em minha mente:

Sumite materiam vestris, qui scribitis, æquam
Viribus; et versate diu, quid ferre recusent,
Quid valeant humeri.[20]

Peguem, vocês que escrevem,
uma matéria apropriada às suas forças e considerem por muito tempo o
    que suportar
e a força que têm os ombros.

Com confiança naquele que dá a semente ao semeador e realiza por nós todas as nossas obras, eu mesmo me submeti ao trabalho que de outros esperava. Eu preferia que ele tivesse sido executado por outra pessoa, não por mim, mas antes eu do que ninguém, em especial quando penso no trabalho árduo e perseverante dos opositores da verdade em nossos dias.

Scribimus indocti doctique,
Ut jugulent homines, surgunt de nocte latrones;
Ut teipsum serves non expergisceris?[21]

Escrevemos, mesmo que destreinados;
se os ladrões agem na calada da noite,
não haveremos de acordar para nos salvar?

Acrescentem-se a esse desejo as frequentes conferências para as quais tenho sido convidado para falar sobre esse tema, a disseminação diária das ideias aqui combatidas na região onde moro e comentários cada vez mais frequentes sobre o predomínio dessa teoria em outros lugares. Leve-se também em conta a vantagem obtida por alguns apoiadores militantes, que instigam vários amigos cultos, e teremos a soma dos motivos que me levam a empreender esta tarefa. O nível do desempenho para o qual o Senhor tiver me capacitado ficará para o julgamento dos outros. Não estou totalmente convicto de que não serei bem-sucedido, mas

---

[20] Horácio, *Arte poética* 38 [publicado em português por Autêntica sob o título *Arte poética*].
[21] Ibidem 1.117; 2.32.

tenho certeza de que não viverei o suficiente para ver uma sólida resposta. Se alguém tentar cortar e arrancar alguns galhos, ou eliminar as raízes e os princípios de todo o discurso, sintam-se à vontade para desfrutar de sua própria sabedoria e de sua conquista imaginária. Se alguém tentar debater com seriedade as ideias como um todo e eu viver o suficiente para ver a consecução dessa iniciativa, com a ajuda do Senhor haverei de me dobrar humildemente ou serei um justo adversário. Naquilo que já foi realizado pela boa mão do Senhor espero que os mais cultos possam encontrar algo que lhes dê contentamento, e os fracos possam se fortalecer e se satisfazer, de modo que, em algum grau, a glória seja dirigida àquele a quem ela pertence, cuja verdade é aqui retratada pelo mais indigno trabalhador de sua vinha.

J. O.

A MORTE DA MORTE NA MORTE DE CRISTO

Tratado sobre a redenção e a reconciliação presentes no sangue de Cristo com seu consequente mérito e a reparação feita por meio dele.

. . . . .

Livro I

1

Da finalidade geral da morte de Cristo apresentada nas Escrituras

Com a expressão "finalidade da morte de Cristo" referimo-nos em geral a duas acepções: primeira, a finalidade que ele e o Pai tinham em vista *nessa* morte; em segundo lugar, a finalidade de fato atingida e levada a cabo por meio dela. Tanto em relação a uma quanto a outra, podemos olhar brevemente para as expressões usadas pelo Espírito Santo:

I. Quanto à primeira *finalidade*. Sabeis vós por que e com que intenção Cristo veio ao mundo? Perguntemos diretamente a ele (que conhecia seu próprio pensamento e todos os segredos do coração do Pai), e ele nos dirá que o "Filho do Homem veio para salvar o que se havia perdido" (Mt 18.11), recuperar e salvar pobres pecadores que estavam perdidos; tais eram seu intento e projeto, conforme novamente se afirma em Lucas 19.10. Perguntai também a seus apóstolos, que dele conhecem os pensamentos, e eles vos dirão o mesmo. Assim diz Paulo: "Fiel é esta palavra e merecedora de toda aceitação: Cristo Jesus veio ao mundo para salvar os pecadores" (1Tm 1.15). Ora, se perguntardes quem eram os pecadores em relação aos quais ele tem esse propósito e intenção graciosos, ele mesmo vos diz em Mateus 20.28 que veio "para dar a vida em resgate por *muitos*"; em outras passagens, os pecadores são referidos como nós, os que cremos, separados do mundo: pois ele "se entregou por nossos pecados, para que pudesse nos livrar do presente mundo mal, segundo a vontade de Deus, nosso Pai" (Gl 1.4). Estas eram a vontade e a intenção de Deus: que ele se entregasse por nós, para que pudéssemos ser salvos e separados do mundo. São eles sua igreja: "Ele amou a igreja e por ela se entregou; para que a santificasse e purificasse com a lavagem da água por meio da palavra, para que a apresentasse a si mesmo igreja gloriosa, sem manchas, nem rugas, nem coisas como essas; mas para que ela fosse santa e imaculada" (Ef 5.25-27); tais palavras expressam também o objetivo e finalidade de Cristo ao se entregar por qualquer um que seja, para que eles possam ser moldados para Deus e dele aproximados; ideia semelhante é também nisto declarada: "Ele se entregou por nós, para que pudesse redimir-nos de toda iniquidade e purificar para si um povo peculiar, zeloso de boas obras" (Tt 2.14). Portanto, a intenção e o desígnio de Cristo e de seu Pai nessa grande obra são nítidos e inequívocos, até aquilo que ela significava e em relação a quem — a saber, salvar-nos e livrar-nos do mundo mau, expiar e nos lavar, tornar-nos santos, zelosos, abundantes em boas obras, tornar-nos aceitáveis e levar-nos a Deus; pois por ele "temos acesso à graça na qual nos encontramos" (Rm 5.2).

II. O efeito e o verdadeiro produto da obra em si, ou o que é cumprido e realizado pela morte, pelo derramamento do sangue ou oblação de Jesus Cristo manifesta-se plenamente e muitas vezes é expresso de forma distintiva: Primeiramente, como *reconciliação* com Deus, pela remoção e eliminação da inimizade que havia entre ele e nós; pois "quando éramos inimigos, fomos reconciliados com Deus pela morte de seu Filho" (Rm 5.10). "Deus estava nele, reconciliando o mundo consigo mesmo, não lhes imputando suas transgressões" (2Co 5.19); não somente isso, mas ele "nos reconciliou consigo mesmo por meio de Jesus Cristo" (5.18). E se desejardes saber como essa reconciliação se efetuou, o apóstolo vos dirá que "ele aboliu em sua carne a inimizade, a lei dos mandamentos que consistia em ordenanças; para em si mesmo fazer dos dois um novo homem, trazendo assim a paz; e para que pudesse reconciliar ambos com Deus em um só corpo pela cruz, desfazendo por meio dela a inimizade" (Ef 2.15,16): de modo que "ele é a nossa paz" (2.14). Em segundo lugar, como *justificação*, removendo a culpa pelos pecados, garantindo remissão e perdão desses pecados, redimindo-nos do poder que eles tinham, com a maldição e a ira que nos eram devidas por causa deles; pois "por seu próprio sangue ele entrou no lugar santo, por nós obtendo redenção eterna" (Hb 9.12). "Ele nos redimiu da maldição, tornando-se maldição em nosso favor" (Gl 3.13); "ele mesmo levou nossos pecados sobre o próprio corpo no madeiro" (1Pe 2.24). "Todos pecaram e foram privados da glória de Deus"; mas também foram "justificados gratuitamente por sua graça através da redenção que há em Cristo Jesus, que Deus apresentou como propiciação pela fé em seu sangue, de modo a declarar sua justiça para remissão de pecados" (Rm 3.23-25): pois "nele temos redenção por meio de seu sangue, o perdão dos pecados" (Cl 1.14). Em terceiro lugar, como *santificação* pela remoção da impureza e da contaminação de nossos pecados, renovando em nós a imagem de Deus e dando-nos as graças do Espírito de santidade: pois "o sangue de Cristo, que por meio do Espírito eterno se ofereceu a Deus, purifica das obras mortas nossa consciência para que possamos servir ao Deus vivo" (Hb 9.14); Sim, "o sangue de Jesus Cristo nos purifica de todo pecado" (1Jo 1.7). "Por meio de si mesmo ele purificou nossos pecados" (Hb 1.3). Para "santificar o povo com seu próprio sangue, ele sofreu fora da porta" (13.12). "Ele se entregou pela igreja para santificá-la e purificá-la, para que fosse santa e sem defeito" (Ef 5.25-27). De forma peculiar entre as graças do Espírito, "a nós é dado" ὑπὲρ Χριστοῦ, "por amor de Cristo, crer nele" (Fp 1.29); Deus "nos abençoou nele com toda sorte de bênçãos espirituais nos lugares celestiais" (Ef 1.3). Em quarto lugar, a *adoção*, acompanhada da liberdade do evangelho e todos os privilégios gloriosos pertinentes aos filhos de Deus; pois "Deus enviou seu Filho, nascido de uma mulher, nascido sob a lei, para resgatar os que estavam debaixo da lei, para que pudéssemos receber a adoção de filhos" (Gl 4.4,5). Em quinto lugar, os efeitos da morte de Cristo não se limitam a este mundo; eles não se apartarão de nós enquanto não tomarmos nosso lugar no céu, em glória e imortalidade para todo o sempre. Nossa herança é uma "propriedade adquirida" (Ef 1.14); "e por isso ele é o mediador do novo testamento, para que, por meio da morte, para redenção das transgressões que estavam debaixo do primeiro testamento, os que são chamados possam receber a promessa de herança eterna" (Hb 9.15). Eis a suma de tudo isso: a morte e o derramamento do sangue de Jesus Cristo operaram para todos aos quais eles dizem respeito, e de fato garantem, a redenção eterna, que consiste na graça aqui e na glória no porvir.

III. Portanto, plenas, nítidas e evidentes são as expressões das Escrituras que dizem respeito às *finalidades* e aos *efeitos* da morte de Cristo, de sorte que se pode pensar que todos devem se esforçar por lê-las. Mas precisamos dizer o seguinte: entre todos os elementos da religião cristã dificilmente há outro mais questionado que esse princípio que nos parece ser da mais fundamental importância. Difunde-se a convicção de que Cristo pagou um *resgate geral* em favor de todos; a convicção de que ele morreu para redimir *cada um dos homens, não somente muitos*, sua *igreja*, os *eleitos* de Deus, mas também cada um dos que fazem parte da posteridade de Adão. Ora, os defensores dessa opinião entendem com clareza e sem dificuldade que, se *essa* for a *finalidade* da morte de Cristo afirmada nas Escrituras, se aqueles acima mencionados forem os *frutos* e *produtos* imediatos dela decorrentes, então uma dessas duas conclusões será necessária: Primeira, Deus e Cristo não alcançaram a finalidade que haviam proposto e não conseguiram executar o que pretendiam, pelo fato de a morte de Cristo não ser um meio adequado à obtenção daquela finalidade (e não se pode atribuir nenhuma causa para esse fracasso), cuja declaração parece ser uma blasfêmia e uma ofensa à sabedoria, ao poder e à perfeição de Deus, assim como também uma depreciação do valor e da dignidade da morte de Cristo. Ou, segunda, todos os homens, toda a descendência de Adão, devem obrigatoriamente ser salvos, purificados, santificados e glorificados, ideia que eles certamente não defenderão, pelo menos não com base nas Escrituras e na terrível experiência de milhões. Por essa razão, com o objetivo de deixar sua convicção mais palatável, eles são obrigados a negar que Deus ou seu Filho tivessem tal finalidade absoluta ou um alvo como esse na morte ou no derramamento do sangue de Jesus Cristo, ou que, conforme já dissemos, alguma dessas coisas tivesse sido alcançada ou adquirida por meio dela; mas precisam dizer que Deus nada objetivava e nada foi efetuado por Cristo, que nenhum benefício se estendeu a qualquer pessoa imediatamente por meio de sua morte, mas apenas o que é comum a todas as almas, embora jamais execravelmente incrédulo aqui e eternamente condenado no porvir, até que o ato de alguma pessoa, não proporcionado a ela por Cristo (pois se fosse, por que todos não o colocariam igualmente em prática?), a saber, a fé que a distingue das outras pessoas. Ora, essa ideia, que me parece enfraquecer a virtude, o valor, os frutos e efeitos da satisfação e da morte de Cristo — além disso servindo como base e fundamento para uma convicção perigosa, estranha e errônea — eu declararei, com a ajuda do Senhor, o que as Escrituras afirmam sobre essas duas coisas, tanto a tese que se tenta provar quanto o que se apresenta como prova dela; que o Senhor, por meio de seu Espírito, nos conduza a toda a verdade, para nos dar entendimento de todas as coisas, e que se alguém tiver uma opinião diferente, seja esse entendimento a ele também revelado.

2

Da natureza geral de uma finalidade e algumas distinções que lhe dizem respeito

I. A *finalidade* de uma coisa é aquilo que o *agente* pretende executar pela ação adequada à sua natureza e à qual ele se aplica — é aquilo que uma pessoa tem como alvo e planeja obter, algo que lhe seja bom e desejável no estado e na condição em que o agente se encontra. Assim, a finalidade que Noé se propôs a cumprir com a construção da arca era a preservação de sua vida e de outros. Em consonância com a vontade de Deus, ele construiu uma arca para preservar sua vida e a vida de sua família no dilúvio: "Noé fez tudo de acordo com o que Deus lhe havia ordenado" (Gn 6.22). Aquilo que é feito pelo agente, a ação à qual ele se consagra para ultimar a *finalidade* proposta, é chamado meio; ambos compõem a totalidade da razão das ações nos agentes detentores de liberdade *intelectual*, pois refiro-me às finalidades e meios como produtos de escolha ou eleição. Foi assim que Absalão, procurando rebelar-se contra seu pai para apoderar-se da coroa e do reino, "preparou para si cavalos, carruagens e cinquenta homens para irem adiante dele" (2Sm 15.1); além disso, ele faz uso de belas palavras e ganha partidários leais, "conquistando o coração dos homens de Israel" (15.6); então ele simula um sacrifício em Hebrom, onde dá início a uma forte conspiração (15.12) — todos essas ações foram os meios que ele empregou para a obtenção da finalidade que havia proposto.

II. Entre esses dois elementos, *finalidade* e *meios*, existe uma relação (embora se apresente de diversas maneiras) de causalidade mútua, ou seja, um é causa do outro. A finalidade é a primeira *causa motora* e principal do todo. É aquela à qual se dirigem todas as ações. Nenhum agente se dedica a uma ação sem uma finalidade; e se essa finalidade não determinasse tal ação no que diz respeito aos efeitos, às coisas, aos caminhos ou meio de atuação, não faria nem uma coisa nem outra. Os habitantes do velho mundo, desejando e buscando unidade e convivência, quem sabe tomando também algumas providências visando à segurança no caso de uma segunda tempestade, clamam: "Vamos construir para nós uma cidade, e uma torre cuja ponta alcance o céu; e façamos para nós um nome, de modo que não sejamos espalhados pela face da terra" (Gn 11.4). Primeiro, eles estabelecem o *alvo* e o *desígnio*, para depois estipular os *meios* que, conforme entendem, os conduzirá àquilo. Assim, fica manifesto que a razão e o método das ações que um sujeito ou agente sábio, segundo os interpretam, propõem para si derivam da *finalidade* que constitui seu alvo; ou seja, em plano e intenção, o início de toda a ordem daquilo que está em andamento. Ora, os *meios* são todos os elementos usados para consecução da finalidade proposta — a exemplo da carne para a preservação da vida, da navegação em um navio para aquele que deseja cruzar o amor, das leis que visam à continuidade tranquila da sociedade; eles são a causa do esforço para que a finalidade seja de um modo ou de outro atingida. Sua existência visa à finalidade, e esta surge dos meios, seguindo-os *moralmente* como seu deserto, ou *naturalmente* como seu fruto e produto. Primeiro, os meios de uma perspectiva *moral*. Quando se consideram ação e finalidade em sua relação com uma regra moral, ou com uma *lei* prescrita ao agente, então os meios são a causa meritória da finalidade. Por exemplo, se Adão se mantivesse em seu estado de inocência e feito todas as coisas segundo a lei que lhe havia sido prescrita, a finalidade assim visada teria sido uma vida abençoada até a eternidade, assim como agora a finalidade de qualquer ato pecaminoso é a morte, a maldição da lei.

Em segundo lugar, quando se consideram os meios unicamente de uma perspectiva *natural*, então eles são as causas eficientes, os instrumentos que conduzem à finalidade. Esse foi o caso de Joabe, que planejou a morte de Abner: "Ele o atingiu com sua lança abaixo da quinta costela; então ele morreu" (2Sm 3.27). Assim também Benaia, recebendo ordem de Salomão, atacou Simei, e o ferimento que lhe causou foi a causa eficiente de sua morte (1Rs 2.46). Dessa perspectiva natural, não há diferença entre o assassinato de um homem inocente e a execução de um criminoso; mas, se colocados sob uma perspectiva moral, o final que tiveram traduz seus méritos, no que diz respeito à conformidade com a regra, de modo que há χάσμα μέγα entre eles.

III. O primeiro caso, por força do erro e da perversidade de alguns agentes (do contrário tais coisas seriam coincidentes), apresenta uma dupla finalidade: primeira, a finalidade da obra, e, segundo, a finalidade de quem a pratica; a finalidade do ato e do agente, pois quando os meios usados para a consecução de qualquer finalidade não são proporcionais a esta nem a ela adequados, segundo a regra pela qual o agente deve agir, então o que de fato acontece é que o agente visa a um objetivo, mas outro é atingido, no que diz respeito à moralidade do que ele pratica. Assim, Adão é seduzido pelo desejo de ser como Deus; esse se torna seu objetivo e, para alcançá-lo, ele come do fruto proibido, ato que lhe contrai uma culpa que ele absolutamente não visava. Mas quando o agente age corretamente e da forma que lhe competia agir — quando ele tem como alvo uma finalidade adequada ao ato, em consonância com sua perfeição e condição, e age por esses meios ajustados e conformes à finalidade a que se propõe — a finalidade do ato e do agente são iguais, como, por exemplo, quando Abel pretendia adorar o Senhor, ele ofereceu pela fé um sacrifício que lhe era aceitável; ou como, por exemplo, quando um homem, desejando obter a salvação por meio de Cristo, consagra-se à busca de um interesse nele. Ora, a única razão dessa diversidade é que agentes secundários, tais como os homens, têm uma finalidade definida e dirigida por Deus aos seus atos, e esta finalidade lhes dá uma regra ou lei exterior segundo as quais haverão de sempre pautar os atos que praticam, quer queiram, quer não. Somente Deus, cuja vontade e deleite são a única regra de todos aqueles atos que dele visivelmente advêm, jamais pode se desviar em suas ações nem é possível que qualquer finalidade não corresponda ou siga com exatidão os atos por ele pretendidos.

IV. Repetindo, a finalidade de todo agente livre é o que ele efetua ou aquilo em favor de que ele o efetua. Quando um homem constrói uma casa para colocar à locação, o que ele efetua é a construção de uma casa; o que o leva a fazer isso é o interesse pelo lucro. O médico cura o paciente, e sua recompensa é o que o leva a esse ato. A finalidade de Judas quando procurou os sacerdotes, negociou com eles, conduziu os soldados ao jardim e beijou Cristo era trair seu Mestre; Mas a finalidade pela qual todos esses atos foram executados foi a obtenção de trinta moedas de prata: "O que me dareis para que eu o entregue a vós?". A finalidade que Deus alcançou com a morte de Cristo foi a satisfação de sua justiça: a finalidade pela qual ele praticou tal ato era suprema, sua própria glória, ou subordinada, nossa glória com ele.

V. Ademais, os *meios* são de dois tipos: primeiro, aqueles que são verdadeiramente bons em si mesmos e não dependem de nenhuma outra bondade, embora não sejam assim considerados quando os usamos como meios. Nenhum meio como tal é considerado bom em si mesmo, mas apenas como veículo para uma finalidade adicional; à natureza dos meios como tais é incoerente que sejam considerados bons em si mesmos. Em si mesmo, o estudo é a mais nobre utilização da alma; mas tendo como objetivo a sabedoria ou o conhecimento, ele é considerado algo bom somente enquanto veículo para esse fim; caso contrário, é "cansaço para o corpo" (Ec 12.12). Em segundo lugar existem os meios que, em si mesmo considerados, não encerram bem de espécie alguma, mas são apenas veículos para alcançar a finalidade que lhes compete. Todo o bem que eles encerram (bem apenas relativo) deriva daquilo para que são dirigidos, bem em si mesmo absolutamente indesejável; exemplos disso são a amputação de uma perna ou de um braço com vistas à preservação da vida, a ingestão de um remédio amargo para restauração da saúde e a necessidade de jogar grãos e outros tipos de carga ao mar para evitar um naufrágio. Essa é a natureza da morte de Cristo, conforme declararemos mais adiante.

VI. Uma vez propostas essas coisas em geral, nossa próxima tarefa deverá ser conciliá-las com o empreendimento que ora temos em mãos; essa conciliação será feita na devida ordem: apresentaremos a ação do *agente*, os *meios* empregados e a *finalidade* alcançada na magnífica obra de nossa redenção. Esses três elementos precisam ser examinados na ordem certa e separadamente, para que possamos obter uma correta compreensão do todo; ao primeiro deles, σὺν Θεῷ, nos dirigimos no terceiro capítulo a seguir.

3

Do agente ou principal autor de nossa redenção e da primeira coisa distintamente atribuída à pessoa do Pai

I. Essa grande obra de nossa redenção tem como agente e principal autora a bendita Trindade como um todo. Pois todas as obras visivelmente da Divindade são unas e pertencem a cada pessoa indistintamente, observadas sua maneira peculiar de existência e ordem. É verdade que houve várias outras causas instrumentais na oblação ou paixão de Cristo, mas a obra não pode de maneira alguma ser atribuída a alguma dessas outras causas. No que diz respeito a Deus Pai, a questão da atividade dessas causas era bem contrária à própria intenção delas e, no final das contas, elas só fizeram o que "a mão e o conselho de Deus haviam predeterminado que se fizesse" (At 4.28). No que diz respeito a Cristo, essas causas não tinham a menor chance de executar o que elas tinham como alvo, pois ele próprio entregou sua vida, e dele ninguém poderia tirá-la (Jo 10.17,18); de modo que elas devem ser excluídas dessas considerações. Nas diferentes pessoas da santa Trindade, autora conjunta de toda a obra, as Escrituras propõem atos distintos e variados, operações peculiarmente atribuídas a elas. Consideraremos essas operações separadamente, segundo nossa imperfeita apreensão; começaremos com aquelas atribuídas ao Pai.

II. Na obra de nossa redenção pelo sangue de Jesus, há dois atos que devem ser devidamente atribuídos à pessoa do Pai: primeiro, enviar seu Filho ao mundo com essa missão. Segundo, aplicar-lhe a punição decorrente de nosso pecado.

1. O Pai ama o mundo e envia seu Filho para morrer: ele "enviou seu Filho ao mundo para que o mundo fosse salvo por meio dele" (Jo 3.17). Ele, "enviando seu Filho à semelhança da carne pecaminosa, e pelo pecado, condenou o pecado na carne, para que a justiça da lei pudesse em nós se cumprir" (Rm 8.3,4). Ele "o ofereceu como propiciação por meio da fé em seu sangue" (3.25). Pois, "chegando a plenitude do tempo, Deus enviou seu Filho, nascido de uma mulher, nascido

sob a lei, para resgatar os que estavam debaixo da lei, para que pudéssemos receber a adoção de filhos" (Gl 4.4,5). No Evangelho de João há mais de vinte menções desse envio; e nosso Salvador referiu-se a si mesmo de forma indireta: "Aquele que o Pai enviou" (Jo 10.36); e refere-se ao Pai assim: "Aquele que me enviou" (5.37). Portanto, esse envio é próprio do Pai, de acordo com a promessa que fez de que "nos enviaria um Salvador, um grande Salvador para nos libertar" (Is 19.20); e esse envio também condiz com a profissão de nosso Salvador: "Não falei secretamente desde o início; pois ali eu estava desde aquele tempo; agora o Senhor Deus e seu Espírito me enviaram" (Is 48.16). Por isso, o próprio Pai é as vezes apresentado como nosso Salvador: "Segundo o mandamento", Θεοῦ σωτῆρος ἡμῶν" "de Deus nosso Salvador". Aliás, alguns manuscritos trazem a leitura Θεοῦ καὶ σωτῆρος ἡμῶν, "de Deus e nosso Salvador"; mas o acréscimo da partícula καὶ deriva, sem dúvida, do conceito errôneo de que somente Cristo é chamado Salvador. Mas o mesmo se pode dizer da passagem paralela em Tito 1.3, Κατ' ἐπιταγὴν τοῦ σωτῆρος ἡμῶν Θεοῦ, "segundo o mandamento de Deus, nosso Salvador", onde não pode haver nenhuma interposição de preposição. O mesmo título é atribuído a ele em outras passagens, a exemplo de Lucas 1.47: "Meu espírito alegra-se em Deus, meu Salvador". Também em 1Timóteo 4.10: "Confiamos no Deus vivo, o Salvador de todos os homens, principalmente dos que creem", embora nesse caso o título não seja atribuído a ele no contexto da redenção que nos é estendida por meio de Cristo, mas no contexto da salvação e preservação de todas as coisas por meio de sua providência. Assim também Tito 2.10; 3.4; Deuteronômio 32.15; 1Samuel 10.19; Salmos 24.5; 25.5; Isaías 12.2; 40.10; 45.15; Jeremias 14.8; Miqueias 7.7; Habacuque 3.18 — a maioria dessas passagens faz referência a Deus enviando Cristo, procedimento que também se distingue em três atos separados, os quais devemos agora apresentar dentro da devida sequência:

1.1. Uma imposição autorizada do ofício de mediador, à qual Cristo aquiesceu em seguida por sua espontânea receptividade a ela, dispondo-se a submeter-se ao ofício, durante cujo exercício o Pai, por dispensação, teve e exerceu uma espécie de superioridade à qual o Filho, embora existindo "na forma de Deus", humildemente se submeteu (Fp 2.6-8). Disso duas partes podem ser concebidas:

1.1.1. A *imposição planejada de seu conselho*, ou seu conselho eterno para a separação de seu Filho encarnado para esse ofício, dizendo a ele: "Tu és meu Filho, eu hoje te gerei. Pede-me, e eu te darei as nações como herança e os confins da terra como propriedade" (Sl 2.7,8). E ele lhe disse: "Senta-te à minha direita até que eu tenha colocado teus inimigos como apoio dos pés"; pois "o Senhor jurou e não se arrependerá: Tu és sacerdote para sempre segundo a ordem de Melquisedeque" (Sl 110.1,4). Ele o escolheu para ser "herdeiro de todas as coisas" (Hb 1.2) e o "nomeou Juiz de vivos e mortos" (At 10.42); com esse fim ele foi "constituído desde antes da fundação do mundo" (1Pe 1.20) e "declarado, ὁρισθείς, Filho de Deus com poder" (Rm 1.4), "para que fosse o primogênito entre muitos irmãos" (8.29). Sei que se trata de um ato eternamente estabelecido na mente e na vontade de Deus, não devendo, portanto, ser colocado em condições de igualdade com outros atos, que são todos temporários e tiveram início na plenitude do tempo, atos dos quais este é fonte e manancial, segundo palavras de Tiago: "Conhecidas por Deus são todas as suas obras desde o início do mundo" (At 15.18); mas ainda assim, não é um modo de falar incomum dizer que o propósito deve ser compreendido naquilo que apresenta seu cumprimento, com vistas à verdade e não exatidão, assim o dizemos.

1.1.2. A real *investidura* ou solene admissão de Cristo em seu ofício; o Pai "entregou ao Filho todo o julgamento" (Jo 5.22); "tornando-o Senhor e Cristo" (At 2.36); "escolhendo-o dentre toda a sua casa" (Hb 3.1-6), ou seja, "ungir o Santíssimo" (Dn 9.24); Deus "o ungiu com o óleo da alegria, mais do que a seus companheiros" (Sl 45.7); pois a real separação de Cristo para seu ofício se deu por unção, pois todas as coisas sagradas que dele eram símbolo, a exemplo da arca, do altar, etc., foram separadas e consagradas por meio de unção (Êx 30.25-28 etc.). Disso temos testemunho público dado por incontáveis anjos do céu acerca de seu nascimento, conforme declaração de um deles aos pastores: "Vede", disse ele, "eu vos trago boas novas de grande alegria que serão para todo o povo; porque hoje vos nasceu na cidade de Davi um Salvador, que é Cristo, o Senhor (Lc 2.10,11). Essa mensagem foi testemunhada e confirmada por uma triunfante exultação das hostes celestiais: "Glória a Deus nas alturas e paz na terra aos homens de boa vontade" (2.14): junte-se a isso a forte voz que depois veio da glória suprema: "Este é o meu Filho amado de quem me agrado" (Mt 3.17; 17.5; 2Pe 1.17). Se tais coisas forem destacadas e colocadas na devida ordem, elas podem ser contempladas nestes três atos distintos: primeiro, a proclamação gloriosa que ele fez de sua natividade, quando lhe "preparou um corpo" (Hb 10.5), trazendo ao mundo seu primogênito e dizendo: "Todos os anjos de Deus o adorem" (1.6) e enviando-os a proclamar a mensagem que acima mencionamos. Segundo, o envio do Espírito na forma visível de uma pomba, para iluminá-lo no momento de seu batismo (Mt 3.16), quando ele foi imbuído de uma plenitude disso para a execução da obra e o cumprimento do ofício para o qual ele havia sido escolhido, acompanhado da voz segundo a qual ele o possuía do céu como seu Filho amado. Terceiro, a "coroa de glória e honra que ele recebeu" em sua ressurreição, ascensão e ao assentar-se "à destra da Majestade nas alturas" (Hb 1.3); ele o estabeleceu "como seu rei sobre seu monte sagrado de Sião" (Sl 2.6); quando "todo poder lhe foi dado no céu e na terra" (Mt 28.18), todas as coisas "lhe foram sujeitas debaixo dos pés" (Hb 2.7,8); Deus o exaltou sobremaneira, dando-lhe "um nome acima de todos os outros nomes, para que" etc. (Fp 2.9-11). Deus se agradou em apontar todo tipo de testemunhas dessas coisas — anjos do céu (Lc 24.4; At 1.10); mortos que saíram do túmulo (Mt 27.52); os apóstolos entre os vivos e como testemunhas a estes (At 2.32); e mais de quinhentos irmãos a quem ele apareceu de uma só vez (1Co 15.6). Assim em glória foi ele instalado em seu ofício de acordo com os diferentes graus e contextos desse ofício, e Deus lhe disse: "Para ti é coisa pequena seres meu servo para levantar as tribos de Jacó e restaurar os de Israel que foram preservados; também te porei por luz aos gentios para que possas ser minha salvação até os confins da terra" (Is 49.6).

Entre esses dois atos, reconheço, interpõe-se uma dupla promessa de Deus: primeira, a promessa de dar um Salvador para seu povo, um Mediador, em consonância com seu antigo propósito: "A semente da mulher partirá a cabeça da serpente" (Gn 3.15); e "O cetro não se apartará de Judá, nem de entre seus pés se afastará o legislador, até que venha Siló; e dele será o ajuntamento dos povos" (49.10). Essas coisas ele também simbolizou por meio de muitos sacrifícios e outros tipos com predições proféticas: "Acerca dessa salvação os profetas examinaram e com diligência procuraram saber, profetizando da graça a vós destinada, perguntando a que ou a que tempo o Espírito de Cristo que neles estava se referia ao dar de antemão testemunho dos sofrimentos de Cristo e da glória que viria depois deles. A eles foi revelado que não era para eles, mas para nós que eles ministraram as coisas que agora vos anunciam aqueles que vos pregaram o evangelho com o Espírito Santo enviado do céu, coisas tais que os anjos desejam conhecer" (1Pe 1.10-12). A outra promessa diz respeito à aplicação dos benefícios adquiridos por esse Salvador assim designado aos que nele crerem, benefícios a serem concedidos na plenitude do tempo, segundo as antigas promessas que diziam a Abraão: "em tua semente todas as famílias da terra serão abençoadas" e o justificavam pela mesma fé (Gn 12.3; 15.6). Tais coisas, porém, dizem respeito à aplicação integral, que se dá tanto antes quanto depois de sua missão.

1.2. O segundo ato do envio que o Pai faz do Filho é a provisão que, ao ser enviado, ele recebeu da plenitude de dons e graças que pudessem ser necessários para o cumprimento do ofício que ele estava por assumir, da obra que ele estava por iniciar e da responsabilidade que ele tinha sobre a casa de Deus. Na verdade, havia em Cristo uma dupla plenitude e perfeição de todas as qualidades espirituais:

Em primeiro lugar, a perfeição *natural* e suficiente de sua divindade, sendo um com o Pai no que diz respeito à sua natureza divina; pois sua glória era "a glória do unigênito do Pai" (Jo 1.14). Ele existia "na forma de Deus, e não julgou como usurpação ser igual a Deus" (Fp 2.6); ele era "companheiro do Senhor dos Exércitos" (Zc 13.7). Por causa dessa aparência gloriosa, em Isaías 5.3,4, os serafins clamam uns aos outros e dizem: "Santo, santo, santo é o Senhor dos Exércitos; toda a terra está cheia de sua glória. E os batentes da porta tremeram à voz do que clamava, e a casa se encheu de fumaça". E o profeta clamou: "Meus olhos viram o Rei, o Senhor dos Exércitos" (6.5). Referindo-se a essa visão, o apóstolo disse: "Isaías o viu e falou de sua glória" (Jo 12.41). Por um tempo ele se esvaziou, ἐκένωσε, dessa glória, quando assumiu "a forma" ou condição "de servo, humilhando-se a si mesmo até à morte" (Fp 2.7,8). Ele deixou de lado a glória pertinente à sua divindade e sua aparência externa não tinha "nem forma, nem beleza, nem nada atraente que pudesse ser desejado" (Is 53.2). Mas essa plenitude da qual tratamos não lhe foi transmitida, mas fazia parte da essência de sua pessoa, eternamente gerada da pessoa do Pai.

A segunda plenitude que havia em Cristo lhe foi *transmitida* e nele se encontrava pela dispensação de seu Pai, sendo-lhe concedida para lhe dar condições de cumprir sua obra e ofício como "Mediador entre Deus e os homens, o homem Cristo Jesus" (1Tm 2.5), não como "Senhor dos exércitos", mas como "Emanuel, Deus conosco" (Mt 1.23), na condição de "filho que nos foi dado, chamado Maravilhoso, Conselheiro, Deus poderoso, Pai eterno e Príncipe da paz, sobre cujos ombros está o governo" (Is 9.6). É uma plenitude da graça; não a plenitude essencial inerente à natureza da Divindade, mas aquela que é comum à humanidade e sobre ela derramada, graça que une uns aos outros como pessoas; esta, embora de modo algum seja infinita, ao contrário da outra, estende-se a todas as perfeições da graça, tanto no que diz respeito às partes quanto aos graus. Não há graça que não esteja em Cristo, e toda graça nele se encontra em seu mais alto grau; de modo que, não importa qual seja a perfeição da graça exigida em seus diferentes tipos, ou nos respectivos desenvolvimentos de tal perfeição, ela está habitualmente nele, por meio da seleção que o Pai faz com esse propósito e para a execução da obra planejada; A qual (como já afirmado), embora não possa ser qualificada propriamente como infinita, é imensurável e não tem limites. A graça se encontra nele a exemplo da luz nos raios do sol e da água em um manancial vivo que jamais falta. Ele é o "candelabro" do qual os "tubos de ouro vertem o azeite dourado" (Zc 4.12) sobre todos os que lhe pertencem; pois ele é "o início, o primogênito dos mortos, aquele que tem primazia sobre todas as coisas; pois foi do agrado do Pai que nele residisse toda a plenitude" (Cl 1.18,19). Nele o Pai fez com que "estivessem ocultos todos os tesouros de sabedoria e conhecimento" (2.3); e "nele reside toda a plenitude da divindade σωματικῶς", em ser ou substância (2.9); para que "de sua plenitude recebêssemos graça sobre graça" (Jo 1.16) em provisão ininterrupta. De modo que, determinando-se a cumprir a obra de redenção, ele volta a atenção primeiramente para isso. E diz: "O Espírito do Senhor está sobre mim; pois o Senhor me ungiu para pregar as boas novas aos humildes; ele me enviou a restaurar os desanimados, a proclamar liberdade aos cativos e abrir a prisão para os que estão presos; para proclamar o ano aceitável do Senhor e o dia da vingança de nosso Deus; para consolar todos os que choram" (Is 61.1,2). Essa é a unção "com o óleo da alegria" que ele recebeu "mais do que seus companheiros" (Sl 45.7); "sobre a cabeça, escorrendo pela barba, sim, sobre a gola de suas roupas" (Sl 133.2), para que todos os que fossem revestidos com as vestes de sua justiça pudessem dela participar. "O Espírito do Senhor repousou sobre ele, o espírito de sabedoria e entendimento, o espírito de conselho e poder, o espírito de conhecimento e de temor do Senhor" (Is 11.2). Isso aconteceu não aos poucos e de modo intermitente, mas em plenitude, pois "ele recebeu o Espírito sem limitações" (Jo 3.34); ou seja, ele o recebeu não quando chegou à plena medida da estatura de homem feito, como em Efésios 4.13; o Espírito, porém, nele se manifestou e lhe foi dado gradualmente, pois ele "crescia em sabedoria e estatura e graça para com Deus e os homens" (Lc 2.52). A isso foi acrescentado "todo poder no céu e na terra" (Mt 28.18), "poder sobre toda carne, para dar vida eterna a quantos quiser" (Jo 17.2). Poderíamos entrar em diversos detalhes com relação a isso, mas o que temos já nos basta para apresentar o segundo ato de Deus no envio de seu Filho.

1.3. O terceiro ato desse envio diz respeito à aliança e ao pacto com seu Filho no que tange à obra a ser realizada e às questões e acontecimentos disso decorrentes; quanto a estes podemos dividi-los em duas partes:

Primeira, Deus prometeu que o protegeria e ajudaria na execução e no perfeito cumprimento da tarefa e dispensação às quais ele foi encarregado ou que iria realizar. Quanto à sua participação, o Pai se comprometeu que, quando o Filho assumisse essa grande obra de redenção, não lhe faltariam ajuda nas provações, força nas oposições, ânimo contra as tentações e intenso consolo no meio dos terrores, tudo o que de alguma maneira fosse necessário ou pré-requisito para que ele fosse conduzido através de todas as dificuldades até o fim de tão magnífica incumbência. Para isso ele assume esse pesado fardo, tão cheio de sofrimentos e dificuldades, pois, antes do compromisso, o Pai exige que ele "se torne um Salvador e seja afligido em todas as aflições de seu povo" (Is 63.8,9); sim, embora ele fosse "companheiro do Senhor dos Exércitos", deveria suportar a "espada" desembainhada contra ele, o "pastor" das ovelhas (Zc 13.7); "pisando sozinho no lagar, até que suas roupas ficassem vermelhas" (Is 63.2,3); sim, que ele fosse "afligido, ferido por Deus e oprimido; lacerado por nossas transgressões e machucado por nossas iniquidades; esmagado e submetido a sofrimento; para fazer de sua alma uma oferta pelo pecado e para levar a iniquidade de muitos" (Is 53.4,5,10); privado de consolo a ponto de clamar "meu Deus, meu Deus, por que me abandonaste?" (Sl 22.1). Não foi à toa que o Senhor, diante desse compromisso, prometeu tornar sua "boca afiada como uma espada, escondê-lo à sombra de sua mão, fazer dele uma flecha polida e escondê-lo em sua aljava, tornando-o seu servo em quem seria glorificado" (Is 49.2,3). Embora que "os reis da terra se levantem, e os governantes se reúnam contra ele, o Senhor, no entanto, riria e deles zombaria, estabelecendo-o como rei sobre seu santo monte de Sião" (Sl 2.2,4,6); embora os "construtores o tenham rejeitado", ele se "tornaria pedra de esquina" para espanto e assombro de todo o mundo (Sl 118.22,23; Mt 21.42; Mc 12.10; Lc 20.17; At 4.11,12; 1Pe 2.4); sim, ele diz, "eu o ponho como fundamento, como pedra, pedra aprovada, uma preciosa pedra de esquina, um firme alicerce" (Is 28.16), de modo que "quem cair sobre ele se quebrará, mas aquele sobre quem ele cair será reduzido a pó" (Mt 21.44). Por isso nosso Salvador teve confiança em suas piores e derradeiras provas, estando certo de que, em virtude do compromisso assumido pelo Pai nessa aliança, no que diz respeito ao trato que havia feito com ele visando à redenção da humanidade, de que jamais o deixaria nem o abandonaria. "Ofereci", disse ele, "minhas costas aos que me feriam, e meu rosto aos que me arrancavam o cabelo; não escondi minha face diante da vergonha e das cusparadas" (Is 50.6). Mas com que confiança, bendito Salvador, tu te submeteste a toda essa vergonha e tristeza! Ora, "o Senhor Deus me ajudará; portanto, não serei confundido; pois firmei meu rosto como uma pedra, e sei que não serei envergonhado. Aquele que me justifica está próximo; quem contenderá comigo? Reunamo-nos: quem é meu adversário? Aproxime-se de mim. Vede, o Senhor Deus me ajudará; quem me condenará? Olhai! eles haverão de envelhecer como se fossem roupa; a traça os comerá" (50.7-9). Com essa certeza ele foi levado "como cordeiro ao matadouro, como ovelha perante seus tosquiadores, ele não abriu a boca" (Is 53.7); pois "quando ofendido, não ofendia; quando sofria, não ameaçava, mas entregava-se àquele que julga com retidão" (1Pe 2.23). De modo que a base da confiança e da certeza de nosso Salvador nessa grande obra, sua forte motivação para exercitar a graça recebida nas mais extremas situações de sofrimento, era esse compromisso do Pai no que diz respeito a esse pacto de ajuda e proteção.

A segunda parte diz respeito à promessa divina de sucesso, ou de uma boa consequência oriunda de todos os seus sofrimentos, e uma feliz realização e consecução da finalidade desse grande empreendimento. Ora, entre todas as outras coisas esta deve ser a principal consideração, aquilo que conduziu diretamente a ação proposta, mas que não estaria de todo clara sem as considerações anteriores; pois qualquer que tenha sido a promessa de Deus a seu Filho, ela seria cumprida e por ele alcançada, é nela que o Filho certamente mirava durante toda a obra e a designou como finalidade da tarefa de que ele foi incumbido, e somente ele poderia realizar (e realizou) a vontade do Pai. Que vontade era essa e quais eram as promessas de acordo com as quais ela foi apresentada podem ser vistas em Isaías 49: "Tu serás meu servo", diz o Senhor, "para levantar as tribos de Jacó e restaurar os que foram preservados em Israel: eu também te porei como luz para os gentios, para que sejas minha salvação até os confins da terra. Reis verão e se levantarão, os príncipes também adorarão, por causa do Senhor, que é fiel". E ele por certo cumprirá esse compromisso: "Eu te preservarei e te darei por aliança dos povos, para restaurar a terra, e eles herdarão as propriedades desoladas; para que digas aos presos: Saí; e aos que estão nas trevas: Aparecei. Eles comerão pelo caminho e acharão pastos nos lugares altos. Não sentirão fome nem sede; também não serão feridos pelo calor ou pelo sol; pois aquele que deles tem misericórdia os guiará, até pelas fontes de água ele os guiará. E farei de todas as minhas montanhas um caminho, e minhas colinas serão exaltadas. Vede, estes virão de longe; olhai, outros virão do norte e do ocidente; e aqueles da terra de Sinim" (49.6-12). Todas essas expressões deixam claro que o Senhor evidentemente se comprometeu com seu Filho, que ele reuniria para si uma igreja gloriosa formada por crentes oriundos do meio de judeus e gentios de todo o mundo que seriam levados a ele, e por certo seriam alimentados em pastos amplos, renovados pelas fontes de água, todas as fontes espirituais da água viva que flui de Deus em Cristo para a salvação eterna deles. Portanto, esse certamente era o alvo de nosso Salvador, a promessa com base na qual ele empreendeu sua obra — a reunião dos filhos de Deus, que a ele seriam levados, e a passagem para a salvação eterna, a qual, se bem considerada, irá destruir o resgate geral ou redenção universal, conforme veremos mais à frente. No capítulo 53 da mesma profecia, o Senhor é mais claro e minucioso nas promessas que faz a seu Filho, dando-lhe a certeza de que quando "sua alma fosse dada como oferta pelo pecado, ele veria sua descendência e prolongaria seus dias, e o prazer do Senhor prosperaria em sua mão, a certeza de que ele veria o trabalho de sua alma e ficaria satisfeito; por meio desse conhecimento, ele justificaria a muitos; ele deveria dividir uma porção com os grandes, e o despojo com os fortes" (53.10-12). Ele veria sua descendência derivada da aliança e constituiria uma descendência espiritual para Deus, um povo fiel, que subsistiria e seria preservado através de todas as gerações; não entendo como isso se harmoniza com a convicção daqueles que têm afirmado que "a morte de Cristo poderia ter efeitos plenos e máximos, e assim mesmo ninguém ser salvo", embora alguns façam essa afirmação ousada, e todos os defensores da redenção universal concordam tacitamente, quando se trata de atribuir a finalidade e os efeitos adequados da morte de Cristo. "A vontade do Senhor", também, "prosperará em suas mãos"; ele declara que essa vontade era "trazer muitos filhos à glória" (Hb 2.10); pois "Deus enviou seu Filho unigênito ao mundo para que vivêssemos por meio dele" (1Jo 4.9), conforme as abundantes afirmações que faremos mais adiante. Mas as promessas de Deus que lhe foram feitas no acordo e, consequentemente, seu próprio alvo e intento, podem ser vistas em toda sua força no pedido que nosso Salvador faz a respeito da consecução da obra para a qual ele foi enviado; e, certamente, esse pedido era que Deus mesmo se comprometesse com ele. Disse ele: "Eu te glorifiquei na terra, concluindo a obra que me deste para realizar" (Jo 17.4). E agora, o que ele pede após a manifestação de sua glória eterna, glória da qual ele havia se esvaziado temporariamente (17.5)? Com toda a clareza, a plena convergência do amor de Deus e dos frutos desse amor sobre todos os eleitos, em fé, santificação e glória. Deus lhe deu os eleitos, e ele se santificou para ser um sacrifício em favor deles, orando pela santificação deles também (17.17-19); que eles fossem preservados em paz, ou na comunhão uns com os outros e na união com Deus: "Oro não somente por estes" (e.g., seus apóstolos), "mas por todos aqueles que haverão de crer em mim pela palavra deles; para que eles todos sejam um, assim como tu, Pai, és em mim, e eu em ti; que eles também sejam um em nós (17.20,21); e, por último, sua glória: "Pai, peço-te que aqueles que tu me deste também estejam comigo onde eu estiver; para que possam contemplar minha glória, que tu me deste" (17.24). Todos esses *postulados* distintos estão sem dúvida fundamentados nas promessas antes citadas feitas a ele por seu Pai. E nessas promessas, não em alguma palavra que dissesse respeito a todos indistintamente, mas muito pelo contrário (v. 9). Atentemos então com diligência para isso, a saber, a promessa de Deus a seu Filho e o pedido do Filho a seu Pai têm como finalidade precípua conduzir filhos a Deus. Este é o primeiro ato e consiste especificamente desses três elementos.

2. O segundo ato atribuído ao Pai é a aplicação ao Filho da punição de nossos pecados, ato que, em muitas passagens, é associado ao Pai: "Desperta, ó espada, contra meu pastor, contra meu companheiro, diz o Senhor dos Exércitos; fere o pastor, e as ovelhas ficarão dispersas" (Zc 13.7). O que vemos aqui transmitido como imperativo, por meio de uma ordem, no evangelho é apresentado de modo indicativo. "Ferirei o pastor, e as ovelhas do rebanho serão dispersas" (Mt 26.31). "Ele foi esmagado, ferido de Deus e afligido"; sim, "o Senhor colocou sobre ele a iniquidade de todos nós", sim, "foi da vontade do Senhor feri-lo e fazê-lo sofrer" (Is 53.4,6,10). "Ele o tornou pecado por nós, aquele que não conhecia pecado; para que nele pudéssemos ser feitos justiça de Deus" (2Co 5.21). Em ambas as passagens, o complemento tem relação com o sujeito, conforme se pode ver na oposição entre ele ser feito pecado e nós sermos feitos justiça. "Aquele que não conhecia pecado" — ou seja, que não merecia ser punido — "ele o fez pecado", ou lançou sobre ele a punição devida ao pecado. Ou, talvez, no segundo caso, o pecado possa ser visto como uma oferta ou sacrifício pela expiação do pecado, sendo ἁμαρτία equivalente à palavra חַטָּאת do Antigo Testamento, que significava tanto pecado quanto sacrifício pelo pecado. E assim agiu o Senhor: pois Herodes, Pôncio Pilatos, os gentios e o povo de Israel, quando aliados, fizeram única e tão somente "o que tua [de Deus] mão e vontade havia determinado que se fizesse" (At 4.27,28). Disso se conclui que as grandes pressões sofridas por

nosso Salvador estavam em seu conflito direto com a ira de seu Pai e com aquele fardo que ele imediatamente lhe impôs. Mesmo sem a presença visível de mãos ou instrumentos que o submeteriam a todo tipo de sofrimento ou tormento excruciante, ele "começou a se entristecer a ponto de morrer" (Mt 26.37,38), ou seja, quando ele estava no jardim com três discípulos que havia escolhido, antes do surgimento do traidor ou de algum de seus cúmplices, ele ficou "muito angustiado e pesaroso" (Mc 14.33). Aquele foi o tempo em que "nos dias de sua carne, ele ofereceu orações e súplicas com forte clamor e lágrimas àquele que podia salvá-lo da morte" (Hb 5.7). O evangelista descreve como ele se portou: "E apareceu-lhe um anjo do céu que o fortalecia. Mas, estando em agonia, ele orava mais intensamente; e seu suor era como grandes gotas de sangue que caíam no chão" (Lc 22.43,44). Por certo a prova à qual ele estava sendo submetido era densa e forte e procedia diretamente de seu Pai; ele se submeteu com mansidão e bom ânimo a toda a crueldade dos homens e a toda a violência imposta a seu corpo, sem se lamentar nem se perturbar no espírito, até que o conflito novamente se intensifica, e ele clama: "Meu Deus, meu Deus, por que me abandonaste?".

A propósito, vale a pena observar que podemos saber principalmente com quem nosso Salvador estava lidando e a que ele se submeteu em favor dos pecadores; isso também jogará um pouco de luz sobre a grande questão que diz respeito às pessoas em favor das quais ele suportou todas essas coisas. Seus sofrimentos não eram absolutamente uma mera questão de aflições e padecimentos físicos, mas deixaram sobre sua alma e espírito marcas e efeitos que só eles poderiam deixar. Por nós ele se submeteu a nada mais, nada menos, que a maldição da lei de Deus; pois ele nos libertou da maldição "tornando-se maldição" (Gl 3.13), a qual continha toda a punição devida ao pecado, quer no rigor da justiça de Deus, quer na imposição da lei que exigia obediência. É verdade que a maldição da lei deveria ser apenas a *morte temporal*, visto que a lei era considerada instrumento do regime judaico, e deveria se limitar àquela economia ou dispensação; mas é uma tola quimera pensar que ela não deveria ser nada mais que isso, pois a lei é a regra universal de obediência e o vínculo da aliança entre Deus e o homem. Não; mas ao morrer por nós, Cristo não somente tinha nosso bem como algo, mas também morreu diretamente em nosso lugar. A punição devida ao nosso pecado e o castigo que nos traz a paz estavam sobre ele; tais eram as dores do inferno, em ser e natureza, em peso e pressão, embora não em tendência e continuidade (pois era impossível que ele fosse retido pela morte); quem pode negar essas coisas e não afrontar a justiça de Deus, que inevitavelmente infligirá tais sofrimentos aos pecadores por toda eternidade? Aliás, é verdade que há um relaxamento da lei no que diz respeito ao padecimento das pessoas no fato de Deus admitir uma troca; como na antiga lei, em que o sacrifício da vida de animais era aceito (no que diz respeito à dimensão física das ordenanças) em lugar da vida do homem. Disso se tem plena revelação, e cremos nela; mas quanto a alguma mudança na natureza da punição, onde se encontra a menor insinuação de qualquer alteração que seja? Assim, concluímos esse segundo ato de Deus, pelo qual ele aplica a Jesus a punição que era nossa, citando as palavras do profeta: "Todos nos desgarramos como ovelhas; cada um seguia se desviava por seu próprio caminho; e o Senhor colocou sobre ele a iniquidade de todos nós" (Is 53.6); e a isso acrescento a seguinte observação: parece-me estranho que Cristo tenha se submetido aos sofrimentos do inferno em lugar dos homens que estavam nos sofrimentos do inferno antes que ele se submetesse a tais sofrimentos e que ali continuarão pela eternidade; pois "não lhes morre o verme, nem o fogo se apaga". A isso eu poderia acrescentar o seguinte dilema a nossos universalistas: Deus impôs sua ira e Cristo submeteu-se aos sofrimentos do inferno em relação a todos os pecados de todos os homens, ou a todos os pecados de alguns homens, ou a alguns pecados de todos os homens? Se optarmos pela última alternativa, alguns pecados de todos os homens, então todos os homens deverão responder por alguns pecados e, assim, ninguém será salvo; pois se Deus vier a nos julgar, ainda que por um só pecado de toda a humanidade, nenhuma carne estaria justificada diante de Deus: "Se o senhor olhar para as iniquidades, quem subsistirá?" (Sl 130.3). É possível que todos lancemos tudo o que temos "às toupeiras e aos morcegos e sigamos para as cavernas nos rochedos e ao cimo das rochas irregulares, por temor do Senhor e pela glória de sua majestade" (Is 2.20,21). Se a segunda alternativa, aquela que afirmamos, Cristo em lugar deles sofreu por todos os pecados de todos os eleitos no mundo. Se a primeira alternativa, por que, então, não são todos livrados da punição de todos os pecados que cometeram? Vós direis: "Por causa da incredulidade eles não crerão". Mas essa incredulidade é ou não é pecado? Se não é, por que haveriam eles de ser punidos por causa dela? Se é pecado, então Cristo sofreu ou não sofreu a punição devida a esse pecado. Se sofreu, então por que isso os haveria de impedir, mais do que seus outros pecados pelos quais ele morreu, de participar do fruto de sua morte? Se não sofreu, então ele não morreu por todos os pecados deles. Que eles façam a escolha da alternativa que quiserem.

4

Das coisas que, na obra da redenção, são atribuídas de modo peculiar à pessoa do Filho

Em segundo lugar, o Filho foi um agente nessa importante obra, cooperando com uma aceitação voluntária ou se submetendo de forma espontânea ao ofício que lhe foi imposto; pois quando o Senhor disse: "Ele não quis sacrifícios e ofertas; não tinha prazer em holocaustos e sacrifícios pelo pecado", então Cristo disse: "Eis que venho (no rolo do livro está escrito a meu respeito) para fazer tua vontade, ó Deus" (Hb 10.6,7). Uma vez rejeitados todos os outros caminhos por serem insuficientes, a tarefa é assumida por Cristo, de quem o Pai se agrada (Mt 3.17). Por isso ele declara "vim para fazer não a minha vontade, mas a vontade daquele que me enviou" (Jo 6.38); sim, ele diz que sua comida e sua bebida consistiam em fazer a vontade do Pai e terminar sua obra (4.34). "Não sabíeis que preciso cuidar dos interesses de meu Pai?" (Lc 2.49). E, no final, ele disse: "Eu te glorifiquei na terra e terminei a obra que me deste para fazer" (Jo 17.4); no que diz respeito à imposição de que já tratamos, ele costumava se referir à obra do Pai que ele realizou ou à vontade do Pai que ele veio para cumprir. Ora, esse empreendimento do Filho pode ser vinculado a três vertentes. A primeira constitui um fundamento comum às outras duas, um meio para a finalidade a que elas se propõem, e ainda de certa forma partilhando da natureza de uma ação distinta, com uma bondade que lhe é inerente no que se refere à principal finalidade propostas para essas três vertentes; ela será considerada em separado, conforme segue:

A primeira vertente, sua *encarnação*, como geralmente é chamada, ou o ato de fazer-se carne e "tabernacular" entre nós (Jo 1.14). O "ter sido feito de uma mulher" (Gl 4.4) é geralmente chamado sua ἐνσάρκωσις, encarnação; pois esse era "o mistério da piedade, que Deus se manifestou em carne" (1Tm 3.16), por esse meio assumindo não uma personalidade singular, mas nossa natureza humana em união pessoal com ele próprio. Pois, "visto que os filhos são copartícipes de carne e sangue, ele também participou das mesmas coisas, para que por intermédio da morte destruísse aquele que tinha o poder da morte, ou seja, o Diabo" (Hb 2.14). Eram os filhos que ele visava, os "filhos que o Senhor lhe deu" (2.13). Os filhos compartilham carne e sangue, fato que o levou a coparticipar das mesmas coisas, não por causa de todo o mundo, de toda a descendência de Adão, mas pelos *filhos* naquela condição; por amor a eles é que ele se santificou. Ora, esse esvaziamento da divindade, essa auto-humilhação, essa habitação em nosso meio, foram ações únicas da segunda pessoa, ou da natureza divina na segunda pessoa, de sorte que o Pai e o Espírito não tiveram participação direta, a não ser por apreço, aprovação e conselho eterno.

A segunda vertente, sua *oblação*, ou o "oferecer-se a si mesmo a Deus sem mancha em nosso favor, para de obras mortas purificar nossa consciência" (Hb 9.14); "pois ele nos amou e nos purificou de nossos pecados com seu próprio sangue" (Ap 1.5). "Ele amou a igreja e por ela se entregou, para que a santificasse e purificasse" (Ef 5.25,26); tomando das mãos do Pai o cálice da ira que nos era devido e dele bebendo, "mas não por si mesmo" (Dn 9.26); pois "em nosso favor ele se santificou" (Jo 17.19), isto é, para ser uma oferta, uma oblação pelo pecado; porque "quando ainda éramos fracos, no devido tempo Cristo morreu pelos ímpios" (Rm 5.6). É isso que foi tipificado por todas as instituições, ordenanças e sacrifícios antigos; quando essas coisas chegaram ao fim, Cristo disse: "Eis-me aqui para fazer a tua vontade". Ora, o aperfeiçoamento e a consumação dessa oblação são apresentados nas Escrituras principalmente da perspectiva do que Cristo sofreu, e não tanto do que ele fez, porque ela é considerada em especial como o meio utilizado por esses três agentes benditos para alcançar uma finalidade mais ampla, mas ele se entregou de forma espontânea como oblação e sacrifício, e se assim não fosse ela não teria valor algum (pois se a vontade de Cristo não fizesse parte dessa entrega, ela jamais poderia nos purificar de nossos pecados); portanto, nesse aspecto, eu a associo com suas ações. Ele era o "Cordeiro de Deus, que tira o pecado do mundo" (Jo 1.29); o Cordeiro de Deus que entregou a si mesmo como sacrifício. E como esse Cordeiro se comportou nesse sacrifício? Com falta de vontade e oferecendo resistência? Não, ele não abriu a boca: ele foi levado "como cordeiro ao matadouro, como ovelha muda perante seus tosquiadores, ele não abriu a boca" (Is 53.7). Por isso, ele diz: "Eu entrego minha vida. Homem algum a tira de mim, mas eu a entrego espontaneamente. Tenho poder para entregá-la e tenho poder para retomá-la" (Jo 10.17,18). Ele poderia ter sido crucificado a mando de Deus; mas sua morte não seria uma oblação nem oferta se sua vontade não tivesse sido levada em conta. "Mas ele me amou", diz o apóstolo, "e a si mesmo se entregou por mim" (Gl 2.20). Ora, por si só esse ato merece ser chamado de dádiva apresentada de bom grado por uma mente livre, assim como a mente de Cristo, que "nos amou e se entregou por nós a Deus como oferta e sacrifício de aroma suave" (Ef 5.2). É com alegria que ele faz isso: "Eis-me aqui para fazer a tua vontade, ó Deus" (Hb 10.9); assim, "ele levou sobre si nossos pecados em seu corpo no madeiro" (1Pe 2.24). Mas eu não associaria essa oblação ou oferta de Cristo a uma só coisa, ação, paixão, desempenho ou sofrimento; mas ela abrange toda a economia e dispensação de Deus manifestadas na carne e interagindo em nosso meio, incluindo tudo o que ele realizou nos dias de sua carne, quando ele ofereceu orações e súplicas, com grande clamor e lágrimas, até que fizesse "ele mesmo a purificação de nossos pecados e se assentasse à destra da Majestade nas alturas" (Hb 1.3), "esperando até que seus inimigos fossem colocados debaixo de seus pés" (10.13) — toda a dispensação de sua vinda e ministério, até atribuir à sua alma um preço pela redenção de muitos (Mt 26.28). Mas à sua entrada no santo dos santos, aspergido com seu próprio sangue, para comparecer em nosso lugar diante da majestade de Deus, ato por alguns considerado a continuação de sua oblação, podemos nos referir como:

Em terceiro lugar, sua *intercessão* por todos aqueles beneficiados por sua oblação. Ele não sofreu por eles e depois se recusou a interceder em seu favor; ele não fez o que era mais importante e depois se omitiu no restante. O preço de nossa redenção é mais elevado aos olhos de Deus e de seu Filho do que seria se ela simplesmente fosse lançada sobre as almas que perecem sem que se tomassem providências a respeito do que lhes acontece em seguida. Não; isso também foi imposto a Cristo, acompanhado de uma promessa: "Pede-me", diz o Senhor, "e te darei as nações como herança e as extremidades da terra como propriedade" (Sl 2.8); em consonância com isso, Jesus afirma a seus discípulos que ele tinha outras responsabilidades a cumprir por eles no céu. Ele diz: "Vou preparar-vos lugar, para que eu volte e vos receba" (Jo 14.2,3). Pois assim como "o sumo sacerdote entrava sozinho no segundo [tabernáculo] uma vez por ano, não sem sangue, que ele oferecia por si mesmo e pelos erros do povo" (Hb 9.7), também Cristo, vindo como Sumo Sacerdote das coisas boas por vir, por seu próprio sangue entrou uma vez no lugar santo e obteve redenção eterna para nós (9.11,12). Ora, o que era esse lugar santo onde ele entrou aspergido com o sangue da aliança? E com que finalidade ele entrou ali? Pois "ele não entrou nos lugares santos feitos por mãos, os quais são figuras do verdadeiro; mas entrou no céu e agora comparece na presença de Deus em nosso lugar" (9.24). E com que finalidade ele ali comparece? Pois, para ser nosso advogado, para pleitear nossa causa com Deus, para aplicar as boas coisas alcançadas por sua oblação por todos aqueles em favor dos quais ele era uma oferta; como nos diz o apóstolo: "Se alguém pecar, temos um advogado perante o Pai, Jesus Cristo, o justo" (1Jo 2.1). Mas como isso acontece? "Ele é a propiciação por nossos pecados" (2.2). O fato de ele ser ἱλασμός, sacrifício propiciatório pelos nossos pecados, é o alicerce de sua intercessão, seu fundamento; portanto, oblação e intercessão pertencem à mesma pessoa. Ora, a propósito, sabemos que Cristo recusou-se a orar pelo mundo, mas só por seus eleitos. Ele diz: "Oro por eles; não oro pelo mundo, mas por aqueles que tu me deste" (Jo 17.9). Portanto, não havia base para tal intercessão em favor deles, porque ele não era ἱλασμός, uma propiciação por eles. Ademais, sabemos que o Pai sempre ouve o Filho ("Eu sabia", disse ele, "que tu sempre me ouves" [11.42]), ou seja, de modo a atender seu pedido, segundo o compromisso já mencionado (Sl 2.8). Portanto, se ele intercedesse por todos, não há dúvida de que todos deveriam ser salvos, pois "ele é capaz de salvar ao máximo os que por ele se chegam a Deus, visto que vive para sempre interceder por eles" (Hb 7.25). Por isso o apóstolo confia na intercessão de Cristo: "Quem fará alguma acusação contra os eleitos de Deus? É Deus quem justifica. Quem haverá de condenar? É Cristo quem morreu, ou, mais exatamente, quem ressuscitou, e está à destra de Deus e também intercede por nós" (Rm 8.33,34). Com base nisso também, não podemos deixar de afirmar que aqueles por quem ele morreu podem concluir com segurança que ele intercede em seu favor e que ninguém lhes trará acusação alguma; isso basta para desmantelar a redenção geral; pois, de acordo com esta, ele morreu por milhões de pessoas que não têm interesse em sua intercessão, que serão acusadas de seus pecados e debaixo deles perecerão; esses pecados ficarão ainda mais nítidos justamente por causa dessa intercessão, que não é uma súplica humilde e pesarosa que não condiz com o estado glorioso de aperfeiçoamento de que está revestido aquele que se encontra à destra da Majestade nas alturas, mas é uma apresentação imbuída de autoridade diante do trono de seu Pai, aspergido com seu próprio sangue, visando à consecução para seu povo de todas as coisas espirituais alcançadas por sua oblação, dizendo: "Pai, meu desejo é que aqueles que tu me deste estejam comigo onde eu estiver" (Jo 17.24). De modo que, em favor daqueles por quem sofreu, Cristo se faz presente no céu com sua satisfação da pena e seu mérito. Neste ponto devemos também nos lembrar do que o Pai prometeu ao Filho quando este aceitou o empreendimento que lhe foi dado; pois não há dúvida de que com este fim, e somente este, depois de executar tudo o que deveria ser executado, Cristo intercede junto a Deus por eles; em suma, que ele pudesse ser o capitão da salvação de todos os que nele creem e assim, com eficácia, levar muitos filhos à glória. E assim sendo, tendo esse Sumo Sacerdote sobre a casa de Deus, possamos nos aproximar com plena certeza de fé, pois mediante uma só oferta ele aperfeiçoou para sempre aqueles que estão sendo santificados (Hb 10.14). Mas a respeito dessas coisas há mais para dizer adiante.

5

As ações peculiares ao Espírito Santo nesse empreendimento

Em terceiro lugar, podemos examinar em poucas palavras as ações desse agente que, pela ordem, é o *terceiro* na bendita *Unidade*, cuja íntegra é composta por todos, o Espírito Santo, que evidentemente participa, por meio de sua operação distinta, de todas as diferentes partes dessa grandiosa obra. Podemos estabelecer uma relação dessas partes com as três vertentes:

Primeira, a encarnação do Filho, com sua perfeita assistência no decurso de sua interação enquanto habitou entre nós; pois sua mãe achou-se ἐν γαστρὶ ἔχουσα, grávida, "concebendo em seu ventre por ação do Espírito Santo" (Mt 1.18). Se perguntares, à semelhança de Maria, como isso seria possível, o anjo oferece a resposta tanto a ela quanto a nós, na medida em que é lícito que tenhamos conhecimento dessas coisas misteriosas: "o Espírito Santo virá sobre ti, e o poder do Altíssimo te encobrirá; por isso o santo que nascerá de ti será chamado Filho de Deus" (Lc 1.35). Foi um poder no Espírito que cobriu Maria com sua sombra: assim chamado por efeito de uma alusão às galinhas que cobrem seus ovos para que os filhotes possam ser chocados pelo calor; essa concepção se deu unicamente pelo poder do Espírito, que "incubare fœtui", como no início do mundo. Ora, nesse processo, tendo sido o filho concebido pelo poder, assim também foi cheio com o Espírito e nele "se fortalecia" (Lc 1.80), até que dele recebendo plenitude e não uma medida limitada, em seus dons e graças, ele foi dotado e preparado para sua grande tarefa.

Segunda, em sua *oblação* ou paixão (pois são a mesma coisa sob diferentes aspectos — o aspecto daquilo que ele sofreu e o aspecto do que ele fez com seus sofrimentos, por meio deles e a eles submetido), "pelo Espírito eterno ele se ofereceu sem mácula a Deus" (Hb 9.14); quer isso signifique a oferta de um sacrifício de sangue que ele mesmo fez sobre a cruz, quer signifique a apresentação de si mesmo continuamente perante o Pai — essa oferta é feita por meio do Espírito eterno. A oferta de si mesmo, feita de livre e espontânea vontade por meio do Espírito, era o fogo inextinguível sob esse sacrifício, que o tornou aceitável a Deus. Não vejo muito fundamento para a afirmação que alguns fazem de que o Espírito eterno significa a divindade de nosso Salvador. Algumas cópias de manuscritos em grego e latim não leem Πνεύματος αἰωνίου, conforme estamos habituados, mas Πνεύματος ἁγίου, e assim as dúvidas se dissipam rapidamente. Ademais, não vejo razão por que não se possa afirmar que ele também se ofereceu por meio do Espírito Santo, tanto quanto afirmar que "ele foi declarado Filho de Deus, segundo o Espírito de santidade, por meio da ressurreição dentre os mortos" (Rm 1.4) e que foi "vivificado pelo Espírito" (1Pe 3.18). A atuação do Espírito foi necessária tanto como ressurreição em sua oblação quanto como vivificação em sua morte.

Terceira, em sua *ressurreição*, à qual se refere o apóstolo: "Mas se em vós habita o Espírito daquele que ressuscitou Jesus dentre os mortos, aquele que ressuscitou Cristo dentre os mortos haverá também de vivificar vosso corpo mortal por meio de seu Espírito que em vós habita" (Rm 8.11).

Assim examinamos as diferentes ações e a convergência ordenada em relação ao todo executadas pelos benditos agentes e empreendedores nessa obra; estes, embora possam ser assim diferenciados, não são separados, mas cada um tem sua relação com a natureza integral, da qual cada pessoa é participante "in solidum". Assim como eles a iniciaram, da mesma forma juntos levarão a cabo a aplicação dessa obra até sua execução e consequências últimas. Porque precisamos "dar graças ao Pai, que nos capacitou" (isto é, por meio de seu Espírito) "a sermos participantes da herança dos santos na luz; que nos libertou do poder das trevas e nos trasladou para o reino de seu Filho amado, em quem temos redenção por meio de seu sangue e o perdão dos pecados" (Cl 1.12,13).

6

Os meios utilizados nessa obra pelos agentes mencionados

Seguindo a ordem de execução, não de intenção, nossa próxima ação será a análise ou apresentação dos *meios* empregados nessa obra. Na realidade, esses meios não são outros senão as distintas ações já examinadas, mas que agora serão ponderadas sob outro aspecto — como meios ordenados para a consecução da finalidade proposta, conforme a seguir. Ora, as diferentes ações do Pai e do Espírito foram todas realizadas e dirigidas a Cristo, e nele concluídas, como Deus e homem; por isso somente ele e suas realizações serão considerados meios para essa obra, mas a cooperação das outras duas pessoas antes mencionada e pressuposta e necessariamente antecedente ou concomitante.

Assim, os meios utilizados ou ordenados por esses agentes com vistas à finalidade proposta estão encerrados em toda a *economia* ou dispensação levadas a termo, de onde nosso Salvador Jesus Cristo é chamado Mediador; esses meios podem ser, e normalmente são, conforme já mencionei, divididos em duas partes: primeira, sua *oblação*; segunda, sua *intercessão*.

Sua *oblação* não diz respeito unicamente à oferta específica que ele fez de si mesmo sobre a cruz como oferta ao Pai, na condição de Cordeiro de Deus sem mancha ou defeito, oportunidade em que ele carregou nossos pecados ou os levou consigo em seu corpo sobre o madeiro; Essa foi a suma e complemento de sua oblação e é principalmente nisso que ela consiste. Mas a oblação também diz respeito a toda a sua humilhação ou estado de autoesvaziamento, seja submetendo sua obediência voluntária à lei, debaixo da qual ele nasceu para que dela pudesse ser o fim para os que creem (Rm 10.4), seja por sua submissão à maldição da lei, na dor e no sofrimento antecedentes na vida, assim como também sua submissão à morte, e morte de cruz: pois nenhuma de suas ações como mediador deve ser excluída de uma simultaneidade que compõe toda a finalidade em sua obra. Também não desejo dar a entender com sua *intercessão* somente sua entrada no céu no lugar santíssimo para que a nós fossem aplicados todos os benefícios que ele comprou e conquistou por meio de sua oblação. Mas também me refiro a todos os atos de sua exaltação que o levaram a esse estado, incluindo sua ressurreição e seu "assentar-se à mão direita da Majestade nas alturas, a ele se submetendo anjos, principados e poderes". Dessas ações, sua ressurreição é a base e o fundamento das restantes ("pois se ele não ressuscitou, então nossa fé é em vão" [1Co 15.13,14] e ainda estamos "em nossos pecados" [15.17]; e somos "entre todos os homens os mais infelizes" [15.19]) e deve ser examinada em especial, como ação a que muitas vezes se atribui grande parte dos resultados obtidos; pois "ele foi entregue por causa de nossas ofensas e ressuscitado para nossa justificação" (Rm 4.25). Aqui e em outras passagens afins, o que se tem em vista com a ressurreição é a dispensação seguinte como um todo e a intercessão eterna de Cristo no céu em nosso favor; pois "Deus ressuscitou seu filho Jesus para nos abençoar ao desviar cada um de nós de nossas iniquidades" (At 3.26).

Ora, toda essa dispensação, com ênfase especial na morte e no derramamento do sangue de Cristo, é o meio sobre o qual falamos, em consonância com o que dissemos de modo geral a esse respeito; pois em si mesma, não se trata de algo desejável. A morte de Cristo não tinha nada de bom que lhe fosse inerente (referimo-nos a seus sofrimentos em distinção de sua obediência), mas apenas foi o veículo que conduziu a um fim, o fim proposto para a manifestação da graça gloriosa de Deus. O que haveria de bom no fato de Herodes, Pôncio Pilatos, os gentios e o povo de Israel se juntarem com vilania e crueldade horrendas contra o santo Filho de Deus, a quem ele havia ungido (At 4.27)? Ou o que haveria de bom no fato de o Filho de Deus se tornar pecado e maldição, ser ferido, afligido e submetido a tamanha ira cuja contemplação faz tremer até a estrutura da natureza? O que haveria de bom e de belo nisso tudo que pudesse por si mesmo ser desejável? Sem dúvida, nada. Portanto, essas coisas devem ser vistas como meio que conduzem a um fim; a glória e o brilho nelas presentes devem eliminar toda treva e confusão inerentes à coisa em si. Mesmo assim esse era o desígnio dos agentes benditos, por "cujo conselho determinado e presciência ele foi entregue e morto" (At 2.23); para que nele se fizesse "tudo o que sua mão e conselho haviam determinado" (4.28), conforme veremos mais adiante. Quanto ao todo, devem-se observar algumas coisas:

Embora a *oblação* e a *intercessão* de Jesus Cristo sejam ações distintas em si mesmas e tenham diferentes efeitos e consequências imediatos eventualmente a elas atribuídos (os quais devo agora examinar, mas o farei em outro lugar), mesmo assim elas não devem ser sob nenhum aspecto divididos ou separados, pois uma tanto quanto a outra dizem igualmente respeito às mesmas coisas e pessoas. Mas entre elas existe uma união multifacetada:

Em primeiro lugar, ambas têm como propósito a obtenção e a consecução totais e completas da mesma finalidade proposta — a saber, conduzir com eficácia muitos filhos à glória, para o louvor da graça de Deus (mais adiante falaremos sobre isso).

Em segundo lugar, no tocante aos benefícios obtidos por uma dessas ações, eles dizem respeito às mesmas pessoas beneficiadas pela aplicação desses benefícios obtidos; pois "ele foi entregue por causa de nossas ofensas e ressuscitado para nossa justificação" (Rm 4.25). Isto é, em poucas palavras, o objeto de uma ação tem o mesmo alcance que o objeto da outra; ou as pessoas pelas quais Cristo se ofereceu, por todas elas e somente por elas, são as pessoas pelas quais ele intercede, em consonância com sua própria palavra: "Por amor a elas me santifico" (sendo uma oblação), "para que também sejam santificadas através da verdade" (Jo 17.19).

Em terceiro lugar, a *oblação* de Cristo é o fundamento de sua intercessão, visto que por meio de sua oblação foram conquistadas todas as coisas dispensadas em virtude de sua intercessão; além disso, a única finalidade por que Cristo conquistou alguma coisa com sua morte era que ela pudesse ser aplicada a eles, em favor dos quais foi assim conquistada. Em suma, a oblação e a intercessão de Jesus Cristo compõem integralmente o meio que possibilita a produção do mesmo efeito, e a própria finalidade da oblação é que o conjunto de coisas concedidas pela intercessão de Cristo, sem cuja aplicação ela certamente não alcançaria a finalidade proposta, seja adequadamente efetivado; assim, não se pode afirmar que, no tocante à conquista de quaisquer benefícios, a morte ou oferta de Cristo importe a alguma pessoa ou coisa mais do que sua intercessão no que diz respeito à reunião desses benefícios; pois, intercedendo ali com todos os benefícios adquiridos e prevalecendo em todas as suas intercessões (pois o Pai sempre ouve o Filho), fica evidente que cada um dos indivíduos por quem Cristo morreu deve necessariamente dele receber todos os benefícios adquiridos por sua morte. Esta, sendo evidentemente fator de destruição para a causa adversa, precisamos confirmar após algum tempo sobre ela debruçados, apenas vos dizendo que sua principal prova reside em nossa proposta seguinte de atribuir a finalidade adequada e efetivada pela morte de Cristo, de modo que a principal prova deve ser até então adiada. Agora apenas proporei essas razões que podem ser examinadas separadamente, não apenas tidas como tais.

7

Razões que provam que a oblação e a intercessão de Cristo constituem integralmente o meio para a consecução da mesma finalidade proposta e têm ambas o mesmo objeto pessoal

I. Nossa primeira razão advém da união perpétua que as Escrituras fazem de oblação e intercessão, sempre colocando-as juntas, e assim revelando que elas são absolutamente inseparáveis e vistas da perspectiva de seus frutos e efeitos distintos: "Com seu conhecimento, meu servo justo justificará a muitos, pois levará sobre si as iniquidades deles" (Is 53.11). A verdadeira justificação dos pecadores, fruto imediato de sua *intercessão*, certamente sucede o levar sobre si as iniquidades deles. No versículo seguinte, esses atos são reunidos por Deus de modo tão inalienável, que ninguém ousaria separá-los: "Ele levou o pecado de muitos" (veja aqui sua *oblação*!) "e intercedeu pelos transgressores", exatamente aqueles muitos transgressores cujo pecado ele levou sobre si. No versículo 5 do mesmo capítulo, há uma expressão que evidencia que a máxima aplicação de todos os benefícios pelos quais ele *intercede* é efeito imediato de sua paixão: "Por seus ferimentos somos curados". Nossa cura completa é fruto e conquista de seus ferimentos, ou através deles a *oblação* fica consumada. Também Romanos 4.25: "Ele foi entregue por causa de nossas ofensas e ressuscitado para nossa justificação". Ele ressuscitou para justificar aqueles por cujas ofensas ele morreu; portanto, se ele morreu por todos, é necessário que todos sejam justificados, ou o Senhor não terá cumprido com êxito seu desígnio nem alcançado seu alvo, tanto na morte quanto na ressurreição de seu Filho; apesar de alguns terem a coragem de afirmar tal coisa, eu, de minha parte, só posso abominar uma fantasia tão blasfema. Em vez disso, alinhemo-nos com o pensamento do apóstolo, baseando na morte de Cristo a certeza de nossa glória eterna e a liberdade de todas as acusações, pois a intercessão que ele também faz em nosso favor é consequência inseparável e necessária dela. Ele então pergunta: "Quem fará alguma acusação contra os eleitos de Deus?". (Parece também que foi somente por eles que Cristo morreu.) "É Deus quem justifica. Quem haverá de condenar? É Cristo quem morreu" (então ninguém daqueles por quem Cristo morreu será condenado? O que acontece com a expiação geral?) "ou, mais exatamente, quem ressuscitou, e está à destra de Deus e também intercede por nós" (Rm 8.33,34). Temos aqui ambas as ações com o mesmo peso; as pessoas beneficiadas por uma são todas também beneficiadas pela outra. Esse texto dificilmente se harmonizará com a ideia de que ele morreu por *todos* mas faz intercessão somente por *alguns*, em especial quando se leva em conta o fundamento de tudo isso, a saber, o amor de Deus que o levou a entregar Cristo à morte em favor de todos nós (8.32). Sobre esse fundamento o apóstolo constrói uma espécie de impossibilidade de que Deus não nos dê em Cristo todos os benefícios; não consigo entender como seria possível harmonizar essa afirmação com a opinião dos que declaram que Deus entregou seu Filho em favor de milhões de pessoas a quem ele não concederá nem graça nem glória. Mas nos apoiamos na seguinte afirmação do mesmo apóstolo: "Quando ainda éramos fracos, no devido tempo, Cristo morreu pelos ímpios", para que "agora justificados por seu sangue, sejamos por ele salvos da ira" (Rm 5.6,9) — estabelecendo-se a mesma relação entre a oblação e a intercessão de Cristo, com seus frutos e efeitos, relação esta insinuada em muitos outros pontos das Escrituras.

 II. Oferecer e interceder, sacrificar e orar, são ações atinentes ao mesmo ofício sacerdotal e ambas exigem um *sacerdote*, de modo que se um desses elementos for por ele omitido, ele não será um *sacerdote* fiel em favor deles. Se ele não se oferecesse por eles, ou não intercedesse pelo êxito de sua oblação em lugar deles, não estaria cumprindo o ofício por ele assumido. Ambos esses aspectos se encontram aglutinados (como antes) em Jesus Cristo: "Se alguém pecar, temos um *advogado* junto ao Pai, Jesus Cristo, o justo; e ele é a *propiciação* por nossos pecados" (1Jo 2.1,2). Ele precisa ser um *advogado* para interceder, mas ser também um sacrifício de propiciação, para que seja um *Sumo Sacerdote* misericordioso sobre a casa de Deus, de modo que os filhos se sintam encorajados a se dirigir a Deus por meio dele. Na Epístola aos Hebreus, o apóstolo deixa isso bem claro e dá provas cabais ao apresentar o sacerdócio executado por Cristo nessas duas ações — oferecendo-se e derramando seu sangue, e intercedendo por nós ao máximo. Com base nessas duas ações, ele faz uma exortação para que nos aproximemos do trono da graça com confiança, pois ele "veio como sumo sacerdote dos benefícios por vir, não pelo sangue de bodes e bezerros, mas por seu próprio sangue ele entrou no lugar santo e obteve redenção eterna por nós" (9.11,12). Sua oblação de sangue deu-lhe acesso ao lugar santo, feito não com mãos humanas, para ali cumprir o que ainda restava para ser cumprido de seu ofício. O apóstolo compara seu acesso ao céu em nosso favor com o acesso do Sumo Sacerdote ao lugar santo, levando sobre si o sangue de touros e bodes (9.12,13), para ali, sem dúvida, orar por aqueles em cujo favor ele o havia oferecido (9.7). Assim ele se apresentou perante o Pai de modo que sua oblação anterior pudesse ser eficaz. Uma vez que se afirma que ele tem ἀπαράβατον ἱερωσύνην, pois continua para sempre (7.24), sendo assim "capaz de salvar perfeitamente aqueles que por ele se chegam a Deus" (7.25), disso se conclui que temos "ousadia para entrar no santo dos santos pelo sangue de Jesus" (10.19-22). Assim, é evidente que ambos os atos pertencem ao mesmo ofício sacerdotal em Cristo: e se ele pratica um desses atos por qualquer pessoa, deverá necessariamente praticar o outro por ela também; pois ele não exercerá nenhum ato ou dever de sua função sacerdotal em favor de uma pessoa para a qual ele não é sacerdote; mas ele deverá fazer ambas as coisas em favor da pessoa para a qual ele é sacerdote, sendo fiel ao extremo no cumprimento de sua função em nome dos pecadores pelos quais ele assume tal função. Então, essas duas ações, oblação e intercessão, devem ter o mesmo peso no que diz respeito a seus beneficiários e não podem jamais ser separadas. A propósito, neste ponto (depois de, segundo minha compreensão, deixar tão claro esse argumento), não posso fazer outra coisa que não seja exigir daqueles que se opõem a nós no que diz respeito à morte de Cristo, quer eles defendam ou não a ideia de que ele intercede por todos; — caso não defendam, eles o transformam em meio sacerdote; caso defendam, eles têm a obrigação de dar sustentação a esse erro, a saber, que todos serão salvos, ou admitir a blasfêmia de que Cristo não é ouvido por seu Pai nem pode prevalecer na intercessão por ele feita, ainda que os santos na terra tenham certeza de que ele intercede quando fazem suas súplicas em consonância com a vontade de Deus (Rm 8.27; 1Jo 5.14). Ademais, temos uma afirmação expressa de que o Pai sempre o ouve (Jo 11.42); e se tal era verdade quando ele ainda se encontrava *neste* mundo, nos dias de sua carne, e ainda não havia concluído a grande obra para a qual ele havia sido enviado, quanto mais *agora*, depois de fazer a vontade de Deus e de cumprir sua obra, assentado à destra da Majestade nas alturas, desejando e solicitando o cumprimento das promessas que lhe foram feitas quando aceitou o compromisso de realizar essa obra!

II. A *natureza* da intercessão de Cristo também provará exatamente o que afirmamos, exigindo um vínculo inseparável entre ela e a oblação, pois, agora aperfeiçoada no céu, ela não é um humilde rebaixamento de si mesmo, com clamores, lágrimas e súplicas; não; ela não pode ser vista como *vocalização* de uma súplica, mas meramente como uma *realidade* por meio da apresentação de si mesmo, tendo recebido a aspersão do sangue da aliança, diante do trono da graça em nosso lugar. "Pois Cristo", diz o apóstolo, "não entrou nos lugares santos feitos por mãos, mas entrou no céu e agora *comparece* na presença de Deus em nosso lugar" (Hb 9.24). Sua intercessão ali é um *comparecimento* em nosso lugar no céu na presença de Deus, a apresentação de seu corpo sagrado que sofreu por nós: pois (como já dissemos) o apóstolo, no nono capítulo de Hebreus, estabelece uma analogia entre sua entrada no céu por nós e a entrada do Sumo Sacerdote no lugar santo, trazendo sobre seu corpo o sangue de touros e bodes (9.12,13). O Salvador, com seu próprio sangue, apresentando-se para que sua oblação tivesse efeito perpétuo, até que os muitos filhos que lhe foram dados fossem levados à glória. E nisso consiste sua intercessão, sendo ela nada mais do que a sequência de sua oblação. Ele era o "Cordeiro morto desde a fundação do mundo" (Ap 13.8). Ora, sua intercessão anterior à real oblação na plenitude dos tempos não era outra coisa senão a apresentação do compromisso que estava sobre ele para que a obra se realizasse no devido tempo, e por certo aquilo que a sucede não é nada mais do que a apresentação daquilo que se cumpre em consonância com esse compromisso; assim ela é apenas a continuação de sua oblação ao postular, por lembrança e declaração, as coisas que por meio dela foram conquistadas. Assim, como seria possível que uma dessas duas ações tivesse um escopo e um alcance maior do que a outra? Será possível dizer que ele não *intercede* por aqueles em favor de quem se *ofereceu*, se sua *intercessão* nada mais é do que a apresentação de sua oblação em favor daqueles por quem sofreu e pela concessão dos benefícios adquiridos por meio dela?

IV. Mais uma vez: se a *oblação* e a morte de Cristo alcançaram e lograram que todos os benefícios fossem concedidos, benefícios estes conferidos pela interposição de sua *intercessão*, então ambas têm o mesmo alvo e são meios dirigidos à mesma finalidade. Pois bem, como prova dessa hipótese devemos nos lembrar daquilo que já examinamos no que diz respeito ao *pacto* e *acordo* firmado entre o Pai e o Filho em torno de sua participação de livre e espontânea vontade nessa grande obra de redenção. Pois com base nessa participação, o Senhor lhe propôs como finalidade de seus sofrimentos e lhe prometeu como recompensa por suas aflições o fruto de seus méritos, a saber, tudo aquilo que depois se tornou objeto de sua intercessão. Já apresentei vários elementos específicos e, portanto, para evitar repetição, eu agora os omitirei e remeterei o leitor ao capítulo 3; somente perguntarei qual é a base e o fundamento da *intercessão* de nosso Salvador, entendendo-o como o caminho da súplica, seja virtual, seja formal, concebida como real ou oral, para a obtenção de alguma coisa. Porventura não deveria ela se apoiar em alguma promessa que lhe tenha sido feita? Ou haveria algum benefício que tenha ficado fora das promessas? Não está claro que a intercessão de Cristo de fato tem por base tal promessa, como em Salmos 2.8: "Pede-me e te darei os pagãos por herança"? Ora, com base em que consideração se fizeram essa promessa e esse compromisso a nosso Salvador? Não seria na experiência daquilo contra o qual "os reis se reuniram e os governantes conspiraram unidos contra ele" (2.2)? Tal experiência é interpretada pelo apóstolo como Herodes e Pôncio Pilatos, juntamente com o povo judeu, perseguindo-o até a morte para fazer "tudo o que a mão e a vontade de Deus predeterminaram que se fizesse" (At 4.27,28). Assim, a intercessão de Cristo está fundamentada nas promessas que lhe foram feitas, promessas que nada mais eram do que o compromisso de conceder e na verdade conferir todos os benefícios àqueles por quem ele sofreu, benefícios que sua morte e oblação mereceram e adquiriram. Ele intercede por todos aqueles por quem morreu, e sua morte conquistou tudo e todos a quem sua intercessão é concedida; e até que essa concessão lhes seja feita, sua intercessão não produz plenamente seus frutos e efeitos. Veremos mais adiante quem a declaração que alguns fazem, a saber, que a morte de Cristo conquista aquilo que nunca é concedido, contradiz as Escrituras e o bom senso.

V. Ademais, que homem algum separe o que Cristo juntou; é possível fazer distinção entre as duas ações, mas jamais separá-las. Ora, essas coisas das quais estamos a tratar (a oblação e a intercessão de Cristo) são por eles juntadas, unidas (Jo 17); ele oferece sua oblação e intercede. Ele se ofereceu sobre a cruz com perfeição no que diz respeito à sua vontade e intenção; e com perfeição agora intercede no céu: quem, pois, haverá de dividir ou separar essas coisas, ainda mais levando-se em conta que as Escrituras afirmam a inutilidade de uma sem a outra (1Co 15.17)? Pois se o Sumo Sacerdote não entrasse no lugar santíssimo (Hb 9.12), não receberíamos remissão e redenção plenas.

VI. Por fim, se a morte e a intercessão de Cristo fossem separadas e divididas no que diz respeito aos objetos delas, todo o consolo que qualquer alma pudesse obter pela certeza de que Cristo morreu por ela seria eliminado. Mais adiante declararemos que a doutrina da redenção geral é desconfortável, pois corta todos os nervos e tendões do profundo consolo que Deus nos deseja conceder abundantemente. Por ora, apenas demonstrarei como ela ameaça nosso consolo nesse particular. O principal fundamento de toda a confiança e certeza das quais podemos compartilhar nesta vida (equivalentes a uma "alegria indizível e cheia de glória") tem como origem esse forte vínculo entre a *oblação* e a *intercessão* de Jesus Cristo. Por meio da primeira ele conquistou para nós todos os benefícios; pela outra, ele conseguirá que eles sejam de fato concedidos, visto que não nos deixará com nossos pecados, mas nos acompanhará a todo e qualquer tribunal, até que sejam eles plenamente perdoados e claramente expiados (Hb 9.26). Ele jamais nos deixará sem que salve absolutamente todos os que chegam a Deus por meio dele. Sem a ressurreição, sua morte não nos traria nenhum benefício; toda nossa fé seria em vão (1Co 15.17). Separada dela, com a intercessão vindo em seguida, seja em sua própria intenção, seja nas diferentes conquistas de uma ou de outra, ela nos resultaria em um frágil consolo, mas nessa relação, trata-se de um firme fundamento sobre o qual a alma pode edificar (Hb 7.25). "De que me servirá ser convencido de que Cristo morreu por meus pecados se, apesar disso, eles poderão ser apontados contra mim para minha condenação quando e onde Cristo não estiver presente para minha justificação?" Se perguntardes, juntamente com o apóstolo: "Quem haverá de condenar?", podereis responder facilmente: "É Cristo quem morreu" (Rm 8.34). "O quê? Deus, por sua lei poderá me condenar não obstante a morte de Cristo em meu lugar!" Mas o apóstolo diz: "Ele ressuscitou e assentou-se à destra de Deus para interceder em nosso favor". Ele não descansa em sua morte, mas por certo fará intercessão por aqueles em favor de quem morreu; e isso basta para nos trazer firme consolação. Nem nossos pecados nem nossos acusadores ousarão levantar-se contra nós, pois ele se levanta por nós. Mais adiante consideraremos algumas objeções triviais a esse texto. Espero assim ter confirmado e provado com suficiência de argumentos o que propus no início deste capítulo sobre a identidade do objeto da oblação e da intercessão de Jesus Cristo.

8

Respostas às objeções contra a proposta anterior

Pelo que foi dito no último capítulo, fica claro que a oblação e intercessão de Cristo são de igual abrangência e extensão em relação a seus objetos, ou às pessoas pelas quais ele se ofereceu uma vez e continua a interceder, e assim devem ser vistas como um *meio* conjunto para a obtenção de um *fim* proposto; este fim será considerado a seguir. Mas, como encontro algumas objeções apresentadas por alguns contra a verdade anterior, devo eliminá-las antes de prosseguir; farei isso "como um homem que elimina o esterco até que ele desapareça completamente".

    A essência de um dos nossos argumentos anteriores era a seguinte: sacrifício e intercessão pertencem à mesma pessoa, que é o Sumo Sacerdote. Nosso Salvador é o sumo sacerdote absoluto e verdadeiro. Nele estão todas as perfeições que os outros receberam apenas como uma representação fraca e simbólica. Além disso, ele realiza tanto o sacrifício quanto a intercessão em nome daqueles pelos quais ele é o Sumo Sacerdote.

    I. Encontro um argumento semelhante a este, que alguns se propõem a responder, proposto nestas palavras: "O resgate e a mediação de Cristo não são maiores do que seu ofício de sacerdote, profeta e rei; mas esses ofícios pertencem à sua igreja e aos escolhidos: portanto, seu resgate pertence somente a eles".

    A intenção e o significado desse argumento são os mesmos que propusemos: Cristo não ofereceu nada por aqueles em favor dos quais ele não é sacerdote, e ele é sacerdote apenas por aqueles por quem também intercede. Se eu tiver ocasião de usar esse argumento posteriormente, darei a ele mais peso e força do que parece ter em sua declaração atual. O interesse daqueles que propõem esse argumento é apresentar sua tese da maneira menos ofensiva possível, para que possam parecer tê-la dispensado de forma justa. Mas vamos examinar essa estratégia evasiva, por mais insignificante que seja.

    Aquele que respondeu a esse argumento imaginou que tal resposta amigável se deu ao fato de ter ele considerado o argumento amável e fácil de ser satisfeito.

No entanto, ao ler a resposta, percebi que, ao contrário do que era pretendido, ela apenas serviu para expressar algumas concepções novas, frágeis e falsas. Geralmente, quando ele responde a outros argumentos, costuma usar expressões como "isso é horrível, é blasfêmia, detestável, abominável e falso", expressões estas que não podem ser evitadas por aqueles que compartilham de sua opinião. Depois de um tempo, percebi que a razão de sua resposta amigável estava implícita nas primeiras palavras. O que ele queria dizer era que "essa objeção não nega a morte de Cristo por todos os homens, mas apenas seu resgate e mediação por todos os homens".

Agora, realmente, se isso é assim, então eu discordo do seu julgamento. Isso não é uma "objeção séria" e não posso ser convencido de que qualquer pessoa em perfeito juízo a proporia. Para mim, trata-se de uma clara contradição dizer que Cristo morreu por todos e, ainda assim, não foi um resgate por todos, apesar de afirmar que ele veio "dar a sua vida como resgate por muitos" (Mt 20.28). A concepção mais antiga e difundida da morte de Cristo é que ela é um *resgate*. Na verdade, esse homem e aqueles da mesma opinião não fazem do resgate algo tão abrangente quanto a morte de Cristo? Ou eles ainda fazem divisão e separação entre os propósitos da morte de Cristo? Como já ouvimos deles: "Ele não intercede por todos em favor dos quais pagou um resgate". Eles também diriam que ele não pagou um resgate por todos em favor dos quais morreu? Então, quem eram os outros por quem ele morreu, se o propósito de sua morte era pagar um resgate? Esses outros devem estar além de todos e de cada pessoa, pois eles realmente afirmam que Cristo pagou um resgate por todos. Mas vamos ver o que ele diz mais adiante. Em uma causa tão simples como essa, é uma vergonha aproveitar-se disso.

Ele diz que a resposta a essa objeção é fácil e está clara nas Escrituras, pois a mediação de Cristo é tanto mais geral quanto mais especial. É mais geral porque ele é o "único mediador entre Deus e os homens" (1Tm 2.5); é mais especial porque ele é o mediador da "nova aliança, para que os chamados recebam a promessa da herança eterna" (Hb 9.15). Segundo ele, de acordo com isso, se diz: "Ele é o Salvador de todos os homens, especialmente dos que creem" (1Tm 4.10). Portanto, diz ele, em todos os ofícios de Cristo, sacerdote, profeta e rei, há algo mais geral e algo mais especial e único.

E isso é o que ele chama de resposta clara e direta das Escrituras. Ele deixa para nós a conjectura sobre como isso se aplica ao argumento. Até onde posso entender, essa deve ser a aplicação: é verdade que Cristo pagou um resgate apenas por aqueles em favor dos quais é mediador e sacerdote; mas Cristo deve ser considerado de duas maneiras: primeira, como mediador e sacerdote geral por todos; em segundo lugar, como mediador e sacerdote especial para alguns. Ele paga o resgate como mediador geral e intercede como mediador especial. Presumo que isso seja parte do sentido que ele pretende. Por si só, a explicação é tão absurda e distante do bom senso, e seu conteúdo é tão antibíblico, que o desprezo seria mais adequado do que uma resposta. A verdade é: por que deveríamos esperar coerência e clareza de expressão daqueles que abandonam suas profissões para se dedicar à pregação e à escrita? É profundamente lamentável que essa loucura, vestida em trapos, seja levada a sério, ao passo que a verdade sóbria é ignorada. Qual é o sentido dessa distinção de que "Cristo ou é mediador geral entre Deus e o homem ou mediador especial da nova aliança"? Já se ouviu falar antes que Cristo é mediador de algo que não fosse a nova aliança? Um mediador não faz mediação apenas para uma parte. Toda mediação envolve um acordo entre partes. Todo mediador é mediador de uma aliança. Agora, se Cristo é mediador de alguma aliança além da nova aliança, então pergunto: que aliança seria essa? A aliança das obras? Isso não contradiz o evangelho como um todo? Não seria desonroso para Jesus Cristo ser mediador de uma aliança cancelada? Não é contrário às Escrituras afirmar que ele é "fiador" da primeira aliança e não de uma "aliança superior"? (Hb 7.22) Aqueles que fazem tais afirmações audaciosas são mais adequados para serem catequizados do que para pregar. Mas não devemos deixar isso passar em branco. O homem insiste em algo que ouviu de algum doutor arminiano, embora tenha exposto suas concepções de forma inadequada. Portanto, como estou um pouco acostumado com a forma como eles distorcem os textos das Escrituras usados aqui, vou rapidamente eliminar essa artimanha pobre, para que nosso argumento anterior permaneça incólume.

Já demonstrei a fragilidade da resposta. Alguns fazem distinção entre os frutos da mediação de Cristo, subdividindo-os em frutos mais gerais e frutos mais específicos. De certa forma, isso pode ser tolerável. Mas afirmar o mesmo em relação aos ofícios de Cristo e ao próprio Cristo é uma distorção grosseira. Negamos que exista alguma mediação geral desse tipo, ou função geral do ofício de Cristo, que se estenda além de sua igreja ou dos escolhidos. Foi a sua "igreja" que ele "redimiu com seu próprio sangue" (At 20.28). Foi a sua "igreja" que ele "amou e se entregou por ela, para que a santificasse, purificando-a com a lavagem da água pela palavra, de modo que a apresentasse a si mesmo como igreja gloriosa"

(Ef 5.25-27). Foi por suas "ovelhas" que ele "entregou a vida" (Jo 10.15) e por elas "comparece no céu" (Hb 9.24). Não há uma única palavra nas Escrituras que se refira a alguma mediação por qualquer outra pessoa. Olhe para a *encarnação*. Foi "porque os *filhos* participam de carne e sangue" (Hb 2.14), não porque o mundo inteiro participa. Olhe para a oblação: "Por causa deles" ("aqueles que me deste", diz Jesus), "eu me santifico" (Jo 17.19), isto é, para ser uma *oblação*, que era a obra sob sua responsabilidade naquele momento. Olhe para a *ressurreição*: "Ele foi entregue por nossas transgressões e ressuscitou para nossa justificação" (Rm 4.25). Olhe para a *ascensão*: "Eu vou", diz ele, "ao meu Pai e ao vosso Pai, para preparar-vos lugar" (Jo 14.2). Olhe para a *intercessão perpétua*. Por acaso ela não se destina a "salvar completamente *aqueles que por ele se chegam a Deus*"? (Hb 7.25). Não há uma única palavra sobre essa mediação geral para todos. Na verdade, se lhe prestarmos a devida atenção, ele nega de forma clara fazer mediação por todos: "Não rogo pelo mundo, mas por aqueles que me deste" (Jo 17.9).

Vejamos o que é apresentado como confirmação dessa mediação geral. Cita-se 1Timóteo 2.5: "Pois há um só Deus e um só mediador entre Deus e os homens, o homem Cristo Jesus". A que conclusão isso supostamente nos leva? É impossível que Cristo seja mediador entre Deus e os homens sem ser mediador de todos os homens? Acaso os eleitos não são homens? Acaso os filhos não participam de carne e sangue? A igreja dele não é composta por homens? Por que uma proposição vaga nos levaria a uma conclusão universal? Cristo foi mediador pelos homens. Isso seria verdade, mesmo que ele fosse mediador apenas de seus apóstolos. Isso, então, nos permitiria concluir que ele foi mediador por todos os homens? "Apage nugas!" (Fora, falastrões!)

Vejamos outra prova. Talvez isso fortaleça a distinção canhestra que estamos contestando. Ela supostamente se encontra em 1Timóteo 4.10: "Pois é para isso que trabalhamos arduamente e lutamos, porque temos colocado a nossa esperança no Deus vivo, que é o Salvador de todos os homens, especialmente dos que creem." Se o texto dissesse "... que é o *Mediador* de todos os homens, especialmente dos que creem", a tese se revelaria mais provável. O que essas pessoas estão pensando? Há alguma palavra aqui sobre Cristo como mediador? As palavras que antecedem essa frase se referem ao "Deus vivo" em quem confiamos. Ele é o Salvador mencionado aqui. E Cristo é alguma vez designado nosso Salvador em relação à sua mediação? Já demonstrei que Deus Pai é muitas vezes chamado Salvador. Quem é mencionado aqui é o Pai, e todos os intérpretes sóbrios concordam com isso, conforme fica claro pelo contexto, que fala da providência protetora de Deus. Ela é geral para todos e específica para sua igreja. Assim também se diz que ele "salva o homem e o animal" (Sl 36.6: Ἀνθρώπους καὶ κτήνη σώσεις κύριε, onde o termo hebraico תּוֹשִׁיעַ, salvar, é traduzido pelo equivalente grego σώσεις, "tu salvas ou preservas". Portanto, o "Salvador de todos" aqui é Deus. Ele é o Salvador que age por meio de sua libertação e proteção nos perigos, ou seja, por sua providência. Essa providência é específica para os crentes. Não sei que prova isso oferece para a defesa da mediação universal.

O contexto deste trecho não permite qualquer outra interpretação. As palavras oferecem um motivo pelo qual os crentes devem avançar alegremente, correndo a corrida que está diante deles com alegria, apesar de todas as injúrias e censuras com as quais o povo de Deus é continuamente atacado, porque Deus preserva a todos (pois "nele vivemos, nos movemos e existimos", At 17.28; Sl 145.14-16). Ele não permitirá que nenhum deles seja prejudicado ou não seja vindicado (Gn 9.5). Assim, ele é especialmente aquele que preserva os que creem. Pois eles são a menina dos seus olhos (Zc 2.8; Dt 32.10). Se ele permite que eles sejam pressionados por um tempo, o apóstolo os encoraja a não abandonar a esperança e confiança, e a não se cansarem de fazer o bem, mas permanecerem e confiarem nele. Qual seria o motivo para dizer aos crentes que Deus salvará os que nunca crerão? Isso sem mencionar como pareceria estranho falar de Cristo como o Salvador daqueles que nunca são salvos, a quem ele nunca concede graça para crer e pelos quais se recusa a interceder (Jo 17.9). No entanto, essa intercessão não é uma parte insignificante da mediação pela qual ele salva pecadores. Nem o sujeito nem o contexto da frase "ele é o Salvador de todos os homens" são corretamente compreendidos por aqueles que a distorcem em apoio à *redenção universal*. Pois o sujeito, "ele", é Deus Pai, não Cristo, o mediador; o contexto é uma preservação *providencial*, não uma salvação adquirida. Ou seja, a providência de Deus protege a todos e rege sobre todos. Mas Deus está olhando de maneira especial pelo bem dos que são seus, para que não sejam sempre caluniados e difamados com injustiça e crueldade, entre outros tipos de pressão. O apóstolo também mostra que esse era o propósito de Deus ao agir assim: "Mas tivemos em nós mesmos a sentença de morte, para que não confiássemos em nós mesmos, mas em Deus, que ressuscita os mortos; que nos livrou de tão grande morte, e livra; em quem esperamos que também nos livrará" (2Co 1.9,10); pois "ele é o Salvador de todos os homens, especialmente dos que creem". Paulo revela a base de sua confiança ao passar por dificuldades e aflições nestas palavras: "Porque esperamos no Deus vivo" (1Tm 4.10). Se alguém acha, em vez disso, que essas palavras expressam o resumo da doutrina pela qual ele foi submetido a tantos tumultos e aflições, eu não me oponho. Pois isso seria apenas uma afirmação do verdadeiro Deus e da dependência que Paulo tinha dele. E essa dependência se opõe a todos os ídolos dos gentios e a quaisquer outras concepções vãs pelas quais eles se exaltavam ao trono do Altíssimo. O que eles estão dizendo é o seguinte: 1) Cristo seria Salvador daqueles que nunca serão salvos de seus pecados, da mesma forma que ele salva seu povo (Mt 1.21); ou 2) ele é Salvador daqueles que nunca ouviram uma palavra sequer sobre salvação ou sobre um Salvador; ou 3) ele é Salvador em dois sentidos, primeiro para todos e, em seguida, segundo para os que creem; ou 4) crer é a condição pela qual Cristo se torna Salvador de maneira especial para alguém, e essa condição não foi obtida ou adquirida por Cristo. Se tal for o sentido desse trecho, então digo: "Credat Judaeus Apella". Para mim, nada é mais certo do que o fato de que Cristo salva completamente aqueles para quem ele, de alguma forma, é Salvador na obra da redenção. Ele os salva de todos os seus pecados de incredulidade e desobediência, com graça salvadora aqui e glória no futuro.

II. Existem outras tentativas de fortalecer essa argumentação evasiva e invalidar nosso argumento anterior. Devo refutá-las também.

Segundo eles,[1] "Cristo, de certa forma, intercede pelos transgressores, pelos filhos dos homens que ainda estão no mundo e são do mundo. Ele faz isso para que o Espírito possa unir e abençoar aqueles que creem em Cristo, e assim emergir em suas confissões, vidas e ministrações do evangelho, de modo que aqueles entre os quais seus servos vivem possam ser convencidos por essas coisas e levados a crer no relato do evangelho (Is 53.12; Lc 23.34). Esse é o exemplo que Cristo mesmo nos deixou (Jo 21.21-23). Cristo intercede para que os homens do mundo possam ser convencidos, e os convencidos, por meio dele, sejam atraídos a ele e a Deus (Mt 5.14-16). Dessa forma, até certo ponto ele ilumina cada pessoa que vem ao mundo (Jo 1.9). No entanto, de maneira mais especial, ele intercede pelos que creem".

Aqui encontramos uma dupla intercessão de Cristo como mediador: 1) ele intercede por todos os pecadores, para que possam crer (isso é o que se subentende

---

[1] More, *The universality of God's free grace* [A universalidade da livre graça de Deus].

dessas expressões vagas). 2) Ele intercede por todos os crentes para que possam ser salvos. É a primeira distinção que contestamos; portanto, devemos abordá-la.

Nosso autor diz: "Cristo, *de certa forma*, intercede". Pergunto: de que forma? É de forma direta ou indireta? É em virtude do seu sangue derramado por eles, ou de outra forma? É com a intenção e o desejo de obter para eles as coisas boas pelas quais ele intercedeu, ou com o propósito de que eles fiquem sem elas? É para todos e quaisquer dos seres humanos ou apenas para aqueles que vivem dentro dos limites visíveis da igreja? A fé é o requisito que se exige deles ou é algo diferente? Esse requisito é desejado de forma absoluta ou condicional? Todas essas perguntas devem ser respondidas de forma clara antes que essa intercessão geral possa ser algo inteligível.

Primeiro, essa intercessão é direta ou indireta? Independentemente de ser direta ou indireta, essa intercessão não é apresentada como resultado imediato ou objetivo da oração de Cristo. Ela é retratada como uma resposta a uma bênção obtida por outros. A oração registrada é para que Deus abençoe os crentes de tal forma que aqueles entre os quais eles vivem possam crer no relato do evangelho. Os crentes são o objeto direto dessa intercessão; os outros são apenas mencionados no contexto deles. O bem desejado para esses outros é dependente do amadurecimento dos crentes, κατὰ συμβεβηκός, ou é uma finalidade que Cristo pretende alcançar por meio de sua intercessão. Se for o primeiro caso, então o bem deles não é mais pretendido do que o seu mal. Se for o segundo caso, por que isso não é efetivado? Por que a intenção de nosso Salvador não se concretiza? Seria por falta de sabedoria na escolha de meios adequados e proporcionais ao fim proposto? Ou seria por falta de poder para efetuar o que ele pretende?

Em segundo lugar, isso ocorre por meio de sua oblação ou não? Essa intercessão acontece em virtude do seu sangue derramado por eles ou de outra forma? Se for por meio do seu sangue, então Cristo intercede por eles para que possam desfrutar das coisas que ele conquistou para eles por meio de sua oblação. Isso tornaria sua morte e derramamento de sangue a base de sua intercessão. Se for assim, então segue-se que Cristo adquiriu a fé para todos por meio de sua morte, pois ele intercede para que todos possam crer; assim, sua intercessão é fundamentada no mérito de sua morte. Primeiro, isso vai além do que os defensores da redenção universal sustentam. Segundo eles, conceder efetiva e infalivelmente a fé àqueles por quem ele morreu não é um dos objetivos da morte de Cristo. Segundo, se ele adquiriu a fé para todos por meio de sua morte e a súplica por meio de sua intercessão, então por que ela não lhes é efetivamente concedida? Seriam sua oblação e intercessão insuficientes para conceder essa única bênção espiritual? Se sua intercessão não se baseia em sua morte e derramamento de sangue, então pedimos aos universalistas que nos descrevam sua versão da intercessão de Cristo. Ela deve diferir de sua aparição por nós no céu, aspergido com seu próprio sangue.

Em terceiro lugar, é para despertar a fé? Ele intercede por eles com a intenção ou o desejo de que creiam ou não? Se não, é apenas uma intercessão simulada; ele pede algo que não concederia. Se essa for sua intenção, então por que ela não se cumpre? Por que nem todos creem? Na verdade, se ele morreu por todos e orou por todos, para que pudessem crer, então por que nem todos são salvos? Pois Cristo sempre é ouvido por seu Pai, conforme João 11.42.

Em quarto lugar, sua intercessão é pelo mundo ou apenas pela igreja? Se ele intercede apenas pela igreja, então, ele deixa de fora alguém do mundo, e a hipótese cai por terra. Se ele intercede por todos, então como todos serão convencidos? Ele intercede "para que o *Espírito conduza, guie e abençoe os crentes* e se manifeste na ministração do evangelho por seus servos, de modo que outros (ou seja, todos no mundo) possam ser convencidos e levados a crer"? Como isso se aplica a milhões de almas que nunca terão contato com alguém que crê nem ouvirão o relato do evangelho?

Em quinto lugar, essa intercessão é absoluta ou condicional? Se sua intercessão visa à fé, então ou Cristo intercede de forma *absoluta*, garantindo que eles certamente a tenham, ou de forma *condicional*, dependendo de Deus ou do homem. Se for *absoluta*, então todos realmente crerão, pois, caso contrário, não é verdade que o Pai sempre o ouve, conforme João 11.42. Se for condicional, ela depende de que ele a *deseje* ou tenha *prazer* em concedê-la. Ora, o acréscimo dessa condição pode denotar duas coisas em nosso Salvador: 1) Desconhecimento da vontade de seu Pai naquilo pelo que ele intercede. Isso seria incoerente com a unidade de sua pessoa, agora na glória. E isso é impossível, porque, conforme Salmos 2.8, ele recebeu a promessa de que seria ouvido em tudo o que pedisse. 2) Ou então ele dá primazia à vontade de seu Pai ao se submeter a ela como causa primordial do bem a ser concedido. Isso pode ser perfeitamente coerente com uma intercessão absoluta, na qual todos devem crer. Em segundo lugar, *sua intercessão seria uma condição por parte daqueles por quem ele intercede*? Ora, que condição seria essa? Onde isso está escrito na Bíblia? Onde se diz que Cristo intercede pelos homens para que tenham fé, se eles fizerem isso e aquilo? Que condição pode ser racionalmente atribuída a esse desejo? "Alguns insinuam que a condição é permitir que o Espírito atue em seu coração e obedecer à graça de Deus." Ora, o que é obedecer à graça de Deus? Não é crer? Portanto, parece que Cristo intercede por eles para que possam crer, sob a condição de crerem. Outros, de forma mais cautelosa, afirmam que a condição para receber o benefício dessa intercessão é fazer bom uso dos meios de graça de que desfrutam. Mas, novamente: 1) O que significa "bom uso dos meios de graça" senão se submeter a eles, e isso é crer? Assim temos a mesma tautologia de antes. 2) Nem todos têm os meios de graça para usar, seja para usá-los bem, seja para usá-los mal. 3) Cristo ora para que eles possam usar bem os meios de graça, ou não. Se não, como pode orar para que eles possam crer, uma vez que usar bem esses meios, mediante obediência a eles, é de fato o que significa crer? Se ora, então o faz de forma absoluta ou condicional, e assim o argumento se repete. Muitas mais razões poderiam ser apresentadas para mostrar a loucura dessa afirmação, mas essas são suficientes. Ainda assim, devemos refutar as provas e confirmações oferecidas pelos universalistas.

Primeira, as palavras do profeta Isaías (53.12) são usadas para apoiar a afirmação de intercessão universal. "Ele intercedeu pelos transgressores", passagem que eles interpretam como referência a todos os transgressores. *Resposta*: Os transgressores mencionados aqui, *pelos quais* se diz que nosso Salvador intercede, são todos os transgressores pelos quais ele sofreu. Essa é a conclusão mais provável a partir da descrição que temos deles no versículo 6. Ou, como alguns supõem, são apenas os transgressores pelos quais ele sofreu, ou seja, aqueles que agiram em seus sofrimentos. No caso da primeira opção, então esse trecho prova que Cristo intercede por todos aqueles pelos quais ele sofreu. Isso é o que defendemos. Se for a segunda opção, então podemos considerá-la cumprida. Como ele intercedeu apenas por eles é visto no próximo texto. Eles o utilizam em apoio à sua afirmação, a saber:

Lucas 23.34: "E disse Jesus: Pai, perdoa-lhes, porque não sabem o que fazem". *Resposta*: A conclusão extraída dessas palavras é a seguinte: "Portanto, há uma intercessão geral por todos, para que possam crer". Eu poderia deixar essa questão para o julgamento dos leitores. No entanto, como os defensores mais habilidosos desse ponto de vista geralmente usam esse trecho como prova de uma intercessão geral e sem sucesso, vou considerar brevemente a conclusão que eles fazem e verificar se ela tem algum fundamento. Para isso, é importante observar:

Segunda, essa oração não é por todos os homens, mas apenas para aquele pequeno grupo de judeus pelos quais ele foi crucificado. Portanto, é uma conclusão equivocada inferir a partir dessa oração que ele orou por todos os homens que já existiram, existem ou existirão.

Não parece que ele orou por todos aqueles que o crucificaram, mas apenas por aqueles que o fizeram por ignorância. Isso é evidente pela razão que ele apresenta em sua súplica: "Pois eles não sabem o que fazem". Embora se diga que os líderes também agiram por ignorância (At 3.17), não é evidente que isso se aplique a todos eles. É certo, a partir do trecho em Atos, que alguns o fizeram por ignorância e é igualmente certo que alguns se converteram, conforme o texto indica. Nessas questões, não devemos transformar proposições indefinidas em proposições universais. Podemos concluir, então, que, porque Cristo orou para perdoar os pecados daqueles que o crucificaram por ignorância, como alguns fizeram, ele, portanto, intercede por todos para que possam crer? Isso se aplicaria àqueles que não o crucificaram e nunca ouviram falar de sua crucificação?

Terceiro, Cristo não ora para que aqueles homens possam crer, mas apenas para que o pecado deles ao crucificá-lo seja perdoado e não lhes seja imputado. Portanto, é estranho concluir que ele intercede por todos os homens apenas porque ele orou para que fosse perdoado o pecado daqueles que o crucificaram.

Quarto, há outra limitação evidente nessa questão, pois entre aqueles que o crucificaram, ele ora apenas pelos que estavam presentes em sua morte. Muitos, sem dúvida, compareceram mais por curiosidade do que por maldade e desprezo, para ver e observar, como é comum nesses casos. Alguns argumentam que, apesar dessa oração, os principais sacerdotes continuaram na incredulidade. Isso não se aplica aqui, pois não pode ser comprovado que eles estavam presentes em sua crucificação.

Quinto, não se pode afirmar que nosso Salvador tenha orado em favor de cada um deles, presumindo que alguns seriam definitivamente impenitentes. Ele conhecia bem "o que havia no homem" (Jo 2.25); de fato, ele "sabia desde o princípio quem eram os que não haviam de crer" (Jo 6.64). Há uma regra em 1João 5.16: "Há pecado para a morte". Seria contrário a essa regra orar por aqueles que sabemos ser definitivamente impenitentes e que pecam para a morte.

Sexto, parece-me que essa súplica foi eficaz e bem-sucedida, e que o Filho foi ouvido nesse pedido. Fé e perdão foram concedidos àqueles em favor dos quais ele orou. No entanto, isso não prova uma intercessão geral e ineficaz, pois ela é tanto especial quanto eficaz. Em Atos 3.14,15, Pedro diz à multidão que eles "negaram o Santo e o Justo" e "mataram o Autor da vida". Daqueles para quem ele falava, cinco mil creram: "Muitos, porém, dos que ouviram a palavra creram, e o número dos homens chegou a quase cinco mil" (At 4.4). Da mesma forma, se outros estivessem entre aqueles pelos quais nosso Salvador orou, eles poderiam ter se convertido posteriormente. Até mesmo os líderes não estavam fora do alcance dos frutos dessa oração, pois "muitos sacerdotes obedeceram à fé" (At 6.7). Portanto, nada pode ser inferido sobre o propósito pretendido.

Sétimo, podemos, ou melhor, devemos reconhecer uma dupla base para as orações de nosso Salvador. Uma é por virtude de seu ofício como mediador; a outra é em resposta ao seu dever, enquanto estava sujeito à lei. É verdade que aquele que era mediador estava sujeito à lei, mas as coisas que ele fez em obediência à lei como pessoa privada não eram atos de mediação, nem obras de mediador. Ora, nosso Salvador estava sujeito à lei e era obrigado a perdoar ofensas e injustiças cometidas contra ele e a orar por seus inimigos. Isso é o que ele nos ensinou a fazer, conforme exemplo que ele nos deu em Mateus 5.44: "Eu, porém, vos digo: amai aos vossos inimigos, e orai pelos que vos perseguem". Ele certamente parte da Levítico 19.18 para fazer essa inferência: "Não te vingarás, nem guardarás ira contra os filhos do teu povo; mas amarás o teu próximo como a ti mesmo". Isso é totalmente contrário à má interpretação feita pelos fariseus. Nesse sentido, como uma pessoa privada para quem a vingança era proibida, nosso Salvador aqui ordenou o perdão, ordenou a oração e orou por seus inimigos e por aqueles que o crucificaram. Isso de forma alguma diz respeito à sua intercessão por nós como mediador. Em sua mediação, ele sempre foi ouvido; portanto, isso não tem relação alguma com o assunto em questão.

Novamente, João 17.21-23 é usado para confirmar essa intercessão geral, que já refutamos anteriormente. Nosso Salvador ora para que, por meio da unidade, concórdia e maturidade de seus servos, o mundo possa crer e saber que Deus o enviou. Mesmo que alguns acrescentem elementos fictícios a esse texto, o universalismo que eles defendem não é de forma alguma confirmado por essas palavras.

Em primeiro lugar, se Cristo realmente pretendesse e desejasse que o mundo inteiro cresse, então certamente também teria orado para que fossem concedidos meios de graça mais eficazes do que simplesmente contemplar sua abençoada condição. Até mesmo isso é concedido apenas a uma pequena parte do mundo. Ele ao menos teria pedido a pregação da palavra a todos eles, como o único meio comum pelo qual poderiam vir a conhecê-lo. No entanto, nada indica que ele tenha orado por isso, nem que Deus o tenha concedido. Na verdade, ele bendisse seu Pai por não ser assim, pois assim lhe pareceu bem (Mt 11.25,26).

Segundo, nenhuma explicação ou interpretação deve ser dada a João 17.9 que vá contra as palavras expressas do nosso Salvador: "Não rogo pelo mundo". Pois se ele estivesse orando aqui para que o mundo tivesse uma fé verdadeira, santa e salvadora, então ele estaria orando por uma bênção e um privilégio tão grande para o mundo quanto aquele que ele adquiriu pelos que eram seus. Portanto,

Terceiro, alguns dizem que "mundo" se refere aqui ao mundo dos eleitos, o mundo a ser salvo, o povo de Deus em todo o mundo. Certamente, esse mundo não é exatamente *pro mundo continente*, o mundo que *contém*, mas figurativamente *pro mundo contento*, o mundo *contido*, ou seja, os homens no mundo. Não deve ser entendido universalmente como referência a todos os homens no mundo. Isso é raramente interpretado assim nas Escrituras, como mostraremos mais adiante. Em vez disso, pode ser entendido de forma indefinida, como homens no mundo, sejam poucos ou muitos, assim como os eleitos são encontrados em várias gerações. No entanto, embora essa interpretação seja defendida por grandes autores, não posso absolutamente endossá-la, porque, ao longo deste capítulo de João, a palavra "mundo" ou se refere ao mundo dos réprobos, em oposição aos que são dados a Cristo por seu Pai, ou se refere ao mundo dos incrédulos, em oposição aos que são confiados ao Pai por Cristo. Ambos são o mesmo grupo, vistos de perspectivas diferentes.

Quarto, *acreditar* aqui significa apenas reconhecimento. *Crer*, no versículo 21, e *conhecer*, no versículo 23, não significam crer em um sentido absoluto de ter fé em Cristo, nem de ter uma compreensão salvífica de Jesus Cristo que leve a recebê-lo. Se aqueles pelos quais ele orou fizessem isso, eles se tornariam filhos de Deus. Isso nunca foi feito, nem será, em relação a todos e quaisquer homens do mundo. Nunca houve uma oração de Jesus nesse sentido. A única coisa pela qual ele orou foi pela convicção e reconhecimento de que o Senhor Jesus Cristo não é um farsante e falso profeta, pois é isso que eles pensavam dele. Em vez disso, ele orou para que eles pudessem crer e conhecer que ele veio de Deus e era capaz de proteger e fazer o bem pelos seus, como ele disse. Esse é o tipo de convicção e reconhecimento que muitas vezes nas Escrituras é chamado "crer". Isso é tão evidente que dispensa prova. Expositores de todos os tipos concordam que esse é o sentido aqui. Ora, isso não visa o bem de todo o mundo, mas a vindicação do seu povo e a exaltação da sua própria glória. Portanto, não temos aqui nenhum tipo de prova da teoria em pauta. No entanto, mais adiante ainda discutiremos a palavra "mundo".

Mateus 5.15,16 contém instruções dadas por nosso Salvador aos seus apóstolos para que eles aprimorassem o conhecimento e a luz que tinham sobre ele. Eles deveriam receber mais instruções sobre a pregação da palavra e uma vida santa, de modo que pudessem ser um meio para atrair as pessoas a glorificar a Deus. O autor inclui esse texto, e muitos outros, apenas para dar destaque ao número de passagens. Ele não considera o que elas realmente provam nem quais são seus propósitos. Portanto, sem uma investigação mais aprofundada, podemos simplesmente ignorar esse texto. Ele não está relacionado ao assunto em questão e, mesmo com todo esforço e habilidade, do Sr. More, de forma alguma pode ser relacionado à sua conclusão.

João 1.9 diz que "Cristo é a verdadeira luz, que ilumina todo homem que vem ao mundo". Isso também não se aplica à questão em pauta. É lamentavelmente interpretado no seguinte sentido: "Iluminando em certa medida todos os que vêm ao mundo". "Em certa medida", diz o Sr. More. Agora, pergunto, em que medida? Até que ponto, em que grau, em que medida se dá essa iluminação de Cristo? Por quem ou por quais meios, independentemente dele, se dá a iluminação do restante dos homens? Quem supre o que falta em Cristo? Eu sei que seu objetivo é preservar sua iluminação pela luz da natureza. Não sei qual ajuda comum o Sr. More imagina para os que estão totalmente privados de todos os meios da graça do evangelho. Esses meios não apenas trazem o conhecimento de Deus como Criador, mas também o conhecimento dele em Cristo, o Redentor. Espero que um dia o senhor se convença de que está fazendo sacrifícios a seus próprios bezerros de ouro, distorcendo e deturpando a palavra de Deus e subvalorizando a graça de Cristo. Basta afirmar que Cristo ilumina a todos, pois ele é a única fonte de luz verdadeira. Todos os que são iluminados recebem dele sua luz, pois ele é a origem e a plenitude dessa luz. Com isso encerramos a análise da defesa geral dessa intercessão ineficaz. No entanto, ainda há uma resposta específica a ser dada em relação ao sacerdócio de Cristo.

III. "Como sumo sacerdote, ele ofereceu sacrifício com relação a um fim, que é a propiciação por todos os homens (Hb 2.9; 9.26; Jo 1.29; 1Jo 2.2). Com relação a todos os fins, ele o ofereceu para a propiciação, para selar a nova aliança e como testemunho da verdade. E com relação ao fim supremo em todos os aspectos, ofereceu-os pelos seus chamados e escolhidos (Hb 9.14,15; Mt 26.28)."

Resposta. Essas palavras, conforme empregadas aqui, não fazem sentido aceitável, e não é fácil compreender a intenção do autor. Elas oferecem pouca clareza como resposta ao argumento que se propuseram a responder. Palavras das Escrituras são utilizadas, porém são distorcidas e corrompidas. Não apenas endossam o erro, mas também são parte de expressões que desafiam a razão. O que, pergunto eu, significam as seguintes palavras: "Ele ofereceu sacrifício com relação a um fim, depois a todos os fins e, por último, ao fim supremo em todos os aspectos"? Vamos considerá-las em ordem inversa:

1. O que é esse "fim supremo em todos os aspectos"? "Em todos" se refere a um fim dentre todos os fins propostos e alcançados? Refere-se a todas as pessoas pelas quais ele ofereceu sacrifício? É o fim supremo proposto por Deus e por Cristo em sua oblação? Se for o último, é a glória de Deus. Nada disso é sequer insinuado nos trechos das Escrituras citados (Hb 9.14,15; Mt 26.28).

2. Esses trechos demonstram um fim supremo da morte de Cristo subordinado à glória de Deus? Por que em um é para obter redenção e no outro é para a remissão dos pecados? O autor afirma que tudo isso é o fim primeiro da morte de Cristo, chamando-o "propiciação", uma expiação para a remissão dos pecados. No entanto, a remissão dos pecados e a redenção são uma só coisa em essência. Ambas são frutos imediatos e o fim primeiro da morte de Cristo, como fica evidente em Efésios 1.7; Colossenses 1.14. Aqui o autor confunde o fim primeiro e o último fim da morte de Cristo. Na verdade, ele arruína e derruba toda a estrutura e construção do seu argumento erguido sobre essa base (como você pode fazer legitimamente, pois é seu próprio argumento). Ele apresenta vários propósitos da morte de Cristo, dirigidos a várias pessoas, de modo que alguns deles se aplicam a todos, e todos se aplicam apenas a alguns. Isso é a πρῶτον ψεῦδος (principal falsidade) de todo o livro.

3. Segundo Hebreus 9.26, menciona-se que Cristo se ofereceu para eliminar o pecado, e essa passagem é vista pelo autor como o fim primeiro da morte de Cristo. Já de acordo com Mateus 26.28, o derramamento de seu sangue para a remissão dos pecados é considerado por ele como o fim último! Ao escrever novamente, por favor, explique a diferença entre esses dois fins. 4. Você afirma: "Ele ofereceu um sacrifício com relação a um fim, a propiciação por todos os homens". Ora, se você realmente entende o significado de sacrifício e propiciação, essa afirmação dificilmente fará sentido para você em uma segunda leitura.

Vamos deixar de lado suas palavras e tentar entender sua intenção. Pelo que entendi, você está dizendo que, em relação a um propósito do sacrifício de Cristo, ele é sacerdote por todos e tinha o objetivo de alcançar e cumprir esse propósito por eles. Mas, em relação a outros propósitos, ele é sacerdote apenas pelos chamados e escolhidos. Bem, essa é uma forma simples de responder. Você desaponta seus adversários ao ignorar os argumentos deles, afirmando, em seguida, que sua opinião é diferente. Na verdade, o próprio assunto abordado aqui é o que estamos debatendo. Negamos totalmente que os benefícios conquistados pela morte de Cristo sejam distribuídos de maneiras diversas a seus beneficiários. Para sustentar nossa negação de que essas coisas estejam divididas, apontamos para o argumento do sacerdócio de Cristo anteriormente mencionado.

Você dirá que vários trechos das Escrituras são citados para confirmar sua resposta. No entanto, como eu já disse, eles são apresentados apenas por ostentação e exibição. Nada é encontrado neles que se aplique ao assunto em pauta como, por exemplo, Hebreus 9.26 e João 1.29. A partir de uma afirmação indefinida de que Cristo carregou ou tirou o pecado, como podemos concluir que ele é sacerdote por todos com relação à propiciação? Além disso, em João 1.9, há uma clara alusão ao cordeiro pascal, por meio do qual havia uma purificação típica e cerimonial do pecado. Isso se aplicava apenas ao povo de Israel, tipo dos eleitos de Deus, e não a todo o mundo. Os outros dois textos, Hebreus 2.9 e 1João 2.2, serão considerados separadamente, pois parecem ter alguma força em relação à parte principal do argumento. No entanto, obviamente, não há uma única palavra neles que possa ser distorcida para dar o menor apoio à rude distinção que estamos contestando. Assim, nosso argumento é *confirmado* e *defendido*. Os objetos da *oblação* e *intercessão* de Cristo têm a mesma extensão. Com isso, os *meios* utilizados pela bendita Trindade para realizar o *fim proposto foram revelados. O fim desses meios será considerado em seguida.*

Livro II

1

Considerações prévias para um exame mais específico do propósito adequado e do efeito da morte de Cristo

O ponto principal em torno do qual gira toda a controvérsia sobre a morte de Cristo e do qual depende todo o peso do assunto é o próximo tópico a ser considerado. É para isso que preparamos o caminho com o que foi dito anteriormente. Trata-se do propósito adequado da morte de Cristo. Aquele que puder provar com clareza essa questão poderá muito bem ser árbitro nesse debate. Porquanto, se o propósito da morte de Cristo for o que a maioria de nossos adversários defende, então não negaremos que Cristo morreu por todos. Mas, se for o que sustentamos, então nossos adversários não deverão estendê-lo além dos eleitos, além dos que creem. Portanto, isso precisa ser completamente esclarecido e muito bem firmado por quem espera ter sucesso nessa empreitada.

Já afirmamos que o propósito da morte de Cristo é nos aproximar de Deus. Essa é uma expressão geral que abrange tudo o que está envolvido no processo que tira os pecadores de seu estado de alienação, miséria e ira e os leva à graça, paz e comunhão eterna com Deus. Existem dois objetivos nessas coisas. Um objetivo diz respeito àquele que realiza a obra (o que ele pretende), e o outro diz respeito à obra realizada (o que é alcançado). Quem realiza a obra (ou agente) pode não ter sabedoria e certeza na escolha dos meios adequados para alcançar o fim proposto. Ou pode não ter habilidade e poder para usar corretamente os meios apropriados em seu melhor proveito. Assim, mostramos como essas coisas sempre estão interligadas: a obra efetua o que pretende aquele que a realiza, valendo-se de sua seleção e uso dos meios.

No assunto em pauta, o agente é a Trindade. E a oblação e intercessão de Jesus Cristo foram os meios pelos quais eles se alinharam e visaram o fim proposto. Oblação e intercessão estão unidas. Elas têm o mesmo objetivo, segundo foi estabelecido. Ora, a menos que cometamos a blasfêmia de atribuir ao agente falta de sabedoria, de poder, de perfeição e de suficiência, ou afirmemos que a morte e a intercessão de Cristo foram inadequadas para alcançar o fim proposto, devemos reconhecer que o agente e a obra têm o mesmo fim. O que quer que a Trindade tenha pretendido por meio deles foi efetuado; e o que quer que encontremos no resultado atribuído a eles é o que a Trindade pretendia. Portanto, não temos motivo para considerá-los separadamente, a menos que seja para argumentar de um em relação ao outro, ou seja, onde encontramos algo atribuído à morte de Cristo (como fruto dessa morte), podemos concluir *que* Deus visava a esse fruto por meio da morte de Cristo, e vice-versa.

Ora, o fim da morte de Cristo é ou *supremo* e último, ou *intermediário* e subordinado ao fim último.

1. O fim primeiro é a glória de Deus ou a manifestação de seus atributos gloriosos, em especial sua justiça e sua misericórdia para conosco, a qual é moderada com sua justiça. O Senhor necessariamente visa a si mesmo em primeiro lugar, como o bem supremo, de fato, o único bem. Isso é absoluta e intrinsecamente verdade, e a natureza desse bem não deriva de nenhuma outra coisa. Portanto, em todas as suas obras, especialmente aquela em questão, que é a mais elevada de todas, ele primeiro pretende manifestar sua própria glória. E, no final, ele concretiza plenamente isso, de acordo com todos os pontos e graus pretendidos desde o início. Ele "faz todas as coisas para determinados fins" (Pv 16.4). Tudo, no final, deve "redundar para a glória de Deus" (2Co 4.15). Nesse ponto, o próprio Cristo é "de Deus" (1Co 3.23) e serve à glória de Deus na administração de tudo o que lhe foi confiado. Em Efésios 1.6, encontramos que todo o propósito dessa dispensação, ao nos escolher desde a eternidade, nos redimir por meio de Cristo e nos abençoar com todas as bênçãos espirituais nele, é "para o louvor da glória de sua graça" e para que sejamos "para o louvor de sua glória" (Ef 1.12).

Este é o fim de todos os benefícios que recebemos pela morte de Cristo; pois "somos cheios dos frutos da justiça, que são por Jesus Cristo, para a glória e o louvor de Deus" (Fp 1.11). Isso também é plenamente afirmado em Filipenses 2.11: "Para que toda língua confesse que Jesus Cristo é o Senhor, para glória de Deus Pai". O apóstolo diz isso com todas as letras em Romanos 9, onde afirma o domínio supremo e a independência de Deus em todas as suas ações, e sua total liberdade de fazer com que seus propósitos jamais dependam de algo dos filhos dos homens. Ele faz todas as coisas por causa de si mesmo e visa apenas a sua própria glória. E isso é o que será realizado no fim de tudo, quando toda criatura dirá: "Ao que está assentado sobre o trono e ao Cordeiro sejam dadas ações de graças, e honra, e glória, e poder para todo o sempre" (Ap 5.13). Mas isso é ἀναμφισβήτητον, incontestável.

2. Há um propósito *intermediário* e subordinado da morte de Cristo em relação ao propósito final da glória de Deus. Esse propósito final é o mais elevado e supremo em relação a nós. É sobre isso que estamos falando agora. É nos *aproximar de Deus*. Agora, em relação à oblação e intercessão de Cristo, ambas têm como objetivo esse mesmo propósito. No entanto, nos aproximar de Deus possui duas partes distintas: o propósito *final* e os *meios* para alcançar esse propósito. Em relação a nós, tanto o propósito final (nos aproximar de Deus) quanto os meios utilizados (a oblação e intercessão de Cristo) são o objetivo supremo da mediação de Cristo. Isso se deve ao fato de ter o Senhor ordenado um laço estreito entre os atos e as coisas adquiridas para nós por Jesus Cristo. Um deve ser o meio para alcançar o outro. Um é a condição, e o outro, a promessa baseada nessa condição. Ambos foram igualmente adquiridos para nós por Jesus Cristo. Pois se algum deles fosse omitido em sua aquisição, o outro seria em vão e infrutífero.

Bem, ambos consistem na comunicação de Deus e de sua bondade para conosco. Isso visa os propósitos da graça ou glória, santidade ou bem-aventurança, fé ou salvação. Usando estes últimos como exemplo, a fé é o meio, e a salvação, o fim; a fé é a condição, e a salvação, a herança prometida. Sob a designação de fé está incluída toda a graça salvífica que a acompanha; e sob a designação de salvação está incluída toda a "glória a ser revelada", a liberdade da glória dos filhos de Deus (Rm 8.18,21), e toda a bem-aventurança de uma eterna comunhão com o Deus bendito. Com a fé seguem todos os meios eficazes dessa fé, tanto externos quanto internos: a palavra e o poderoso Espírito que santifica. Isso inclui todo desenvolvimento em nossa condição, como justificação, reconciliação e adoção na família de Deus. Inclui todos os frutos que dela fluem em nossa santificação e santidade universal. E inclui todos os outros privilégios e alegrias desfrutadas pelos crentes aqui, que resultam da redenção e reconciliação que lhes foram adquiridas pela oblação de Cristo.

Defendemos que o fim proposto e alcançado pelo derramamento do sangue de Jesus Cristo é real, eficaz e infalível. Ele concede e aplica todas essas coisas a todos por quem ele morreu. Isso inclui os meios, assim como os fins, a condição, assim como o resultado, a fé e a graça, assim como a salvação e a glória. E inclui esses outros atos de sua mediação que estão inseparavelmente ligados. Assim, todos por quem ele morreu e se entregou, em virtude de sua morte ou entrega, têm direito a todas essas coisas que lhes foram adquiridas. No devido tempo, eles haverão de desfrutar de tudo isso, certa e infalivelmente. Da mesma forma, o propósito de Cristo de obter graça e glória com seu Pai foi para que todas essas coisas fossem certamente concedidas a todos aqueles por quem ele morreu. Alguns as receberiam mediante a condição de crer, mas, em si mesma, a fé é integralmente concedida de forma incondicional. Iremos ilustrar e confirmar isso ainda mais, depois de refutar alguns falsos propósitos atribuídos à sua morte.

2

Alguns erros e falsos propósitos atribuídos à morte de Cristo

A morte, a oblação e o derramamento de sangue de Jesus Cristo são *meios* para um *fim* designado; tais meios não são inerentemente desejáveis, exceto para alcançar esse fim. Agora, porque o fim de qualquer coisa deve ser bom ou desejável (pois a *intenção do agente é alcançá-lo*), o fim proposto deve ser o bem do seu Pai, o seu próprio bem ou o nosso bem.

I. É muito claro que o fim não era meramente o *seu próprio bem*, pois em sua natureza divina ele participa eterna e essencialmente de toda a glória que pertence à Divindade. Em relação a nós, essa glória é manifestada de várias formas, mas em si mesma, ela é sempre eterna e absolutamente perfeita. No final, ele não deseja nem busca outra glória além daquela que tinha com seu Pai "antes que o mundo existisse" (Jo 17.5). Em relação à sua natureza humana, ele foi eternamente predestinado a estar pessoalmente unido à segunda pessoa da Trindade. Não houve previsão de fazer ou sofrer qualquer coisa a partir do momento de sua concepção. Portanto, enquanto esteve em sua humanidade, ele não mereceu nada para si mesmo por causa de sua morte e oblação. Ele não precisava sofrer por si mesmo, porque era perfeitamente justo e legal. A glória que ele buscava "suportando a cruz e desprezando a vergonha" não era tanto exaltar sua própria glória, mas sim conduzir muitos filhos à glória. Isso estava na promessa que lhe foi feita, conforme já declaramos. Sua própria exaltação, seu poder sobre toda carne e sua nomeação para ser juiz de vivos e mortos foram consequência de sua profunda humilhação e sofrimento. Mas negamos que isso tenha sido efeito ou resultado de sua morte, que tenha sido adquirido *meritoriamente* por ela, ou que tenha sido o fim visado ao fazer reparação pelo pecado.

Cristo tem poder e domínio sobre tudo e todos, mas a base desse domínio não é sua morte por todos. Ele tem domínio sobre todas as coisas porque foi feito "herdeiro de todas as coisas [...] sustentando-as pela palavra do seu poder" (Hb 1.2,3). "Ele foi posto sobre as obras das mãos de Deus, e todas as coisas lhe estão sujeitas" (Hb 2.7,8). E o que são "todas as coisas" ou o que elas incluem pode ser encontrado em Salmos 8.5-8, texto citado pelo apóstolo. E ele morreu por todas essas coisas? Não. Ele não tem poder sobre os anjos? Não estão os principados e as potestades sujeitos a ele? Ele não julgará os anjos no último dia? Até mesmo os santos os julgarão com ele, dando testemunho de seus justos juízos (1Co 6.2,3). Ademais, afirma-se que os anjos não têm parte em toda a dispensação de Deus demonstrada pela morte de Cristo pelos santos para redimi-los de seus pecados. Os anjos não precisaram dela, e qualquer outro está eternamente excluído: "Ele não socorre anjos, mas socorre à descendência de Abraão" (Hb 2.16). Deus o fez "rei sobre o seu santo monte Sião", para zombar de seus inimigos, esmagá-los e regê-los "com vara de ferro" (Sl 2.6,9). No entanto, essas coisas não são o efeito imediato de sua morte por eles. Antes, todas as coisas lhe são dadas por causa do amor imediato do Pai por seu Filho (Jo 3.35; Mt 11.27). Essa é a base da soberania e do domínio que lhe foram concedidos sobre todas as criaturas e de seu poder para julgar.

Além disso, mesmo que fosse concedido que Cristo adquiriu esse poder de julgar por sua morte (o que não pode ser provado), nada disso serviria para provar um resgate geral. Sem dúvida, não. Esse domínio e poder de julgar é um poder para condenar, assim como para salvar. "Todo julgamento" lhe foi confiado (Jo 5.22). Foi-lhe dada autoridade para julgar, porque ele é o Filho do Homem. Ele julgará naquela hora "quando todos os que estão nos túmulos ouvirão a sua voz e sairão; aqueles que fizeram o bem ressuscitarão para a vida, e aqueles que fizeram o mal ressuscitarão para a condenação" (Jo 5.27-29; 2Co 5.10). Ora, por acaso é possível afirmar, fazendo uso da razão, que Cristo morreu pelos homens para redimi-los, de modo que ele obtivesse o poder de condenar? Não. Essas duas coisas se contradizem. Se ele os redimiu por sua morte, então sua intenção não era obter o poder de condená-los. Se fosse, então ele não tinha a intenção de redimir.

II. Além disso, o propósito da morte de Cristo não foi o *bem de seu Pai*. Estou falando do objetivo imediato da morte de Cristo, não do seu objetivo final. O objetivo final da oblação de Cristo (com todos os benefícios que ela adquiriu e proporcionou) era "o louvor de sua gloriosa graça". Mas em relação ao objetivo imediato, ela não obtém diretamente nada para Deus. Antes, obtém para nós todas as coisas boas de Deus. Armínio e seus seguidores, juntamente com outros universalistas de nosso tempo, afirmam que o objetivo é que Deus possa salvar os pecadores. Sua justiça foi satisfeita, e o obstáculo para salvar os pecadores foi removido pela reparação feita por de Cristo. Eles dizem que, por sua morte, Cristo obteve o direito e a liberdade de perdoar o pecado em qualquer condição que ele quisesse. Uma vez que a reparação de Cristo foi feita e considerada *integrum Deo fuit* ("plenamente aceita por Deus", nas palavras de Armínio), salvar uma pessoa e sob quais condições é algo que fica totalmente a critério de Deus — seja sob a condição de fé ou de obras. Eles dizem: "Deus tinha a intenção e a vontade de fazer o bem à humanidade, mas não podia fazê-lo por causa do pecado. Sua justiça estava no caminho. Portanto, ele enviou Cristo para eliminar esse obstáculo, para que pudesse ter misericórdia deles assim que cumprissem qualquer condição que ele estivesse satisfeito em estipular". Ora, já que os arminianos consideram esse o principal, senão o único, objetivo da oblação de Cristo, cumpre-me mostrar a falsidade e a insensatez desse raciocínio. Isso pode ser claramente provado pelos motivos a seguir.

Primeiro, a base de toda essa afirmação me parece falsa e equivocada. Eles afirmam que Deus não poderia ter misericórdia da humanidade a menos que seu Filho fizesse uma reparação. Se considerarmos que o decreto, o propósito e a constituição de Deus consistiam em manifestar sua glória por meio da justiça vindicativa, então seria impossível ser de outra forma, pois com o Senhor não há "variação nem sombra de mudança" (Tg 1.17; 1Sm 15.29). No entanto, afirmar que, antes de seu decreto, ele absolutamente não poderia ter feito isso, é para mim uma tradição não escrita. As Escrituras não afirmam tal coisa, nem isso pode ser inferido de maneira justificada. Se alguém nega isso, vejamos o que o Senhor tem a dizer sobre o assunto. Enquanto isso, nos contentamos com o que Agostinho disse: "Embora sua sabedoria infinita não precisasse de outros meios para nos salvar, certamente o caminho que ele escolheu foi o melhor, porque foi por esse caminho que ele seguiu".[1]

Segundo, isso faria com que a causa de Deus enviar seu Filho para morrer fosse um amor comum, um desejo de fazer o bem ou mostrar misericórdia a todos, em vez de ser completamente um ato de sua vontade ou propósito, um

---

[1] Nas declarações acima, fica implícito que a salvação poderia ter sido alcançada sem a necessidade absoluta de uma satisfação às exigências da justiça, como a oferecida pela morte de Cristo. O Dr. Owen posteriormente mudou de opinião sobre esse ponto e passou a defender a necessidade absoluta da satisfação da justiça divina por meio de uma expiação para a obtenção da salvação. (N. do E.)

ato de conhecer, redimir e salvar os eleitos. Mais adiante, iremos refutar a ideia de que a causa tenha sido meramente um desejo.

Terceiro, se o propósito da morte de Cristo era adquirir um direito para seu Pai, de modo que, não obstante a justiça divina, ele pudesse salvar os pecadores, então ele teria morrido para dar a Deus a liberdade de salvar, em vez da liberdade para sermos livres do mal. Ele teria morrido para obter para seu Pai uma condição melhor do que aquela na qual lhe era impossível fazer o que desejava e para a qual sua natureza estava inclinada. Cristo não teria morrido para nos libertar de um estado e condição na qual pereceríamos sem sua aquisição de nossa liberdade. Se o que eles afirmam fosse verdadeiro, então não vejo motivo para a afirmação de que Cristo veio para redimir seu povo de seus pecados. Ao contrário, ele teria claramente adquirido esse direito e liberdade para seu Pai. Mas onde nas Escrituras se encontra tal afirmação ou algo dessa natureza? Será que o Senhor diz que ele enviou seu Filho por amor a si mesmo ou por amor a nós? O beneficiário imediato do bem alcançado por essa oblação é Deus ou os homens?

Segundo os universalistas, embora esse benefício tenha contemplado imediatamente a Deus por meio da morte de Cristo, ele também visou ao nosso bem. Cristo obteve esse direito para que o Senhor agora pudesse nos conceder misericórdia, se cumpríssemos a condição que ele proporia.

Mas eu respondo que isso acabaria completamente com o mérito da morte de Cristo em relação a nós. Nem mesmo a natureza do mérito seria preservada. Se algo é verdadeiramente meritório, então aquilo que é merecido *deve* ser feito ou concedido, e não apenas existir a possibilidade de ser feito. Existe uma relação entre mérito e a coisa obtida por ele, seja ela absoluta ou contratual, de modo que surge um direito real ao que é adquirido. Depois que o trabalhador encerra um dia inteiro de trabalho, não lhe dizemos: "Agora existe a possibilidade de que seu pagamento seja feito"; pelo contrário, dizemos: "Agora seu pagamento deve ser feito". Ele não tem direito ao seu pagamento? Já ouvimos falar de algum tipo de mérito em que é apenas possível a concessão da coisa obtida pelo que foi feito, mas não a obrigatoriedade dessa concessão? E a oblação meritória de Cristo adquiriu apenas a possibilidade de conceder e aplicar os frutos de sua morte pela mão de seu Pai a alguns ou a todos? Diz o apóstolo: "Ao que trabalha, o salário não é considerado um favor, mas uma dívida" (Rm 4.4). Os frutos da morte de Cristo são adquiridos para nós de modo tão verdadeiro como se tivessem sido obtidos por nossas próprias mãos. Em relação àqueles aos quais são concedidos, esses frutos são aplicados como uma questão de pura graça. No entanto, em relação à aquisição, sua aplicação é uma questão de dívida.

Quarto, não se pode dizer que o propósito último da morte de Cristo foi criar uma situação na qual não apenas seja possível que ninguém seja salvo, mas de fato impossível que qualquer pecador seja salvo somente pela virtude da morte de Cristo. As Escrituras declaram que, por meio de Cristo, temos remissão dos pecados, graça e glória. No entanto, mesmo assim, poderia ser perfeitamente possível que nenhum de nós desfrutasse da vida eterna; suponha que o Pai não quisesse concedê-la. Afinal, ele não tem obrigação de concedê-la de acordo com essa perspectiva. Ele teria o direito, mas o exercício desse direito não lhe seria obrigatório.

Novamente, vamos supor que Deus tenha estabelecido as obras como condição subsequente e que fosse impossível alguém cumprir tal condição. Nesse caso, a morte de Cristo teria alcançado seu propósito e, no entanto, ninguém seria salvo. Seria isso que ele tinha em mente quando disse que sua vinda visava "salvar o que estava perdido"? Seria suficiente uma conquista tão limitada quanto essa para justificar sua oração: "Pai, quero que aqueles que me deste estejam comigo onde estou, para que vejam a minha glória" (Jo 17.24)?

Diversas outras razões poderiam ser apresentadas para afirmar o que essa ideia deturpa. Elas fariam com que a obra de Cristo não fosse para a remissão real dos pecados, mas apenas para a sua possibilidade; não para a salvação, mas apenas para a possibilidade de ser salvo; não para alcançar a reconciliação e a paz com Deus, mas apenas para abrir uma porta para isso. No entanto, utilizarei essas razões para atribuir o verdadeiro propósito à morte de Cristo.

Pergunte a esses universalistas o que o Pai fará diante da morte de Cristo para satisfazer a justiça que anteriormente impedia sua boa vontade para com os homens. Eles dirão que ele firma uma nova aliança de graça com os homens. E, mediante o cumprimento de alguma condição, todos os benefícios da morte de Cristo lhe serão aplicados. Para nós, porém, parece que Cristo, com sua paixão e morte, é a principal promessa da nova aliança, conforme se lê em Gênesis 3.15. Portanto, não se pode dizer que a aliança foi obtida por sua morte. Além disso, a natureza da aliança invalida essa proposta. Eles afirmam que aqueles com quem se faz tal aliança terão tais e tais bênçãos se cumprirem a condição. Parece que tudo depende dessa obediência, mas a própria obediência com toda a sua condição é uma promessa da aliança, conforme Jeremias 31.33, uma aliança confirmada e selada pelo sangue de Cristo.

Negamos que a morte de Cristo tenha algum fim com relação a Deus além de manifestar sua glória. Isso se explica pelo fato de Deus referir-se a Cristo como "seu servo, em quem será glorificado" (Is 49.3). Trazer muitos filhos à glória, tarefa da qual ele foi incumbido, tinha como propósito a manifestação e o louvor de sua gloriosa graça. Assim, o amor pelos eleitos poderia se manifestar em glória, com a salvação sendo levada por Cristo aos confins da terra. Essa plena declaração de sua glória, evidenciada por sua misericórdia moderada por sua justiça, é tudo o que o Filho alcançou por sua morte para o Senhor. Ele não adquiriu nenhum direito ou liberdade para fazer o que sua justiça supostamente o impedia de fazer. Com relação a nós, o fim da oblação e do derramamento de sangue de Jesus Cristo não era que Deus pudesse nos perdoar se quisesse, mas que ele nos perdoasse em virtude da aliança que era a base do mérito de Cristo. Ele concordou em nos conceder todos os bens que Cristo pretendia adquirir e garantir ao oferecer-se a Deus por nós.

3

A finalidade imediata da morte de Cristo e as diferentes formas pelas quais ela é idealizada

A introdução a todo esse discurso estabeleceu o que as Escrituras afirmam ser o objetivo imediato da morte de Cristo. Agora, tendo esclarecido plenamente nosso sentido e significado a esse respeito, devemos afirmar mais especificamente o objetivo, aplicando passagens particulares à nossa tese, a qual assim se resume: "Jesus Cristo, de acordo com o conselho e a vontade de seu Pai, ofereceu-se na cruz para adquirir as coisas anteriormente mencionadas. Ele faz intercessão contínua com a intenção e o propósito de que todos os bens adquiridos por sua morte sejam verdadeira e infalivelmente concedidos e aplicados a todos aqueles por quem ele morreu, de acordo com a vontade e o conselho de Deus". Vejamos, então, o que as Escrituras dizem sobre isso, agrupando assim as várias passagens:

I. No primeiro grupo de passagens, declarando o conselho, propósito, mente, intenção e vontade de Deus e de nosso Salvador nessa obra, temos Mateus 18.11: "Pois o Filho do Homem veio salvar o que estava perdido". Essas palavras se repetem em Lucas 19.10. Na primeira passagem, essas palavras estão no início da parábola da ovelha perdida. Na outra passagem, estão no desfecho da recuperação de Zaqueu, que estava perdido. Ambas as passagens apresentam o propósito da vinda de Cristo, que era fazer a vontade de seu Pai, recuperando pecadores perdidos. Zaqueu foi recuperado por meio da conversão, sendo colocado na livre aliança e tornando-se filho de Abraão. A ovelha perdida, ele a coloca sobre os ombros e a leva para casa. Portanto, a menos que encontre o que procura, a menos que recupere o que veio salvar, ele deixa de cumprir seu propósito.

A segunda passagem está em Mateus 1.21 e é semelhante. O anjo declara o propósito da vinda de Cristo em carne e, consequentemente, de todos os seus sofrimentos. Ele veio para "salvar o seu povo dos seus pecados". O objetivo de Cristo era realizar a salvação completa e perfeita do seu povo especial, livrando-o de todos os seus pecados. Dizer que ele realizou a obra da salvação apenas parcialmente ou sob algum aspecto somente não condiz com a fé cristã.

Na terceira passagem, 1Timóteo 1.15, Paulo expressa algo parecido. Ele declara o propósito da vinda do nosso Salvador, de acordo com a vontade e o conselho de seu Pai, ou seja, "salvar os pecadores". Não é apenas abrir uma porta para que entrem, caso optem por fazê-lo. Não é apenas viabilizar um caminho para que possam ser salvos. Não é apenas adquirir reconciliação e perdão de seu Pai, benefícios dos quais talvez nunca desfrutem. É realmente salvá-los de toda culpa e poder do pecado e da ira de Deus por causa do pecado. Se ele não fez isso, então deixou de cumprir o propósito para o qual veio. Mas se isso for um alarme falso, e ele cumpriu esse propósito, não há dúvida de que veio apenas para os realmente salvos. O Pai fez uma aliança com o Filho e prometeu-lhe que ele veria "sua posteridade [...] e a vontade do Senhor" prosperaria em suas mãos (Is 53.10-12). A partir disso, fica evidente que o decreto e o propósito de dar uma geração de crentes a Cristo, "os filhos que Deus me deu" (Hb 2.13), estão inseparavelmente ligados ao decreto de Cristo de "fazer de sua alma uma oferta pelo pecado". Portanto, salvar aqueles que o Pai lhe deu é o fim e o objetivo desse decreto.

Em quarto lugar, o apóstolo declara em Hebreus 2.14,15: "Visto, pois, que os filhos têm participação comum de carne e sangue, destes também ele, igualmente, participou, para que, por sua morte, destruísse aquele que tem o poder da morte, a saber, o diabo, e livrasse todos que, pelo pavor da morte, estavam sujeitos à escravidão por toda a vida". Com exceção dessas palavras, nada pode expressar com mais clareza o propósito de toda essa dispensação da encarnação e oferta de Jesus Cristo, isto é, livrar os filhos que Deus lhe deu do poder da morte, do inferno e do diabo, levando-os para perto de Deus. Não há uma única palavra sobre aquisição de uma possível libertação para todos. Não, nem todos são esses filhos que Deus lhe deu. Nem todos são libertos da morte e daquele que tem o poder da morte. Portanto, não foi por todos que ele assumiu carne e sangue.

A quinta passagem, Efésios 5.25-27, revela o mesmo propósito e intenção: "Cristo amou a igreja e a si mesmo se entregou por ela, para a santificar, purificando-a com a lavagem da água, pela palavra, a fim de apresentá-la a si mesmo como igreja gloriosa, sem mancha, nem ruga, nem qualquer coisa semelhante, mas santa e irrepreensível". E novamente em Tito 2.14: "Ele se entregou por nós, para nos remir de toda a iniquidade e purificar, para si mesmo, um povo exclusivamente seu, zeloso de boas obras". Acredito que nada pode ser mais claro do que esses dois trechos. Não é possível que a mente humana expresse nosso argumento de forma tão completa e vívida como faz o Espírito Santo nesses textos. O que Cristo fez? "Ele se entregou", dizem ambos os trechos: "Pela sua igreja", diz um; "por nós", diz o outro. Ambas as palavras têm a mesma extensão e força, como todos sabem. Com que propósito ele fez isso? Aos efésios ele diz: "Para santificá-la e purificá-la, para apresentá-la a si mesmo como igreja gloriosa, sem mancha ou ruga" E diz a Tito: "Para nos remir de toda a iniquidade e purificar, para si mesmo, um povo exclusivamente seu, zeloso de boas obras". Agora, eu pergunto: todas as pessoas pertencem a essa igreja? Todos pertencem ao grupo no qual Paulo se inclui juntamente com Tito? Todos são purificados, santificados, glorificados e levados para perto de Cristo? Ou será que Cristo não cumpre seu propósito em relação a uma grande parte da humanidade? Não me atrevo a abraçar nenhuma dessas ideias.

Em sexto lugar, Cristo, nosso Salvador, expressa isso de maneira ainda mais clara. Ele limita o objeto de sua oblação, revelando todo o seu desígnio e declarando o propósito de sua morte. Em João 17.19, lemos: "Por eles eu me santifico, para que também eles sejam santificados pela verdade". Ele diz "por eles". E eu pergunto: Eles quem? "Os homens que tu me deste do mundo" (Jo 17.6). Não é o mundo inteiro, pois ele não orou pelo mundo inteiro (v. 9). "Eu me santifico". Para quê? "Para a obra que estou prestes a realizar, para ser uma oblação". E com qual finalidade? Ἵνα καὶ αὐτοὶ ὦσιν ἡγιασμένοι ἐν ἀληθείᾳ, ou seja, "para que eles também sejam verdadeiramente santificados". Ἵνα é a palavra que aponta para a intenção e o propósito de Cristo. Ela retrata o objetivo que ele tinha em mente, e esperamos que o tenha alcançado, pois essa é a esperança do evangelho. "Pois o Redentor virá de Sião e apartará de Jacó a impiedade" (Rm 11.26). E isso concorria para a vontade de seu Pai, pois o propósito dele era fazer e cumprir a vontade do Pai.

Em sétimo lugar, Gálatas 1.4 deixa claro que esse era o conselho do seu Pai, pois nosso Senhor Jesus "se entregou pelos nossos pecados, para nos livrar do presente século mau, segundo a vontade de nosso Deus e Pai". Sua vontade e propósito evidenciam-se ainda mais em Gálatas 4.4-6: "Deus enviou seu Filho, nascido de mulher, nascido sob a lei, para resgatar os que estavam sob a lei, a fim de que recebêssemos a adoção de filhos". Por sermos filhos, somos libertos da lei e, assim, libertos da culpa do pecado. Ser adotados como filhos, receber o Espírito e nos aproximarmos de Deus são elementos que fazem parte do propósito do Pai em entregar seu único Filho por nós.

Em oitavo lugar, acrescentarei um versículo apenas, dentre muitos que poderiam ser citados, que é 2Coríntios 5.21: "Aquele que não conheceu pecado, ele o fez pecado por nós, para que, nele, fôssemos feitos justiça de Deus". O propósito de Deus, ao fazer seu Filho pecado, é que aqueles pelos quais ele se fez pecado sejam feitos sua justiça. Esse era o propósito de Deus ao enviar Cristo para se fazer pecado, e por causa desse propósito é que Cristo se dispôs a isso. Ora, se o propósito do Senhor não era que a salvação universal fosse cumprida, e ele sabia que nunca seria cumprida, nem agiria para cumpri-la, então ele deve ter feito Cristo pecado apenas para aqueles que nele realmente se tornariam justiça como efeito de sua morte. Portanto, fica evidente por esses versículos que o propósito e a intenção de Cristo eram o cumprimento do conselho e da vontade de Deus, por meio de sua própria oblação e derramamento de sangue.

Em face de tudo isso, chegamos à seguinte conclusão: o que o Pai e o Filho pretendiam realizar em favor de todos aqueles por quem Cristo morreu foi certamente alcançado por sua morte. E o que foi alcançado foi o seguinte: todos eles foram redimidos, purificados, santificados, libertos da morte, de Satanás, da maldição da lei, libertos da culpa do pecado, feitos justiça em Cristo e aproximados de Deus. Portanto, Cristo morreu por todos aqueles, mas apenas aqueles, em quem todas essas coisas são efetivadas. Se todas essas coisas são alcançadas em toda e qualquer pessoa, deixo isso para o julgamento de toda e qualquer pessoa que têm conhecimento dessas coisas.

II. O segundo grupo de passagens contém os versículos que descrevem o cumprimento real e o efeito dessa oblação, o que ela realmente produz e realiza na vida daqueles por quem é feita. Entre elas se encontra Hebreus 9.12,14: "Ele entrou uma vez por todas no Santo dos Santos, não com o sangue de bodes e novilhos, mas com seu próprio sangue, conquistando uma redenção eterna. [...] O sangue de Cristo, que se ofereceu a si mesmo pelo Espírito eterno, purificará a nossa consciência de atos que levam à morte, para servirmos ao Deus vivo". Duas coisas são atribuídas ao sangue de Cristo. Uma se refere a Deus: "Ele conquista uma redenção eterna". A outra se refere a nós: "Ele purifica nossa consciência de atos que levam à morte". Portanto, a justificação diante de Deus é resultado imediato desse sangue pelo qual ele entrou no Santo dos Santos e da oblação que ele apresentou a Deus. Ele obtve para nós uma redenção eterna da culpa dos nossos pecados e da ira do Pai por eles causada. Isso inclui a santificação em nós mesmos (a "purificação dos pecados", Hb 1.3). De fato, essa purificação meritória de nossos pecados é especificamente atribuída à sua oferta, realizada antes de sua ascensão: "Tendo feito a purificação dos pecados, assentou-se à direita da Majestade nas alturas" (Hb 1.3). E é mencionada de novo e expressamente em Hebreus 9.26: "... ele se manifestou para aniquilar o pecado pelo sacrifício de si mesmo". Essa expiação (aniquilação do pecado por meio de um sacrifício) santifica necessária e efetivamente aqueles por quem Cristo foi um sacrifício, assim como "o sangue de bodes e novilhos, e as cinzas de uma novilha, aspergidos sobre os impuros, os santificam, quanto à purificação da carne" (Hb 9.13). Mas tais sacrifícios terrenos eram "sombra dos bens que viriam" (Hb 10.1). Os que estavam contaminados ou eram culpados por causa do pecado, para quem se permitiam a expiação e os sacrifícios por meio dessas ordenanças físicas, realmente adquiriam o seguinte:

Primeiramente, a santificação, no sentido de purificação legal, ou seja, a purificação da carne. Em segundo lugar, eles ficavam livres do castigo que lhes era devido em decorrência da violação da lei, porque a lei era o padrão de vida para o povo de Deus. O sacrifício alcançava fisicamente essa libertação do castigo para aqueles que podiam receber tal expiação. Ora, porque eles eram apenas "sombra dos bens vindouros", o sacrifício de Cristo realizou espiritualmente o que esses sacrifícios terrenos tipificavam; isso aconteceu para todos aqueles pelos quais o sacrifício foi feito, trazendo purificação espiritual por meio da santificação e libertação da culpa do pecado. Esses textos claramente comprovam isso, mas se isso é realizado em todos e para todos, julguem-no aqueles que são capazes de julgar.

Novamente, na passagem de 1Pedro 2.24, menciona-se que Cristo "levou os nossos pecados". O versículo deixa claro tanto o que ele fez, ao carregá-los na cruz (ἀνήνεγκε, quanto a intenção por trás disso, que é permitir que, estando mortos para os pecados, vivamos para a justiça. E qual foi o efeito disso? "Por meio das suas feridas, fomos curados". Essa menção do efeito de cura é extraída do mesmo texto que diz que nosso Salvador "levou nossas iniquidades, e o Senhor as fez cair todas sobre ele" (Is 53.5,6,10-12). Portanto, isso esclarece o significado da afirmação de que Cristo "levou os nossos pecados", em 1Pedro 2.24, mostrando que ele, por meio das suas feridas e aflições suportadas ao se oferecer por nós, garantiu e efetivou a nossa liberdade, de modo que não precisássemos passar pelas mesmas coisas que ele sofreu em nosso lugar. Além disso, podemos encontrar em outros versículos da Bíblia referências claras sobre a troca de sofrimento entre Cristo e nós, como em Gálatas 3.13: "Cristo nos resgatou da maldição da lei, tornando-se maldição em nosso lugar".

Em terceiro lugar, a paz real, alcançada pela remoção de toda inimizade em ambos os lados, juntamente com todas as suas causas, é totalmente atribuída a essa oblação, conforme Colossenses 1.21,22: "E a vós também, que antes éreis estranhos e inimigos no entendimento pelas vossas obras más, agora, contudo, vos reconciliou no corpo da sua carne, pela morte, a fim de perante ele vos apresentar santos, sem defeito e irrepreensíveis". Também Efésios 2.13-16: "Mas, agora, em Cristo Jesus, vós, que antes estáveis longe, já pelo sangue de Cristo chegastes perto. Porque ele é a nossa paz, o qual de ambos fez um; e, derrubando a parede de separação que estava no meio, na sua carne desfez a inimizade, isto é, a lei dos mandamentos, que consistia em ordenanças, para em si mesmo criar dos dois um novo homem, fazendo a paz, e, pela cruz, reconciliar ambos com Deus em um corpo, destruindo com ela a inimizade".

Acrescentem-se a todas essas passagens aquelas que também afirmam, como fruto da sua morte, a completa libertação da ira, do furor, da morte e daquele que tinha o poder da morte. Em Romanos 5.8-10, vemos como efeitos imediatos da morte de Cristo a paz e a reconciliação, a libertação da ira, da inimizade e de tudo o que se opõe a nós, impedindo-nos de desfrutar do amor e do favor de Deus. Cristo efetuou uma redenção de todas essas coisas em favor de sua igreja "com seu próprio sangue" (At 20.28). Assim, todos aqueles por quem ele morreu podem verdadeiramente dizer: "Quem intentará acusação contra os escolhidos de Deus? É Deus quem os justifica. Quem os condenará? É Cristo Jesus quem morreu, ou, antes, quem ressuscitou dentre os mortos, o qual está à direita de Deus e intercede por nós" (Rm 8.33,34). Não é possível provar que esses bens foram obtidos para todos e quaisquer filhos de Adão, nem que todos podem se alegrar com a certeza disso. No entanto, é evidente que foram obtidos para todos aqueles por quem ele morreu e são os efeitos de sua morte por eles; pois, ao serem redimidos "para Deus pelo seu sangue, de toda tribo, e língua, e povo, e nação", foram feitos "reis e sacerdotes para o nosso Deus" (Ap 5.9,10). Ele "deu fim ao pecado deles, por cuja iniquidade fez expiação, e trouxe justiça eterna" (Dn 9.24).

Acrescentem-se ainda os textos em que nossa vida é atribuída à morte de Cristo, e então essa lista ficará perfeita: Ele "desceu do céu para dar vida ao mundo" (Jo 6.33). Certamente ele dá vida a este mundo em favor do qual entregou sua vida. É o mundo das "suas ovelhas, pelas quais ele dá a sua vida" (Jo 10.15), a "vida eterna, para que nunca pereçam" (Jo 10.28). Assim, ele veio "para destruir a morte e trazer à luz a vida e a imortalidade" (2Tm 1.10), assim como Romanos 5.6-10.

Ora, todos esses textos têm força suficiente para serem usados contra a ideia do resgate geral ou da universalidade do mérito de Cristo. Infelizmente, não tenho tempo para abordar todo o assunto de maneira mais extensa. Portanto, proporei com base nessa discussão um argumento geral: se a morte e a oblação de Jesus Cristo como sacrifício para seu Pai santifica todos aqueles em favor dos quais aconteceram, purifica seus pecados, os redime da ira, maldição e culpa, traz paz e reconciliação com Deus, concede vida e imortalidade, leva suas iniquidades e cura todas as suas feridas, então ele morreu apenas por aqueles que de fato são santificados, purificados, redimidos, justificados, libertos da ira e da morte, vivificados, salvos etc. No entanto, é evidente que nem todos são santificados, libertos etc. e, portanto, não podem ser considerados o verdadeiro alvo da morte de Cristo. A pressuposição foi confirmada anteriormente; a inferência é clara com base nas Escrituras e na experiência, e todo o argumento é sólido.

III. Há muitos textos que se referem às pessoas em favor das quais Cristo morreu, e elas são designadas de forma especial como objeto da obra de redenção, de acordo com o propósito e a vontade de Deus. Alguns textos serão brevemente mencionados; eles se referem a essas pessoas como *muitos*: "O sangue da nova aliança, derramado em favor de muitos, para remissão dos pecados" (Mt 26.28). "Pelo seu conhecimento, o meu servo justo justificará a muitos e levará sobre si as iniquidades deles" (Is 53.11). "Pois o Filho do Homem não veio para ser servido, mas para servir e dar a sua vida como resgate por muitos" (Mc 10.45; Mt 20.28). Ele veio para "conduzir muitos filhos à glória" e para, assim, ser o "autor da salvação deles, aperfeiçoado por meio de sofrimentos" (Hb 2.10). Embora, talvez, a palavra "muitos" por si só não basta para restringir o objeto da morte de Cristo a alguns, em oposição a todos, porque às vezes "muitos" é usado de forma absoluta para significar todos, como em Romanos 5.19a, esses "muitos" são retratados em outras passagens como aqueles que certamente não incluem todos. Portanto, essa é uma restrição plena e evidente. Esses "muitos" são as "ovelhas" de Cristo (Jo 10.15); os "filhos de Deus que andavam dispersos" (Jo 11.52); aqueles que nosso Salvador chama de "irmãos" (Hb 2.11); "os filhos que Deus lhe deu", os quais eram "participantes de carne e sangue" (Hb 2.13,14); e "aqueles que lhe foram dados por seu Pai" (Jo 17.2,6,9,11), que certamente seriam preservados; as "ovelhas" das quais ele era o "Pastor, pelo sangue da eterna aliança" (Hb 13.20); seus "eleitos" (Rm 8.33); e seu "povo" (Mt 1.21); mencionados especificamente como seu "povo visitado e redimido" (Lc 1.68); o povo que ele "conheceu de antemão" (Rm 11.2); o povo que ele tinha em Corinto antes de sua conversão; seu povo pela eleição (At 18.10); o povo pelo qual ele "sofreu fora da porta, para santificá-los" (Hb 13.12); sua "igreja, que ele redimiu com seu próprio sangue" (At 20.28), a qual ele "amou e se entregou por ela" (Ef 5.25); os "muitos" cujos pecados ele levou (Hb 9.28), aqueles com quem ele fez uma aliança (Dn 9.27). Esses "muitos", sendo assim retratados e apresentados com características que de forma alguma são comuns a todos, mas próprias apenas dos eleitos, claramente significam todos e apenas aqueles escolhidos por Deus para obter vida eterna por meio da oblação e do derramamento do sangue de Jesus Cristo. Muitas coisas são contestadas por alguns com grande confiança e clamor, mas podem ser facilmente refutadas. Vemos assim o propósito da morte de Cristo, conforme apresentado nas Escrituras.

Para obter uma compreensão mais clara, devemos refutar as objeções feitas com o objetivo de escapar à força dos argumentos baseados nas Escrituras. Alguns respondem que nosso "raciocínio", conforme é chamado, "não tem força, é equivocado, sutil, fraudulento, falso, iníquo, enganoso e errôneo". Esses qualificadores são usados com fins retóricos em *The universality of free grace* [A universalidade da livre graça], de Thomas More (p. 16). Agora, essa combinação de termos variados (conforme a entendo) serve somente para revelar a eloquência ignorante do autor. O uso de nomes tão terríveis é forte indicador de uma causa fraca. Quando os fariseus não conseguiram resistir ao espírito com o qual nosso Salvador falava, chamaram-no de "endemoninhado e samaritano". Águas que fazem barulho geralmente são rasas. Entre os citas há um provérbio que diz: "Os cães que mais latem são os que menos mordem". Mas vamos ouvi-lo em sua própria linguagem.

Quanto à afirmação de que a palavra muitos significa todos os homens, ele diz: "Primeiro, esse raciocínio não tem força, pois a palavra *muitos* costuma ser usada no sentido de *todas e quaisquer pessoas*. Ela também amplia ou indica a grandeza desse número, conforme Daniel 12.2; Romanos 5.19 e outras passagens, onde *muitos* não pode ser entendido por nenhum cristão como indicador de algo que não seja todas as pessoas".

Resposta. 1. Se a prova fosse baseada apenas na palavra muitos, e não no contexto em que é usada, e partindo da premissa de que todos os homens são diferenciados em várias categorias pelo propósito de Deus, então essa objeção teria alguma justificativa. Se alguém dividisse os habitantes de Londres entre pobres e ricos, aqueles que passam por necessidades e aqueles que têm fartura, e essa pessoa dissesse que estenderia sua generosidade a muitos pobres em Londres, facilmente se entenderia que ela a estenderia apenas aos pobres.

2. Nenhuma das passagens citadas prova que *muitos* necessariamente significa *todos*. Em Daniel 12.2, a palavra se aplica a várias partes da afirmação. Ela não se aplica ao todo. Portanto, o sentido é que os mortos ressuscitarão, muitos para a vida e muitos para a vergonha, conforme seria expresso no idioma hebraico. Tais hebraísmos não são incomuns. Além disso, não é improvável que muitos ressuscitarão para a vida, porque, como o apóstolo diz, "nem todos morrerão". O mesmo pode se dizer de Romanos 5.19. Embora ali *muitos* pareça significar *todos*, não se pretende "ampliar" o número, conforme diz More. Ou seja, o número dos que morreram por causa da desobediência de Adão não é comparado ao número dos que foram vivificados pela justiça de Cristo. A comparação é entre os efeitos do pecado de Adão e os efeitos da justiça de Cristo. Não se considera o número de participantes nesses efeitos.

3. Tenho certeza de que nosso autor não consegue apresentar as outras passagens que ele alega ter em abundância para sustentar sua tese. Tais passagens costumam ser invocadas pelos arminianos em apoio ao seu argumento. No entanto, mesmo que ele pudesse apresentá-las, e pelo que já dissemos acima, elas não seriam nocivas ao nosso argumento.

Alegando que a morte de Cristo tem outras finalidades além da propiciação, estas são as palavras usadas por More: "Em segundo lugar, esse argumento é equivocado, sutil e fraudulento. Afirma que a morte de Cristo, que é para todas e quaisquer pessoas, destina-se apenas ao resgate e propiciação por elas, juntamente com seus frutos. Mas em qualquer passagem, quando a palavra *muitos* é usada no contexto da morte de Cristo, há outras finalidades em vista e não somente resgate e propiciação".

Resposta. 1. Negamos que alguma passagem das Escrituras afirme que a morte de Cristo é para "todas e quaisquer pessoas", apesar de ele pressupor com confiança que isso é algo reconhecido.

2. É completamente falso que exista algum outro propósito para a morte de Cristo além dos frutos de seu resgate e propiciação, quer de forma direta ou indireta. Aliás, além de seus frutos, que outro propósito poderia haver para o resgate pago por Cristo e para a expiação feita por ele? O propósito ou resultado de qualquer obra é o mesmo que seus frutos, efeitos ou produtos. Portanto, a distinção absurda feita por More ao afirmar que o resgate e a propiciação de Cristo,

juntamente com seus frutos, são para todos, ao passo que os outros propósitos de sua morte são apenas para muitos, acaso não é equivocada, sutil e fraudulenta? Mas estou falando sobre o que acredito que More queira dizer, pois suas próprias palavras não fazem sentido.

3. Ele observa que quando a palavra *muitos* é usada, há diversos propósitos em vista; mas parece que quando a palavra *todos* é usada, o único sentido pretendido é o resgate. Primeiro, isso compromete todo o argumento do autor. Ele está afirmando que quando *muitos* são mencionados, não se pode entender que se refira a *todos*, porque os propósitos da morte de Cristo insinuados são mais do que os propósitos que se aplicam a *todos*. Portanto, ele precisa admitir que todas as outras respostas que ele apresenta como prova de que a palavra *muitos* significa *todos* contradizem essa resposta específica. Segundo, o que ele diz não tem fundamento. Não se pode provar que existem outros propósitos da morte de Cristo além dos frutos do seu resgate. Terceiro, sua observação é falsa. Quando se faz referência à morte de Cristo por *muitos*, afirma-se que ele "dá a sua vida como resgate" por eles (Mt 20.28). Mas são essas as palavras usadas quando se diz que ele morreu por todos (1Tm 2.6). Que diferença há entre essas duas frases? Qual é a base para a observação de More? Isso se parece com suas outras observações. Todo o capítulo 10 de seu livro é gasto na tentativa de provar que, onde quer que se mencione a redenção adquirida pela oblação de Cristo, as pessoas pelas quais ela é adquirida são sempre tratadas na terceira pessoa, empregando-se frases como "todo o mundo". No entanto, no capítulo 1 de seu livro, ele cita várias passagens para provar a redenção geral, onde as pessoas pelas quais Cristo sofre são tratadas na primeira ou segunda pessoa (1Pe 2.24; 3.18; Is 53.5,6; 1Co 15.3; Gl 3.13).

Em terceiro lugar, segundo More, as Escrituras não afirmam que o resgate tenha sido pago exclusivamente por suas ovelhas. Ele argumenta: "Essa razão é falsa e contrária aos princípios divinos. Em nenhum lugar as Escrituras dizem que Cristo morreu ou se entregou como resgate apenas por muitos, ou apenas por suas ovelhas; fazer acréscimos ou cortes na Palavra de Deus nas Escrituras é um ato de iniquidade".

Resposta. Deixando de lado os amáveis termos empregados pelo autor e permitindo que um pouco do que ele diz faça sentido, declaro: 1. Cristo afirma ter dado sua vida por "muitos", por suas "ovelhas". As Escrituras declaram que ele morreu por sua "igreja". Inúmeras passagens dão testemunho de que nem todos são suas ovelhas nem fazem parte de sua igreja. Por consequência justa e inegável desses fatos, argumentamos e concluímos que ele não morreu por aqueles que não são suas ovelhas ou não fazem parte de sua igreja. Estamos apenas expondo e desdobrando a mente de Deus em sua palavra. Se isso é fazer acréscimos à sua palavra, então quem pode falar da palavra de Deus sem se tornar culpado? 2. Observe que na própria passagem em que nosso Salvador diz que "deu sua vida por suas ovelhas", ele logo antes afirma que alguns não são suas ovelhas (Jo 10.26). Se isso não equivale à declaração de ter dado a vida apenas por suas ovelhas, então não sei o que isso pode ser. 3. É fácil acusar os outros.

Em quarto lugar, ele diz: "O raciocínio é enganoso e errôneo, pois as Escrituras em nenhum lugar dizem: 'Os muitos pelos quais ele morreu são suas ovelhas' (muito menos seus eleitos, conforme o objetivo desse raciocínio). Quanto a João 10.15, trecho geralmente citado para apoiar essa afirmação, ele está sendo distorcido. Em João 10, nosso Salvador não faz distinção entre aqueles pelos quais morreu e aqueles pelos quais não morreu, nem entre aqueles pelos quais morreu desta ou daquela forma, mas entre os que creem nele e os que não creem (v. 4,5,14,26,27). Uns ouvem a sua voz e o seguem, outros não. Nosso Salvador também não listou aqui os privilégios de todos em favor dos quais morreu, mas apenas daqueles que nele creem através do ministério do evangelho. Por meio do evangelho e da fé em Jesus, eles o conhecem, aproximam-se de Deus e entram no reino (v. 4,8,9,27). Nosso Salvador também não estava apresentando a excelência daqueles pelos quais morreu, como se fossem preferidos em relação aos outros. Estava apresentando a excelência de seu próprio amor, juntamente com os frutos desse amor não apenas por aqueles pelos quais morreu, mas também pelos que são conduzidos pelo seu ministério a crer nele (v. 11,27). Além disso, ele não estava falando tanto sobre sua oferta de resgate e propiciação, mas sobre seu amor e fidelidade através do ministério do evangelho. Por isso, entregou sua vida por aqueles que são objetos desse ministério, dando-nos um exemplo não de propiciação pelos pecados, mas de testemunho do amor no sofrimento".

Resposta: Só a necessidade de nossos dias impede o leitor de me censurar por considerar e transcrever toda essa cantilena. Mas devemos nos contentar, pois é tudo o que temos, apesar de suas expressões incongruentes, uma estrutura incoerente e uma redação confusa. Tudo isso tende a criar uma névoa tão densa que a questão em pauta pode passar despercebida, perdendo-se em fumaça e neblina. O argumento ao qual More se propôs a rebater é que Cristo morreu por "muitos", os quais são retratados como suas "ovelhas", conforme João 10.

Que resposta, eu pergunto, pode ser extraída desse seu amontoado confuso de palavras? Para que eu possa tranquilamente ignorar todas as suas estratégias evasivas, sem deixar que alguma de suas ideias se fixe, farei algumas observações para responder aos seus comentários.

Primeiramente, João 10 não está de forma alguma sendo distorcido. É evidente que nosso Salvador faz uma distinção entre aqueles pelos quais ele morreu e aqueles pelos quais ele não morreu. Ele se refere aos primeiros como suas "ovelhas", conforme João 10.15. São aqueles a quem ele promete "dar vida eterna" (Jo 10.28). São aqueles que lhe foram "dados por seu Pai", de acordo com João 17.9. Ele claramente os diferencia daqueles que não são suas ovelhas, que não receberão a vida eterna e que não lhe foram dados por seu Pai. Não importa qual era sua intenção principal nesse trecho, e não estamos discutindo isso. Mas com base na intenção e objetivo das palavras que ele emprega e na verdade que ele revela para transmitir sua mensagem, seu propósito era consolar os crentes.

Em segundo lugar, quanto à diferença entre aqueles por quem ele morreu e aqueles por quem ele não morreu "desta ou daquela forma", declaramos que não há diferença. "Desta ou daquela forma" não expressa nem insinua nada pertinente a algum propósito de Deus, nem a alguma intenção de nosso Salvador nessa questão. Para nós, ele morreu da mesma maneira e com o mesmo propósito pelos quais ele morreu.

Em terceiro lugar, negamos que a principal distinção feita pelo nosso Salvador aqui seja entre os que creem e os que não creem. A diferença que ele faz é entre os eleitos e os não eleitos, entre aqueles que são suas ovelhas e os que não são. A diferença é que uns recebem a capacidade de crer, de "ouvir sua voz e conhecê-lo", e os outros não. Crer ou não crer, em suas diferentes condições, é algo relacionado ao propósito de Deus e ao amor de Cristo. Isso fica evidente na antítese que nos é apresentada nos versículos 26 e 27: "Vós não credes, porque não sois das minhas ovelhas" e "as minhas ovelhas ouvem a minha voz". Há uma distinção entre crer e ouvir. E a base dessa distinção é a condição deles. A condição de uns é serem suas ovelhas, que ouvem e creem. São aqueles a quem ele amou e pelos quais deu sua vida. E a condição dos outros é não serem suas ovelhas. Consequentemente, eles não ouvem nem creem. São aqueles a quem ele não amou e pelos quais não deu sua vida.

Em quarto lugar, o primeiro ponto a ser destacado é que não é relevante para a questão saber quais privilégios nosso Salvador expressa aqui. A única coisa que importa é a identificação daqueles por quem ele diz que daria a vida. Segundo, a frase "desta ou daquela forma" é inútil e serve só para confundir o leitor. Terceiro, negamos que Cristo tenha morrido por alguém além daqueles que certamente serão conduzidos a ele pelo ministério do evangelho. Não existem dois grupos de pessoas salvas formados por aqueles pelos quais ele morreu e por aqueles que são levados a ele. Ele morreu por suas ovelhas, e estas ouvem sua voz. Aqueles pelos quais ele morreu e os que vão a ele podem ter características diferentes, mas não são grupos separados.

Quinto, o que importa não é a razão pela qual nosso Salvador menciona sua morte aqui, mas sim por quem ele morreu. Ele diz expressamente que morreu por suas "ovelhas", mas nem todos são suas ovelhas. Ademais, sua intenção é declarar que deu sua vida como resgate, e isso é feito de acordo com o "mandato recebido de seu Pai" (Jo 10.18).

Sexto, o "amor e a fidelidade de Jesus Cristo através do ministério do evangelho", ou seja, ao cumprir o papel de mediador da nova aliança, são vistos apenas em seu sacrifício como resgate, conforme João 15.13. Além disso, não há menção aqui de algum "exemplo" que nos seja dado. Embora ele tenha de fato nos dado um exemplo ao entregar sua vida, o texto não serve como prova desse propósito. Com essas breves observações, fica claro que o discurso de More é apenas uma confusão lamentável do texto e da tese em debate. Em consequência disso, ele apresenta outros argumentos evasivos, que iremos abordar a seguir.

"Além disso", ele diz, "a oposição aqui parece não ser tanto entre eleitos e não eleitos, mas entre judeus chamados e gentios não chamados".

Resposta: A comparação que se faz é entre ovelhas e não ovelhas, e isso diz respeito à eleição, não ao chamado dessas ovelhas. O que More identifica como não ovelhas? Segundo ele, trata-se dos gentios que não foram chamados. Isso vai contra o texto, que diz que são as ovelhas, embora ainda não chamadas (Jo 10.16). E quem são os chamados? Ele diz que são os judeus. É verdade que eles foram chamados externamente nesse ponto; no entanto, muitos deles não eram ovelhas (Jo 10.26). Esse argumento se esquiva da força da verdade e se apoia em uma distorção repugnante da palavra de Deus. Como tal, é uma provocação não desprezível aos olhos da glória de Deus. Mas More acrescenta:

"Além disso, nas Escrituras há uma grande diferença entre ovelhas e as ovelhas de seu rebanho e aprisco, das quais ele fala aqui (v. 4,5,11,15,16)".

Resposta: 1. Essa falsa distinção certamente traria muita clareza ao assunto em pauta, se alguém soubesse explicá-la. 2. Se houver uma distinção, só pode ser entre as "ovelhas", que foram dadas a Cristo pelo Pai, e as "ovelhas de seu pasto", que são conduzidas a Cristo pela obra eficaz do Espírito. Se essa for a distinção, então ambos os tipos de ovelhas são mencionados neste capítulo: "Eu tenho outras ovelhas" que me foram dadas (v. 16) e as "ovelhas que ouvem minha voz e me seguem" em resposta ao Espírito (v. 27). Juntas, elas perfazem o grupo das ovelhas pelas quais ele deu sua vida e às quais ele dá vida. Mas More prossegue:

> As ovelhas mencionadas nos versículos 4, 5, 11 e 15 não são mencionadas como se fossem todos aqueles em favor os quais ele morreu, mas sim como aqueles que, por meio de sua ministração, são trazidos para crer e desfrutar do benefício de sua morte, aqueles aos quais ele ministra e comunica o Espírito.

Resposta: 1. A essência desta e de outras objeções é que "ovelhas" significa crentes. Isso é contrário ao versículo 16, que chama de "ovelhas" aqueles que ainda não foram reunidos a seu rebanho. 2. Dizer que suas ovelhas não são mencionadas como aqueles por quem ele morreu é uma contradição do versículo 15, que diz: "Eu dou a minha vida pelas minhas ovelhas". 3. Não há diferença entre aqueles por quem ele morreu e aqueles que ele traz por meio do ministério do Espírito Santo, assim como não há diferença entre Pedro, Tiago e João e os três apóstolos que estavam presentes durante a transfiguração de nosso Salvador. Isso é apenas uma tentativa infantil de sofisma, que substitui uma verdadeira resposta por uma opinião contrária. 4. Se aceitarmos o que é mencionado aqui, então "crer e desfrutar do benefício da morte de Cristo" é um fruto especial dessa morte. Ou isso será certamente concedido a todos aqueles por quem ele morreu, ou sua morte não lhes será útil de forma alguma. Em seguida, veremos mais uma ideia do Sr. More e concluiremos.

> Além disso, nesta passagem são mencionados outros propósitos para a morte de Cristo além do resgate ou propiciação; no entanto, não se diz que é "somente para as suas ovelhas". Mas quando se menciona apenas o resgate ou a propiciação, diz-se que é "por todos os homens". Portanto, esse raciocínio parece fraco, fraudulento, iníquo e errôneo.

Resposta: 1. Aqui não são mencionados outros propósitos para a morte de Cristo além daqueles cumpridos por meio de sua propiciação e de seu resgate por nós, junto com os frutos que natural e infalivelmente decorrem disso. 2. Se aqui são mencionados outros propósitos além desse, e eles não se aplicam a todos, por que o Sr. More nega que Cristo aqui se refere apenas às suas ovelhas? Cuidado, ou o senhor acabará vendo a verdade. 3. Eu não sei onde está escrito que o resgate dele é "para todos os homens". Mas tenho certeza de que está escrito que Cristo "deu a sua vida como resgate", e isso é mencionado apenas onde não se diz que ele vale para todos, mas sim para "muitos", como em Mateus 20.28 e Marcos 10.45.

Portanto, a partir dessas breves anotações, espero que qualquer leitor imparcial seja capaz de julgar se a razão pela qual o Sr. More se opõe deve ser considerada "fraca, fraudulenta, iníqua e errônea" com base nas objeções concebidas contra ela.

Embora receie que esteja abusando da paciência do leitor, não posso deixar passar outro argumento do Sr. More sem apontá-lo e fazer uma observação. Ele vem logo após as objeções que acabamos de eliminar. O Sr. More tem uma grande habilidade de criar representações frágeis e distorcidas, como se fossem bonecos de palha, apenas para demonstrar sua capacidade de refutá-las. Ao argumento anterior ele acrescenta uma objeção e a impõe aos opositores da redenção universal. Tal objeção é feita em defesa da compreensão das expressões gerais do texto bíblico no sentido em que ele as concebe. Esta é sua objeção: "Aquelas palavras eram adequadas para o tempo de Cristo e seus apóstolos e tinham um sentido diferente do que hoje parecem ter".

Depois de criar e enfeitar alegremente esse boneco de palha, figura de algo que, ouso afirmar, ninguém jamais defendeu, ele o acusa de inúmeros erros, blasfêmias e mentiras, expondo-o a violentos protestos, até que ele desmorone. Se ele não tivesse respondido a um argumento, teria sido considerado um debatedor extremamente infeliz. Então, para ter certeza de que conseguiria fazê-lo, acredito que teve o cuidado de formular as objeções com fragilidade suficiente para que as pudesse refutar. Quão cegos são aqueles que o admiram como polemista, posto que ele é habilidoso para esgrimir apenas com sua própria sombra! Grande parte do livro do Sr. More é recheada com essas vãs discussões, prova o que ninguém nega e responde ao que ninguém contesta.

4

Da distinção de impetração e aplicação — usos e abusos; opinião dos adversários sobre todos os pontos de controvérsia; declaração da questão por ambos os lados

Outras razões que podem confirmar o discurso anterior serão tratadas posteriormente, quando eu apresentar alguns argumentos em oposição ao resgate geral. Por enquanto, devo me concentrar em desconsiderar a resposta genérica normalmente dada às passagens bíblicas citadas para evitar o seu verdadeiro significado. Para nossos adversários, essa resposta é uma φάρμακον πάνσοφον, elixir onisciente ou remédio para todos os males, pois eles acreditam ser ela suficiente para sustentar todo o peso dos argumentos apresentados nesse caso.

I. Eles afirmam que duas coisas devem ser consideradas na oblação de Cristo e nos bens por ela obtidos: primeira, a *impetração* ou obtenção dessas coisas; e segundo, a *aplicação* dessas coisas a pessoas específicas. Em primeiro lugar, dizem eles, "a impetração é geral. Refere-se a todos os homens. Através de sua morte, Cristo obteve e adquiriu todos os bens de seu Pai: reconciliação, redenção e perdão dos pecados. E ele obteve essas coisas para todos e quaisquer indivíduos neste mundo, se eles crerem nele e o aceitarem. Mas, em segundo lugar, com relação à aplicação dessas coisas, elas são concedidas apenas a alguns, porque apenas alguns creem, e "crer" é a condição sob a qual elas são concedidas. E nesse último sentido devem ser entendidos os textos bíblicos que discutimos — todos eles. Eles não questionam de forma alguma a *universalidade do mérito*, que por eles é afirmada. O que questionam é a *universalidade da aplicação*, que por eles é negada". Ora, eles apresentam essa resposta sob várias formas e roupagens, de acordo com o que parece melhor para aqueles que a utilizam e segundo o mais adequado às suas diferentes opiniões.

Primeiro, alguns deles afirmam que Cristo, por meio de seu sofrimento e morte, comprou de forma absoluta para todas e quaisquer pessoas, de acordo com a intenção de Deus, o perdão dos pecados e a reconciliação com Deus, ou a restauração a um estado de graça e favor com Deus. Todos esses benefícios são reais para eles, desde que creiam. Essa é a opinião dos arminianos.

Segundo, há os que afirmam[1] que Cristo morreu por todos, mas *condicionalmente* por alguns, se eles crerem ou quiserem crer (e ele sabe que não podem fazê-lo por si mesmos). Ele morreu *de forma absoluta* por seus escolhidos, sobre os quais tem a intenção de conceder fé e graça. Desse modo, esses escolhidos realmente receberão os benefícios por ele adquiridos. Essa é a doutrina de Camero e dos teólogos da França, que seguem um novo método por ele desenvolvido.

Terceiro, alguns[2] acreditam existir duas formas de reconciliação e redenção. Uma é realizada por Cristo com Deus em favor do homem, a qual dizem ser geral para todas e quaisquer pessoas. A outra é uma reconciliação efetuada por Cristo no homem para com Deus, trazendo a paz real com ele.

Existem várias outras maneiras pelas quais as pessoas expressam suas concepções sobre esse assunto. O resumo do que dizem é a mesma distinção que mencionamos anteriormente: no que diz respeito à *impetração*, Cristo obteve redenção e reconciliação para todos; no que diz respeito à *aplicação*, ela é concedida apenas aos que creem e permanecem na fé.

II. Os argumentos pelos quais eles provam a generalidade do resgate e a universalidade da reconciliação serão posteriormente considerados. Por enquanto, tratemos apenas da própria distinção, seu significado e aplicação equivocada.

Em primeiro lugar, *impetração* é a aquisição, ao passo que *aplicação* é o usufruto. Reconhecemos que essa distinção pode ser usada em um sentido válido e com o significado correto, seja expressa como impetração e aplicação, seja como aquisição da reconciliação com Deus e realização da reconciliação em nós. Pois, por impetração, entendemos a aquisição meritória que Cristo fez de todas as coisas boas para nós, junto e a partir de seu Pai. Por aplicação, queremos dizer o real usufruto dessas coisas boas ao crermos. É como se alguém pagasse um preço para libertar cativos: pagar o preço é a *impetração*; libertar os cativos é sua *aplicação*. No entanto, devemos observar o seguinte:

1. Essa distinção não diz respeito à *intenção* e ao propósito de Cristo, mas apenas às coisas por ele adquiridas, pois, em seu propósito, ambas estão unidas.

---

[1] Camero, Testardus, Amyrald.
[2] More, em conjunto com outros nos últimos tempos.

Seu propósito era tanto nos libertar de todo mal quanto adquirir todo o bem que nos seria realmente concedido. No entanto, em relação ao que foi adquirido, essas coisas podem ser consideradas separadamente, seja como adquiridas por Cristo, seja como concedidas a nós.

2. O que é adquirido não é adquirido *condicionalmente*. A vontade de Deus não é de forma alguma condicional nesse assunto. Ele não nos deu Cristo para obter paz, reconciliação e perdão dos pecados apenas sob a condição de que acreditemos. Há uma condição envolvida, mas não na vontade de Deus. É certo e absoluto que tais coisas devem ser obtidas e concedidas.

3. As coisas que Cristo conquistou para nós não são todas concedidas de forma *condicional*. Algumas são concedidas *absolutamente*. Em relação às que são concedidas condicionalmente, a própria condição é adquirida e obtida por meio da própria aquisição, sem que se imponham condições. Explicando melhor, Cristo comprou para nós o perdão dos pecados e a vida eterna. Isso é usufruído por nós quando cremos, ou seja, mediante a condição da fé. Mas ele nos providenciou de modo absoluto a própria fé, que é a condição. E a providenciou sem condição alguma. Mais adiante mostrarei ser vã e redundante qualquer condição proposta para obtenção da fé.

4. Os objetos da *impetração* e da *aplicação* são os mesmos. Qualquer bem que Cristo tenha obtido por meio de sua morte será certamente aplicado aos beneficiários dessa morte. Ele não obteve nada que seus beneficiários não usufruam no momento certo. Se ele lhes obteve a reconciliação *com* Deus, então aplica a eles essa reconciliação *em relação a* Deus. A impetração não é estendida a alguns aos quais a aplicação seja negada. Com isso estabelecido, eliminam-se a interpretação oposta e o equívoco dessa distinção. Isso se confirma pelas seguintes razões:

Primeira, se *aplicar* todo bem obtido é o propósito de Cristo ao conquistá-lo, então esse bem deve ser *aplicado* a todos para os quais ele foi obtido. Caso contrário, Cristo não cumpriria seu propósito, e isso não pode ser aceito. No entanto, o propósito ao obter para nós todo bem era, de fato, aplica-lo. Se o objetivo de Cristo fosse apenas *obtê-lo*, mas não o *aplicar*, então sua morte teria alcançado o resultado desejado sem aplicar a redenção e a salvação a ninguém. Assim, apesar de tudo o que ele fez por nós, todos deste mundo pereceriam eternamente. Julgue o leitor por si mesmo se isso pode ser conciliado com a dignidade e a suficiência da oblação de Cristo, com o propósito de seu Pai e com sua própria intenção, isto é, vir "ao mundo para salvar os pecadores", "salvar o que estava perdido" e "trazer muitos filhos à glória". Além disso, seríamos obrigados a afirmar que Deus estava completamente incerto quanto ao resultado dos atos de enviar seu Filho, imputar sobre ele o peso de nossas iniquidades e entregá-lo a uma morte amaldiçoada. Ele pretendia que fôssemos salvos por esse meio? Então ele teve a intenção de aplicar a nós o benefício da morte de Cristo, segundo afirmamos. Dizer que ele estava incerto quanto ao resultado é blasfêmia e vai contra as Escrituras e contra o raciocínio lógico. Ele designou um Salvador sem pensar nos que seriam salvos? Designou um Redentor sem determinar quem seria redimido? Resolveu quais meios usar sem determinar o fim desses meios? Essa afirmação se opõe a todas as gloriosas propriedades de Deus.

Segunda, se aquilo que é obtido por um indivíduo, em virtude do ato pelo qual é obtido, torna-se dele por direito, então o que Cristo obtém é também *aplicado* a tal indivíduo; pois aquilo que é dele de direito deve se tornar dele de fato. Mas é claro que qualquer coisa obtida para uma pessoa é dela por direito. O próprio sentido da palavra, quer a denominemos *mérito, impetração, aquisição ou obtenção*, implica um direito naquele em favor de quem o mérito é efetivado, e a aquisição, feita. Por acaso se poderia dizer que algo foi obtido para mim se esse algo não é meu de forma alguma? Quando obtenho algo por meio de oração ou pedido de alguém, isso, uma vez obtido, passa a ser meu. O que é *obtido* por alguém é concedido por aquele de quem foi obtido; se concedido, é por ele concedido àquele para quem foi obtido. Mas eles dirão: "Foi obtido sob condição, e enquanto a condição não for cumprida, nenhum direito é adquirido". Respondo que, se essa condição for igualmente adquirida e obtida, juntamente com outras coisas que devem ser concedidas sob tal condição, então nada impede a aplicação de tudo o que foi obtido. Mas se houver incerteza sobre o cumprimento dessa condição, então, em primeiro lugar, isso faz que Deus não tenha certeza sobre o resultado da morte de seu Filho; em segundo lugar, isso não confirma, mas nega, o que estamos provando.

Terceira, as Escrituras, perpetuamente unindo essas duas coisas, não nos permitem separá-las de tal forma que uma pertença a alguns e não a outros, como se vários pudessem ser seus objetos; conforme Isaías 53.11: "Por seu conhecimento, o meu servo justo justificará a muitos" — aí está a *aplicação* de todas as coisas boas; "pois ele levará as iniquidades deles" — aí está a *impetração*. Ele justifica todos aqueles cujas iniquidades ele levou. Como também no versículo 5 do mesmo capítulo: "Mas ele foi ferido pelas nossas transgressões e moído pelas nossas iniquidades; o castigo que nos traz a paz estava sobre ele, e pelas suas pisaduras fomos sarados". Seu ferimento e nossa cura, impetração e aplicação, seu castigo e nossa paz, estão inseparavelmente associados. Da mesma forma, em Romanos 4.25: "Ele foi entregue por nossas transgressões e ressuscitou para nossa justificação"; e em 5.18: "Assim, pois, como por uma só ofensa veio o juízo sobre todos os homens para condenação, assim também por um só ato de justiça veio a graça sobre todos os homens para justificação de vida", onde vemos a impetração e a aplicação da justificação.

Veja em Romanos 8.32-34 os que são chamados claramente "todos os homens": "Aquele que nem mesmo a seu próprio Filho poupou, antes, o entregou por todos nós, como não nos dará também com ele todas as coisas? Quem intentará acusação contra os eleitos de Deus? É Deus quem os justifica. Quem os condenará? Pois é Cristo quem morreu, ou antes quem ressurgiu dentre os mortos, o qual está à direita de Deus e intercede por nós". A partir dessas palavras, temos várias razões para nossa afirmação:

Primeira, aqueles por quem Deus entrega seu Filho, a eles e nele são livremente concedidas todas as coisas; portanto, todas as coisas obtidas por sua morte devem ser concedidas, e são concedidas, àqueles por quem ele morreu (v. 32).

Segunda, aqueles por quem Cristo morreu são justificados, são os eleitos de Deus; eles não podem ser condenados, e nada pode ser imputado contra eles; tudo o que ele lhes adquiriu deve ser aplicado a eles, pois é em virtude disso que são salvos (v. 33,34.).

Terceira, Cristo intercede por aqueles em favor dos quais morreu. Ora, sua intercessão visa à aplicação dessas coisas, como é confessado, e tal intercessão é sempre ouvida. Aqueles aos quais uma coisa pertence também têm direito à outra. Assim, em João 10.10, a vinda de Cristo é para que "tenham vida e a tenham em abundância", como também em 1João 4.9. "Por essa vontade somos santificados", esta é a aplicação, "por meio da oferta do corpo de Jesus Cristo", este é o meio da impetração (Hb 10.10); "pois, com uma única oferta, aperfeiçoou para sempre aqueles que estão sendo santificados" (Hb 10.14). Em resumo, todas as passagens por nós corretamente apresentadas provam o propósito da morte de Cristo. Portanto, podemos considerar com toda firmeza que a impetração de todos os bens realizada por Cristo e aplicação desses bens dizem respeito aos mesmos indivíduos.

Em segundo lugar, consideremos o que os defensores da redenção universal querem dizer com a distinção seguinte e como a aplicam. Eles afirmam: "Cristo morreu por todos os homens e, por sua morte, adquiriu-lhes a reconciliação com Deus e o perdão dos pecados. No entanto, esses benefícios são aplicados apenas a alguns, que de fato são reconciliados com Deus e têm seus pecados perdoados. Eles não são aplicados a outros, que, portanto, perecem não reconciliados e em inimizade com Deus sob a culpa de seus pecados. Essa aplicação a alguns", eles dizem, "não é obtida nem comprada por Cristo. Pois, se fosse, então ele teria morrido por todos, os quais seriam efetivamente reconciliados e perdoados de seus pecados — todos seriam salvos. Em vez disso, a aplicação é feita pelo cumprimento da condição que Deus estipula, que é a fé". Alguns dizem que podem crer por sua própria capacidade, se não diretamente, então por consequência direta de alguma ação. Outros dizem que não têm capacidade própria para crer, e Deus deve conceder essa capacidade.

Portanto, diante da afirmação das Escrituras de que Cristo nos reconciliou com Deus, nos redimiu e nos salvou pelo seu sangue, levou sobre si o castigo de nossos pecados e fez reparação por nós, eles dizem que isso significa que Cristo apenas viabilizou o que acontecerá ao cumprirmos a condição que de nós é exigida. Eles atribuem muitas coisas gloriosas à morte de Cristo, mas o que dão com uma mão, retiram com a outra. Eles condicionam o usufruto dessas coisas a uma condição que deve ser cumprida por nós e não por ele. Afirmam que o propósito próprio e pleno da morte de Cristo era satisfazer a justiça de Deus para que ele pudesse salvar os pecadores, se assim o desejasse, com base em qualquer condição que lhe agradasse estipular. Ele morreu para que uma porta da graça pudesse ser aberta a todos os que desejassem entrar. Ele não obteve de fato justificação, remissão dos pecados, vida e imortalidade para ninguém, mas apenas a possibilidade dessas coisas.

Agora que ficou mais nítido todo o veneno da exposição e do abuso dessa distinção, resumirei em algumas afirmações o pensamento completo daqueles que dela lançam mão. Assim, ficará mais claro o que estamos combatendo.

Em primeiro lugar, eles afirmam que "Deus considera toda a humanidade destituída da graça e do favor em que Adão foi criado. Todos estão completamente excluídos da possibilidade de alcançar a salvação pela aliança das obras firmada no princípio com Adão. No entanto, por sua infinita bondade, Deus estava inclinado a desejar a felicidade de todos, para que pudessem ser libertos do tormento e conduzidos a ele". Eles se referem a essa inclinação como amor universal e vontade antecedente, pela qual Deus deseja que todos sejam salvos e, em virtude desse amor, envia Cristo.

Primeira observação. Negamos que Deus tenha alguma inclinação natural ou necessária para fazer o bem a nós ou a qualquer uma de suas criaturas, seja por sua bondade, seja por qualquer outro atributo. Tudo o que diz respeito a nós constitui um ato de sua livre vontade e bom prazer. Não é um ato natural e necessário de sua divindade, como será explicado.

Segunda observação. Atribuir a Deus uma vontade condicional antecedente significa que o cumprimento e a realização de sua vontade dependeriam de algum ato ou obra livre e contingente de nossa parte. Isso é uma detração de sua sabedoria, poder e soberania e não pode ser desculpado por ser blasfêmia. É também contrário a Romanos 9.19, que diz: "Quem pode resistir à sua vontade?".

Terceira observação. Afirmar que Deus possui afeições comuns e é inclinado a fazer o bem a todos não parece sustentar a liberdade, plenitude e extensão desse amor mais intenso de Deus, o qual, segundo as Escrituras, levou-o a enviar seu Filho. João 3.16 diz: "Porque Deus amou o mundo de tal maneira que deu o seu Filho unigênito". Efésios 1.9 afirma: "E nos revelou o mistério da sua vontade, segundo o seu beneplácito, que propusera em si mesmo". Colossenses 1.19 declara: "Pois aprouve ao Pai que toda a plenitude nele habitasse". Romanos 5.8 diz: "Mas Deus prova o seu amor para conosco, em que Cristo morreu por nós, sendo nós ainda pecadores". Com a ajuda do Senhor, pretendo esclarecer completamente esses dois versículos,[3] se o Senhor me conceder vida e força e se seu povo me encorajar a prosseguir com a segunda parte desta controvérsia.

Quarta observação. Negamos que toda a humanidade seja objeto desse amor de Deus que o levou a enviar seu Filho para morrer. Deus "criou alguns para o dia do mal" (Pv 16.4). Ele "odiou [Esaú] antes mesmo de [os gêmeos] nascerem" (Rm 9.11,13). Eles foram "pronunciados desde a antiguidade para a condenação" (Jd 4), sendo "preparados para a destruição" (Rm 9.22), "feitos para serem capturados e destruídos" (2Pe 2.12), "designados para a ira" (1Ts 5.9), para "irem para o seu próprio lugar" (At 1.25).

Em segundo lugar, eles argumentam que "o pecado vai contra a justiça de Deus. A menos que algo seja feito para satisfazê-la, o amor de Deus (pelo qual ele deseja fazer o bem a todos os pecadores) não pode ser efetivado. Em vez disso, permaneceria eternamente em seu coração sem produzir efeito algum".

---

[3] Veja o livro IV, cap. 2 e cap. 4, onde Jo 3.16 e Rm 5.8 são inteiramente examinados. Devem ser esses os dois trechos aos quais Owen se refere. (N. do E.)

Primeira observação. Nem as Escrituras nem a razão correta sustentam ou provam que há uma completa e absoluta falta de poder em Deus para salvar pecadores por sua própria vontade absoluta, sem satisfazer sua justiça, supondo que esse fosse seu propósito. Certamente ele poderia ter realizado nossa salvação sem considerá-la. Isso não implicaria em violação de sua natureza santa.

Segunda observação. Seria contrário à *bem-aventurança* eterna de Deus e à sua suficiência absoluta desejar fazer algo (como fazer o bem a todos) que não pudesse ser realizado sem alguma obra cumprida externamente por ele (como satisfazer sua justiça por todos).

Em terceiro lugar, "ele enviou Cristo para exercer o seu amor universal e satisfazer a sua justiça. Portanto, Deus enviou seu Filho ao mundo para morrer, a fim de exercer seu amor e sua boa vontade geral para com todos, mostrando o seu amor de uma forma que lhe parecia boa e satisfazendo a sua justiça que se apresentava como único obstáculo".

Vamos mostrar o equívoco dessa afirmação quando explicarmos o tipo de amor cujo efeito adequado foi o envio de Cristo.

Em quarto lugar, Armínio diz: "O fim próprio e imediato de enviar seu Filho para morrer por todos os homens era que Deus pudesse salvar os pecadores da maneira que lhe agradasse, sendo sua justiça, que impedia [essa salvação], satisfeita [pela morte de Cristo]". Ou, nas palavras de Corvino: "Ele enviou seu filho para que pudesse desejar salvar os pecadores. A intenção de Cristo era satisfazer a justiça de Deus de tal forma que pudesse obter para si o poder de salvar, sob quaisquer condições que parecessem boas para seu Pai estipular".

Primeira observação. Já examinamos as passagens das Escrituras que retratam o propósito de Deus ao enviar seu Filho. Elas é que devem determinar se Deus pretendia obter para si a liberdade de nos salvar caso quisesse, ou se pretendia obter salvação certa para seus eleitos.

Segunda observação. A ideia de que poderia haver só uma possibilidade de salvação ou, no máximo, um desejo ou disposição nesse sentido, uma salvação baseada em alguma condição incerta a ser cumprida por nós, e que essa seria a finalidade plena, adequada, única e imediata da morte de Cristo, é algo difícil de engolir mesmo com o melhor dos vinhos.

Terceira observação. A afirmação de que ele obtete para si mesmo a *capacidade* de salvar, mediante uma condição a ser estipulada, não parece refletir a firme e certa finalidade que as Escrituras atribuem ao ato de nosso Salvador entregar sua vida. Essa finalidade era "salvar suas ovelhas" e "trazer muitos filhos à glória". Não há base nas Escrituras para tal afirmação.

Em quinto lugar, "portanto, Cristo obteve reconciliação com Deus, remissão dos pecados, vida e salvação para todos. Isso não significa que eles de fato participariam dessas coisas, mas que Deus (retirados os obstáculos à sua justiça) poderia e estipularia uma condição a ser cumprida por eles. Ao cumprirem essa condição, Deus lhes aplicaria de fato todos os bens adquiridos por Cristo". E aqui está a distinção que eles fazem entre impetração e aplicação, conforme mencionamos. Ao tentarem explicar o que isso significa, eles se mostram profundamente divididos.

Alguns, como Boræus e Corvino, afirmam que todos os homens são recebidos em uma nova aliança, em cuja redenção Adão é igualmente uma figura representativa, assim como nos representou na queda, de modo que todos somos nele restaurados. Ninguém será condenado se não pecar efetivamente contra a condição na qual nasceu, caindo assim do estado de salvação em que todos os homens são considerados através da morte de Cristo. More, em termos diretos e simples, afirma que todos são reconciliados, redimidos, salvos e justificados em Cristo, embora ele não entenda como (More, p. 10).

Na França, os que defendem a eficácia da graça são mais cautelosos. Eles negam isso. Afirmam que, *por natureza, somos todos filhos da ira*. Até que venhamos a Cristo, *a ira de Deus permanece sobre todos*. Ela não é realmente retirada de ninguém.

Novamente, alguns afirmam que Cristo, por meio dessa reparação, retirou *o pecado original de todos* e, por consequência, somente esse pecado; de modo que todos os bebês, mesmo os de turcos e pagãos, que estão fora da aliança, se morrerem antes da idade da razão, devem, sem dúvida, ser salvos, pois a remoção do pecado original abrange a todos e inclui a calamidade, culpa e alienação contraídas pela nossa primeira queda, permitindo que Deus salve a todos mediante uma nova condição.

Outros, mais cautelosos, observando que a Bíblia diz que o sangue de Cristo "purifica de todo pecado" (1Jo 1.7; 1Pe 1.18,19; Is 53.6), afirmam que ele morreu igualmente por todos os pecadores, mas por nenhum deles de forma absoluta, apenas condicionalmente por todos. Além disso, alguns afirmam que, após a reparação feita por Cristo, ou depois de ela ser considerada pela presciência de Deus, não havia uma determinação absoluta da condição a ser estipulada, o que permitiria que o Senhor os conduzisse de volta à lei e à aliança das obras, conforme o pensamento de Corvino. Outros argumentam que a obtenção de um novo caminho de salvação pela fé fazia parte do efeito da morte de Cristo (More, p. 35).

Alguns como Amyrald, Camero e outros dizem que a condição estipulada pode ser cumprida por nossa própria força, com a ajuda dos meios que Deus está disposto a oferecer a todos em quaisquer tempos e lugares. Outros rejeitam essa proposição e afirmam que a graça eficaz, proveniente especificamente da eleição, é necessária para crer. O primeiro grupo cria o *ídolo* do *livre-arbítrio* para sustentar sua afirmação. Os outros contradizem sua própria afirmação ao consolidar a graça.

Além disso, alguns dizem que o amor que levou Deus a enviar Cristo é igual para todos. Outros defendem uma desigualdade no amor de Deus, apesar de ter enviado seu Filho para morrer por todos. Não pode haver amor maior do que o amor que levou Deus a enviar seu Filho para morrer por nós (Rm 8.32). Assim, eles afirmam que Cristo adquiriu um bem maior para alguns e um bem menor para outros. Aqui, criam para si mesmos uma série de distinções desajeitadas ou, melhor dizendo, *extinções* (como alguns as chamam). Eles apagam todo o sentido, toda a racionalidade e o verdadeiro significado das Escrituras. Veja Testardus, Amyrald e T. More. Portanto, vemos uma multiplicidade de propósitos na morte de Cristo. Alguns são os frutos de seu resgate e reparação, e outros são eu não sei o quê. Cristo morreu por estes, morreu por aqueles, morreu desta forma, morreu daquela outra forma; assim eles vão se escondendo atrás de inúmeras elucubrações incompreensíveis. É extremamente difícil entender o que eles querem dizer, e mais difícil do que responder aos seus argumentos é descobrir suas intenções.

Em um ponto específico, eles concordam razoavelmente bem. Todos negam que a morte de Cristo possa obter fé para nós ou nos tornar merecedores dela; pois, uma vez que façam essa concessão, todo o tecido da redenção universal se esgarçaria. Mas, ao atribuir a causa da fé, eles se dividem novamente.

Alguns dizem que Deus enviou Cristo para morrer por todos os homens, mas somente sob a condição de que eles cressem. Se cressem, então Cristo teria morrido por eles; se não cressem, então não teria morrido por eles. Assim, eles fazem do ato a causa de seu próprio objeto. Outros sustentam que ele morreu absolutamente por todos, para lhes obter todos os bens. No entanto, eles desfrutarão desses bens somente quando cumprirem a condição estipulada. Ainda assim, todos eles concluem que, em sua morte, Cristo não teve mais consideração pelos eleitos do que pelos outros. Ele não os tomou sobre si nem assumiu o lugar deles. Em vez disso, ele foi uma pessoa pública no lugar de toda a humanidade.

III. Chegando à conclusão de tudo isso, no que diz respeito ao evento e aos frutos imediatos da morte de Cristo, diversas opiniões têm sido expressas.

Alguns colocam a salvação no poder de Deus; outros, na vontade de Deus; alguns, na abertura de uma porta de graça; outros, em um direito que Cristo adquiriu por si mesmo para salvar quem ele quiser; alguns afirmam que ele não tinha nenhum propósito em relação a nós e que toda a humanidade poderia ter perecido mesmo depois de ele ter feito tudo. Outros variam os fins de acordo com a diversidade das pessoas pelas quais ele morreu, admitindo que elas são diferenciadas por um decreto prévio. Mas não consigo entender qual seria o propósito do Senhor em enviar seu Filho para morrer por aqueles que ele já havia determinado não salvar, ou pelo menos ignorar, deixando-os em ruína por seus pecados, sem um remédio. Também não entendo o significado da dupla destinação inventada por alguns. A força e a evidência da verdade são tão poderosas que dispersam todos os seus opositores, obrigando-os a se refugiar em diferentes esconderijos. Se eles não estiverem dispostos a aceitar a verdade, acabarão caindo nas trevas e nos erros. A verdade não precisa de argumentos complexos nem de elaboradas distinções para se defender. Ela não exige artifícios ou contorcionismos para se sustentar. Além disso, não é suscetível a contradições em seus fundamentos. Em resumo, a verdade nesse assunto pode ser resumida da seguinte forma: *Deus, movido por seu infinito amor para com os eleitos, enviou seu Filho amado na plenitude do tempo, o qual ele havia prometido desde o princípio do mundo e tornou eficaz por essa promessa, para morrer, pagando um resgate de valor e dignidade infinitos, para adquirir a redenção eterna e trazer para si todos e cada um daqueles que antes ele havia ordenado à vida eterna, para o louvor de sua própria glória.* Portanto, os resultados adequados e os efeitos da morte de Cristo (causa meritória de todos eles) são estes: a libertação de todo o mal e a fruição de todas as coisas boas que nos são concedidas ao sermos transportados da morte para a vida, do inferno e da ira para o céu e a glória. Todos os aspectos disso podem ser esclarecidos por meio destas poucas afirmações:

Primeira, a fonte e a causa do envio de Cristo por Deus é seu eterno amor pelos eleitos, e somente por eles. Não vou desenvolver isso agora. Vou reservar essa discussão para o segundo tópico geral desta controvérsia.

Segunda, o *valor*, a *excelência* e a *dignidade* do resgate que Cristo pagou eram infinitos e inestimáveis. Ele era adequado para alcançar qualquer objetivo e obter todo bem em favor de todos aqueles para quem foi destinado, mesmo que fossem milhões de pessoas além das que foram criadas (depois falarei mais sobre isso). Veja Atos 20.28: "Deus comprou sua igreja com seu próprio sangue"; 1Pedro 1.18,19: "Não fostes resgatados com coisas perecíveis como prata ou ouro, mas com o precioso sangue de Cristo". Essa redenção estava em consonância com a mente e a intenção do Deus todo-poderoso: "Como o Pai me ordenou, assim eu faço" (Jo 14.31). Deus exigiu o pagamento de um preço que se tornaria a base da dispensação pretendida do seu amor e graça e do modo pelo qual ele a concederia. Atos 13.38,39: "Seja, portanto, conhecido por vós, irmãos, que através deste vos é anunciada a remissão dos pecados; e por ele todos os que creem são justificados de todas as coisas, das quais não pudestes ser justificados pela lei de Moisés". 2Coríntios 5.20,21: "Somos embaixadores de Cristo, como se Deus exortasse por nosso intermédio. Nós vos suplicamos em nome de Cristo que vos reconcilieis com Deus. Aquele que não conheceu pecado, ele o fez pecado por nós; para que, nele, fôssemos feitos justiça de Deus".

Terceira, a intenção e o objetivo do Pai nessa grande obra era trazer muitos filhos à glória, a saber, seus eleitos, a quem ele escolheu por sua livre graça dentre todos os homens, povos, nações e condições, para serem incluídos em uma nova aliança da graça com ele. A antiga aliança foi anulada e extinta em relação a eles. Jesus Cristo é a primeira e principal promessa dessa nova aliança, aquele que deveria obter para os eleitos todos os outros bens prometidos nessa aliança, conforme ficará demonstrado.

Quarta, as *coisas adquiridas* ou obtidas para essas pessoas, as quais são os efeitos próprios da morte de Cristo e do resgate por ele efetuado, serão, no devido tempo, possuídas e usufruídas por elas, a saber: o perdão dos pecados, a libertação da ira e da maldição da lei, a justificação, a santificação e a reconciliação com Deus, além da vida eterna. Pois a vontade de seu Pai ao enviá-lo para essas pessoas, a própria intenção de Jesus ao entregar sua vida por elas e a verdade da redenção por ele realizada constituem a base de sua intercessão, iniciada na terra e continuada no céu. Sempre ouvido por seu Pai, Cristo deseja e requer, por meio de sua intercessão, que os bens que ele obtenve sejam realmente concedidos a todos aqueles para os quais foram adquiridos. Portanto, tudo o que afirmamos nessa importante questão é extremamente claro e evidente, sem nenhuma complexidade ou dificuldade. Não há pontos obscuros causados por expressões estranhas e desnecessárias nem por separações entre uma coisa e outra, conforme vemos na abordagem à qual nos opomos e que trataremos com argumentos que confirmam uma visão e refutam a outra. Mas, porque toda a força de nossos opositores é colocada na distinção anteriormente mencionada, proposta e defendida de diversas formas, vamos considerá-la um pouco mais e, em seguida, apresentar nossos argumentos e responder às objeções contrárias.

5

Aplicação e impetração

Já demos a conhecer e esclarecemos o uso correto e a compreensão sadia dessa distinção. Agora, uma vez que essa é a πρῶτον ψεῦδος da opinião oposta, a principal falsidade, vou golpeá-la de novo e deixá-la à morte, assim espero.

Vou explicar em poucas palavras que, embora sejam duas coisas distintas, elas não podem ser separadas. Se Cristo obteve algum bem para uma pessoa, esse bem precisa ser aplicado a ela; se ele reconciliou alguém com Deus, essa pessoa deve ser, de fato, reconciliada com Deus. Assim, o sangue de Cristo e o poder de sua morte não são como um medicamento em uma caixa, à disposição de qualquer um que o queira. Não é aplicado a uns ou outros indiscriminadamente, como se não fosse destinado a alguém em particular. Cristo não obteve todos esses benefícios como se não fizesse diferença e não houvesse certeza de que eles realmente seriam nossos. Não obstante todas as coisas gloriosas que os arminianos associam à morte de Cristo, coisas que, segundo eles, foram adquiridas para todos, tais como a remissão dos pecados, a reconciliação com Deus e outras, ainda assim é possível que algumas pessoas para quem a aquisição foi feita sejam condenadas, e a grande maioria delas certamente o será. Agora, vamos explicar por que essas duas coisas, impetração e aplicação, não devem ser separadas.

Primeiramente, separar a obtenção de um benefício da aplicação desse benefício é algo que contraria o bom senso e a forma habitual de nos expressarmos. É preciso distorcer o significado para forçar esse tipo de entendimento. Quando uma pessoa obtém um cargo, ou quando outra o conquista por ela, pode-se dizer que é incerto que ela terá esse cargo? Se foi conquistado para ela, acaso não lhe pertence por direito, mesmo que ainda não esteja em sua posse? O que é impetrado ou obtido por petição pertence àquele para quem foi obtido. É um absurdo dizer que algo não pertence à pessoa para quem aquilo foi obtido. Se dissermos que foi obtido para uma pessoa, estamos dizendo que é dela. O mesmo se aplica à aquisição feita por Jesus Cristo e às coisas boas obtidas por ele para todos aqueles por quem ele morreu.

Em segundo lugar, vai contra a razão pensar que Deus pretendia que a morte de Cristo fosse aplicada a alguém que não compartilharia dos méritos dessa morte. A vontade de Deus de que Cristo morresse por alguém significa que ele pretendia que essa pessoa tivesse uma parte na morte de Cristo, que dela derivasse benefícios. Ele pretendia que isso pertencesse a determinadas pessoas, fosse aplicado a elas. No caso da morte de Cristo, ela é aplicada a qualquer um que lhe pertença, de acordo com a vontade de Deus. No entanto, de acordo com a opinião que estamos combatendo, a morte de Cristo é aplicada a todos, e ainda assim os frutos de sua morte nunca são conhecidos pela maior parte dessas pessoas.

Em terceiro lugar, vai contra a razão pensar que foi celebrado um acordo para libertação de cativos mediante o pagamento de um resgate por eles e, mesmo assim, esses cativos não seriam libertados após o pagamento. A morte de Cristo é um resgate (Mt 20.28) pago segundo um acordo com seu Pai, que previa a libertação dos cativos pelos quais ele era um resgate. Seu Pai prometeu a libertação dos cativos quando Cristo se comprometeu a ser um Salvador. Tendo ele realizado o que foi exigido, parece estranho e improvável que uma grande parte desses cativos nunca seja libertada.

Em quarto lugar, isso vai contra as Escrituras, conforme já amplamente sustentado. Veja também o Livro III, capítulo 10.

Mas nossos adversários pensam que vão anular tudo isso com uma simples distinção, que é a seguinte: "É verdade que todas as coisas absolutamente obtidas e adquiridas para um indivíduo se tornam imediatamente dele por direito; mas as coisas obtidas condicionalmente não serão dele enquanto a condição não for cumprida. Ora, por meio de sua morte, Cristo comprou todas as coisas boas para todos os homens de forma condicional, não absoluta; enquanto não for cumprida a condição, a menos que eles façam o que é exigido, eles não têm parte nessas coisas, nem direito, nem a posse delas". Eles retratam de várias maneiras essa condição. Alguns se referem a ela como *não resistir* à redenção que lhes é oferecida. Outros a chamam de *aceitação* do convite do evangelho. Alguns simplesmente a chamam de *fé*. Ora, se é verdade que Cristo adquire para nós todas as coisas, a serem concedidas sob a condição de crer, então eu afirmo:

Em primeiro lugar, certamente essa condição deveria ser revelada a todos para quem a aquisição foi feita, se de fato se destina a eles. Todos por quem ele morreu devem ter os meios para saber que sua morte lhes trará benefícios se crerem. Isso é especialmente relevante se considerarmos que somente ele tem o poder de conceder esses meios. Vamos supor que eu peça a um médico que cure determinada doença de todos os que o procurarem. Em seguida, deixo de informar a muitos dessa oportunidade de cura, ciente de que sou o único que lhes pode levar essa informação. Será que realmente pretendo curar essas pessoas se as deixo desinformadas? Sem dúvida, não. A aplicação é muito simples.

Segundo, essa condição exigida está ao alcance deles para ser cumprida, ou não está. Se está, então todos os homens têm a capacidade de crer, o que é falso. Se não está, então o Senhor lhes concede a graça para que creiam, ou não a concede. Se a concede, então por que nem todos creem? Por que nem todos são salvos? Se ele não a concede, então essa impetração, a obtenção de salvação e redenção para todos pelo sangue de Cristo, se resume a isto: *Deus teria pretendido que Cristo morresse por todos para lhes obter o perdão dos pecados, a reconciliação consigo mesmo e a eterna redenção e glória. No entanto, eles nunca receberão essas coisas gloriosas a menos que façam o que ele sabe que eles não têm capacidade para fazer, algo que conseguirão fazer somente se ele lhes der capacidade para tal, mas ele estaria decidido a não habilitar a maioria deles a fazer o que lhes é exigido.* Será que isso é o que Deus pretendia quando enviou Cristo para morrer por eles em seu benefício? Acaso ele pretendia que Cristo morresse por eles apenas para expô-los à vergonha e miséria? Isso seria o mesmo que prometer mil libras esterlinas a um cego sob a condição de que ele enxergue.

Em terceiro lugar, ou essa condição da fé é obtida para nós pela morte de Cristo, ou não é. Se os universalistas afirmam que não é, então a principal graça da fé, sem a qual a própria redenção (chamem-na pelo nome que quiserem) não tem valor, não é causada pela morte meritória de Cristo na cruz. Primeiro, isso é uma ofensa ao nosso bendito Salvador e serve apenas para diminuir a honra e o amor que lhes são devidos. Segundo, isso vai contra as Escrituras: "Ele se fez pecado por nós, para que nele fôssemos feitos justiça de Deus" (2Co 5.21; Tt 3.5,6). Não sei como poderíamos nos tornar justiça de Deus senão pela fé. O apóstolo diz expressamente: "Porque a vós foi concedido, em relação a Cristo, não somente crer nele, mas também padecer por ele" (Fp 1.29). "Bendito o Deus e Pai de nosso Senhor Jesus Cristo, que nos abençoou com todas as bênçãos espirituais nas regiões celestiais em Cristo" (Ef 1.3); certamente a fé não é a menor dessas bênçãos. Se ela é fruto da morte de Cristo, por que não é concedida a todos, já que ele morreu por todos? Sem ela, toda a impetração da redenção é inútil. Se os universalistas inventam uma condição pela qual essa redenção é concedida, sua inutilidade será descoberta mais tarde. Por ora, se essa condição consiste em *não rejeitar os meios da graça ou não resistir a eles*, então permita-me perguntar se os frutos da morte de Cristo serão aplicados a todos os que cumprem essa condição de não rejeitar os meios da graça ou de não resistir a eles. Se não, então por que esses frutos são produzidos? Se sim, então todos os que não resistirem aos meios da graça devem ser salvos. Isso inclui os pagãos, infiéis e bebês a quem o evangelho nunca foi pregado.

Em quarto lugar, toda essa alegação parece tornar Cristo apenas um mediador parcial, que obtém o fim, mas não os meios para alcançar o fim obtido. Portanto, mesmo com essa nova distinção, nossa afirmação permanece sólida. Os frutos da morte de Cristo, tanto em relação à obtenção do bem quanto à sua aplicação a nós, não devem ser separados. Nossos argumentos nesse sentido permanecem inabaláveis.

Em resumo, Cristo não morreu por todas e quaisquer pessoas *sob a condição de que cressem*. Pelo contrário, ele morreu por todos os eleitos de Deus, *para que cressem* e, pela fé, tivessem vida eterna. A própria fé é um dos principais efeitos e frutos da morte de Cristo, como será declarado. Em nenhum lugar as Escrituras dizem que, se crermos, então Cristo morreu por nós. Isso também não pode ser afirmado com o mínimo de lógica. Seria como se nossa fé criasse o que de outra forma não existiria, um ato que cria o objeto. Cristo morreu por nós para que pudéssemos crer. A salvação é de fato concedida condicionalmente; mas a fé, que é a condição, é obtida de forma absoluta pela morte de Cristo. Agora que declaramos a questão, expusemos as diferenças e demos a conhecer a controvérsia, passaremos a apresentar alguns argumentos, demonstrações, testemunhos e provas que sustentam a verdade que defendemos. Apenas pedimos ao leitor que mantenha em mente alguns dos fundamentos acima expostos. Eles estão a tal ponto relacionados com os argumentos que iremos utilizar, que tenho certeza de que nenhum deles pode ser completamente refutado sem que seja virado pelo avesso.

Livro III

Livro III

1

Dois argumentos contra a redenção universal baseados na natureza da nova aliança e sua dispensação

Primeiro argumento. O primeiro argumento pode ser derivado da natureza da aliança da graça, que foi estabelecida, ratificada e confirmada na morte de Cristo e por meio dela. Foi o testamento no qual Cristo foi o testador. Por isso, seu sangue é chamado "o sangue do novo testamento" (Mt 26.28). Nenhum efeito dessa aliança pode se estender além de seus limites. Ela não foi firmada universalmente com todos, mas especificamente com alguns, aos quais se destinam os benefícios da morte de Cristo.

Essa premissa surge da própria natureza da aliança, descrita claramente em Jeremias 31.31,32: "Eis que dias vêm, diz o Senhor, em que farei nova aliança com a casa de Israel e com a casa de Judá. Não conforme a aliança que fiz com seus pais, no dia em que os tomei pela mão, para os tirar da terra do Egito; porque eles invalidaram a minha aliança, apesar de eu os haver desposado, diz o Senhor"; e em Hebreus 8.9-11: "Não segundo a aliança que fiz com seus pais, no dia em que os tomei pela mão, para os tirar da terra do Egito; pois não permaneceram naquela minha aliança, e eu para eles não atentei, diz o Senhor. Porque esta é a aliança que depois daqueles dias farei com a casa de Israel, diz o Senhor; porei as minhas leis no seu entendimento, e em seu coração as escreverei; eu serei o seu Deus, e eles serão o meu povo; e não ensinará cada um ao seu próximo, nem cada um ao seu irmão, dizendo: Conhece o Senhor; porque todos me conhecerão, desde o menor deles até o maior".

Por essa razão, a condição da aliança, em primeiro lugar, não é exigida, mas absolutamente prometida: "Porei o meu temor em seus corações". Essa é a principal diferença entre a antiga aliança das obras e a atual aliança da graça. O Senhor não apenas exige o cumprimento da condição estipulada, mas promete cumpri-la naqueles com os quais a aliança é feita. Sem essa eficácia espiritual, a verdade é que a nova aliança seria tão frágil e ineficaz quanto a antiga. O propósito da aliança é nos aproximar de Deus e nos unir a ele. Em que consistia a fragilidade e ineficácia da antiga aliança, que levou Deus, em sua misericórdia, a extingui-la? Não foi o nosso pecado que nos torna incapazes de cumprir a condição que nos diz "faze isso e viverás"? Caso contrário, a condição ainda seria válida: "Aquele que fizer essas coisas viverá." Somos agora mais capazes de cumprir a condição da nova aliança por nós mesmos? Por acaso para alguém, por sua própria força, seria mais fácil cumprir toda a lei do que se arrepender e crer na promessa do evangelho para ser salvo? Essa é uma das principais diferenças entre essas duas alianças: na antiga, o Senhor apenas exigia a condição; agora, na nova, ele também a cumpre em todos aqueles a quem a aliança é estendida. Se o Senhor apenas insistisse na obediência que nos é exigida na aliança e não a efetuasse em nós, então a nova aliança teria mero valor demonstrativo e apenas aumentaria nossa desventura. Ela não nos transmitiria graça e misericórdia de forma séria. Se essa é a natureza do novo testamento, como essas próprias palavras parecem indicar, e a condição da aliança certamente será cumprida em todos aqueles que nela são incluídos pela livre graça, então apenas os que estão incluídos nessa aliança terão neles efetuado o cumprimento dessas condições.

    É evidente que a aliança não é feita com todos, pois "a fé não é para todos". A "fé é dos eleitos de Deus". Portanto, a aliança não é feita com todos, nem sua abrangência se estende além do remanescente segundo a eleição. De fato, todas as bênçãos da nova aliança são certamente compartilhadas e devem ser transmitidas a todos os que fazem parte da aliança. Se a aliança é geral, então ou a fé não é uma das bênçãos, ou todos devem tê-la. Alguns podem dizer que, embora seja verdade que Deus promete escrever sua lei em nosso coração e pôr em nós o seu temor, isso é feito sob condição. Diga-me de que condição se trata, e eu cederei. Seria sob a condição de eles crerem? Nada mais pode ser imaginado. Ou seja, se eles têm a lei escrita em seu coração (como é o caso de todos os que creem), então Deus promete escrever sua lei em seu coração! Meus amigos, isso é provável? É plausível? Eu não posso ser convencido de que Deus fez uma aliança da graça com todos, especialmente com aqueles que nunca ouviram uma palavra sobre aliança, graça ou sua condição, nem receberam graça para cumprir essa condição. Sem essa graça, tudo isso é inútil. A aliança é feita com Adão, e ele estava ciente dela (Gn 3.15). Foi renovada com Noé e não lhe foi ocultada. Foi firmada novamente com Abraão, acompanhada de uma declaração completa e rica de suas principais promessas (Gn 12). Com toda certeza, não é estendida a todos, como ficará claro posteriormente. Essa primeira distinção, entre a descendência da mulher e a descendência da serpente, é suficiente para derrubar a suposta universalidade da aliança da graça. Quem se atreveria a afirmar que Deus fez com a descendência da serpente uma aliança da graça?

Então, é mais do que evidente que a nova aliança da graça e suas promessas são de uma misericórdia distinta e restringem-se ao povo que Deus conheceu de antemão; portanto, não são universalmente estendidas a todos. O sangue de Jesus Cristo é o sangue dessa aliança. Sua oblação destinava-se a obter os benefícios prometidos pela aliança da qual ele foi o fiador (Hb 7.22). É inimaginável que sua oblação tenha sido feita por qualquer um que não estivesse incluído nessa aliança.

Segundo argumento. Se o Senhor tivesse a intenção de obter o perdão dos pecados e a reconciliação com Deus para todos, para ser desfrutada sob a condição de que eles cressem, então essa boa vontade de Deus deveria ser conhecida por todos por meio da palavra, para que eles pudessem crer. "A fé vem pelo ouvir, e o ouvir, pela palavra de Deus" (Rm 10.17). Se essas coisas não forem reveladas àqueles para quem o Senhor obteve um bem tão grande, então acontecerá uma coisa de duas: ou eles podem ser salvos sem fé em Cristo ou sem conhecê-lo, ou então essa redenção realizada por Jesus Cristo e a boa vontade de Deus são claramente em vão.

A primeira opção é falsa e foi provada como tal. Aqueles por quem ele morreu não podem ter conhecimento de Cristo, a menos que ele lhes seja revelado. A segunda opção apenas trará frustração e, na verdade, será uma clara zombaria para eles. Pois a redenção não os ajudará a sair do estado de miséria, nem servirá à justiça de Deus para deixá-los inescusáveis. Que culpa lhes pode ser atribuída por não abraçarem e não se valerem de um benefício do qual nunca ouviram falar? Seria sábio da parte de Deus enviar Cristo para morrer pelos seres humanos, para que pudessem ser salvos, declarando que, a menos que ouçam e creiam, não poderão ser salvos, e depois não fazer com que sejam informados disso? Que homem sábio pagaria um resgate para libertar cativos, sob a condição de que seu pagamento seja reconhecido, mas ciente de que eles nunca saberão que o pagamento foi feito e, portanto, nunca serão libertados? Será que tratar suas pobres criaturas dessa maneira reflete a bondade de Deus? Seria possível que ele demonstrasse um amor intensamente profundo e inimaginável por eles, enviando seu Filho, um amor que não pode ser comparado nem ilustrado, e ainda assim nunca os informasse disso? E, no final, os condenasse por não crerem nisso?

Tal procedimento reflete o amor e a bondade de Cristo? Dizer que, em sua morte, ele resolveu: "Por esta oblação que faço de mim mesmo obterei paz e reconciliação com Deus, redenção, salvação e glória eterna nos altos céus para todos, incluindo aqueles pobres e miseráveis prisioneiros condenados que devem esperar a sentença de condenação a qualquer momento. Tudo isso lhes será concedido, se eles simplesmente crerem. No entanto, organizarei as coisas de tal maneira que um número incontável de almas nunca ouvirá uma palavra sequer de tudo o que fiz por elas. Nunca serão convencidas a crer. Nunca saberão de mim como objeto de sua fé, para que, crendo, possam de fato participar dessas coisas". Seriam esses a mente, a vontade, o plano e o propósito de nosso misericordioso Sumo Sacerdote? Deus nos livre disso.

É como um príncipe que anuncia haver muitos homens mantidos em cativeiro e que está decidido a resgatar cada um deles com sua imensa fortuna. Assim, os que saírem da prisão lhe agradecerão sua boa vontade. No entanto, ele não se preocupa em informar esses pobres cativos sobre sua intenção e vontade; e, a menos que ele mesmo o faça, a libertação jamais será realizada. Isso não seria considerado uma vã ostentação, sem nenhum propósito real em relação aos cativos? Ou isso poderia ser comparado a um médico que diz possuir um remédio que curará todas as doenças. Ele afirma que pretende curar as doenças de todos, mas permite que apenas alguns saibam de sua intenção ou sobre o remédio. No entanto, sem divulgar essas informações, bem poucos terão conhecimento delas. Acaso pode ele ser considerado alguém que realmente deseja ou pretende a recuperação de todos?

Ora, as Escrituras e nossa experiência em todas as épocas deixam claro que, tanto sob as antigas alianças quanto sob a nova, um número inestimável de pessoas e nações inteiras foram deixadas de lado na proclamação desse mistério. O Senhor não faz com que ele seja revelado a todas, de modo algum ou em qualquer medida. Elas não ouvem nem sequer um rumor ou breve relato dele.

No Antigo Testamento, lemos: "Em Judá, Deus é conhecido; grande é o seu nome em Israel; em Salém estava a sua tenda, e a sua morada, em Sião" (Sl 76.1,2). "Ele manifestou a sua palavra a Jacó; os seus estatutos e os seus juízos, a Israel. Não fez assim a nenhuma outra nação; e quanto aos seus juízos, não os conhecem" (Sl 147.19,20). Há também passagens que mencionam e amaldiçoam os gentios, como Jeremias 10.25: "Derrama o teu furor sobre os gentios que não te conhecem, e sobre as famílias que não invocam o teu nome". Efésios 2.12 os retrata como aqueles "sem Cristo, estrangeiros da comunidade de Israel e estranhos aos pactos da promessa, não tendo esperança e sem Deus no mundo".

Sob o Novo Testamento, a igreja realmente "alongou as suas cordas e fortaleceu as suas estacas" (Is 54.2). "Muitas nações subiram ao monte do Senhor." De fato, há tantas, que são chamadas "todos os povos", "todas as nações", na verdade, o "mundo" e o "mundo inteiro", pelo menos em comparação aos pequenos limites da igreja judaica. No entanto, as Escrituras e nossa própria experiência deixam claro que muitas pessoas foram deixadas de lado, milhões de almas que nunca ouviram uma palavra sobre Cristo, nem sobre a reconciliação por meio dele. Não há outra explicação para isso, senão esta: "Sim, ó Pai, porque assim foi do teu agrado" (Mt 11.26). O Espírito Santo proibiu expressamente os apóstolos de irem a certos lugares, enviando-os por outro caminho, conforme o relato de Atos 16.6,7,9,10. Isso reflete a antiga dispensação em alguns aspectos. Deus "nos tempos passados permitiu que todas as nações seguissem os seus próprios caminhos" (At 14.16). E quanto à nossa experiência, para não falar especificamente da minha, pergunte a qualquer dos nossos irmãos que passaram algum tempo nas Índias, e eles facilmente o convencerão da verdade disso.

As objeções feitas a esse argumento são pobres e não podem ser levadas a sério. Reservamos uma resposta completa para mais adiante. Em resumo, como isso seria revelado aos milhares de descendentes de infiéis, a quem o Senhor corta em sua infância, para que não perturbem o mundo, persigam sua igreja, nem perturbem a sociedade humana? Como isso seria revelado a seus pais? Paulo afirma que eles podem ser levados ao conhecimento do poder eterno e da divindade de Deus por meio das obras do próprio Deus, mas é completamente impossível que conheçam algo da redenção ou do Redentor.

2

Mais três argumentos

Terceiro argumento. Se Jesus Cristo morreu por todos os homens, ou seja, se para eles comprou e satisfez, segundo a mente e a vontade de Deus, todas as coisas que narramos e que as Escrituras apresentam como efeito e fruto de sua morte, as quais podem ser resumidas em uma só frase, a saber, *"redenção eterna"* — então tudo o que ele fez segundo o propósito de Deus foi feito ou de *modo absoluto* ou sujeito a alguma *condição* que aos homens compete cumprir. Se o fez de *modo absoluto*, então todos os homens, absoluta e infalivelmente, devem participar da redenção eterna por ele comprada. Assim, pergunto: o que poderia impedir a fruição da redenção por aqueles a quem Deus a dirigiu de modo absoluto e em favor de quem Cristo a comprou de modo igualmente absoluto? Se o propósito estava sujeito a uma *condição,* então ele satisfez tal condição em favor dos homens, ou não? Se ele satisfez tal condição para os homens — a saber, para que a redenção eterna lhes fosse concedida e neles operada — então ele a satisfez de modo absoluto ou condicional. Se *de modo absoluto,* voltamos ao ponto em que estávamos; pois obter alguma coisa para o outro, conferir-lhe algo sujeito a uma condição e junto com isso conseguir *que* tal condição lhe seja absolutamente cumprida, equivale à obtenção da própria coisa em si. A esse respeito afirmamos: Cristo nos conquistou a salvação, que nos é concedida sob a condição de crermos; mas ele obteve a fé em si de maneira absoluta e sem a imposição de nenhuma outra condição. Por isso afirmamos que a aquisição da salvação para nós de modo condicional é equivalente à aquisição e concessão absolutas no que diz respeito ao evento e aos efeitos. Assim, todos devem ser salvos de modo absoluto. Mas se essa *condição* foi obtida mediante outra *condição,* seja esta qual for, voltaremos à nossa discussão de sua natureza absoluta ou condicional. E andaremos em círculo até que cheguemos a um ponto onde não haja condições.

No entanto, se essa *condição* não é satisfeita por ele e, por isso, não há como fruir de todas as coisas boas que ele adquiriu para nós com base em sua obra, então, em primeiro lugar, essa condição deve estar à disposição do conhecimento de todos, conforme vimos no segundo argumento. Em segundo lugar, todos os homens precisam ter a capacidade de cumprir essa condição. Se todos forem aptos a cumprir por si mesmos essa condição, a saber, crer nas promessas, conforme a concepção geral, então todos os homens, por si mesmos e pelo exercício de seu livre-arbítrio, têm a capacidade de crer. Mas isso vai contra as Escrituras, segundo afirmaremos com a ajuda do Senhor. Se os homens não têm capacidade para crer, sendo necessário que essa fé lhes seja concedida e neles operada pela livre graça de Deus, então, ao entregar seu Filho para morrer por eles, para adquirir a redenção eterna para todos, sob a condição de que creiam, Deus teve ou não como propósito operar a fé em todos por sua graça, para que possam crer? Em caso afirmativo, por que ele não fez isso de fato, uma vez que "ele já resolveu e ninguém pode desviá-lo"? Por que nem todos creem? Por que nem todos têm fé? Porventura seus propósitos não se cumprem? Se ele não se propôs a conceder fé a todos, ou se ele se propôs a não conceder fé a todos (pois a vontade de Deus não consiste na pura negação de alguma coisa — o que ele não deseja que seja, ele deseja que não seja), então podemos fazer a seguinte inferência: Deus entregou Cristo para que este morresse por todos os homens, mas com a condição de que os homens fizessem algo que eles, sem Deus, não têm capacidade de fazer, algo que ele tampouco se dispôs a lhes conceder.

Ora, isso é uma loucura completa: atribuir a Deus a vontade de fazer algo que ele sabe e ordena que nunca seja feito, conceder algo sob uma condição que, sem sua ajuda, não pode ser cumprida, ajuda esta que ele não se propôs a conceder. Isso não seria o mesmo que iludir pobres criaturas? Seria possível advir algum bem de um propósito como esse, de uma concessão de um redentor como essa? Seria coerente com a bondade de Deus ter como propósito algo tão bom quanto a redenção conquistada por Cristo e fingir que ela seria benéfica aos homens, se ele soubesse que a capacidade que eles têm de cumprir a condição imposta é menor ou igual à capacidade que Lázaro tinha para sair do túmulo sozinho? Estabelecer como propósito algo que ele sabe que nunca será cumprido seria condizente com a sabedoria de Deus? Se um homem prometesse a um cego dar-lhe uma alta quantia, digamos mil libras, se ele abrisse os olhos e enxergasse — algo que ele sabe perfeitamente bem não ser possível — diríamos que essa promessa vem de uma compaixão sincera diante da pobreza do cego ou de uma mente que está zombando de sua miséria? Se um rei prometesse pagar um resgate pelos cativos em Argel, sob a condição de que eles conquistem aqueles que os tiranizam, algo que o rei sabe ser impossível, seria este um ato digno da realeza? E se um homem pagasse para redimir cativos, mas não os livrasse das correntes que os mantêm presos às paredes, impedindo assim que saíssem da prisão? Ou se prometesse uma grande recompensa a um defunto, sob a condição de que voltasse à vida por suas próprias forças? No que diz respeito à falta de resultados, por acaso tudo isso não equivale ao ato de conquistar a salvação para os homens, sob a condição de que creiam, mas sem lhes viabilizar tal condição? Isso seria o mesmo que conferir a Jesus Cristo uma vontade e um propósito como este: "Obterei a vida eterna, que será concedida aos homens, os quais dela se apropriarão, mediante a aplicação dos benefícios de minha morte em favor deles; mas tudo isso estará sujeito a uma condição: que eles creiam. No entanto, a esse número incontáveis de homens não revelarei minha mente, nem minha vontade, nem a própria condição. Sei que eles não têm a menor capacidade de cumprir a condição que deles exijo. Tal capacidade é menor ou igual à capacidade que Lázaro tinha para ressuscitar sozinho ou que um cego tem para enxergar. Sem que essa condição seja satisfeita, eles jamais poderão se apropriar de todas as coisas boas que lhes ofereço. Além disso, jamais disponibilizarei os meios para que essa condição seja cumprida em favor deles. Ou seja, minha vontade é que aconteça algo que eu sei que jamais acontecerá, nem poderá acontecer, porque não farei o que é necessário à sua execução." Dou ao leitor a oportunidade de avaliar se uma vontade e um propósito como esses refletem a sabedoria e a bondade de nosso Salvador.

Em suma, a intenção de fazer o bem a qualquer pessoa mediante a condição de que ela faça algo que se sabe estar completamente acima de sua capacidade — principalmente se quem tem essa intenção sabe que tal condição não pode ser satisfeita sem sua ajuda, e estar decidido a não ajudar, é um gesto vazio e inútil. Seria indigno de Cristo, e inútil aos homens, obter do Pai a redenção eterna mediada por seu Filho, se o Senhor não tivesse a intenção de os tornar partícipes dessa redenção por serem eles incapazes de satisfazer uma condição, que Deus e Cristo tampouco lhes concederiam, condição esta que seria o único meio pelo qual poderiam ser redimidos. Tal situação seria algo paradoxal. Repito: se Deus, por meio de Cristo, se propôs a salvar todos os que creem, pois Cristo morreu por todos os homens, mas a fé não foi comprada por Cristo, e tampouco os homens têm capacidade de crer, como seria possível alguém se salvar?

Respondo que "Deus concede fé a alguns, mas não a todos". Seria essa graça seletiva comprada em favor de alguns em comparação com os que não são por ela contemplados? Em caso afirmativo, então Cristo não morreu igualmente por todos, pois ele morreu para que alguns viessem a ter fé, mas não todos; à guisa de comparação, não se pode dizer que ele morreu por todos os outros, não morreu para que viessem a ter fé, sem a qual ele sabia que não poderiam se beneficiar de tudo o que ele comprou. Mas se Cristo não lhes comprou a fé, por que os salvos deveriam ser mais gratos a Cristo do que os condenados? Isso seria estranho e estaria em contradição com Apocalipse 1.5,6: "Àquele que nos ama e nos libertou dos nossos pecados pelo seu sangue, e nos constituiu reino e sacerdotes para Deus, seu Pai; a ele sejam glória e domínio pelos séculos dos séculos". Quanto a mim, penso que Cristo obteve a salvação para os homens, não sob a condição de que eles a *recebessem*, mas a obteve de forma tão perfeita e segura, que eles *certamente a receberão*. Ele comprou a *salvação*, que seria concedida aos que cressem; mas, junto com a salvação, comprou a *fé* para que pudessem crer. Também não se pode levantar a objeção de que, segundo nossa doutrina, Deus exige dos homens algo que eles não sejam capazes de fazer como, por exemplo, ter fé para crer em Cristo. Em primeiro lugar, os mandamentos não são indicadores do propósito de Deus em fazer alguma coisa, mas apenas mostram o nosso dever. Eles podem nos ser dados a conhecer, sejamos nós capazes de executá-los ou não. Eles não representam nenhum intento ou propósito de Deus. Em segundo lugar, no que diz respeito às promessas vinculadas à ordem de crer: primeiro, elas não representam o intento e o propósito divinos, ou seja, que Cristo morresse por nós se crêssemos, pois não faz o menor sentido que o ato constitua seu próprio objeto; o propósito deve anteceder o ato de crer. Segundo, o propósito de Deus é que a morte de Cristo nos seja de valia somente se crermos, conforme já argumentamos. Terceiro, a fé é o único caminho para a salvação apontado por Deus, de modo que todos os que crerem serão certamente salvos. Esses dois elementos, fé e salvação, são inseparáveis um do outro, conforme veremos a seguir.

Quarto argumento. Se, pelo propósito eterno de Deus, toda a humanidade se divide em dois grupos ou condições, distintamente retratados e apresentados nas Escrituras, e for feita a afirmação peculiar de que Cristo morreu especificamente por um grupo e não pelo outro; então ele não morreu por todos. Se ele morreu por todos, então morreu por todos de um grupo e por ninguém do outro grupo. Todavia:

Em primeiro lugar, segundo o eterno propósito de Deus, existe tal divisão entre os homens, classificados entre aqueles que ele "ama" e os que ele "rejeita" (Rm 9.13); aqueles que ele "conhece" e os que ele "não conhece": "... conheço minhas ovelhas" (Jo 10.14); "o Senhor conhece os seus" (2Tm 2.19); "os que conheceu

MAIS TRÊS ARGUMENTOS 185

por antecipação" (Rm 8.29); "... seu povo, ao qual conheceu de antemão" (Rm 11.2); "... vos digo que não vos conheço" (Mt 25.12); e "não me refiro a todos vós; conheço aqueles que escolhi" (Jo 13.18). Há os que são destinados à vida e à glória e os destinados à destruição — eleitos e réprobos — os "destinados para a vida eterna" (At 13.48) e os "destinados para o juízo" (Jd 4); ele "nos elegeu nele" (Ef 1.4); "os que predestinou, a eles também chamou; e os que chamou, a eles também justificou; e os que justificou, a eles também glorificou" (Rm 8.30). Ademais, "Deus não nos destinou para a ira, mas para alcançarmos a salvação" (1Ts 5.9); e "ele tem misericórdia de quem quer e endurece a quem quer. Então me dirás: Por que Deus ainda se queixa? Pois, quem pode resistir à sua vontade? Mas quem és tu, ó homem, para argumentares com Deus? Por acaso a coisa formada dirá ao que a formou: Por que me fizeste assim? Ou o oleiro não tem poder sobre o barro, para com a mesma massa fazer um vaso para uso honroso e outro para uso desonroso?" (Rm 9.18-21). E os que foram feitos "para serem presos e destruídos" (2Pe 2.12); "ovelhas e cabritos" (Mt 25.32); e o capítulo 10 de João; aqueles de quem ele tem "misericórdia" e aqueles a quem "endurece" (Rm 9.18). Há os que são "um povo todo seu" (Tt 2.14); os "filhos da promessa" (Gl 4.28); os que não são "do mundo" (Jo 15.19); sua "igreja" (Cl 1.24); e aqueles que se opõem a ele: "o mundo" (Jo 17.14); aqueles por quem ele não roga (Jo 17.9); e os que não são seu povo (Hb 10.30; Rm 8.9).

Nas Escrituras, essa distinção entre os homens é atribuída ao propósito, à vontade e ao beneplácito de Deus: "O Senhor fez tudo com um propósito; sim, até o ímpio para o dia do mal" (Pv 16.4). "Graças te dou, ó Pai, Senhor do céu e da terra, porque ocultaste estas coisas aos sábios e eruditos, e as revelaste aos pequeninos. Sim, ó Pai, porque assim o quiseste" (Mt 11.25,26). "... (pois os gêmeos ainda não tinham nascido, nem praticado o bem ou o mal, para que o propósito de Deus segundo a eleição permanecesse firme, não por causa das obras, mas por aquele que chama), a ela foi dito: O mais velho servirá ao mais novo" (Rm 9.11,12). "Assim, isso não depende da vontade nem do esforço de alguém, mas de Deus mostrar misericórdia. Pois a Escritura diz ao faraó: Para isto mesmo te levantei: para mostrar em ti o meu poder, e para que o meu nome seja anunciado em toda a terra" (Rm 9.16,17). "... dos que são chamados segundo o seu propósito. Pois os que conheceu por antecipação, também os predestinou para serem conformes à imagem de seu Filho, a fim de que ele seja o primogênito entre muitos irmãos. E os que predestinou, a eles também chamou; e os que chamou, a eles também justificou; e os que justificou, a eles também glorificou" (Rm 8.28-30). Portanto, a primeira parte da proposição está clara nas Escrituras: a humanidade se divide em dois grupos ou condições.

Ora, as Escrituras afirmam ter Cristo morrido por um desses grupos: por seu "povo" (Mt 1.21), suas "ovelhas" (Jo 10.11,14), sua "igreja" (At 20.28; Ef 5.25). Esse grupo se distingue do mundo (Rm 5.8,9; Jo 11.51,52; seus "eleitos" (Rm 8.32-34); seus "filhos" (Hb 2.12,13), conforme já declaramos. Diante disso, podemos concluir com segurança que Cristo não morreu por todos os homens — não por aqueles que ele "nunca conheceu" (Mt 7.23), que ele "rejeitou" (Rm 9.13), cujo coração ele "endureceu" (Rm 9.18), ou aqueles aos quais "não mostrará misericórdia" (Tg 2.13) e que "desde há muito tempo estavam destinados para o juízo" (Jd 4); em suma, ele não morreu pelos réprobos, nem pelo mundo em favor do qual não rogou. Alguns levantam a seguinte objeção: as Escrituras afirmam que Cristo morreu por suas "ovelhas", pelos "eleitos" e "escolhidos", mas elas não afirmam que ele morreu *somente* por estes. Em nenhum lugar isso é afirmado, e esse argumento não tem força. Fazer distinção entre eleitos e réprobos, ovelhas e cabritos, e depois afirmar que ele morreu pelos eleitos equivale a dizer que ele morreu *somente* pelos eleitos, a não ser que se faça uma interpretação forçada e se neguem o bom senso e a linguagem normalmente usada. Esse sentido é claro como se a restrição feita pelo advérbio *somente* estivesse ali presente. Ou será que esse termo é acrescentado nas Escrituras em todas as afirmações indefinidas que precisam limitar e restringir alguma ação? Ao afirmar "eu sou o caminho, a verdade e a vida" (Jo 14.6), o Salvador não acrescenta o termo *somente*, mas tal restrição é necessariamente inferida por qualquer interpretação. Também em Colossenses 1.19, "porque foi da vontade de Deus que nele habitasse toda a plenitude", não há necessidade de incluir o "somente", e não deixaria de ser uma blasfêmia a possibilidade de estender tal afirmação a qualquer outro ser. Portanto, não há como sustentar, até onde vejo, uma objeção como essa. Seria possível expandir a explicação do propósito divino na eleição e reprovação, mostrando como a morte de Cristo foi um recurso destinado a salvar seus eleitos e não aqueles que, em seu eterno conselho, ele decidiu que deveriam perecer por causa de seus pecados e nunca participar dos benefícios dela decorrentes. Mas, se o Senhor nos preservar e ajudar, disso falaremos mais na outra parte dessa controvérsia, que diz respeito ao porquê de Cristo ter sido enviado.

Quinto argumento. Não devemos afirmar o que as Escrituras não dizem. Em nenhum lugar elas dizem que Cristo morreu *por todos os homens*, muito menos que morreu por todos e quaisquer homens (há uma grande diferença entre os dois, conforme veremos adiante); portanto, não devemos fazer tal afirmação. Verdade seja dita, as Escrituras dizem que Cristo entregou sua vida "em resgate por todos" (1Tm 2.6), mas em lugar algum dizem que a entregou por todos os homens. Afirma-se categoricamente em outras passagens que ele morreu por *muitos*, por sua *igreja*, por aqueles que *creem*, pelos *filhos* que Deus lhe deu, por *nós*, por alguns de diversos grupos (embora não categoricamente, mas em termos que encerram clareza equivalente, Ap 5.9,10). Por isso, antes de concluir que se trata de uma afirmação de alcance *universal*, deve-se apresentar prova contundente de que *todos* não deve ser interpretado no âmbito de todos os que creem, todos os seus eleitos, toda a sua igreja, todos os filhos que Deus lhe deu, alguns de todos os grupos. Se as passagens específicas forem examinadas e os homens se contiverem até fazerem o que deles se espera, estaremos bem encaminhados nessa questão.

3

Mais dois argumentos baseados na pessoa de Cristo

Sexto argumento. Cristo morreu na condição de *substituto* dos que se beneficiaram de sua morte. Morreu em lugar deles: "Ora, quando ainda éramos fracos, Cristo morreu pelos ímpios no tempo adequado. Porque dificilmente haverá quem morra por um justo; pois talvez alguém até ouse morrer por quem faz o bem. Mas Deus prova o seu amor para conosco ao ter Cristo morrido por nós quando ainda éramos pecadores" (Rm 5.6-8). Ele se tornou "maldição em nosso favor" (Gl 3.13). "Ele o fez pecado por nós" (2Co 5.21). Todas essas passagens apontam claramente para uma troca de pessoas, uma sendo aceita em lugar da outra. Ora, se ele morreu como substituto ou fiador daqueles que se beneficiaram de sua morte, se morreu em lugar deles, então disso decorrem pelo menos duas coisas. Primeira, ele os libertou da ira e da culpa da morte que ele sofreu por eles, para que nele e por ele fossem todos reconciliados, e libertados do jugo sob o qual estavam por causa da morte. Não se poderia apresentar outra razão pela qual Cristo devesse se submeter a alguma coisa em lugar de outra pessoa, a não ser que ela pudesse ficar isenta de passar pelo que ele passou em seu favor. A justiça exige que assim fosse. Isso se depreende do fato de nosso Salvador ser chamado ἔγγυος, "*garantia* de uma aliança melhor" (Hb 7.22), ou seja, sendo nosso sacerdote, ele suportou o "castigo que nos traz a paz" e o peso de nossas "maldades" (Is 53.5,6). Ele se tornou "pecado por nós; para que, nele, fôssemos feitos justiça de Deus" (2Co 5.21). Mas nem todos são libertos da ira e da culpa da morte, nem reconciliados com Deus, que se dá pela imputação de justiça e pela não imputação das iniquidades. Pois, enquanto os homens não se achegam a Cristo, sobre eles "permanece a ira de Deus" (Jo 3.36), o que dá a entender que a ira não é retirada porque eles não creem. O texto não diz que a ira lhes *sobrevém*, como se pela morte de Cristo fossem libertos de um estado e condição de ira, nos quais todos nós, por natureza, nos encontramos (Ef 2.3), mas afirma que sobre eles μένει, "permanece", ou seja, jamais foi retirada. Para eles, o evangelho é "cheiro de morte para morte" (2Co 2.16) — o fato de desprezarem o evangelho lhes traz uma nova morte e uma dolorosa condenação, a mesma culpa de morte sob a qual já se encontravam. Há quem afirme que todos e quaisquer homens são redimidos, restaurados, justificados e se tornam justos em Cristo e por sua morte. Mas a verdade é que isso é tão deplorável que se revela uma perversão das Escrituras, que absolutamente não oferecem apoio algum a alguma afirmação desse tipo. Tal declaração se coloca em franca oposição às Escrituras, tanto que considero inútil e desperdício de tempo rebater essas objeções (More, p. 45). Em segundo lugar, segue-se que, se Cristo morreu por eles, então fez reparação pelos pecados de todos os homens e de cada um deles. Pois a razão pela qual ele se submeteu à morte em nosso favor na condição de fiador era fazer reparação à justiça de Deus por causa de nossos pecados, redimindo-nos assim a si mesmo; nenhuma outra razão pode ser aventada para o que ele fez. Cristo não fez reparação à justiça de Deus pelos pecados de todos os homens e de cada um deles. Isso fica evidente pelas seguintes razões:

Primeira, se Cristo satisfez a justiça de Deus por causa dos pecados de alguém, então a justiça foi satisfeita ou a reparação feita por Cristo foi rejeitada por ser insuficiente. Não há como apresentar alguma outra razão para tal feito inútil; e dizer que ele foi inútil é uma blasfêmia do mais alto grau. Mas a justiça de Deus não é reparada em relação a todos os pecados de todos os homens e de cada um deles. A alternativa não é menos óbvia também, pois alguns precisam sofrer a punição eterna por causa de seus pecados, a fim de que a justiça de Deus seja satisfeita. A justiça divina não foi satisfeita pela punição recebida por Cristo, pois eles não foram curados por seus ferimentos. Espero que os cristãos não precisem de provas de que um número incontável de almas sofrerá punição eterna por causa de seus pecados. Ora, como a justiça de Deus pode exigir reparação por seus pecados, se essa reparação foi feita por Cristo em favor deles? Estar satisfeito e exigir reparação ou satisfação são termos contraditórios. Não há dúvida de que o Senhor exigirá que alguns paguem até "o último centavo" (Mt 5.26).

Segunda, Cristo, submetendo-se à morte como nosso fiador, fez única e tão somente a reparação que ele pretendia fazer. A reparação pelos pecados dos homens é algo tão grandioso, que ela não poderia ir acidentalmente além da intenção, da vontade e do propósito de Cristo, em especial quando se leva em consideração que sua intenção e beneplácito, santificando a si mesmo para ser uma oblação, eram absolutamente necessários para que sua morte fosse uma oferenda aceitável. Mas Cristo não pretendia fazer reparação pelos pecados de todos os homens e de cada um deles, pois um número incontável de almas estava no inferno, debaixo da punição e do peso de seus pecados, lugar do qual não há redenção, nem antes nem depois que nosso Salvador fez de si uma oblação pelo pecado. Ora, será que devemos supor que Cristo faria de si uma oferta pelos pecados daqueles que ele sabia serem irrecuperáveis e que jamais poderiam se beneficiar de sua oferta? Pensaremos que o sangue da aliança foi desperdiçado em favor daqueles em relação aos quais nosso Salvador não pretendia dispensar bem algum? Ele não poderia visar ao bem dessas pessoas sem se colocar em franca oposição ao eterno decreto de Deus e, portanto, à sua própria divindade eterna. Teria Deus enviado seu Filho ou teria este vindo para morrer por Caim e pelo faraó, condenados que foram tanto tempo antes de seu sofrimento? "Credat Apella?" A objeção segundo a qual Cristo morreu por eles, os quais teriam se beneficiado de sua morte, se cressem ou cumprissem a condição exigida, está, em minha opinião, destituída de qualquer força que seja. *Em primeiro lugar*, a maioria nunca soube da existência de tal condição. *Em segundo lugar*, ao morrer, Cristo sabia perfeitamente que eles não haviam cumprido a *condição* e que não havia a menor possibilidade de que isso acontecesse. Qualquer intenção de os beneficiar com sua morte seria necessariamente inútil e frustrada, condição que não se deve atribuir ao Filho de Deus. *Em terceiro lugar*, a redenção *condicionada ao ato de eles crerem* será logo refutada.

Também destituída de qualquer serventia é a outra objeção que se levanta, a saber, que Cristo podia fazer reparação em favor dos eternamente condenados (para os quais ela seria inútil) e dos que de fato estavam salvos (para os quais ela seria desnecessária). *Primeiro*, os que foram salvos estavam amparados pelo fundamento de que Cristo certamente sofreria em favor deles no devido tempo. Seu sofrimento foi eficaz tanto no propósito e na promessa quanto na execução e conquista. Na mente de Deus, o sofrimento de Cristo estava contabilizado para eles como algo realizado, a ratificação do pacto e da aliança com Cristo amparados por promessas imutáveis (segundo nosso conceito). Nosso Salvador tinha de cumprir o pacto e a aliança, pois para os de fato salvos isso era necessário. Mas para os de fato condenados, não havia motivo, fundamento nem resultado algum que pudesse ser esperado. *Segundo*, um símile pode deixar as coisas mais claras. Digamos que um homem mande um comunicado a pessoas que se encontram na prisão, afirmando que pagará o resgate exigido por sua libertação e que deseja que os prisioneiros saiam, pois aquele que os mantém em cativeiro aceitou sua oferta baseada em promessa. Quando ele chega para fazer o pagamento em cumprimento de sua promessa, descobre que alguns saíram segundo o que havia sido proposto, mas outros continuam obstinadamente no calabouço. Os que se apresentaram têm conhecimento do que ele havia feito, mas não os que permaneceram no calabouço e há muito já morreram, todos em consonância com a própria escolha. Ao pagar o resgate prometido, teria ele a intenção de estendê-lo aos que, obstinados e teimosos, morreram na prisão ou somente àqueles que saíram? Sem dúvida alguma, somente para os que saíram. Por semelhante modo, o sofrimento de Cristo não pode ser considerado um preço pago em favor dos que morreram na prisão do pecado e da corrupção antes do pagamento do resgate. Mas é perfeitamente possível que o preço pago seja para aqueles que foram libertados em virtude de seu empenho para pagar tal resgate. *Terceiro*, se Cristo morreu no lugar de todos os homens e fez reparação por seus pecados, teria ele visado todos os pecados ou somente alguns? Se somente alguns, quem então pode se salvar? Se todos os pecados, por que nem todos são salvos? Afirmam ser por causa de sua incredulidade; eles não creem e, portanto, não são salvos. Tal incredulidade constitui pecado ou não? Se não constitui, como pode ser ela motivo de condenação? Se constitui, então Cristo morreu por ele ou não morreu por ele. Se não morreu, então ele não morreu por todos os pecados de todos os homens. Se morreu, por que seria a incredulidade um obstáculo à salvação? Há algum novo ângulo a ser considerado nessa questão? Será que não se trata da mesma condição antiga, a saber, não são salvos, porque não creem? Em outras palavras, Cristo não morreu pela incredulidade deles, ou melhor, por meio de sua morte não eliminou essa incredulidade, porque eles não creriam (ou não a eliminariam por si mesmos); ou ele morreu pela incredulidade deles, mas sob uma condição, e essa condição era que eles não fossem incrédulos. Essas afirmativas não me parecem tomadas por sobriedade.

Sétimo argumento. Cristo é *mediador* daqueles por quem morreu. Isso é óbvio, porque sua oblação ou ato de se oferecer a Deus pelo derramamento de seu sangue, foi um dos principais atos de sua mediação. Mas ele não é mediador por todos e quaisquer homens; isso também não é menos óbvio, pois, como mediador, ele é sacerdote em prol daqueles por quem é mediador. Ora, o papel de um sacerdote, como já declarado, é oferecer sacrifícios e interceder, buscar o benefício e aplicá-lo àqueles em favor dos quais ele é buscado, conforme fica claro em Hebreus 9 e já provamos com fartura de evidências, a saber: verdadeiramente, Cristo não fez essas coisas em favor de todos. Cristo não é mediador de todos os homens, e disso não há mais necessidade de prova. A experiência é a prova, além de incontáveis passagens das Escrituras. Admito que existem aqueles que dizem que Cristo é mediador de alguns no que diz respeito a certos atos, mas não de outros. Mas julgo ser isso um subterfúgio desonesto e sem base nas Escrituras, algo que transformaria nosso Salvador em meio-mediador de alguns, o que não deixa de ser uma expressão ofensiva. Mas esse argumento já foi por nós assentado.

4

Da santificação, da causa da fé e sua obtenção pela morte de Cristo

Oitavo argumento. É possível formular outro argumento com base no *efeito* e nos frutos da morte de Cristo em nossa *santificação*, conforme propomos a seguir. Se o sangue de Jesus Cristo *lava, purifica, limpa* e *santifica* aqueles por quem é derramado, ou por quem ele foi um sacrifício, então não há dúvida de que ele morreu, derramou seu sangue ou foi um sacrifício apenas por aqueles que, mediante esse ato, foram *lavados, purificados, limpos* e *santificados*. Tudo isso deveria ser óbvio. A fé é o primeiro princípio da purificação do coração (At 15.9), mas "a fé não é para todos" (2Ts 3.2) e, sim, dos "eleitos de Deus" (Tt 1.1). Considero a consequência inegável e inevitável, quaisquer que sejam as particularidades. Mas apresentaremos agora a prova de que o sangue de Cristo é eficaz no cumprimento de seus objetivos de lavar, purificar e santificar, conforme já havíamos afirmado. Assim faremos, primeiramente recorrendo a seus *tipos;* depois, por meio de suas plenas *expressões*.

Primeiro, no que tange ao *tipo*, examinaremos agora o sacrifício de expiação, que o apóstolo compara expressamente com o sacrifício e a oblação de Cristo. Ele afirma em Hebreus 9.13 que ele santificou legalmente aqueles em favor dos quais foi um sacrifício. E diz: "... quanto à purificação da carne o espalhar do sangue de bodes e touros e das cinzas de uma novilha santifica os que estão impuros". Ora, o que foi feito física e legalmente pelo tipo deve ser espiritualmente efetivado no antítipo — o sacrifício de Cristo tipificado pelo sacrifício realizado com sangue de animais. É o que o apóstolo afirma no versículo seguinte: "... quanto mais o sangue de Cristo, que, imaculado, por meio do Espírito eterno ofereceu a si mesmo a Deus, purificará das obras mortas a vossa consciência, para servirdes o Deus vivo!". Sei que esta é a resposta de Armínio e outros à questão: o sacrifício santificou, não ao ser oferecido, mas espargido ou espalhado; e o sangue de Cristo não santificou no que tange à *oblação*, mas à sua *aplicação*. Tal resposta é frágil e insatisfatória, pois simplesmente afirma uma separação entre a *oblação* de Cristo e a *aplicação* de seu sangue. Embora admitamos tal distinção, a separação é o que estamos agora refutando. Concedemos que o sangue de Cristo santifica no que diz respeito à aplicação dos benefícios por ele obtidos. Mas falta provar que ele é aplicado a todos aqueles em favor dos quais o sacrifício foi uma oblação. Isso se deve à afirmação de que ele santifica e purifica, de modo que o sangue de Cristo precisa corresponder ao tipo, do qual se afirma que santificava e purificava a carne.

Em segundo lugar, várias passagens das Escrituras *afirmam* que o derramamento do sangue de nosso Salvador e sua morte viabilizam a santificação e a purificação, e estas foram o propósito a que visavam. Diversas passagens já foram apresentadas. Passarei agora a citar várias dessas passagens com a finalidade de consolidar a veracidade do argumento aqui tratado, considerando somente aquelas que sublinham o propósito da morte de Cristo. "Porque, se fomos unidos a ele na semelhança da sua morte, certamente também o seremos na semelhança da sua ressurreição. Pois sabemos isto: a nossa velha natureza humana foi crucificada com ele, para que o corpo sujeito ao pecado fosse destruído, a fim de não servirmos mais ao pecado" (Rm 6.5,6). As palavras do versículo 6 apresentam a razão do que se declara no versículo anterior, a saber: a participação na morte de Cristo é certamente acompanhada pela conformidade com ele em sua ressurreição; isto é, temos aqui uma referência tanto à vida espiritual quando à vida eterna: "... nossa velha natureza humana foi crucificada com ele, para que o corpo sujeito ao pecado fosse destruído". Nossa condição pecaminosa corrompida e natureza depravada são, por meio de sua morte e crucificação, mortificadas com eficácia e mérito, perdendo a soberania e o domínio sobre nós, de modo que deixamos de servi-las. Obviamente, esse é o sentido da passagem, posta que é como fundamento para tornar claros todos os decretos de santificação e libertação do poder do pecado.

O mesmo apóstolo declara também: "Pois, tantas quantas forem as promessas de Deus, nele está o sim. Portanto, também é por meio dele que o amém é dado para a glória de Deus por nosso intermédio" (2Co 1.20). "Sim" e "amém" significam que as promessas nos são confirmadas, ratificadas, imutavelmente estabelecidas e irrevogáveis. Isso se realiza "nele", a saber, em sua morte e derramamento de sangue, para a confirmação do testamento, pelo qual essas promessas nos transmitem os legados. Elas são confirmadas pela morte daquele que fez o testamento (Hb 9.16); pois ele é "garantia de uma aliança melhor" (Hb 7.22). Ele confirmou esse testamento ou "aliança com muitos" ao ser "morto" por eles (Dn 9.26,27). Quais são as promessas que nos são confirmadas e consolidadas pelo sangue de Cristo? Elas estão resumidas em Jeremias 31.33,34 e são repetidas pelo apóstolo em Hebreus 8.10-12, que define a natureza da aliança ratificada pelo sangue de Jesus e faz uma breve descrição da livre graça que nos é dirigida tanto na santificação (v. 10,11) quanto na justificação (v. 12). Dentre essas promessas encontra-se a conhecida promessa da circuncisão de nosso coração e a de que receberemos coração e espírito novos (Dt 30.6; Ez 36.26). Nossa santificação, santidade, justificação e reconciliação com Deus são obtidas e consolidadas na morte e no derramamento do sangue de Cristo, com cujo sacrifício as "coisas que estão no céu" são purificadas (Hb 9.23). Nele "temos a redenção, isto é, o perdão dos pecados" (Cl 1.14). "Portanto, visto que os filhos compartilham de carne e sangue, ele também participou das mesmas coisas, para que pela morte destruísse aquele que tem o poder da morte, isto é, o Diabo; e livrasse todos os que estavam sujeitos à escravidão durante toda a vida, por medo da morte" (Hb 2.14,15).

Observe estas duas passagens muito claras: Tito 2.14 e Efésios 5.25,26. Em ambas, nossa purificação e santificação são consideradas propósito e intento de Cristo, aquele que as executa. Portanto, o efeito certeiro de sua morte e oblação é a obra executada, conforme já provamos. Acrescento apenas outra passagem para provar que o sangue de Cristo nos purifica de todos os pecados: "... Cristo Jesus, o qual, da parte de Deus, se tornou para nós sabedoria, justiça, santificação e redenção" (1Co 1.30). Por estar claro demais, não preciso gastar tempo para provar que ele se tornou todas essas coisas para nós por ação de Deus, que o enviou para ser "sacrifício propiciatório, por meio da fé, pelo seu sangue" (Rm 3.25). Assim, nossa santificação, juntamente com todos os outros efeitos da livre graça, é uma conquista imediata da morte de Cristo. Esta é a suma de tudo o que dissemos: santificação e santidade são fruto e efeito indiscutíveis da morte de Cristo sobre todos aqueles por quem ele morreu; mas nem todos os homens são participantes dessa santificação, da purificação e da operação da santidade. Portanto, Cristo não morreu por todos e quaisquer homens, "quod erat demonstrandum".

É completamente inútil levantar a objeção (conforme fazem alguns) de que a morte de Cristo não é a causa única dessas coisas. Elas de fato não atuam em ninguém sem a intervenção do Espírito e sem a apreensão da morte de Cristo pela fé. Em primeiro lugar, muitas causas da mesma espécie podem não contribuir para a produção do mesmo efeito, mas diversas causas de diversas espécies podem contribuir para a geração de um só efeito. O Espírito Santo é a causa da santificação e santidade; mas, pergunto: que tipo de causa? É o tipo de causa que produz o efeito com verdadeira eficiência e imediatez. Fé é a causa do perdão dos pecados; mas que tipo de causa? É meramente uma causa instrumental, que se apropria da justiça de Cristo. Ora, por acaso essas causas, eficiente e instrumental, impossibilitam o fato de que o sangue de Cristo não apenas coincide com elas, mas é sua causa única tanto do ponto de vista moral quanto meritório? É claro que não, ou não seriam nem instrumental nem eficiente. O sangue de Cristo é o único fundamento da atuação e da eficiência do Espírito e a causa única da existência da fé. Digamos que um homem seja mantido em cativeiro por seu inimigo. Outra pessoa vai até aquele que o detém e paga-lhe o resgate por sua libertação. Ele então dá ordens aos guardas da prisão para que libertem o prisioneiro das correntes e troquem seus farrapos por roupas novas, tudo segundo o acordo feito, dizendo: "Libertem-no, pois recebi um resgate". Porque o carcereiro o liberta das correntes e a ordem do juiz é apresentada para ser executada, diríamos que o preço do resgate pago não foi a causa única de sua libertação? Se o resgate não fosse pago, a ordem nunca seria emitida, nem as correntes, retiradas. Ambas as ações, tanto quanto a própria libertação do prisioneiro, são igualmente efeitos do resgate. No que diz respeito à nossa libertação do pecado, é verdade, há outros elementos envolvidos além da morte de Cristo, como a operação do Espírito Santo e a graça de Deus. Mas esses dois elementos são efeitos da morte de Cristo tanto quanto nossa libertação. É óbvio que sua morte é a causa única de nossa redenção.

Em segundo lugar, para afastar totalmente essa objeção, com todas as outras do mesmo tipo, afirmamos que a fé, em si mesma, é fruto e conquista imediatos da morte de Cristo em todos aqueles pelos quais ele morreu; pois, se isso for verdade, o resgate geral ou redenção universal cairão completamente por terra. Caso não seja verdade, prontamente os concederei. Não importa para que lado vá, o livre-arbítrio precisa ser consolidado. No próximo argumento provarei que a fé é uma conquista da morte de Cristo.

Nono argumento. Antes de defender o argumento proposto, é necessário estabelecer algumas premissas.

1. A morte de Cristo obteve e conquistou por mérito tudo o que nos é concedido gratuitamente por meio dele. Tudo o que é concedido por meio dele aos que são seus foi por ele comprado; o preço pago foi seu próprio sangue (1Pe 1.18,19). A aliança entre ele e o Pai, segundo a qual seriam concedidas todas as

bênçãos espirituais aos que lhe foram dados, teve como expresso fundamento a condição de que sua alma fosse entregue como oferta pelo pecado (Is 53.10).

2. Todos admitem que a fé é indispensável, absolutamente necessária à salvação. Sob a nova aliança não há nenhum sacrifício aceitável que a possa substituir. Sem a fé, qualquer coisa que Deus tenha feito movido por amor, enviando seu Filho, e não importa o que Cristo tenha feito ou faça em sua oblação e intercessão em favor de alguns ou de todos, nada tem valor ou utilidade para nós. Tais ações serviriam apenas para agravar a condenação. Sem a fé, não importa o que seja feito, continua válida a declaração: "... quem não crer será condenado" (Mc 16.16). (Portanto, se existe em nós um poder de crer, e o ato dele decorre desse poder, sendo também nosso, então certa e inegavelmente está ao nosso alcance tornar o amor de Deus e a morte de Cristo eficazes para nós ou não, e isso pela fé que efetivamente exercemos através de um ato próprio; o que é tão evidente que até mesmo os mais engenhosos e perspicazes de nossos adversários o confessam, como declarei em outro lugar).[1] A fé é absolutamente indispensável, e parece-me que, qualquer que seja sua causa, ela é obrigatoriamente a causa primeira e principal de nossa salvação. Sem fé, nada aconteceria, mas com ela a eficácia é total.

3. Concederei aos que discordam de nós uma clara escolha, de modo que possam responder direta e categoricamente, sem fazer distinções vagas e insignificantes: será que, por meio de sua morte e intercessão, nosso Salvador conquistou meritoriamente a fé para nosso benefício? Em outras palavras, será que a fé é produto e efeito de sua morte? Darei prosseguimento conforme a resposta que eles apresentarem.

Primeiro, se a resposta for afirmativa, ou seja, que Cristo de fato a conquistou por meio de sua morte (contanto que eles não sejam deliberadamente ambíguos, e quando eu falar de fé como graça dispensada a uma pessoa em particular, considerando-a subjetivamente, não a entendam como doutrina da fé ou meio de salvação declarado no evangelho, considerando-a objetivamente; mas essa é outra questão e não faz parte do escopo da pergunta que ora faço; a propósito, devo dizer-lhes que negamos a concessão desse novo meio de salvação, em que a vida e a imortalidade vêm à luz pelo evangelho em Cristo, a serem conquistadas para nós por ele, sendo ele mesmo o principal elemento desse meio, o próprio meio.

---

[1] John Owen, *A display of arminianism* [publicado em português por O Estandarte de Cristo sob o título *Contra o arminianismo e seu ídolo pelagiano, o livre-arbítrio*].

A afirmação de que ele deve ser contemplado por sua própria morte e oblação é algo muito estranho e contraditório, próprio daqueles que a têm feito [More, p. 35]. Na realidade, é o pleno conduzir de seus eleitos à vida e glória pelo meio que atribuímos a ele e negamos a todos os outros; mas a concessão desse meio foi pela mesma livre graça e pelo amor não conquistado que também são a causa de ele se dar por nós [Gn 3.15]); então, se a resposta deles for afirmativa, exijo que respondam se Cristo obteve a fé de modo absoluto por todos aqueles por quem morreu ou sujeita a alguma condição a ser por eles satisfeita. Se de modo *absoluto,* então certamente, se ele morreu por todos, é preciso que todos creiam de modo absoluto; pois aquilo que é conquistado de modo absoluto em favor de alguém pertence absolutamente a esse alguém, disso não há dúvida. Se alguém obtém absolutamente uma herança, quaisquer que sejam os meios, quem poderá impedir que tal pessoa possua tal herança? Mas isso vai contra o que diz o apóstolo: "... pois a fé não é para todos" (2Ts 3.2); e "para conduzir os eleitos de Deus à fé" (Tt 1.1). Se eles disserem que Cristo a conquistou para eles, ou seja, para que lhes fosse concedida de modo *condicional,* peço que respondam de *boa fé* e diretamente, em termos inequívocos e sem distinções capciosas. Digam-nos que condição é essa, para que possamos dela tomar conhecimento, já que se trata de algo infinitamente importante para nossa alma. Deem-nos a conhecer tal condição, e prevaleça a tese de vocês! Trata-se, como dizem alguns, de eles não resistirem à graça de Deus? Ora, o que significa não resistir à graça de Deus? Seria não deixar de obedecer? E o que é obedecer à graça de Deus? Seria crer? Então a condição para a fé é a própria fé. *Cristo conquistou a fé para que pudessem crer, mediante a condição de que cressem*! É isso mesmo? Mas conseguem eles apresentar uma condição para a fé, de nossa parte exigida, que não seja a própria fé? A eles ouçamos então, e reformularemos nossa análise concernente a tal condição, seja ela conquistada por Cristo ou não. Se não foi conquistada por Cristo, então a causa da fé encontra-se em nós mesmos; Cristo não é seu autor nem consumador. Caso a fé seja por ele conquistada, então voltamos ao ponto onde estávamos. E precisamos dar prosseguimento às nossas interrogações: a condição foi absolutamente conquistada ou está sujeita a alguma condição? *Depinge ubi sistam.*

No entanto, em segundo lugar, se a resposta que eles derem for negativa, em consonância com seus próprios preceitos, negando que a fé foi conquistada pela morte de Cristo, então:

1. Eles precisarão afirmar que se trata de um ato de nossa vontade, certificando assim que tal ato espiritual não é operado em nós pela graça, mas sua realização está integralmente dentro de nossa capacidade, que nada nos foi concedido pela livre graça por meio de Cristo (como antes declarado), com exceção do que por ele foi obtido em sua morte e oblação, contrariando os seguintes pontos:

1.1. Diversas passagens das Escrituras, que não serão aqui repetidas.

1.2. A própria essência da nova aliança, que não impõe condição, mas atua com eficiência sobre todos os seus beneficiários (Jr 31.33,34; Ez 36.26; Hb 8.10,11).

1.3. O incremento da livre graça de Deus, estabelecendo o poder do livre-arbítrio em nossa natureza corrompida, minimizando e subestimando a graça divina.

1.4. A doutrina que recebemos e afirma nossa natureza depravada e incapacidade de fazer o bem; consequentemente, a doutrina fundamental do pecado original.

1.5. A própria razão, que jamais concederá que uma faculdade natural seja capaz de produzir por si mesma um ato puramente espiritual sem algum tipo de incremento espiritual, conforme 1Coríntios 2.14.

2. No final das contas, eles precisarão atribuir a nós mesmos a causa única de nossa salvação. Precisarão colocar em nossas mãos a decisão de tornar eficaz ou ineficaz tudo o que Deus e Cristo fizeram visando à nossa salvação, pois tudo o que foi feito, seja pelo Pai, que nos amou e enviou seu Filho para morrer por nós, seja pelo Filho, que se ofereceu como oblação em nosso lugar ou por nós (em nosso nome), nada disso trará benefício algum, a menos que creiamos. Se Cristo não efetuou nem conquistou a fé por sua morte, ele também não poderá operar a salvação em nós. O voto decisivo, crer ou deixar de crer, estará em nossas mãos. Cada um julgue por si se isso não é o mesmo que atribuir a nós mesmos a causa de nossa própria felicidade e nos transformar nos principais artífices de nossa própria glória.

Amparado por essas premissas, apresentarei uma breve prova daquilo que eles negam, a saber, que a fé é conquistada para nós pela morte de Cristo. Consequentemente, ele não morreu por todos e quaisquer homens, pois "a fé não é para todos". Eis as razões que dão prova disso:

1. A morte de Jesus Cristo comprou santidade e santificação para nós, conforme ficou cabalmente provado no oitavo argumento; mas a fé, sendo uma graça do Espírito inerente em nós, é parte formal de nossa santidade e

santificação. Portanto, ele a conquistou por nós. Esse pressuposto é correto e não pode ser negado; o oitavo argumento fez suficiente defesa da proposição, de sorte que não consigo enxergar objeção alguma que possa se levantar contra essa verdade. Se alguém contestar, dizendo que Cristo pode ter conquistado para nós alguns elementos da santidade (pois nos referimos a elementos, não a graus e medidas), mas não todos, como esperança, amor, mansidão e virtudes afins, então pergunto: primeiro, que prova há dessa distinção entre as graças do Espírito, ou seja, entre as que teriam sido conquistadas por Cristo e as que competem a nós? Segundo, será que nossa capacidade e tendência de crer são maiores que nossa capacidade e tendência de amar e ter esperança? Em que se fundamenta tal distinção?

2. Todos os frutos da eleição foram comprados para nós por Jesus Cristo, que "nos elegeu nele" (Ef 1.4), única causa e fonte de todos os benefícios para os quais o Senhor nos escolheu, para o louvor de sua graça gloriosa, para que em todas as coisas ele tivesse a primazia. Espero não ser obrigado a provar que o Senhor Jesus é o único meio pelo qual, e por quem, o Senhor certamente concederá a seus eleitos todos os frutos e efeitos do amor que se propôs a lhes dar, razão pela qual os escolheu. Ora, a fé é um fruto, o fruto principal de nossa eleição. Pois assim diz o apóstolo: "... como também [Deus] nos elegeu nele, antes da fundação do mundo, para sermos santos" (Ef 1.4). A santidade, a fé e a purificação do coração são a parte principal de nossa eleição. "E os que predestinou, a eles também chamou" (Rm 8.30), ou seja, chamando-os segundo seu propósito, neles operou a fé com eficácia pela atuação poderosa de seu Espírito, "segundo a sua boa determinação" (Ef 1.19). Assim, "todos os [...] destinados para a vida eterna" (At 13.48) creem (Deus os torna diferentes dos demais no que tange à fruição do meio [1Co 4.7]). A fonte da qual lhes flui a fé está no fato de terem sido destinados para a vida eterna; assim, "os eleitos o alcançaram; e os demais foram endurecidos" (Rm 11.7).

3. Todas as bênçãos da nova aliança foram compradas e conquistadas por ele, em quem as promessas são ratificadas e a quem foram feitas. Pois nessas promessas se manifestam e estão contidos todos os benefícios da aliança, por meio da atuação do Espírito de Deus. Já declaramos as promessas da aliança e sua confirmação em Cristo, promessas estas feitas à sua descendência (Gl 3.16). Portanto, todos os benefícios da aliança são efeitos, frutos e aquisições da morte de Cristo; ele e todas as coisas que lhe dizem respeito são a essência dessa aliança.

Ademais, a fé é um dos benefícios da nova aliança, algo óbvio em passagens como Jeremias 31.33,34; Hebreus 8.10-12; e Ezequiel 36.25-27, e que ficaria claramente manifesto se nos permitíssemos uma profusão de citações *in causa facili*.

4. Sem fé é impossível ser salvo, de modo que a fé deve ser obtida por ele, por meio de quem somos plena e efetivamente salvos. Como poderia Cristo nos salvar plena e efetivamente sem comprar o que é indispensável à nossa salvação? Ora, sem fé é impossível obter a salvação (Hb 11.6; Mc 16.16), mas Jesus Cristo, em consonância com seu nome, nos salva perfeitamente (Mt 1.21), conquistando para nós a "redenção eterna" (Hb 9.12). Ele "pode salvar perfeitamente os que por meio dele se chegam a Deus" (Hb 7.25); portanto, a fé deve estar necessariamente entre os benefícios que ele conquistou.

5. As Escrituras são expressas e não dão margem a nenhum argumento evasivo, a exemplo de Filipenses 1.29: "Pois, por amor de Cristo (ὑπὲρ Χριστοῦ), vos foi concedido não somente crer nele". A fé, ou o ato de crer, é uma dádiva, e foi Cristo quem a conquistou: "Bendito seja o Deus e Pai de nosso Senhor Jesus Cristo, que nos abençoou com todas as bênçãos espirituais nas regiões celestiais em Cristo" (Ef 1.3). Se a fé é uma bênção espiritual, ela nos foi concedida "em Cristo" e por amor de Cristo. Caso contrário, não vale a pena discutir o que ela significa nem como foi obtida. Assim, considerem-na como bem quiserem, mas desejo olhar para Jesus como "Autor e Consumador da nossa fé" (Hb 12.2). Diversas outras razões, argumentos e passagens das Escrituras poderiam ser acrescentados para confirmar essa verdade, mas espero ter falado o suficiente. A suma de todo o argumento é esta: se os frutos e efeitos da morte de Cristo não valem para todos e são conquistados para nosso benefício, em vez de condicionados a algum ato a ser praticado por nós, então Cristo não morreu por todos. É óbvio que a graça da fé não é comum a todos. Ela é obtida pela morte de Cristo e concedida àqueles por quem ele morreu. Portanto, nosso Salvador não morreu por todos os homens.

Décimo argumento. Nosso arrazoado vai do tipo para o antítipo, do símbolo para o real. É claro que esse raciocínio restringirá a oblação de Cristo aos eleitos de Deus. O povo de Israel tipifica a igreja de Deus em todas as coisas pelas quais passou, conforme declara o apóstolo em 1Coríntios 10.11. Suas instituições e ordenanças representavam as coisas espirituais do evangelho; os sacerdotes, o altar e os sacrifícios eram sombras dos benefícios que viriam com Jesus Cristo; e Canaã era um tipo do céu (Hb 4.3,9), a exemplo de Jerusalém e Sião (Gl 4.26; Hb 12.22). Todo o povo era um tipo de igreja de Deus, seus eleitos, seu povo escolhido e chamado. Por isso, os que creem são chamados "sacerdócio real, nação santa", em alusão ao povo de Israel (1Pe 2.5,9). Aliás, em diversas passagens o povo de Deus é chamado seu "Israel", conforme se expõe em Hebreus 8.8. Um verdadeiro israelita está em pé de igualdade com alguém que verdadeiramente crê (Jo 1.47); judeu é aquele que o é no recôndito do coração. Espero não ser necessário provar que aquele povo, libertado da escravidão, preservado, levado para perto de Deus e conduzido a Canaã, é um tipo da igreja espiritual de Deus composta pelos crentes eleitos. Com base nisso, afirmamos o seguinte em relação à igreja: somente os que são verdadeira e espiritualmente redimidos por Jesus Cristo são tipificados pela redenção física do povo de Israel (não há outra razão que explique por que alguns são tipificados na mesma condição, partícipes dos mesmos benefícios, mas não outros). Mas somente a igreja (somente os eleitos), conforme já ficou anteriormente provado, é tipificada pelos judeus em sua libertação do Egito, na condução a Canaã, com todas as suas ordenanças e instituições. Não faz sentido algum imaginar que os judeus foram um tipo para o mundo inteiro, ou para quem quer que seja, a não ser para os escolhidos de Deus, segundo prova apresentada nos capítulos 9 e 10 de Hebreus. Será que os judeus e suas ordenanças foram tipos das sete nações que eles destruíram e substituíram em Canaã? Teriam eles sido um tipo para os egípcios, pagãos que odiavam a Deus e seu Cristo? Portanto, com segurança e com base na justa proporção que deve ser observada entre tipos e antítipos, concluímos que somente os eleitos de Deus, sua igreja e seus escolhidos são redimidos por Jesus Cristo.

5

Sequência dos argumentos baseados na natureza e definição da redenção

Décimo primeiro argumento. Ao contrário do leite da palavra, não se pode dizer que a doutrina da redenção seja sã nem sincera. Ela não se harmoniza nem condiz com seu significado, e as expressões com as quais nos é apresentada nas Escrituras, tanto literalmente quanto de modo dedutivo, acarretam nítidas contradições entre elas. Tal é o argumento da redenção universal, que jamais poderá se ajustar à redenção em si nem às expressões das Escrituras com as quais é defendido diante de nós. Afirmar a redenção universal e admitir que muitos haverão de morrer no cativeiro do pecado é uma contradição que não pode ser resolvida.

Para provar o que estamos afirmando, pensemos nas principais palavras e expressões pelas quais o assunto é tratado nas Escrituras: *redenção, reconciliação, satisfação, mérito, morrer por nós,* levar nossos pecados, garantia, a identificação de Cristo como Deus, como uma pessoa comum, como Jesus (no sentido de que salvará seu povo), salvação plena, sacrifício que cobre os pecados e outras caracterizações semelhantes. A essas podemos acrescentar a importância de algumas preposições e outras palavras empregadas no texto original acerca desse assunto. Não há dúvida de que o resgate geral ou redenção universal, conforme facilmente se verifica, dificilmente se harmoniza com alguma dessas expressões. É como um cobertor curto demais: se cobrirmos os pés, a cabeça ficará descoberta, e vice-versa.

Comecemos pela própria palavra redenção, considerando o substantivo em si e o objeto para o qual aponta. Nas Escrituras, a palavra grega às vezes traduzida por redenção é λύτρωσις, mas a palavra mais comum é ἀπολύτρωσις, a libertação de alguém do cativeiro e da aflição, mediante um λύτρου, preço ou resgate. As Escrituras deixam evidente que esse resgate, ou o preço de nossa libertação, foi o sangue de Cristo, referindo-se a ele como λύτρον (Mt 20.28) e ἀντίλυτρον (1Tm 2.6), ou seja, o preço da redenção recebido como um elemento de valor suficiente para o pagamento de nossa liberdade. O objetivo do pagamento desse preço é a libertação dos que estavam debaixo da opressão do mal. A redenção espiritual pode ser comparada à redenção física e civil, guardadas as devidas particularidades. O Espírito Santo deixa isso manifesto quando compara o "sangue de Cristo" com "prata ou ouro" na obra da redenção e com outras coisas entregues como pagamento de resgate em uma redenção na esfera civil (1Pe 1.18,19). O mal que nos oprimia era a punição que merecíamos, ou seja, quando nossa dívida é resultado do pecado é preciso haver reparação. E é desse pecado que somos libertos mediante o pagamento do preço, conforme Gálatas 3.13: "Cristo nos resgatou da maldição da lei". Somos "justificados gratuitamente pela sua graça, por meio da redenção que há em Cristo Jesus" (Rm 3.24), em quem "temos a redenção, o perdão dos nossos pecados pelo seu sangue" (Ef 1.7; Cl 1.14). O efeito da redenção conquistada mediante o pagamento do preço acima mencionado é a justificação gratuita da culpa do pecado e o perdão do próprio pecado, de cuja punição somos liberados. É como se um homem que tivesse um amigo que se encontra na prisão fosse e vendesse sua propriedade para pagar o preço da liberdade do amigo, preço este definido por aquele que o mantém em cativeiro; ao fazer isso, tal homem conquista a liberdade do amigo. No entanto, como já dissemos, essa redenção espiritual tem algumas particularidades que não se aplicam a outros tipos de libertação, conforme veremos a seguir.

Em primeiro lugar, quem paga o resgate é o mesmo que o recebe. Cristo é a propiciação que pacifica o Senhor e lhe faz reparação, mas ele foi oferecido nessa condição pelo próprio Senhor (Rm 3.24,25), tanto que lemos que o Senhor nos redimiu. Seu amor é a razão por que o preço foi pago, e sua justiça aceita o preço por causa do mérito, pois Cristo desceu do céu, não para fazer a sua vontade, mas a daquele que o enviou (Jo 6.38; Hb 10.9,10). Não é assim que acontece na redenção entre os homens, pois aquele que recebe o resgate não é o mesmo que faz o pagamento.

Em segundo lugar, o cativo ou prisioneiro não é exatamente libertado do poder daquele que o detém, mas colocado debaixo de seu favor. Entre os homens, quando um prisioneiro é redimido mediante pagamento de um resgate, ele fica automaticamente livre do poder e da autoridade daquele que o mantinha preso. Mas na redenção espiritual, quando o sangue de Jesus é apresentado como resgate em nosso favor, não somos apartados de Deus, mas levados "para perto" dele (Ef 2.13) — não somos libertos de seu poder, mas restaurados a seu favor — nosso estado miserável e nossa punição representavam tanto nosso afastamento em relação a Deus quanto o domínio do pecado sobre nós.

Em terceiro lugar, o juiz precisava receber reparação, e o carcereiro precisava ser conquistado. Como juiz, Deus concedeu ao carcereiro permissão para lutar por seu domínio. Embora ilicitamente usurpado por ele, a causa de seu domínio foi justamente infligida pelo Senhor, e nossa sujeição, legalmente merecida (Hb 2.14; Cl 2.15). Por mais forte que fosse, ele perdeu o poder por se envidar para obter mais do que podia. Sendo o pecado o fundamento de seu reino e investindo contra Cristo, que não cometeu pecado, ele perdeu o poder sobre aqueles que Cristo redimiu com sua vinda e não tinham parte com ele. Assim, o valente foi amarrado, e sua casa, saqueada.

Sob esses e alguns outros aspectos, nossa redenção espiritual se distingue da redenção na esfera humana, mas na maior parte de suas aplicações ela corresponde à redenção entre os homens. Ora, essa realidade se expressa de duas maneiras nas Escrituras. Estas afirmam que nosso Salvador morreu para nossa redenção, mas também declaram que ele morreu para redenção de nossas transgressões; as duas coisas atendem ao mesmo propósito e significam a mesma coisa. Hebreus 9.15 é um exemplo da segunda declaração. Ele morreu εἰς ἀπολύτρωσιν παραβάσεων, expressão que, segundo alguns, é uma metonímia, figura de linguagem em que transgressores é substituído por transgressões. Outros afirmam se tratar de uma expressão da ideia de pagamento de um preço para nos livrar do mal de nossas transgressões. A primeira declaração, morrer para nossa redenção, pode ser encontrada em Efésios 1.7 e em diversas outras passagens, onde as palavras λύτρον e ἀπολύτρωσις têm sentidos coincidentes, a exemplo de Mateus 20.28 e Marcos 10.45. Ora, essas palavras, em especial αντίλυτρον (1Tm 2.6), sempre denotam o pagamento de *um* preço, ou uma compensação equivalente, como alternativa a algo que precisa ser feito ou uma garantia que precisa ser dada por aquele a quem o preço é pago. Uma vez apresentadas essas poucas noções concernentes à redenção em geral, vejamos como isso se aplica à redenção universal.

Redenção é a libertação de um homem de seu estado de miséria mediante a intervenção de um resgate. Ora, quando se paga um resgate pela liberdade de um prisioneiro, não seria totalmente justo que ele desfrutasse da liberdade que lhe é adquirida por intermédio de uma intervenção valiosa? Se eu pagasse mil libras pela libertação de um homem mantido em cativeiro, e o valor fosse pago àquele que o detém e tem o poder de libertá-lo por estar satisfeito com o preço pago, mas a libertação não se concretizasse, não seria isso uma afronta a mim e ao pobre prisioneiro? Por acaso não seria inconcebível garantir a redenção de uma pessoa que, no final, não é redimida? Pagar um preço sem que a aquisição seja consumada? Mas tudo isso será possível, além de inúmeros outros absurdos, se a redenção universal for afirmada. Paga-se um preço em favor de todos, mas somente alguns são libertados; garante-se a redenção de todos, mas apenas alguns são redimidos; o juiz se dá por satisfeito, o carcereiro é subjugado, mas o prisioneiro continua detido! Sem dúvida, as ideias de *redenção* e *universal*, dado que grande parte dos homens perece, são tão incompatíveis quanto *católico* e *romano*. Se houvesse uma redenção universal que não excluísse ninguém, todos seriam redimidos. Se redimidos, eles são libertos de toda sua condição miserável, seja em essência, seja de fato. Isso é viabilizado pelo pagamento de um resgate. Então, por que nem todos são salvos? Em poucas palavras, a redenção realizada por Cristo é a plena libertação dos que foram redimidos pelo preço do seu sangue, libertos de todo o mal em que se encontravam aprisionados. Ela não pode ser qualificada como universal, a menos que todos sejam salvos. Portanto, a opinião dos universalistas não se harmoniza com a redenção.

6

A natureza da reconciliação e o argumento dela derivado

Décimo segundo argumento. Outro elemento associado à morte de Cristo e, por unanimidade extensivo a todos aqueles por quem ele morreu, é a reconciliação. Nas Escrituras, a reconciliação é apresentada como uma via de mão dupla: de Deus em relação a nós e de nós em relação a Deus. Ambas são normalmente associadas à morte e ao derramamento do sangue de Jesus Cristo; os que antes eram inimigos "ele [...] reconciliou no corpo da sua carne, pela morte" (Cl 1.22). Sem dúvida, essas duas direções correspondem com exatidão uma à outra, pois se ambas não forem efetivadas, a reconciliação não será perfeita. Portanto, como seria possível uma pacificação unilateral? É impossível que uma divisão dessa natureza seja racionalmente entendida; pois se Deus é pacificado, mas não o homem, por que ele não reconcilia o homem, já que isso se encontra perfeitamente dentro de seu poder; e se o homem fosse reconciliado, mas não Deus, como ele poderia receber todos os que se chegam a ele? Mas espero que não se afirme que Deus e todos os homens são de fato reconciliados e pacificados em Jesus Cristo. Para esclarecer essa questão, é necessário que examinemos a natureza da *reconciliação* que nos é proposta no evangelho. A natureza da reconciliação em si mesma e a acepção da palavra nos assuntos humanos podem clarear um pouco nosso entendimento.

Reconciliação é a retomada da amizade entre partes que antes discordavam uma da outra, entre a parte ofensora e a parte ofendida. Deus e o homem estavam distanciados um do outro, em inimizade e divergência causadas pelo pecado. O homem era a parte ofensora, e Deus, a parte ofendida; a alienação era mútua. Mas havia uma diferença no fato de que o homem estava alienado no que dizia respeito às suas afeições, base e causa da ira e inimizade; Deus estava alienado no que dizia respeito aos efeitos e consequências da ira e inimizade. No Novo Testamento, a palavra grega traduzida por *reconciliação* é καταλλαγή, e o verbo *reconciliar* é καταλλάσσω; as duas palavras derivam de ἀλλάττω, *mudar*, ou voltar-se de uma coisa ou de uma ideia para outra. Essa ideia deu origem às palavras em latim *permutatio* e *permutare* (cf. *Ética de Aristóteles* 3, Τὸν βίον πρὸς μικρὰ κέρδη — καταλλάττονται[1]), porque geralmente as pessoas reconciliadas mudam suas afeições, sempre no que diz respeito à distância e à discórdia e aos efeitos; daí o sentido de reconciliar, reconciliação. A palavra não pode ser aplicada se ambas as partes não estiverem de fato reconciliadas e livres de ressentimento ou má vontade. Se uma das partes está satisfeita com a outra, mas a outra continua ἀκατάλλακτος, ou seja, não pacificada e implacável, não houve reconciliação. Nosso Salvador ordena que a pessoa que leva sua oferta ao altar, mas lá se lembra de que seu irmão tem algo contra ela (se sentiu ofendida por qualquer que seja a causa), que ela vá e se reconcilie com a outra; o que o Senhor tinha em mente era a convergência dos pensamentos de ambas as partes, em especial no que diz respeito à pacificação e retratação diante da parte ofendida. Essas palavras não são usadas em nenhuma outra acepção, mas sempre denotam, até no uso comum, um pleno reatar de amizade entre as partes dissidentes, e na maior parte das vezes está implícita algum tipo de compensação feita à parte que sofreu a ofensa. É possível separar as reconciliações como realidades distintas, mas para que se configure uma plena reconciliação, é necessário que ambas as partes se reconciliem.

Assim, o erro de Socino e seus seguidores é impressionante, pois dizem que a reconciliação mencionada nas Escrituras nada mais é que nossa conversão, sem menção da pacificação de Deus e da retirada da ira que nos estava dirigida; mas esse tipo de reconciliação tem uma perna somente. Desse modo, a separação entre a reconciliação de Deus em relação ao homem, interpretada como de alcance universal, e a reconciliação do homem em relação a Deus, limitada a um pequeno número de pessoas com as quais ele se reconcilia, não passa de uma ideia fantasiosa e hedionda. Alienação mútua implica uma reconciliação mútua, já que ambas as coisas estão correlacionadas. Antes da reconciliação feita por Cristo, Deus e o homem se encontravam em um estado de inimizade. O que havia entre ambos era inimizade; éramos "inimigos" de Deus (Cl 1.21; Rm 5.10), a quem odiávamos e nos opúnhamos com o mais alto grau de rebeldia, com todas as nossas forças. Deus também era nosso inimigo, tanto que sua "ira" estava sobre nós (Ef 2.3), e assim permanece enquanto não cremos (Jo 3.36). Para haver uma reconciliação perfeita (que muitas passagens afirmam ter sido feita por Cristo),

---

[1] Aristóteles está se referindo aos soldados que "davam a vida por pequenos ganhos". A citação é extremamente apropriada e feliz quando se compreende a referência. (N. do E.)

é preciso primeiramente que a ira e a raiva de Deus sejam retiradas e suspensos todos os efeitos de sua inimizade para conosco; em segundo lugar, é preciso que abandonemos nossa oposição em relação a Deus e sejamos conduzidos à obediência espontânea. Enquanto essas duas coisas não forem levadas a efeito, a reconciliação não será perfeita. Ora, as Escrituras as atribuem a nosso Salvador, como efeitos de sua morte e de seu sacrifício.

1. Ele afastou de nós a ira de Deus e, assim, o pacificou em nosso favor; assim, ele fez a reconciliação de Deus por meio de sua morte: "... nós, quando éramos inimigos, fomos reconciliados com Deus pela morte de seu Filho" (Rm 5.10). Aqui entendemos claramente a reconciliação de Deus como o elemento da reconciliação geral que consiste em afastar de nós sua ira e dirigir a nós seu amor, que certamente está no perdão do pecado e no afastamento da ira divina provocada por esse pecado. Além disso, a reconciliação também é vista no fato de sermos salvos da ira vindoura, conforme lemos na parte final do versículo. Esse lado da reconciliação diz respeito à nossa conversão e ao fato de nos reconciliarmos com Deus. Ademais, o versículo 11 afirma que recebemos, τὴν καταλλαγήν, essa "reconciliação" (não entendo por que isso é traduzido por "expiação"), a qual não tem relação com nossa conversão ou reconciliação do homem a Deus. Não é correto dizer que aceitamos ou recebemos tais coisas, pois a reconciliação é de Deus em relação ao homem, a qual recebemos quando assimilada pela fé.

2. Ele eliminou a inimizade que nutríamos em relação a Deus, redimindo-nos e reconciliando-nos a ele pelo "sangue da sua cruz" (Cl 1.20). Ele realiza esses atos meritória e satisfatoriamente. A remissão e nossa reconciliação com Deus são compradas e efetuadas no devido tempo por meio da atuação real e eficiente de seu Espírito. Ambas as coisas são mencionadas em 2Coríntios 5.18-20, onde vemos, primeiramente, a reconciliação de Deus para conosco em Cristo, ato que consiste em não nos imputar nossas iniquidades, sendo estas o objeto do ministério (v. 18,19). Em segundo lugar, vemos nossa reconciliação para com Deus, aceitando o perdão de nossos pecados, sendo esta a finalidade do ministério (v. 20). A mesma coisa também é declarada de modo geral em Efésios 2.13-15. A realização efetiva e factual de ambos os aspectos, "simul et semel" (ao mesmo tempo e de uma só vez), perfaz a reconciliação, que é efeito da morte de Cristo, conforme declaram diversas passagens: "... fomos reconciliados com Deus pela morte de seu Filho" (Rm 5.10); "A vós também, que no passado éreis estrangeiros e inimigos [...] agora ele vos reconciliou no corpo da sua carne, pela morte"

(Cl 1.21,22). Isso é tão nítido em tantos textos bíblicos, que ninguém pode negar que a morte de Cristo tem como efeito imediato a reconciliação.

Assim, não consigo entender como a reconciliação pode ser harmonizada com a redenção universal, pois se ela é efeito da morte de Cristo, como todos admitem, e se ele morreu por todos, então pergunto: Primeiro, como é possível que Deus não seja reconciliado com todos, visto que sua ira permanece sobre alguns (Jo 3.36) e reconciliação é o oposto da ira? Segundo, como é possível que todos não sejam reconciliados com Deus, pois "éramos por natureza filhos da ira" (Ef 2.3), e alguns passam a vida toda acumulando ira no dia da ira (Rm 2.5). Terceiro, como é possível que a reconciliação seja operada entre Deus e todos os homens, mas Deus não seja reconciliado com todos os homens nem estes com Deus? Quarto, se Deus é reconciliado com todos, a partir de quando essa condição deixou de valer para os que perecem? Que tipo de mudança é essa? Uma mudança em sua vontade ou em sua natureza? Quinto, se todos são reconciliados pela morte de Cristo, a partir de quando os que perecem perdem a condição de reconciliados, visto que nascem como filhos da ira? Sexto, se a reconciliação da parte de Deus consiste em desviar sua ira e não imputar iniquidades (2Co 5.18,19), atos que configuram a justificação e nos colocam na condição de benditos (Rm 4.6-8), por que, se Deus é reconciliado com todos, a justificação e a bênção mediante a não imputação dos pecados não valem para todos? As respostas para essas e outras perguntas poderão ser facilmente oferecidas por aqueles que veem uma redenção na qual não há redimidos e uma reconciliação em que não há reconciliados. Deixo-os à vontade para responderem e, enquanto isso, concluo essa parte de nosso argumento.

Reconciliação é a retomada de uma amizade perdida, o fim da inimizade, a recuperação da paz, o apaziguamento de Deus, o desvio de sua ira acompanhado pela não imputação das iniquidades. De nossa parte, é a conversão a Deus mediante fé e arrependimento. Afirmo ser esta a reconciliação que resulta da morte e do sangue de Cristo. Não se pode afirmar que uma reconciliação como essa se aplica a quaisquer outros, nem se pode dizer que Cristo morreu por quaisquer outros, a não ser aqueles em favor dos quais suas propriedades e atos podem ser verdadeiramente aplicados. Decidam se isso se aplica a todos os homens ou não.

7

A natureza da reparação feita por Cristo e argumentos dela derivados

Décimo terceiro argumento. O terceiro modo pelo qual a morte de Cristo pelos pecadores se expressa é a reparação. Por meio de sua morte, ele fez reparação à justiça de Deus pelos pecados daqueles pelos quais morreu, para que pudessem ser libertos. Verdade seja dita, a palavra *reparação* não se encontra na Bíblia aplicada à morte de Cristo. A palavra "reparação" não se encontra no Novo Testamento, mas a ideia por ela transmitida aparece duas vezes em Números 35.31,32. Ela encerra uma acepção associada à morte de nosso Salvador, conforme pode ser observado em várias passagens. Além disso, nas línguas originais há outras palavras com equivalências semânticas à reparação. Ora, todos os que externamente se chamam cristãos confessam que Cristo fez reparação por todos, ou melhor, pelos pecados de todos aqueles pelos quais morreu, com exceção dos miseráveis socinianos, aos quais não dirigiremos agora nossa atenção. Examinemos primeiramente o que é tal reparação. Em seguida, veremos como ela é incoerente com a redenção universal.

Reparação é um termo derivado da esfera legal, aplicado principalmente a coisas, de onde vem sua associação com pessoas. É a *plena compensação que o devedor faz ao credor.* Credor é aquele a quem alguma coisa é devida por outro homem, ou seja, o devedor sobre quem recai a obrigação de pagar ou restaurar aquilo que deve, antes de ficar livre mediante cancelamento legal de tal obrigação. O devedor deve fazer *reparação* do que é exigido por seu *credor* em virtude da obrigação. Por exemplo, se eu devo cem libras a certo homem, sou seu devedor por efeito do vínculo que me obriga perante ele. Essa será minha condição enquanto algo não for feito para recompensar o credor e levá-lo a cancelar a obrigação. A isso chamamos *reparação*. Assim, trata-se de um ato que sai da esfera das *coisas* e passa para a esfera *pessoal*. Dívidas pessoais são ofensas e faltas que, quando cometidas por um indivíduo, deixa-o sujeito a punições. O credor é aquele que aplica a punição ou cuida para que ela seja aplicada. Este é seu dever, a menos que seja feita uma reparação. Ora, a reparação pode ser feita de dois modos. Primeiro, pelo pagamento integral da *própria coisa* que gerou a obrigação, seja pela parte obrigada, seja por outra em seu lugar. Seu eu devo vinte libras a alguém, e meu amigo faz o pagamento, o credor fica plenamente satisfeito. Segundo, o pagamento pode ser feito por alguma coisa de outra espécie, não a mesma coisa objeto da obrigação. Se o credor aceitar o pagamento em outra espécie, disso resultará a liberdade da obrigação, não necessariamente, mas em virtude de um ato de favor.

No que diz respeito à reparação: Primeiro, o *devedor* é o *homem*; é ele quem deve dez mil talentos (Mt 18.24). Segundo, a *dívida* é o *pecado*: "... Perdoa-nos as nossas dívidas" (Mt 6.12). Terceiro, o que se exige em lugar do pecado, como reparação por ele, é a *morte*: "... porque no dia em que dela comeres, com certeza morrerás" (Gn 2.17). "O salário do pecado é a morte" (Rm 6.23). Quarto, a *obrigação* que detém e sujeita é a *lei:* "Maldito todo aquele..." (Gl 3.10; Dt 27.26); a justiça de Deus (Rm 1.32); e a verdade de Deus (Gn 3.3). Quinto, o *credor* que exige nosso pagamento é *Deus*, considerado a parte que sofreu a ofensa, Juiz severo e supremo Senhor de todas as coisas. Sexto, o que intervém para eliminar a obrigação é o *resgate* pago por Cristo: "... a quem Deus ofereceu como sacrifício propiciatório, por meio da fé, pelo seu sangue" (Rm 3.25).

Não prolongarei minha análise da reparação feita por Cristo além do necessário para esclarecer a presente questão. Com esse objetivo em mente, preciso fazer duas declarações:

Primeira, Cristo fez a reparação exigida. Segunda, a reparação que se efetuou devia ser seguida por um ato de Deus em relação ao homem, o devedor. Já mencionei que a palavra "reparação" não ocorre nesse sentido nas Escrituras, mas somente seu significado ou conceito (compensação de nossas dívidas feita por Cristo a Deus). Para que a reparação por nossos pecados fosse feita a Deus, a única exigência que ele deveria cumprir era se submeter à punição acarretada por esses pecados. Quando a dívida é o pecado, essa é a reparação que se exige. Ora, não há dúvida de que Cristo cumpriu essa exigência, pois "ele mesmo levou nossos pecados em seu corpo sobre o madeiro" (1Pe 2.24); "... com o seu conhecimento, o meu servo justo justificará a muitos e levará sobre si as maldades deles" (Is 53.11). A palavra נָשָׂא *(nasa),* também traduzida por "levar sobre si" (v. 12), encerra a ideia de retirar de nós a punição do pecado e tomá-la sobre si. Ela significa tudo o que a palavra *reparação* significa para nós. O mesmo se pode dizer de ἀνήνεγκεν, palavra usada por Pedro (1Pe 2.24) com esse sentido, porque na linguagem das Escrituras, levar a iniquidade é sofrer a punição que decorre dessa iniquidade (Lv 5.1). A isso chamamos *fazer reparação*. A ideia é ampliada pela declaração do modo pelo qual ele levou nossos pecados: "... ferido por causa das nossas transgressões e esmagado por causa das nossas maldades" (Is 53.5), que finaliza acrescentando o "castigo que nos traz a paz estava sobre ele". Todo castigo tem como objetivo instruir (νουθετική) ou servir de exemplo, punir e corrigir (παραδειγματική). O primeiro caso não se aplica a nosso Salvador, pois o Filho de Deus não precisava aprender por meio de uma coroa de espinhos. O objetivo, portanto, deve ter sido punir e corrigir por causa dos nossos pecados que estavam sobre ele. Assim, nossa paz ou libertação do castigo foram conquistadas.

Ademais, no Novo Testamento há diversas palavras e expressões aplicadas à morte de nosso Salvador, que ilustram o significado por nós pretendido com a palavra *reparação*. Temos um exemplo em Efésios 5.2, que usa a palavra προσφορά (Παρέδωκεν ἑαυτὸν προσφορὰν καὶ θυσίαν) — oblação ou sacrifício de expiação, conforme deixa claro o tipo de sacrifício com o qual ele é comparado (Hb 9.13,14). O mesmo se pode dizer da palavra hebraica אָשָׁם (*'asham*; Is 53.10; Lv 7.2): Ele "foi dado como oferta pelo pecado" — um sacrifício de expiação para a remoção do pecado. O apóstolo deixa isso muito claro ao afirmar que ele foi feito ἁμαρτία, "pecado" (2Co 5.21). "Pecado" é empregado como adjunto de castigo, o castigo devido ao pecado. Ele também é chamado ἱλασμός, "propiciação" (1Jo 2.2). Isso reflete o hebraico *chata'*, empregado em Gênesis 31.39 (אָנֹכִי אֲחַטֶּנָּה "Ego illud expiabam"), com o sentido de assumir uma dívida e fazer reparação por ela. Essa era a função daquele a quem Jó se refere como "Redentor" (*ga'al*; Jó 19.25).

Todos esses exemplos e diversos outros, que serão mais à frente parcialmente considerados, transmitem o exato sentido que damos à palavra *reparação*; os próprios atos de levar sobre si todo o castigo devido ao pecado e de se apresentar como oferta a Deus, a parte ofendida, foram motivos de maior agrado e prazer divinos se comparados ao desagrado e à ofensa de todos os pecados daqueles por quem ele se ofereceu e sofreu. E não há reparação mais completa que se possa fazer a qualquer pessoa do que aquela que lhe traz uma satisfação maior do que a ofensa e o dissabor a serem reparados. A obediência, a oferta e o sacrifício de seu Filho trouxeram a Deus um prazer maior do que o desprazer causado pelos pecados e pela rebeldia de todos os eleitos. É como se um rei bom sofresse a rebelião de seus súditos, que não querem que ele reine sobre eles, e por causa disso fosse movido a destruí-los. Mas o filho único do rei intercede e lhe pede que perdoe aos súditos. Para tanto, ele lhe apresenta como oferta uma grande conquista por ele realizada, implora ao rei que a aceite e se agrade dos pobres súditos, estendendo-lhes de novo seu favor. Ou, melhor ainda, se ele se oferecesse para sofrer o castigo que a justiça do rei havia reservado aos rebeldes e assim fosse submetido a tal castigo, fazendo uma reparação adequada pela ofensa cometida e obtendo para os súditos o perdão resultante da prática rigorosa da justiça. Este é Cristo, o *hircus,* ἀποπομπαῖος, o bode expiatório, que carregou e levou embora todos os pecados do povo de Deus, colocando-se debaixo deles, mas com a segurança de romper as cadeias da morte e viver para sempre. Ora, conforme já mencionei, há dois ângulos na reparação pela qual o devedor fica livre da obrigação que recai sobre ele. Um deles é a reparação *solutio ejusdem,* ou seja, o que é apresentado como pagamento é a mesma coisa que estava empenhada. A outra reparação é *solutio tantidem,* na qual o pagamento não é feito com a mesma coisa que havia sido empenhada, nem com algo equivalente a ela, mas unicamente pela aceitação graciosa do credor. Vale a pena examinar quais das duas foi a reparação feita por nosso Salvador.

Aquele[1] que muitos acham ter discutido esse argumento com grande exatidão nega que o pagamento feito por Cristo em nosso favor (por analogia, entenda-se por "pagamento" da dívida do pecado a punição devida a ele) tenha sido *solutio ejusdem,* ou seja, ele nega que o pagamento tenha sido feito com a mesma coisa que constituía a obrigação. Ele apresenta algumas razões, a saber: primeira, tal solução, reparação ou pagamento deve ser acompanhado por uma verdadeira isenção da obrigação. Segunda, se é feita uma reparação, não se pode falar de remissão ou perdão. Ele diz: "É fato que a libertação resulta da reparação; mas essa libertação não se dá mediante o perdão gracioso, pois não há necessidade de nenhum ato da graça. Mas a reparação feita por intermédio de alguma coisa que não constituía a obrigação pode ser aceita ou rejeitada, de acordo com a vontade do credor; se o que foi aceito não constituía a obrigação, então trata-se de um ato da graça. Essa é a reparação feita por Cristo (*solutio tantidem)*". Para ser franco, nenhuma dessas razões tem força suficiente para me convencer.

O primeiro argumento baseia-se em algo que não pode ser provado, a saber, que a reparação feita por Cristo não traz como consequência a real libertação

---

[1] A alusão é a Grotius, entre cujas obras teológicas variadas e elaboradas há um tratado intitulado *Defensio Fidei Catholicæ de Satisfactione Christi, contra F. Socinum.* A boa reputação de Grotius no Direito explica algumas referências de Owen ao discutir suas opiniões. (N. do E.)

da obrigação. Pela morte, ele nos livrou da morte, e isso é uma realidade, tanto que as Escrituras afirmam que os eleitos morrem e ressuscitam com ele. Ele realmente, ou *ipso facto*, nos livra da maldição, fazendo-se maldição em nosso lugar. E a escrita de dívida que havia contra nós, ou seja, toda a obrigação a que estávamos sujeitos, foi eliminada e cravada na cruz. É verdade que nem todos em favor dos quais ele fez reparação a apreendem e dela tomam consciência de forma instantânea. Isso seria impossível. Mas isso não impede que eles tenham todos os frutos de sua morte por direito, ainda que não os possuam de imediato. Eles não os podem ter enquanto não forem pelo menos informados. Se alguém pagar o resgate de um prisioneiro detido em um país estrangeiro, este terá direito à sua liberdade no mesmo dia em que o pagamento for feito e aceito. Mas ele não poderá usufruir dessa liberdade enquanto não for informado e enquanto não se expedir um alvará de soltura. Portanto, esse argumento não é nada mais que apelar a um falso pressuposto.

Segundo, a reparação feita por Cristo, pelo exato pagamento da coisa exigida, não vai contra o livre e gracioso perdão do pecado muitas vezes mencionado. O perdão gracioso dos pecados por parte de Deus abrange toda a dispensação da graça para nós em Cristo, a qual tem duas partes: *primeira*, a atribuição do nosso pecado a Cristo, ou o ato de fazê-lo pecado por nós; isso é uma pura manifestação da livre graça, algo que ele fez por amor a si mesmo. *Segunda*, a imputação graciosa da justiça de Cristo a nós, ou o ato de nos fazer justiça de Deus em Cristo. A graça e misericórdia estão igualmente atuantes nesse ato, e isso se explica pelo fato de o mérito do próprio Cristo ter como fundamento um pacto e uma aliança gratuitos. No entanto, a remissão, a graça e o perdão de Deus para os pecadores não se opõem aos méritos de Cristo, mas aos nossos. Ele nos perdoou a todos, mas não poupou seu único Filho nem diminuiu um centavo da dívida. Assim, a liberdade do perdão não se fundamenta em alguma imperfeição do mérito ou da reparação feita por Cristo, mas em três outros elementos: *primeiro*, a vontade de Deus, que declara gratuitamente essa reparação (Jo 3.16; Rm 5.8; 1Jo 4.9). *Segundo*, na aceitação graciosa da reparação decretada em nosso lugar, em favor de muitos, mas não mais que estes. *Terceiro*, na aplicação gratuita da morte de Cristo a nós.

Desse modo, a remissão não exclui a plena reparação por meio da própria coisa implicada na dívida, mas somente a reparação por aquele a quem o perdão e a remissão são concedidos. Assim, apesar de qualquer coisa que se diga ao contrário, a morte de Cristo fez reparação com aquilo que a dívida instituiu como exigência. Ele afastou a maldição "tornando-se maldição em nosso favor" (Gl 3.13); e nos libertou do pecado tornando-se "pecado" (2Co 5.21). Ele passou pela morte, para que pudéssemos ser libertos da morte. Toda a nossa dívida estava sob a maldição da lei, maldição que ele assumiu integralmente. As Escrituras tampouco se referem a algum relaxamento da pena, mas somente a uma troca de pessoas. Isto feito, Deus condenou o pecado na carne de seu Filho (Rm 8.3). Cristo assumiu o nosso lugar, fazendo assim reparação a Deus e dando satisfação por todo dano que a ele poderia advir do pecado e da rebelião daqueles em favor dos quais foi feita a reparação. A justiça divina foi violada, e Deus ofereceu Cristo "como sacrifício propiciatório" por nossos pecados, "para que ele seja justo e também justificador daquele que tem fé em Jesus" (Rm 3.25,26). Aliás, sua justiça foi demonstrada com toda clareza porque "o SENHOR fez cair a maldade de todos nós sobre ele" (Is 53.6). A lei de Deus foi transgredida; portanto, Cristo "é o fim da lei para a justificação" (Rm 10.4). Nossa ofensa e desobediência lhe trouxeram repulsa, mas ele se agradou plenamente da obediência de Cristo (Rm 5.17; Mt 3.17).

Ora, para esclarecer a natureza da reparação feita por Cristo, temos até aqui as seguintes evidências: a compensação que ele apresentou à justiça de Deus foi plena e valiosa, estendendo-se a todos os pecados daqueles pelos quais ele fez reparação e em favor dos quais sofreu o mesmo castigo, em virtude da dívida que pesava sobre eles, castigo que eles estavam obrigados a suportar. Quando digo "o mesmo castigo", quero dizer "essencialmente o mesmo" no que tange a seu peso e força, mas não nos aspectos de duração, pois era impossível que a morte o detivesse. Agora nos cabe analisar se a justiça de Deus permite que alguém pereça eternamente, se a reparação feita por Cristo foi tão completa e perfeita. Essa é a primeira coisa a ser considerada nessa questão.

Precisamos apreciar que ato de Deus é exercido em relação a nós ou em relação a nosso Salvador em toda essa questão. Ninguém nega que Deus como um todo seja a parte ofendida por nossos pecados. Sua lei é transgredida, sua glória é vilipendiada, sua honra é humilhada por nosso pecado. Ele diz: "Se eu sou pai, onde está a minha honra?" (Ml 1.6). A lei da natureza e o direito universal exigem que a parte ofendida seja recompensada de alguma forma pela injúria cometida pelo agressor. Sendo a parte ofendida, o Senhor deve ser visto sob dois aspectos: primeiro, no que *nos* diz respeito, ele é o credor, e nós, miseráveis devedores. Somos nós que lhe devemos os "dez mil talentos" (Mt 18.24). O Salvador nos ensinou a chamar nossos pecados de "dívidas" (Mt 6.12), e o Senhor exige que façamos o pagamento de nossa dívida. Segundo, no que diz respeito a *Cristo*, Deus se agradou em lançar sobre ele o castigo de todos nós e de nele fazer convergir nossas iniquidades, sem o poupar, mas exigindo de suas mãos o pagamento da dívida até o último centavo. Deus é considerado o supremo Senhor e Regente de todos, único Legislador e único detentor do poder de contemporizar sua própria lei, aceitando o nome de um fiador que assuma a dívida, que antes não estava lá, e então exigir desse fiador o total da dívida, pois somente ele tem poder sobre a vida e sobre a morte (Tg 4.12). Portanto, a morte de Cristo evidencia dois atos da parte de Deus: primeiro, um ato de justiça severa, como o credor que exige do devedor o pagamento da dívida. O pagamento da dívida constituída pelo pecado é o castigo, como já declarado: a reparação feita à justiça de Deus em qualquer ponto em que ela tenha sido violada. Em segundo lugar, evidencia-se um ato de soberania ou domínio supremo na transferência do castigo do devedor para o fiador, que por sua livre graça o próprio credor concedeu ao devedor: ele "não poupou nem o próprio Filho, mas, pelo contrário, o entregou por todos nós" (Rm 8.32). Por isso, há duas coisas que devemos observar:

1. Deus aceita o castigo imposto a Cristo à semelhança de um credor que aceita o que é devido. Ele não poupa o devedor, mas exige o pagamento de cada centavo. A bem da verdade, se a dívida é o castigo, não há um credor, pois "Delicta puniri publice interest" (a ofensa é punida pelo bem público). Mas esse castigo também é considerado um preço, de acordo com 1Coríntios 6.20, e o pagamento deve ser efetuado às mãos de algum credor, ou seja, às mãos de Deus. Por isso, as Escrituras afirmam que Cristo veio para fazer a vontade de Deus (Hb 10.9) e a este satisfazer (Jo 6.38). Parecem-me destituídos de força os argumentos apresentados por alguns que tentam provar que Deus, na condição de credor, não pode aplicar punição, nem por força de seu domínio supremo. Diversos são os argumentos apresentados por aquele cujo grande conhecimento jurídico e cujos termos usados poderiam lhe dar refúgio contra frágeis analistas como eu. Mas ele, que em outras ocasiões tem traído a verdade de Deus e corrompido sua palavra, não merece nossa aquiescência em qualquer coisa que seja, a não ser o que pode ser granjeado por força da razão. Assim, vejamos o que há de racional no que estamos agora considerando:

Primeiro, ele nos diz: "O direito de punir exercido pelo regente ou legislador não pode ser nem um direito de domínio absoluto, nem um direito de credor.

Isso se deve ao fato de que tais direitos de domínio e crédito são daquele que os detém e são exercidos em seu próprio bem; mas o direito de punir é um bem que pertence à comunidade".

Resposta: Quando nos referimos a Deus como credor nesse argumento, conforme pretendido nesse raciocínio, vemos que ele é desprovido de valor. Pois negamos existir alguma coisa nele, ou feita por ele, que não seja principalmente para o bem de si mesmo. Sua *autarkeia*, ou autossuficiência, impede que ele faça algo que, em última análise, não diga respeito a si mesmo. E quando ele diz que o direito de punir serve ao bem da comunidade, respondemos que o "bonum universi", o bem da comunidade, é única e tão somente a glória de Deus. Portanto, a distinção entre essas coisas não se aplica a Deus.

Segundo, ele acrescenta: "A punição não é em si mesma algo desejável, mas atende apenas ao interesse da comunidade. Ora, o direito do domínio e o direito do credor são elementos dignos e desejáveis em si mesmos, independentemente do objetivo comunitário ou público".

Resposta: primeiro, a comparação que se deve fazer não é entre a punição e o direito de domínio, mas entre o direito à punição e o direito ao domínio; o fato de um não deve ser comparado com o direito ao outro. *Segundo*, Deus não tem desejo algum que não seja por si mesmo. Supor a existência de um bem por si mesmo desejável a Deus é uma ideia intolerável. *Terceiro*, há alguns atos de domínio supremo que, em si mesmos, são tão pouco desejáveis quanto qualquer ato de punição como, por exemplo, a aniquilação de uma criatura inocente, que Grotius não haverá de negar, mas que pode ser praticado por Deus.

Em terceiro lugar, continua ele: "Sem incorrer em erro, qualquer um pode abdicar do direito ao domínio supremo ou ao crédito; mas o Senhor não pode se omitir a punir alguns pecados, tais como aqueles dos impenitentes".

Resposta: primeiro, em virtude de seu domínio supremo, Deus pode omitir a punição sem incorrer em erro nem trazer prejuízo à sua justiça. Imputar o pecado onde ele não existe e, por causa disso, aplicar o castigo, é um ato tão grandioso quanto não imputar pecado onde ele existe e eliminar a punição ou não a aplicar em face da não imputação. Ora, o primeiro desses atos foi praticado por Deus em relação a Cristo. Portanto, ele pode praticar o segundo em relação a nós. *Segundo*, o erro ou injustiça em deixar de punir qualquer pecado ou pecados não advém de alguma obrigação natural, mas de um ato categórico e afirmativo da vontade de Deus, segundo a qual ele assumiu o propósito de que assim o fará.

Em quarto lugar, ele diz: "Ninguém pode ser considerado justo por exercer seu direito ou soberania; mas Deus é considerado justo por punir ou não perdoar o pecado" (Ap 16.5).

Resposta: *primeiro*, não obstantes outras causas, nesta causa Deus pode certamente ser considerado justo por cobrar sua dívida ou usar seu domínio, porque sua vontade é a única regra de justiça. *Segundo*, não afirmamos que a punição seja um ato de domínio, mas de justa cobrança de uma dívida. Exigir de Cristo o pagamento em nosso lugar pressupõe a intervenção de um ato de domínio supremo.

Em quinto lugar, ele apresenta seu último argumento: "Pois a virtude que o leva a abdicar de seu domínio ou perdoar uma dívida se chama generosidade, mas a virtude pela qual ele abstém de punir se chama clemência. Assim, a punição não pode ser considerada um ato de cobrança de dívida ou de exercício de domínio".

Resposta: a virtude que leva alguém a abrir mão de cobrar o que lhe é devido, considerada sob todos os seus aspectos, não é sempre generosidade, pois, como o próprio Grotius confessa, é possível que uma dívida em favor de alguém seja consequência de um ataque à sua reputação, crédito ou nome, ataque feito mediante mentira, calúnia ou algum outro meio. Ora, nesse caso, o que leva uma pessoa a não exigir o pagamento para fins de reparação do dano não é generosidade, mas clemência ou a graça do evangelho, à qual os moralistas não atribuem nome. A mesma declaração se aplica a qualquer parte que sofreu a ofensa, que, mesmo tendo o direito de exigir que a punição seja aplicada, não exerce tal direito. Não obstantes tais exceções, o que fica muito perceptível na questão da reparação feita a Deus é que ele, como credor, exige o pagamento da dívida por meio da punição.

2. O segundo aspecto que fica nítido nessa questão é um ato de soberania e domínio que exige a punição de Cristo para que a dívida seja integralmente paga, e a lei, plenamente cumprida (Rm 8.3; 10.4).

Uma vez expostas essas verdades, podemos rapidamente perceber algumas consequências naturais por elas geradas: primeira, a dívida daqueles representados por Jesus Cristo foi integralmente paga a Deus, pagamento este que alcançou a extensão máxima da obrigação. A segunda consequência é que o Senhor, como justo credor, por força da plena equidade, deve cancelar a obrigação e suspender ações, processos e punições contra os devedores, uma vez que lhe foi paga a dívida em sua integridade. A terceira consequência é que a dívida paga não foi deste ou daquele pecado, mas de todos os pecados daqueles por quem e em cujo nome o pagamento foi feito (1Jo 1.7), conforme já pudemos demonstrar. Em quarto lugar, exigir um segundo pagamento de uma dívida já quitada não está em consonância com a justiça que Deus demonstrou ao enviar Cristo para ser propiciação por nossos pecados (Rm 3.25). Quinto, o devedor que pagou sua dívida tem o justo direito de ficar isento de qualquer outro ônus. O Senhor aceitou o pagamento feito por Cristo no lugar de todos aqueles pelos quais morreu e, por uma questão de justiça, deve conceder-lhes tal isenção, de acordo com a obrigação que, por sua livre graça, Cristo assumiu para si. A sexta consequência é o relaxamento da lei que, pelo poder supremo do legislador, foi efetuado em favor daqueles que deveriam sofrer a punição que deles era exigida. Tal punição foi de fato satisfeita, de modo que não mais pode ser imposta àqueles por quem Cristo morreu, pois é como se eles realmente tivessem prestado a obediência pela lei exigida (Rm 8.32-34).

Ora, pode-se discernir facilmente se tais coisas são coerentes com a lógica da redenção universal, pois são por si mesmas evidentes e se harmonizam com a doutrina da reparação feita por Cristo já discutida. Em primeiro lugar, se a dívida foi integralmente paga até o último centavo, como é possível que tantos estejam aprisionados por toda a eternidade, jamais dispensados de suas dívidas? Segundo, se o Senhor, na condição de justo credor, deve cancelar todas as obrigações e processos contra aqueles cujas dívidas foram pagas, por que sua ira continua a arder contra alguns por toda a eternidade? Ninguém venha me dizer que eles não se conduziram de modo digno do benefício conquistado, pois esse comportamento indigno faz parte da dívida integralmente paga, pois (como se vê na terceira inferência) tal dívida abrange todos os nossos pecados. Em terceiro lugar, será possível que Deus cobre de alguns um segundo pagamento e deles exija uma reparação que, como ele mesmo reconhece, Cristo fez de modo pleno e suficiente? Será que ele tem alguma pendência a cobrar que antes não tenha sido considerada? Por causa da dívida que estava diante de si, ele não poupou nem seu próprio Filho (Rm 8.32). Quarto, como é possível que Deus não dê quitação a um número incontável de almas, embora suas dívidas tenham sido pagas? Em quinto lugar, será que alguma pessoa pode viver e morrer sob o poder de condenação da lei, jamais dispensada, se houve plena reparação por sua dívida, como se ela mesma tivesse cumprido quaisquer exigências que lhe tivessem sido impostas? Quem puder, concilie essas coisas. Não serei nenhum Édipo para ninguém. Já examinei as frágeis e deficientes distinções que tentam conciliar essas coisas. O mesmo digo da reparação feita por Cristo.

8

Digressão sobre o conteúdo de uma conferência acerca da reparação feita por Cristo

Na época em que eu estava escrevendo o último argumento derivado da reparação de Cristo, um senhor chegou ao lugar onde moro (cujo nome e demais dados manterei ocultos em respeito à sua modéstia). Os que tiveram a oportunidade de ouvi-lo falar em particular sobre os sofrimentos de Cristo ficaram com a impressão de que ele estava diminuindo, até mesmo subvertendo, a reparação feita por Cristo. Percebendo o perigo da consequência que aquilo poderia gerar e para evitar outras dificuldades, resolvi me opor com clareza e rapidez. Um pouco depois, me dispus a travar uma discussão e debate (conforme o desejo dele) sobre o assunto. Levado pela calma e sobriedade de espírito próprias dos que buscam e amam a verdade, logo percebi o que ele pensava a respeito da questão, mas também o fundamento e causa única de seu equívoco, a saber:

O amor eterno e imutável de Deus por seus eleitos induziu-os a uma condição que não lhes viabilizava a reparação feita por eles, cujo fim era eliminar a ira sob a qual se achavam e fazer propiciação por seus pecados. Como se tratava de um amor pré-existente e eterno, faltava-lhes apenas uma clara manifestação desse amor. Mediante tal manifestação, eles poderiam ser libertos de todo terror, das trevas, da culpa e do medo, que lhes habitavam a consciência pelo fato de não entenderem esse amor, condição a que foram submetidos por causa da queda de Adão. Ora, para eliminar esse estado de coisas, Jesus Cristo foi enviado para manifestar e declarar a eterna boa vontade de Deus para com eles. Assim, ele levou sobre si os pecados deles, eliminando-lhes da consciência essa visão errada sobre Deus e sobre a própria condição em que se encontravam por efeito do pecado. Cristo não fez reparação à justiça de Deus por seus pecados, pois Deus estava eternamente satisfeito com eles. A suma desse raciocínio é esta: a eleição é afirmada em detrimento da redenção. O que se seguiu à nossa conferência, com o êxito obtido pela bênção divina, da minha parte, ficará na mente e no juízo feito pelos que a ouviram. A única motivação que tive foi beneficiar esses ouvintes. As questões em si têm, em primeiro lugar, grande peso e importância, além de serem particularmente do interesse de todos os cristãos. Em segundo lugar, elas contêm um misto de verdade inequívoca e de erros não menos inequívocos, proposições verdadeiras e falsas inferências, afirmações de certezas necessárias com a consequente exclusão de outras não menos necessárias. Em terceiro lugar, elas dizem diretamente respeito ao assunto sob nossa consideração. Declararei e confirmarei brevemente toda a verdade inerente a essa questão, na medida em que ela foi viabilizada pelo exercício e pelo debate já mencionados. Começarei com a primeira parte dela, que diz respeito ao amor eterno de Deus por seus eleitos, juntamente com o estado e a condição em que foram colocados por ele. Podemos observar os seguintes pontos:

Primeiro, o que agora é transformado por alguns em uma nova doutrina da livre graça é, na realidade, uma objeção a ela. Sua essência é que a reparação feita por Cristo não é necessária por força da eleição eterna. Essa objeção foi feita algumas vezes a Austin (Agostinho) pelos hereges pelagianos diante de sua explanação e defesa de tal doutrina. A mesma objeção, refeita por outros, é refutada por Calvino (*Institutas*, livro 2, cap. 16). Outros estudiosos já a haviam refutado a seu próprio modo, a exemplo de Tomás de Aquino (parte 3, questão 49, artigo 4). Todavia, não obstante a falta de sentido óbvia e apesar das muitas respostas sólidas que há muito tempo a haviam refutado, os arminianos, no Sínodo de Dort, retomaram a questão com muita avidez e a colocaram encabeçando seus argumentos contra a redenção efetiva dos eleitos mediante Jesus Cristo. Ora, aquilo que constituía apenas uma objeção em seus argumentos é retomado por alguns na condição de verdade. A absurda consequência disso é tida como boa e justa, e sua conclusão é sustentada como necessária, tudo com base na afirmação da eleição e na negação da reparação feita por Cristo.

Segundo, repare que existe necessidade de separação entre coisas que se opõem uma à outra como eleição e reprovação: "Amei a Jacó, mas rejeitei a Esaú" (Rm 9.13). De um lado, os homens são "destinados para a vida eterna" (At 13.48); de outro, são "destinados para o juízo" (Jd 4). Ora, são os eleitos são justificados, santificados e salvos pelo simples fato de que assim Deus havia decretado e, portanto, eles de nada precisam a não ser da manifestação dessa verdade, então o mesmo se pode afirmar dos réprobos. Assim que se tornam definitivamente impenitentes, condenados e queimados, eles não precisam de nada, a não ser da manifestação dessa verdade. Verifique-se a veracidade disso consultando-se toda a dispensação de Deus para com eles.

Terceiro, pense no que é o amor eterno de Deus. Por acaso se trata de um sentimento em sua natureza eterna comparável ao amor em nossa natureza? Tal conceito constituiria uma blasfêmia. Sua natureza santa e pura, na qual não há variação nem sombra de mudança, não está sujeita a nenhuma paixão e, portanto, é um ato eterno de sua vontade e nada mais que isso. Nas Escrituras, este ato da vontade divina é chamado como algo de seu "agrado" (Mt 11.26, ARA), "propósito de Deus segundo a eleição" (Rm 9.11) e "fundamento de Deus" (2Tm 2.19). Ora, todos os atos eternos da vontade de Deus lhe são imanentes e dele não podem se diferenciar; o que está em Deus é Deus. Por isso, esses atos não atribuem nada à natureza da criatura nem lhe causam mudança alguma; aliás, eles não produzem efeito até que sejam viabilizados por um ato externo do poder de Deus. Por exemplo, Deus decretou desde a eternidade que criaria o mundo, mas sabemos que este foi criado há apenas cinco mil e quinhentos anos. Mas vós direis: "O mundo foi criado segundo o propósito de Deus". Ou seja, digo eu, ele assumiu o propósito de criá-lo. Assim também, ele assumiu o propósito de que haverá um dia de juízo; mas de fato esse dia de juízo já existe? Deus assumiu o propósito de que, em Cristo, justificará e salvará tais e tais pessoas; estão elas justificadas porque Deus assim se propôs a fazer? É verdade, elas *serão* justificadas, porque este é seu propósito, mas negamos que já estejam. É inevitável que a fruição de qualquer coisa seja consequência do propósito divino, assim como a certeza de sua concretização, mas não sua real existência. No princípio, quando o Senhor se pôs a criar o mundo, não havia mundo; assim, quando ele concede fé a um homem e de fato o justifica, ele não estará justificado enquanto Deus não houver agido em conformidade com seu propósito. Resumindo:

Primeiro, o amor eterno de Deus para com seus eleitos não passa de seu propósito, de seu beneplácito, de um puro ato de sua vontade, pelo qual ele determina tais e tais coisas em favor deles em seu próprio tempo e a seu modo. *Segundo,* nenhum propósito de Deus ou nenhum ato eterno de sua vontade tem algum efeito externo ou muda a natureza e a condição da coisa à qual seu propósito diz respeito, mas apenas tornam o evento e sua concretização necessários a tal propósito. *Terceiro,* a ira de Deus sob a qual os pecadores se encontram não é uma emoção divina, mas somente os efeitos externos da ira, tais como culpa, escravidão etc. *Quarto,* um ato do amor eterno de Deus, que lhe é imanente, não isenta a criatura da condição na qual ela se encontra, sob a ira divina, enquanto algum ato temporal da livre graça realmente não mudem seu estado e condição. Por exemplo, tendo em seu poder a massa da humanidade, à semelhança do barro na mão do oleiro, Deus determina fazer alguns vasos para honra, para o louvor de sua graça gloriosa. Outros ele faz para desonra, para manifestação de sua justiça vingadora. Com esse fim, submete-os à queda em pecado e à culpa da condenação, pelas quais todos passam a ser responsáveis perante sua ira e maldição. O propósito divino de salvar alguns não os isenta nem livra da mesma condição dos demais no que toca à verdade e ao estado em que se acham, não até que algo seja feito para os aproximar de Deus. Assim, apesar de seu propósito eterno, sua ira, no que tange a seus efeitos, permanece sobre eles, até que esse propósito eterno se manifeste em algum ato distintivo da livre graça. Isso fica mais nítido nos seguintes argumentos:

1. Se o pecador de nada carece com vista à aceitação e paz, mas somente a manifestação do amor eterno de Deus, então a justificação do evangelho não passa de uma apreensão do decreto e do propósito eternos de Deus. Mas isso não pode ser depreendido das Escrituras, ou seja, que uma pessoa é justificada por Deus ganhando consciência do decreto divino de eleição; ou que a justificação de um homem é a apreensão desse decreto, propósito ou amor. Onde se encontra algo assim na Palavra de Deus? Verdade seja dita, tal conhecimento é revelado aos crentes justificados e, portanto, está à disposição dos santos: "... o amor de Deus foi derramado em nosso coração pelo Espírito Santo que nos foi dado" (Rm 5.5), mas isso acontece depois de serem eles "justificados pela fé" e terem "paz com Deus" (v. 1). Os crentes devem se esforçar "cada vez mais por firmar vosso chamado e eleição"; mas dizer que a justificação consiste em tal conhecimento é uma ideia estranha. Nas Escrituras, a justificação é um ato de Deus, pelo qual o ímpio, quando crê, é absolvido da culpa do pecado e a ele se atribui a justiça de Cristo, uma justiça suficiente. É assim que Deus "justifica o ímpio" (Rm 5.5), mediante "a justiça de Deus por meio da fé em Jesus Cristo para todos os que creem" (3.22), fazendo com que Cristo se torne justiça para os que eram pecaminosos em si mesmos. Mas essa manifestação do amor eterno não constitui fundamento para se afirmar uma forma de justificação, embora a justificação encerre algum senso e percepção do amor de Deus.

2. As Escrituras deixam claro que, antes da reconciliação, todos os homens se encontram na mesma condição e estado, sem diferença entre um e outro.

O Senhor reserva a si mesmo o propósito distintivo da alteração que ele fará por meio de sua livre graça: "Não há quem faça o bem, nem um sequer" (Rm 3.12); pois "já demonstramos que tanto judeus como gregos estão todos debaixo do pecado" (v. 9). A humanidade inteira está na mesma condição e no mesmo estado. Esta verdade não é afetada pela relação entre os seres humanos e os decretos eternos; "para que toda boca se cale e todo o mundo fique sujeito ao julgamento de Deus" (Rm 3.19) — ὑπόδικος. "Pois, quem te faz diferente dos demais? E o que tens que não tenhas recebido? (1Co 4.7). Em se tratando de condição e estado, toda distinção resulta da graça de Deus, pois até os que creem eram "por natureza filhos da ira, assim como os demais" (Ef 2.3). Uma só é a condição de todos os homens durante seu estado não regenerado. O propósito de Deus quanto à diferença que será estabelecida é atribuído a ele próprio. Pergunto agora se os réprobos nessa condição sofrem os efeitos da ira de Deus. Se disserdes "não", quem vos dará crédito? Nesse caso, por que não também os eleitos? A mesma condição tem as mesmas características. Provamos não haver uma verdadeira diferença. Produza-se alguma diferença com existência real ou a causa estará perdida.

3. O que significa estar debaixo dos efeitos da ira de Deus de acordo com o que declaram as Escrituras? Estão os eleitos imunes a eles antes de serem de fato chamados? Ora, isso consiste em várias coisas: 1. Estar em um estado de alienação de Deus que torne inaceitáveis quaisquer coisas que lhe sejam oferecidas: "Até a oração de quem se desvia de ouvir a lei é detestável" (Pv 28.9). 2. Não ter nenhum prazer exterior santificado, mas considerar impuras todas as coisas (Tt 1.15). 3. Estar debaixo do poder de Satanás, que domina a seu bel-prazer os filhos da desobediência (Ef 2.2). 4. Ter medo da morte (Hb 2.15). 5. Estar debaixo da maldição e condenação da lei (Gl 3.13). 6. Estar sujeito ao julgamento de Deus, culpado de morte e condenação eternas (Rm 3.19). 7. Estar debaixo do poder e domínio do pecado, que neles reina (Rm 6.19). Essas coisas e outras semelhantes a elas são o que chamamos de efeitos da ira de Deus.

Que alguém me diga quais são as demais coisas desta vida às quais os réprobos estão sujeitos. Por acaso os eleitos não estão sujeitos às mesmas coisas, até que sejam reconciliados em Cristo e por Cristo? 1. Será que suas orações não são uma abominação ao Senhor? Podem eles sem fé agradar a Deus (Hb 11.6)? E partimos do princípio de que eles não têm fé, pois, se a tivessem, estariam verdadeiramente reconciliados. 2. Por acaso as coisas em que os réprobos têm prazer são santificadas? Há alguma coisa santificada que não guarde relação com a fé? Veja 1Coríntios 7.14. 3. Não estão eles debaixo do poder de Satanás? Se não estão, como é possível que Cristo venha, neles e por eles, para destruir as obras do Diabo? Por acaso ele não veio para livrar os seus daquele que tem o poder da morte, a saber, o Diabo (Hb 2.14; Ef 2.2.)? 4. Não estão eles dominados pelo medo da morte? O apóstolo afirma estarem todos eles nessa condição, até que sejam de fato libertos por Jesus Cristo (Hb 2.14,15). 5. Não estão eles debaixo da maldição da lei? Como são eles libertos? Por Cristo, que se fez maldição por eles (Gl 3.13). 6. Não estão eles sujeitos a julgamento e culpados de morte eterna? Por que, então, Paulo afirma não haver diferença entre eles, mas todos estão sujeitos ao julgamento de Deus e perante ele são culpados (Rm 3.9)? Por que ele afirma que Cristo os salva dessa ira, a qual, no que tange ao mérito, lhes sobreviria (Rm 5.9; 1Ts 1.10)? 7. Não estão eles sob o domínio do pecado? Paulo diz: "Mas graças a Deus porque, embora tendo sido escravos do pecado, obedecestes..." (Rm 6.17). Em suma, as Escrituras são copiosas ao atribuir toda depravação e ira à falta de reconciliação dos eleitos de Deus, até que eles, de fato, sejam contemplados pela libertação operada por Cristo.

Mas há alguns que creem poder com uma só palavra refutar tudo o que dissemos; dizem eles que tais coisas são assim apenas na percepção dos eleitos, mas não em si mesmas. Mas se elas são assim apenas na percepção dos eleitos, por que são diferentes para todos os demais? As Escrituras não fazem distinção alguma entre eles. Se é assim para os demais, que possam perceber o mais rápido possível, e tudo ficará bem para o mundo todo, que está desgraçadamente cativo de uma falsa percepção de sua própria condição. Digam eles que as Escrituras são uma fábula e que a ira do Todo-Poderoso é um fantasma que assusta crianças. Se o pecado é apenas um conceito, que conformem suas palavras a seus caprichos blasfemos. As palavras de alguns corroem como feridas.

4. Dentre as passagens específicas das Escrituras, que poderiam ser apresentadas em grande número, basta-me mencionar somente uma: "... quem, porém, mantém-se em desobediência ao Filho [...] sobre ele permanece a ira de Deus" (Jo 3.36). Ela permanece: ali estava e ali ficará, se persistir a incredulidade, mas é retirada quando cremos. "Mas, por acaso, o amor de Deus não é imutável, por meio do qual seremos libertos de sua ira?" Alguém está negando isso? Por acaso o aprendiz já está desobrigado porque assim estará ao fim de sete anos? Deus se propôs a libertar os seus no tempo que estipular, e ele os libertará, mas eles não estarão livres antes da ação divina. "Mas, por acaso, não estamos todos nós em

Cristo desde a eternidade?" Sim, estamos, mas na condição de escolhidos nele; portanto, nele, em certo sentido. Mas, como? Exatamente como estamos. O fato é que homem algum pode estar em Cristo enquanto não estiver de fato nele. Como estamos em Cristo desde a eternidade? Somos, por acaso, eternos? Não, mas desde a eternidade o propósito de Deus é que seremos eternos. Isso nos torna eternos? Absolutamente, não! Nosso começo é recente; o estar em Cristo diz respeito apenas ao propósito e, portanto, desse propósito é possível apenas inferir que seremos eternos.

Dito isso, espero que fique claro a todos como é deplorável e distorcida a consequência do argumento do decreto divino da eleição em detrimento do mérito e da reparação feita por Cristo; a redenção viabilizada por Jesus Cristo é, na verdade, o principal meio de realização do propósito, a vontade do Senhor que prospera em suas mãos. Sim, o argumento pode ser refutado, κατὰ τὸ βίαιον, e se manterá inegável, por outro lado, dada a natureza evidente da consequência, desde o propósito divino de salvar os pecadores até a reparação feita por Cristo em favor desses pecadores. O mesmo ato da vontade de Deus, que nos separou desde a eternidade para recebermos todas as bênçãos espirituais nos lugares celestiais, também separou Jesus Cristo para ser aquele que adquire e conquista todas essas bênçãos espirituais, fazendo também assim reparação por todos os pecados dos beneficiários das bênçãos.

9

Segunda parte da digressão anterior — argumentos que provam a reparação feita por Cristo

I. Se Cristo tomou sobre si nossos pecados, que sobre ele foram impostos por Deus, tendo sido submetido em nosso lugar ao castigo deles derivado, então ele fez reparação à justiça de Deus por eles, de modo que os pecadores fossem libertos; mas Cristo tomou sobre si e carregou nossos pecados, os quais lhe foram impostos, de modo que sofreu o castigo reservado aos pecadores, e fez isso em nosso lugar; portanto, ele fez reparação à justiça de Deus por eles. A consequência dessa proposição é nítida e já foi provada. Essa premissa é constituída de três partes a serem individualmente confirmadas: primeira, Cristo tomou e levou sobre si nossos pecados, e Deus os colocou sobre ele. Segunda, ele os tomou para submeter-se ao castigo que a eles era devido. Terceira, ele fez essas coisas em nosso lugar.

Quanto à primeira parte, ele tomou e levou sobre si nossos pecados, conforme João 1.29: Ὁ αἴρων¹ etc., "... que tira o pecado do mundo"; 1Pedro 2.24: Ὃς ἀνήνεγκεν, "... levou nossos pecados em seu corpo"; Isaías 53.11: הוּא יִסְבֹּל, "levará sobre si as iniquidades deles"; e versículo 12: נָשָׂא, "levou sobre si o pecado de muitos". Igualmente nítida é a declaração de que Deus colocou sobre ele ou lhe impôs nossos pecados: "O Senhor, הִפְגִּיעַ, fez cair sobre ele a iniquidade de todos nós"; e 2Coríntios 5.21: Ἁμαρτίαν ἐποίησε, "Ele o fez pecado por nós".

A segunda parte é que, assim fazendo, o Salvador foi submetido ao castigo devido aos pecados que ele carregou, os quais foram colocados sobre ele. A morte e a maldição da lei contêm a integralidade do castigo devido ao pecado: מוֹת תָּמוּת, "morrendo, morrereis", é o teor da ameaça. O que entrou pelo pecado foi a morte (Rm 5.12), palavra que, nessas passagens, abrange toda a miséria decorrente de nossas transgressões. Ela também está abrangida pela maldição da lei: "Maldito aquele que não confirmar as palavras desta lei, para as cumprir"

---
¹ *Aufert, sustulit, tulit.*

(Dt 27.26). É inegável que todos os males da punição, sejam eles quais forem, estão aqui incluídos. Ora, ao levar sobre si nossos pecados, Jesus Cristo submeteu-se a ambas as coisas: pois, "pela graça de Deus, ele provou a morte" (Hb 2.9), "livrando da morte por meio da morte" (v. 14). Ele não foi "poupado, mas entregue à morte por nós" (Rm 8.32). Da mesma forma, a maldição da lei: "... tornando-se maldição, Γενόμενος κατάρα, em nosso favor"; e ἐπικατάρατος, "maldito". Isso fez Deus submetendo-o ao castigo que estava na morte e maldição: por causa destas "foi da vontade do SENHOR esmagá-lo e fazê-lo sofrer" (Is 53.10). E οὐκ ἐφείσατο, "não poupou" (Rm 8.32), mas "condenou em sua carne o pecado" (Rm 8.3). Resta-nos agora demonstrar que ele fez tudo isso em nosso lugar, e o argumento estará ratificado em sua totalidade.

Ora, o próprio Salvador deixa isso muito claro em Mateus 20.28; ele veio δοῦναι τὴν ψυχὴν αὐτοῦ λύτρον ἀντὶ πολλῶν, "dar a vida em resgate por muitos". A preposição ἀντὶ sempre pressupõe uma comutação, a troca de algo ou alguém por outra coisa ou pessoa, conforme declararemos mais adiante; cf. Mateus 2.22; também 1Timóteo 2.6; 1Pedro 3.18: "Ele sofreu por nós, o justo pelos injustos"; e Salmos 69.4: "Eu restituí (ou paguei) o que não tomei" — a saber, nossa dívida, de modo que, por isso, estamos dela desobrigados, segundo Romanos 8.34, onde se afirma, com base nesse mesmo fundamento, que ele morreu em nosso lugar. Assim se ratificam as diversas partes deste primeiro argumento.

II. Se, na condição de nosso fiador, Jesus Cristo pagou ao Pai um alto preço e o resgate pelos nossos pecados, desobrigando-nos assim da dívida que era nossa, para que pudéssemos ser libertos, então ele sofreu o castigo devido aos nossos pecados e por eles fez reparação à justiça de Deus (pois o pagamento desse resgate equivale a tal reparação).

A segunda premissa, ou proposição, é a prova de quatro verdades. Primeira, Cristo pagou o preço e o resgate. Segunda, ele pagou diretamente ao Pai. Terceira, ele atuou como nosso fiador. Quarta, o objetivo era que fôssemos libertos. Para cada uma dessas afirmações agora passamos a apresentar provas.

Primeira, tal afirmação é feita pelo próprio Salvador (Mt 20.28). Ele veio "dar a vida, λύτρον", em resgate ou preço da redenção "por muitos" (Mc 10.45). Paulo refere-se a isso como ἀντίλυτρον (1Tm 2.6), resgate a ser aceito no lugar de outro. Por isso, fomos libertados, διὰ τῆς ἀπολυτρώσεως, "por meio da redenção que há em Cristo Jesus" (Rm 3.24). "Pois fostes comprados por preço" (1Co 6.20); e o preço foi seu próprio sangue (At 20.28), superior a prata e ouro, na obra da redenção (1Pe 1.18). Assim, deixamos mais do que clara e evidente esta primeira parte.

Segunda, ele pagou o preço diretamente ao Pai. Para que houvesse libertação do cativeiro, alguém deveria receber um pagamento, que precisaria ser feito ao juiz ou ao carcereiro, isto é, a Deus ou ao Diabo. Afirmar que o pagamento foi feito ao Diabo seria uma imensa blasfêmia, pois Satanás deve ser conquistado, jamais receber algum tipo de reparação. As Escrituras deixam clara a primeira opção: a "ira" de Deus estava sobre nós (Jo 3.36). É Deus quem havia "encerrado a todos debaixo do pecado" (Gl 3.22). Ele é o supremo credor a quem a dívida deve ser paga (Mt 18.23-34). Ele é o único "legislador, que pode salvar e destruir" (Tg 4.12). As Escrituras estão repletas de exemplos que indicam que o pagamento do resgate foi feito ao Pai; sua morte e seu sangue derramado são προσφορά e θυσία, "oblação e sacrifício" (Ef 5.2); sua alma é אָשָׁם, sacrifício ou "oferta pelo pecado" (Is 53.10). Ora, certas ofertas e sacrifícios devem ser dirigidos somente a Deus.

Em terceiro lugar, Hebreus 7.22 confirma que ele é nossa garantia. Ele se tornou ἔγγυος, uma "garantia de uma aliança melhor"; no cumprimento do dever que lhe foi imposto como tal, "pagou o que não havia tomado" (Sl 69.4). Tudo isso não poderia levar a outro resultado que não fosse nossa libertação.

III. Expiar o pecado e reconciliar Deus com os pecadores é, na verdade, fazer reparação à justiça de Deus pelo pecado e tudo o que se entende como consequência disso; mas Jesus Cristo, por meio de sua morte e pela oblação, fez expiação pelo pecado e reconciliou Deus com os pecadores; consequentemente:

A primeira proposição é evidente em si mesma; a premissa se confirma em Romanos 3.24,25. Somos justificados gratuitamente pelo pagamento do resgate feito por Cristo, a quem Deus estabeleceu como ἱλαστήριον, propiciação, expiação, um propiciatório, a liquidação da iniquidade, para a manifestação de sua justiça (εἰς ἔνδειξιν τῆς δικαιοσύνης), decretada e executada pela expiação. Além disso, em Hebreus 2.17 ele é chamado "sumo sacerdote misericordioso", εἰς τὸ ἱλάσκεσθαι τὰς ἁμαρτίας τοῦ λαοῦ, "a fim de fazer reconciliação pelos pecados do povo", para reconciliar Deus com o povo, com o seguinte significado das palavras ἱλάσκεσθαι τὸν Θεὸν περὶ τῶν ἁμαρτιῶν τοῦ λαοῦ, reconciliar a Deus, que sofreu a ofensa dos pecados do povo; tal reconciliação é por nós "recebida" (Rm 5.11; a palavra καταλλαγή é traduzida por "expiação" na versão King James original). E todas essas coisas são conquistadas δι' ἑνὸς δικαιώματος, por uma justiça ou reparação, ou seja, a de Cristo (esse sentido não é o mesmo transmitido pela tradução comum "pela justiça de um", pois para isso as palavras deveriam ser διὰ δικαιώματος τοῦ ἑνός). Assim fomos libertados da condenação da qual, de outro modo, teria sido impossível alcançar libertação (Rm 8.3).

IV. Foi disso que consistiu o exercício do ofício sacerdotal de Jesus Cristo enquanto ele estava neste mundo, fato que não pode ser rejeitado ou negado sem que se incorra em grande erro. Mas o exercício do ofício sacerdotal de Jesus Cristo neste mundo consistiu nisto: sofrer o castigo devido aos nossos pecados, fazer expiação diante de Deus, submetendo-se à sua ira e reconciliá-lo com os pecadores com base na reparação feita à sua justiça; portanto nada disso pode ser negado sem que se incorra em grande erro.

Não há dúvida de que o exercício do ofício sacerdotal de Cristo consistiu no que acabamos de relatar. Primeiro, por causa de todos os tipos e sacrifícios que o prefiguraram, cuja finalidade última era a propiciação e a expiação; segundo, pela própria natureza do ofício sacerdotal, ou seja, oferecer sacrifícios, Cristo não tinha nada a oferecer que não fosse seu próprio sangue, por meio do Espírito eterno. Terceiro, há inúmeros e diversos textos bíblicos que confirmam a mesma realidade. Seria muito demorado tratar individual e detalhadamente dessas passagens; portanto, dar-me-ei por satisfeito com um ou dois textos que abrangem tais testemunhos: "... se o sangue de touros e bodes [...] quanto mais o sangue de Cristo, que, imaculado pelo Espírito eterno, ofereceu a si mesmo a Deus?". Aqui, a morte de Cristo é colocada em contraste com os sacrifícios de expiação feitos pelo sangue de touros e bodes, exaltada acima desses sacrifícios dos quais ela é um antítipo. Assim, pelo menos espiritualmente, ela tem o efeito que eles, como tipos, tinham de uma perspectiva apenas física, a saber, livrar da culpa do pecado mediante a expiação. Neles, a vida e o sangue do sacrifício eram aceitos em lugar do ofertante, que deveria morrer por ter transgredido a lei, segundo seu próprio rigor, mas o sangue de Cristo foi aceito como expiação e propiciação em nosso favor, sendo ele mesmo sacerdote, altar e sacrifício. Hebreus 10.10-12 afirma expressamente que ele, em lugar dos sacrifícios antigos, ineficazes e carnais, que não tinham a capacidade de aperfeiçoar o ofertante, apresentou seu próprio corpo como sacrifício pelos pecados, para remissão e perdão dos pecados, por meio da oferta que fez de si mesmo, conforme o versículo 19. Pela realização desse sacrifício, afirmamos que nosso Salvador sofreu a ira de Deus que cabia a nós sofrermos. Como há quem conteste essa verdade, eu a confirmarei rapidamente, apresentando as seguintes razões:

Primeira, a punição consequente do pecado é a ira de Deus: "A ira de Deus se revela contra toda impiedade" (Rm 1.18); "... dia da ira e revelação do justo julgamento de Deus" (Rm 2.5); "filhos da ira" (Ef 2.3; Jo 3.36). Mas Jesus Cristo sofreu a punição resultante do pecado: "Feito pecado por nós" (2Co 5.21); "a iniquidade caiu sobre ele"; "levou nossos pecados em seu corpo sobre o madeiro" (1Pe 2.24). Portanto, ele sofreu a ira de Deus.

Segunda, a maldição da lei é a ira de Deus sofrida passivamente (Dt 29.20,21). Mas Jesus Cristo sofreu a maldição da lei: "... tornou-se maldição em nosso favor" (Gl 3.13), maldição sob a qual se encontram os que não estão em Cristo, os que "são das obras da lei", (Gl 3.10). Portanto, ele sofreu a ira de Deus.

Terceira, a morte que deve cair sobre os pecadores é a ira de Deus. Jesus Cristo experimentou a morte que estava reservada aos pecadores, pois morreu como "nosso fiador" (Hb 7.22) e em nosso lugar (Mt 20.28). Por isso, ele experimentou medo (Hb 5.7); agonia (Lc 22.44); aflição e angústia (Mc 14.33); abandono (Mt 27.46); tristeza, opressão e pressões inexprimíveis (Mt 26.37-39).

V. Nenhuma doutrina que abale as raízes da fé evangélica e arranque o fundamento de todo o grande consolo que Deus tanto deseja que recebamos pode ser verdadeira ou aceitável, a exemplo da doutrina que nega a reparação feita por Cristo, a resposta que ele deu à justiça e a ira do Pai à qual ele se submeteu. Isso faz com que a pobre alma se assemelhe à pomba que Noé soltou e que, angustiada, não tinha onde pousar. Quando a alma, desacreditada de sua justiça própria, começa a contemplar o horizonte, à procura de descanso no céu e na terra, mas enxerga um oceano, um dilúvio, uma inundação da ira, que cobre o mundo todo, a ira de Deus que se revela do céu contra toda iniquidade, de modo que não há como achar refúgio nem descanso — tendo acima de si o céu, que não pode ser alcançado voando sozinha, e abaixo o inferno, ao qual ela não quer descer — ora, se o Senhor Jesus Cristo não surgir como uma arca no meio das águas, sobre a qual caiu o dilúvio, mas que se mantém sobre a superfície como refúgio, o que poderá ela fazer? Quando caiu o dilúvio, havia muitas montanhas que encantavam os olhos, mais altas do que a arca; mas todas elas submergiram, ao passo que a arca se manteve sobre as águas. Muitos montes e montanhas de justiça própria e de misericórdia geral, à primeira vista, parecem à alma mais altos que Jesus Cristo, mas quando o dilúvio da ira chega e se espalha, todas as montanhas são rapidamente cobertas; apenas a arca, o Senhor Jesus Cristo, embora o dilúvio tenha chegado também sobre ela, consegue se manter na superfície e dar segurança aos que nele descansam.

Pergunto agora às pobres almas que sempre estiveram à deriva e debaixo do medo da ira futura se encontraram algum refúgio enquanto não chegaram a este ponto: Deus não poupou seu único Filho, mas o entregou à morte em nosso favor; e o fez pecado por nós, de modo que derramou todos os pecados de todos os eleitos no cálice que ele estava para beber; para que a ira e o dilúvio que eles temiam caíssem sobre Jesus Cristo (mas agora, a exemplo da arca, ele está acima deles, de modo que, chegando-se a ele, pudessem estar a salvo). A tormenta foi de Jesus Cristo, mas a segurança será deles. Assim como foi sobre a arca que caiu toda a água que teria caído sobre os que estavam dentro dela, preservando-os sãos e salvos, também toda a ira que teria caído sobre eles caiu sobre Cristo; qual a única causa da segurança dessas almas? Por acaso não estão aqui nossa base, fundamento e lugar de descanso? Se a resposta for não (refiro-me à essência dele), temo que nossos fundamentos estejam podres. O que diríamos se alguém chegasse e nos tirasse da arca, dando-nos em seu lugar uma tábua podre para que nadássemos pelas águas da ira? É tarde demais para dizer que não há ira alguma que devamos receber; a palavra da verdade e nossa própria consciência nos dizem outra coisa. "O salário do pecado é a morte", não importa em quem ele seja encontrado; o pecador deve morrer, não importa quem seja. Assim, a alma pode perfeitamente dizer: "Destituam-me da reparação feita por Cristo, e estarei perdido. Se ele não cumprir a justiça, eu terei de cumpri-la; se ele não sofrer a ira, deverei sofrê-la por toda a eternidade. Não me privem de minha única pérola!" Negar a reparação feita por Cristo é o mesmo que destruir o fundamento da fé e do consolo.

VI. Algumas poucas passagens específicas das Escrituras, apesar de haver muitas, podem ser apresentadas a título de argumento:

Primeira: "Aquele que não conheceu pecado, ele o fez pecado por nós" (2Co 5.21). "Ele o fez pecado por nós." Como isso é possível? Por acaso, não se trata de alguém "que não conheceu pecado"? Não era ele um Cordeiro sem defeito? É indiscutível que ele "não conheceu pecado, nem falta alguma se achou em sua boca". O que então significa "Deus o fez pecado"? É impossível que Deus o tenha tornado pecador por meio de algum pecado inerente; isso seria incompatível com a justiça divina e com a santidade da pessoa de nosso Redentor. Então, o que significa "Ele fez pecado daquele que não conheceu pecado"? Por que, conforme lemos com clareza, por sua dispensação e consentimento, ele teria lançado acusação contra aquele que não era culpado? Ele lhe atribuiu e imputou todos os pecados de todos os eleitos, fazendo-o sofrer as consequências cabíveis. Ele foi nosso fiador, responsabilizado pela integralidade da dívida até o último centavo, segundo se espera de um fiador; mesmo sem ter tomado empréstimo algum, nem mesmo um centavo do que compõe a dívida, se o fiador for processado, terá de pagá-la integralmente. O Senhor Cristo (se assim posso dizer) foi processado pela justiça de seu Pai em execução da dívida e, sofreu as consequências de tudo o que o pecado acarretava, ou seja, morte, ira e maldição, conforme já provamos.

Se for levantada a objeção (como de fato é) de que "Deus sempre se agradou de seu Filho — conforme ele por vezes afirmou desde o céu — como poderia sua ira cair sobre ele?". *Resposta*: é verdade que ele sempre se agradou do Filho; mesmo assim, "foi da vontade do SENHOR esmagá-lo e fazê-lo sofrer". Deus sempre se agradou da santidade da pessoa do Filho, da excelência e da perfeição de sua justiça e do afeto de sua obediência, mas desagradou-se dos pecados que lhe foram imputados. Portanto, Deus se agradou de esmagar e fazer sofrer aquele em quem sempre teve prazer.

Também não há valor nesta outra objeção: "Cristo não foi submetido a algo que os eleitos já não estivessem submetidos; mas eles não estavam debaixo da ira e do castigo devidos ao pecado". *Resposta*: a proposição é majoritariamente falsa, nem sua premissa encerra verdade alguma, pois, em primeiro lugar, Cristo foi submetido não somente à ira (considerada passivamente) debaixo da qual os eleitos se encontravam, mas também à ira que teriam de suportar se ele não a tivesse suportado no lugar deles: ele "os livrou da ira vindoura". Em segundo lugar, através das diversas gerações, os eleitos estão debaixo da ira de Deus no tocante ao mérito e à consecução, mas não no que diz respeito à real experiência — no que toca à culpa, não à punição presente. Portanto, não obstante tais objeções, sustenta-se a afirmação "daquele que não conheceu pecado, ele o fez pecado por nós".

"Mas ele foi ferido por causa das nossas transgressões e esmagado por causa das nossas maldades; o castigo que nos traz a paz estava sobre ele, e por seus ferimentos fomos sarados" (Is 53.5). Essa passagem já foi por nós mencionada. Farei agora alguns pequenos acréscimos que nos conduzirão à compreensão das palavras. "O castigo que nos traz a paz estava sobre ele", ou seja, ele foi punido e castigado para que obtivéssemos paz, para que fôssemos libertos. Ele foi ferido por causa de nossos pecados e esmagado em virtude de nossas iniquidades; todos os nossos pecados estavam sobre ele, conforme o versículo 6; ou seja, nas palavras de Pedro, "levou nossos pecados", não, como dizem alguns, no sentido de declarar que jamais fomos verdadeiramente pecadores, mas sendo ferido por causa deles, esmagado por eles, passando pelo castigo que deles advinha, consistindo de morte, ira e maldição, fazendo de sua alma uma oferta pelo pecado. Ele "levou nossos pecados", ou seja, como dizem alguns, ele declarou nossa justiça eterna em Deus por causa do eterno propósito divino de nos abençoar. Mas seria isso o mesmo que interpretar as Escrituras ou seria corromper a Palavra de Deus? Pergunte-se ao texto o que significa Cristo levar o pecado, e ele lhe dirá que significa ser "esmagado" por nossas transgressões (Is 53.8) — ser "cortado" por nossos pecados (Dn 9.26). A expressão "levar o pecado" não tem outro sentido na palavra: "Se um homem ouvir a voz da blasfêmia e a não denunciar, levará sua iniquidade" (Lv 5.1). O que isso quer dizer? Por acaso, ele declarará que ele próprio ou os outros estão livres do pecado? Não, sem dúvida, não. Mas ele se submeterá à punição devida ao pecado, à semelhança do que fez nosso Salvador, que levou nossas iniquidades. Quem consegue enganar um crente e fazê-lo crer nessa ideia só pode ser um jogador maquiavélico.

Não apresentarei outros textos e argumentos sobre o assunto em questão, embora ela própria faça proliferar os menos preparados. Fiz o que deve ser feito pela própria natureza de uma digressão. Também não apresentarei agora respostas às objeções; não faz parte de meu propósito uma ampla análise de toda a questão da reparação feita por Cristo, pois isso me obrigaria a procurar, delinear e refutar todas essas objeções. E em relação às objeções feitas no debate que motivou essa análise, não me atrevo a apresentá-las, pois poderiam levar as pessoas a pensar que criei objeções fracas de propósito para derrotar facilmente um argumento de palha que eu mesmo elaborei. As objeções levantadas no debate são frágeis e incapazes de abalar uma verdade tão fundamental como essa que sustentamos. Assim, finalizo aqui minha argumentação.

10

O mérito de Cristo e argumentos dele derivados

Décimo quarto argumento. O quarto aspecto associado à morte de Cristo é o mérito, o valor de sua morte pela qual ele adquiriu e conquistou para nós, e por nós, todos os benefícios que encontramos nas Escrituras e a nós foram conferidos. Não falarei muito sobre esse assunto, já considerado no âmbito da ideia de impetração; farei apenas alguns acréscimos que dizem respeito à controvérsia com a qual estamos agora lidando. A palavra *mérito* não é empregada no Novo Testamento e em nenhuma tradução do original que eu conheça. Na Vulgata Latina, há uma ocorrência de *promeretur* (Hb 13.16). Mas a palavra é de origem bárbara e vulgar, além do fato de que ela não corresponde à palavra usada no original em grego, εὐαρεστεῖται, e não atribui nenhum predicado a mérito, seja como nome ou coisa. Suponho que será difícil encontrar uma só palavra, em qualquer das línguas em que as Escrituras sagradas foram escritas, que, em sua primeira acepção nativa, tenha o significado adequado e imediato de *mérito*. Portanto, não nos incomodaremos com a palavra, contanto que seu significado fique claro tanto no Antigo Testamento quanto no Novo, a exemplo de Isaías 53.5: "O castigo que nos traz a paz estava sobre ele, e por seus ferimentos fomos sarados". A conquista de nossa paz e nossa cura foi o mérito do castigo e dos ferimentos de Cristo. Assim lemos em Hebreus 9.12, Διὰ τοῦ ἰδίου αἵματος αἰωνίαν λύτρωσιν εὑράμενος: "Por seu próprio sangue [...] obteve eterna redenção", sendo esse o significado do mérito de Cristo. A palavra com acepção mais próxima que temos é Περιεποιήσατο, "comprou com o próprio sangue" (At 20.28); Nesse aspecto, compra e impetração, mérito e aquisição, são termos equivalentes; a palavra é empregada em vários outros lugares, como 1Tessalonicenses 5.9; Efésios 1.14; e 1Pedro 2.9. Ora, o que entendemos com esse substantivo é a realização de um ato pelo qual a coisa visada pelo agente lhe é devida, em consonância com a equidade e a igualdade exigidas pela justiça. Por exemplo, "o salário daquele que trabalha não lhe é atribuído como favor, mas como dívida" (Rm 4.4). Esse mérito é próprio da morte de Cristo, conforme evidencia aquilo que antes dissemos; o ônus da prova não nos é imposto por nossos adversários, pois estes parecem igualmente admiti-la. Portanto, podemos considerá-la um pressuposto (enquanto nossos adversários não se juntarem aos socinianos nesse ponto também).

Assim, por meio de sua morte, Cristo mereceu e adquiriu, para todos aqueles por quem morreu, todas as coisas que nas Escrituras são consideradas fruto e efeito de sua morte. São aquelas coisas adquiridas e merecidas mediante seu sangue derramado e sua morte. Elas podem ser consideradas sob duas rubricas: primeira, os efeitos *excludentes*, tais como: 1. Libertação da mão de nossos inimigos (Lc 1.74) e da ira vindoura (1Ts 1.10). 2. Destruição e abolição do poder da morte (Hb 2.14) e 3. Das obras do Diabo (1Jo 3.8). 4. Libertação da maldição da lei (Gl 3.13); 5. Da nossa maneira fútil de viver (1Pe 1.18); 6. Do presente mundo mau (Gl 1.4); 7. Da terra e dentre os homens (Ap 14.3,4). 8. Purificação de nossos pecados (Hb 1.3). A segunda rubrica é dos efeitos *positivos*, tais como: 1. Reconciliação com Deus (Rm 5.10; Ef 2.16; Cl 1.20). 2. Pacificação ou expiação junto a Deus por meio da propiciação (Rm 3.25; 1Jo 2.2). 3. Consecução da paz (Ef 2.14). 4. Salvação (Mt 1.21). Nosso Salvador obteve por mérito e adquiriu todas essas coisas para todos aqueles por quem morreu. Ou seja, ele as conquistou de seu Pai, de modo que, no tocante ao mérito, de acordo com a equidade da justiça, elas fossem concedidas àqueles em favor dos quais foram adquiridas e conquistadas. Foi absolutamente pela livre graça de Deus que Jesus Cristo foi enviado para morrer por quaisquer pessoas; foi pela livre graça que Deus o enviou para morrer; é pela livre graça que as bênçãos conquistadas por sua morte são concedidas a quaisquer pessoas. Mas, considerando sua própria indicação e constituição, de modo que Jesus Cristo, por sua morte, obteria por mérito e conquistaria graça e glória para aqueles pelos quais morreu, isso diz respeito à dívida assumida por Cristo para que elas lhes fossem transmitidas. Ora, o que é obtido por mérito deve ser concedido em função da dívida; não afirmamos que isso *pode* ser concedido, mas *precisa* ser concedido, e a não concessão constituiria um ato de injustiça.

Feitas essas poucas considerações sobre a natureza do mérito e sobre o mérito de Cristo, o que sua morte conquistou em favor daqueles em cujo lugar ele morreu, logo ficará evidente como a ideia de redenção geral não pode ser harmonizada. Como prova disso, basta propor somente uma pergunta: se Cristo obteve por mérito a graça e a glória em favor daqueles por quem morreu, e se ele morreu por todos, como é possível que essas coisas não sejam transmitidas e concedidas a todas e quaisquer pessoas? Por acaso há alguma imperfeição no mérito de Cristo ou na justiça de Deus? É vã a objeção de que esses benefícios não nos são concedidos de modo absoluto, mas somente mediante condição, porque a própria condição é objeto de mérito e conquista, conforme Efésios 1.3,4; Filipenses 1.29, mas já examinamos essas passagens.

Décimo quinto argumento. Em quinto lugar, as frases "morrer por nós", "levar nossos pecados", ser nosso "fiador" e outras semelhantes, que se referem à morte de Cristo por nós, não são compatíveis com a ideia de pagamento de um resgate por todos. Nas Escrituras, morrer por outra pessoa é morrer no lugar de alguém, para que este seja liberto, a exemplo de Judá, que implorou a seu irmão José que o aceitasse como garantia no lugar de Benjamim, para que este ganhasse a liberdade (Gn 44.33) e para que ele pudesse cumprir a promessa feita a Jacó de que seria fiador da vida do irmão. Aquele que se oferece como garantia pelo outro (a exemplo do que Cristo fez por nós, Hb 7.22) assume o risco, para que o outro seja liberto. Esse foi o caso de Davi, que desejou ter morrido em lugar de seu filho Absalão (2Sm 18.33), sinal inegável de que pretendia fazer uma troca e substituir seu filho, para que este pudesse ter vivido. Em Romanos 5.7, Paulo deixa transparecer a mesma ideia, supondo uma troca entre duas pessoas, uma morrendo pela outra, sem dúvida fazendo alusão a Décios, Menaceu, Euríalo e outros mencionados nas histórias dos pagãos, que, de livre e espontânea vontade, se entregaram à morte para libertar seu país ou seus amigos, garantindo-lhes a liberdade e a libertação da morte que teriam de enfrentar, assumindo para si mesmos uma morte que não lhes era diretamente devida. Claramente é esse o sentido da frase "Cristo morreu por nós", ou seja, ao submeter-se à morte, ele estava apresentando sua pessoa como substituta da nossa. No entanto, há quem faça a objeção de que, nessa frase, a palavra ὑπέρ, assim como em Hebreus 2.9, "para que, pela graça de Deus, experimentasse a morte por todos os homens", denota apenas o benefício daqueles por quem ele morreu, não necessariamente uma troca. Mas não vejo por que tal objeção deva prevalecer, pois a mesma preposição usada em outros casos semelhantes implica uma troca, como em Romanos 9.3, onde Paulo afirma: "Eu até desejaria ser amaldiçoado e separado de Cristo ὑπὲρ τῶν ἀδελφῶν — "por meus irmãos" — ou seja, em lugar deles, para que pudessem se unir a Cristo. O mesmo se aplica a 2Coríntios 5.20, Ὑπὲρ Χριστοῦ πρεσβεύομεν, "somos embaixadores no lugar de Cristo". O mesmo apóstolo, em 1Coríntios 1.13, fazendo uma pergunta retórica cuja resposta é não, Μὴ Παῦλος ἐσταυρώθη ὑπὲρ ὑμῶν — "Foi Paulo crucificado em vosso favor?" — mostra com toda clareza que a palavra ὑπέρ, empregada no contexto da crucificação de Cristo por sua igreja, implica comutação ou troca, e não apenas enseja o bem daqueles por quem ele morreu. O próprio Paulo, conforme o texto deixa claro, poderia ter sido crucificado para o bem da igreja, mas não em lugar da igreja, ideia que ele abomina. Mas não há dúvida de que a preposição ἀντί, que também é usada, não dá margem a objeção alguma; ela sempre significa comutação e troca, seja em referência a coisas, seja a pessoas, conforme Lucas 11.11, Ὄφις ἀντὶ ἰχθύος, "uma serpente em lugar de um peixe"; Mateus 5.38, Ὀφθαλμὸς ἀντὶ ὀφθαλμοῦ, "olho por olho"; e Hebreus 12.16, onde o direito de primogenitura é trocado por uma simples refeição. No uso aplicado a pessoas, Mateus 2.22, ἀντὶ Ἡρῴδου τοῦ πατρός, diz que Arquelau reinou "em lugar de seu pai". Ora, a mesma preposição é usada em referência à morte de nosso Salvador em Mateus 20.28: "O Filho do Homem veio δοῦναι τὴν ψυχὴν αὐτοῦ λύτρον ἀντὶ πολλῶν", e as mesmas palavras aparecem também em Marcos 10.45, ou seja, para dar a vida em resgate no lugar da vida de muitos. Evidentemente, o fato de Cristo morrer por nós como garantia ou fiador (Hb 7.22) e, por isso, levando nossos pecados em seu corpo (1Pe 2.24), sendo feito maldição por nós, foi uma experiência de morte, punição, maldição e ira, não somente para nosso benefício, mas diretamente em nosso lugar. A troca e substituição de nossa pessoa pela pessoa de Cristo foram permitidas e aceitas por Deus.

Tendo sido isso esclarecido, pergunto: primeiro, Cristo morreu por todos nós? Ou seja, ele morreu no lugar de nós todos, de modo que houve uma substituição da nossa pessoa pela pessoa de Cristo? Teria ele morrido no lugar de Caim e do faraó, e de outros, que muito antes de sua morte já se encontravam sob o poder da segunda morte e jamais alcançariam libertação? Segundo, seria justo que aqueles pelos quais Cristo morreu, levando suas iniquidades, também morressem e levassem seus próprios pecados por toda eternidade? Terceiro lugar, que regra ou exemplo de equidade há no fato de que, tendo o fiador assumido e feito a reparação integral do que o compromisso exigia de *um* fiador ou garantia, os primeiros devedores, de quem ele era fiador, devam, não obstante, ser processados? Quarto, Cristo foi crucificado em lugar dos réprobos? Quinto, ele pagou tudo o que era devido por aqueles por quem morreu? Caso não tenha pagado, como se poderia afirmar que ele morreu em lugar deles? Caso tenha pagado, por que a libertação não se estendeu a todos? Acrescentarei somente uma afirmação. Dizer que Cristo morreu por todos os homens é o caminho mais curto para provar que ele não morreu por homem algum, no sentido que os cristãos creem até o dia de hoje; é assim que se jogam as pobres almas no poço das blasfêmias socinianas.

11

Último argumento geral

Décimo sexto argumento. Nosso próximo argumento deriva de trechos específicos das Escrituras que, em si mesmos, sustentam com clareza e distinção a verdade que estamos afirmando. Dentre um grande número deles, haverei de me ater a alguns apenas, finalizando assim nossos argumentos.

1. Começarei com a primeira menção de Jesus Cristo e a primeira revelação da mente de Deus no que diz respeito entre o povo e os inimigos de Cristo: "Porei inimizade entre ti" (a serpente) "e a mulher, entre tua descendência e a descendência dela". A semente da mulher diz respeito a todo o corpo dos eleitos, Cristo em primeiro lugar como cabeça e os demais membros. A semente da serpente, o Diabo, juntamente com toda a multidão de réprobos constituem o estado do mal, em oposição ao reino e ao corpo de Jesus Cristo.

É evidente que o primeiro grupo, a semente da mulher, representa Cristo com todos os eleitos, pois neles convergem todas as coisas previstas com relação à semente da mulher (as propriedades de uma coisa provam a coisa em si). Nos eleitos, os que creem em Cristo e por meio de Cristo, encontram-se todas as propriedades da semente da mulher. Neles, por eles e para eles é esmagada a cabeça da serpente, Satanás é colocado debaixo de seus pés, as tentações do Diabo são frustradas e seus agentes fracassam em suas iniciativas. Isso se refere principalmente ao próprio Cristo, e coletivamente a seu corpo como um todo, que tem pela serpente e sua semente uma aversão contínua.

O segundo grupo, a semente da serpente, é o grupo de todos os réprobos, homens deste mundo, impenitentes, incrédulos, pois: *Primeiro,* a inimizade da serpente neles vive e é exercida. Eles nutrem ódio pela semente da mulher e a ela se opõem. Têm por ela uma inimizade perpétua, e a eles se aplica tudo o que é afirmado sobre a semente da serpente.

Segundo, é assim que muitas vezes as Escrituras se referem a eles: "Raça de víboras" ou semente da serpente; também Mateus 23.33. Cristo diz aos réprobos fariseus: "Vosso pai é o Diabo, e quereis satisfazer-lhe os desejos" (Jo 8.44). E ainda: "Filho do Diabo" (At 13.10), ou seja, a semente da serpente; pois "quem vive na prática do pecado é do Diabo" (1Jo 3.8).

Diante da natureza inegável dessas coisas, prosseguimos: Cristo morreu somente por aqueles que Deus lhe prometeu que morreria. Deus não lhe prometeu todos, para que morresse por eles; pois ele não prometeu a semente da mulher à semente da serpente, nem Cristo aos réprobos, mas na primeira menção que dele faz promete um inimigo. Em suma, a semente da mulher não morreu pela semente da serpente.

2. "Então lhes direi claramente: Nunca vos conheci" (Mt 7.23). No último dia, Cristo declarará a alguns que nunca os conheceu. Cristo afirma expressamente conhecer os que são seus e por eles entrega sua vida (Jo 10.14-17). Não há dúvida de que ele conhecia o que e quem havia comprado. Não seria estranho que Cristo morresse por eles, comprasse os que não eram seus e declarasse que nunca os conhecera? Se foram "comprados por preço", não é claro que são seus (1Co 6.20)? Se Cristo os comprou e pagou por eles o preço de seu sangue precioso, mas no final negará que os conhece, eles poderiam perfeitamente responder: "Ah, Senhor! Não foi por nós que tua alma estava triste a ponto de morrer? Não foi por nós que sofreste a ira que te fez suar gotas de sangue? Não te submeteste a um banho de sangue, para que nosso sangue fosse poupado? Não te santificaste para ser uma oferta por nós assim como por qualquer um de teus apóstolos? Não foi o teu sangue derramado por nós pela ação de chicotes, pelo suor, por pregos, espinhos e lanças? Não te lembraste de nós quando foste pregado à cruz? E agora dizes que nunca nos conheceste? Ó, Senhor, embora sejamos pecadores indignos, teu sangue não merece ser desprezado. Por que ninguém pode levantar acusação contra os eleitos de Deus? Não foi porque morreste por eles? E não fizeste o mesmo por nós? Então, por que somos acusados e rejeitados? Teu sangue não podia fazer reparação ao Pai, mas nós mesmos devemos ser punidos? Não poderia a justiça ser reparada ou satisfeita com aquele sacrifício, mas precisamos agora ouvir: 'Afastai-vos, nunca vos conheci?'". Não sei o que se poderia responder a esses apelos, caso a redenção geral fosse admitida.

3. "Graças te dou, ó Pai, Senhor do céu e da terra, porque ocultaste estas coisas aos sábios e eruditos, e as revelaste aos pequeninos. Sim, ó Pai, porque assim o quiseste" (Mt 11.25,26). Em sua soberania, como Senhor do céu e da terra, segundo seu beneplácito, Deus ocultou desses homens o evangelho, seja no aspecto de sua pregação, seja no aspecto da revelação interior de seu poder. Certamente, Cristo não morreu por esses homens, pois com que finalidade o Pai enviaria seu único Filho para morrer pela redenção daqueles que, segundo

seu beneplácito, ele havia determinado que seriam eternamente estranhos ao evangelho e não o conheceriam pela revelação de seu poder? Ora, nosso Salvador afirma aqui a existência desses homens. E agradece ao Pai a dispensação da qual hoje tantos se queixam.

4. João 10.11,15,16,27,28 é um trecho que, por si mesmo, é bastante claro para derrotar o conceito de redenção geral. Já foi examinado por nós e, portanto, farei agora apenas uma breve recapitulação. Em primeiro lugar, é óbvio que nem todos são ovelhas de Cristo, pois: *primeiro*, ele mesmo afirmou: "... não sois das minhas ovelhas". *Segundo*, no último dia, essa distinção ficará nítida, pois ovelhas e cabritos serão separados. *Terceiro*, as ovelhas ouvem a voz de Cristo e o conhecem, e essas características não são comuns a todos os homens. Em segundo lugar, as ovelhas aqui mencionadas são todos os eleitos, tanto os que haviam sido chamados quanto os que ainda haveriam de ser (v. 16). Alguns ainda não faziam parte do rebanho, de modo que eram ovelhas em virtude da eleição e não porque já haviam crido. Em terceiro lugar, Cristo afirma que dá sua vida por suas ovelhas, o que claramente exclui todos os outros, pois: *primeiro*, ele dá sua vida pelos eleitos na condição de ovelhas. Ora, o que pertence às ovelhas, por serem ovelhas, pertence somente a elas. Se ele entrega sua vida pelas ovelhas, porque são ovelhas, é claro que ele não a entrega pelos cabritos, lobos e cães. *Segundo*, ele dá sua vida na condição de pastor (v. 11) e, portanto, em favor das ovelhas. Que vínculo haveria do pastor com lobos, se não for para destruí-los? *Terceiro*, ao dividir todos entre ovelhas e outros (v. 26), ele afirma dar sua vida por suas ovelhas; isso equivale a afirmar que sua vida é entregue somente por elas. *Quarto*, ele retrata as ovelhas como as tendo recebido do Pai (v. 29); também João 17.6: "Eram teus e tu os deste a mim", e ele não se refere a todos os homens; pois "todo aquele que o Pai me dá virá a mim" (Jo 6.37); e "dou-lhes a vida eterna, e jamais perecerão" (Jo 10.28). Que as ovelhas de Cristo se apeguem a essa evidência, e todos os restantes jamais as destituirão da herança que lhes pertence. Como sustentação a essa passagem acrescentem-se Mateus 20.28; Jo 11.52.

5. Em Romanos 8.32-34, o apóstolo procura consolar os crentes que estão passando por aflições ou se encontram debaixo de alguma adversidade, o que ele faz de modo geral (v. 31) com base na certeza da presença de Deus com eles e da ajuda que recebem a todo tempo, as quais são suficientes para derrotar toda oposição e vilipendiar qualquer dificuldade, mediante sua bondade, que é superior à própria vida. "Se Deus é por nós, quem será contra nós?" Para evidenciar a

presença e a bondade de Deus, o apóstolo faz os leitores se lembrarem do ato de amor singular, transcendente e excelente que lhes foi concedido, a saber, Deus enviou seu filho para morrer por eles e não o poupou, mas dele exigiu o pagamento da dívida. Ele argumenta que do menor se deduz o maior — se ele fez isso por nós, é claro que ele fará qualquer outra coisa que precise ser feita. Se ele fez o maior, não fará ele o menor? Se ele entregou seu Filho à morte, por acaso não nos dará gratuitamente todas as outras coisas? Por isso, podemos fazer as seguintes observações: *primeira*, a maior e mais extraordinária expressão do amor de Deus pelos que creem é o fato de ter enviado seu Filho para morrer por eles, não de o haver poupado por amor a eles; essa é a maior expressão de amor. Ora, se Deus enviou seu Filho para morrer por todos, ele praticou e manifestou esse ato de amor tão grande tanto pelos que perecem quanto pelos que são salvos. *Segunda*, aqueles a quem ele deu seu Filho e não o poupou, ele com certeza dará gratuitamente todas as coisas; mas não é a todos que ele concede todas as coisas que lhe são boas, tais como fé, graça e glória. Isso nos leva à conclusão de que Cristo não morreu por todos. Romanos 8.33 nos apresenta a identidade dos que têm parte no consolo aqui em vista, aqueles pelos quais Deus entregou seu Filho e a quem ele concede gratuitamente todas as coisas, ou seja, os seus "eleitos"— não todos os homens, mas somente aqueles que ele escolheu antes da fundação do mundo para que fossem santos, confirmando mais uma vez que a morte de Cristo se restringe a eles. O versículo 34 também confirma essa restrição, ao declarar que aqueles de quem ele fala serão gratuitamente justificados e libertados da condenação; para tanto, ele apresenta duas razões: *primeira*, Cristo morreu por eles; *segunda*, ele ressuscitou e intercede por aqueles por quem morreu. Isso nos deixa com dois argumentos irrefutáveis. O primeiro deriva dos efeitos infalíveis da morte de Cristo: quem os acusará de qualquer coisa? Quem os condenará? Por quê? Que razão se pode apresentar? "É Cristo quem morreu." Portanto, sua morte livrará infalivelmente da condenação aqueles por quem ele morreu. O segundo argumento deriva da associação que o apóstolo faz entre a morte e a intercessão de Cristo: os que se beneficiam de sua morte são os mesmos por quem ele faz intercessão; ele salva a totalidade daqueles por quem intercede (Hb 7.25). Com base em todas essas verdades, é obviamente inegável que a morte de Cristo, com os frutos e benefícios dela decorrentes, aplica-se somente aos eleitos de Deus.

6. "Nele temos a redenção" (Ef 1.7). Se seu sangue foi derramado em favor de todos, então todos têm parte nas coisas pertinentes a seu sangue. Ora, entre

essas coisas está a redenção, que consiste no perdão dos pecados. É claro que nem todos têm esse perdão, pois os que o têm são "bem-aventurados" (Rm 4.7) hoje e para sempre. Essa bem-aventurança não sobrevém a todos, mas somente à semente do justo Abraão (Rm 4.16).

7. Ele se tornou "pecado por nós; para que, nele, fôssemos feitos justiça de Deus" (2Co 5.21). Foi por meio de sua morte que Cristo se tornou pecado ou oferta pelo pecado. Ora, aquele em favor de quem ele se tornou pecado, este se torna nele justiça de Deus: "Por seus ferimentos fomos sarados" (Is 53.5); e "ninguém tem maior amor do que aquele que dá a própria vida pelos seus amigos" (Jo 15.13). Assim, não há maior amor na intercessão do que na morte ou em qualquer outra coisa que ele faça por seus eleitos. Portanto, se ele entregou sua vida por todos os homens, no que seria a maior expressão de amor possível, por que ele também não salvou completamente o restante deles?

8. "Eu rogo por eles; não rogo pelo mundo, mas pelos que me deste, pois são teus" (Jo 17.9); e "por eles eu me santifico" (Jo 17.19).

9. "Maridos, cada um de vós ame a sua mulher, assim como Cristo amou a igreja e a si mesmo se entregou por ela" (Ef 5.25; também At 20.28). O objeto do amor e da morte de Cristo é sua noiva, a igreja, assim como a esposa é o único objeto do afeto conjugal permitido ao homem. Assim, se Cristo amasse outras pessoas, a ponto de morrer por elas, essa advertência deixa espaço para que os homens, na expressão de seu afeto conjugal, tenham outras mulheres além da esposa.

Pensei em acrescentar outros argumentos para fazer frente a uma ampla análise de toda essa controvérsia. Mas, depois de repassar o que já foi dito, cheguei à conclusão de que esses argumentos serão suficientes para satisfazer os que se dispõem a tanto, mas para os obstinados não haverá argumento que baste. Por isso, encerro aqui minha argumentação.

Livro IV

1

Considerações iniciais para a solução das objeções

Há diversos textos nas Escrituras sagradas em que o resgate e a propiciação feitos pelo sangue de Cristo são apresentados em expressões gerais e indefinidas. Elas também parecem subentender que, para alguns homens pelos quais Cristo morreu, sua morte não produziu fruto ou bom sucesso, e a responsabilidade por esse fracasso lhes é imputada. A eles também se apresentam ofertas, promessas e exortações gerais, para que se valham do fruto da morte de Cristo, mas eles nada fazem para dela se beneficiar. Com base nessas proposições, alguns se aproveitam para sustentar a *universalidade da redenção* para toda e qualquer pessoa. Tal afirmação é feita com um elevado grau de confiança, já que, supostamente, opiniões em contrário não podem ser harmonizadas com essas passagens das Escrituras. Tais passagens são as únicas fontes de onde derivam (não sem violência) todos os argumentos opostos à ideia da redenção eficaz somente dos eleitos. Antes, porém, de responder às objeções decorrentes de interpretações distorcidas de passagens específicas, pretendo estabelecer alguns princípios fundamentais condizentes com a Palavra, onde ficam amplamente expostos e de forma alguma contrariam nossa perspectiva nesse particular. Essas passagens, que deram ocasião a tais afirmações gerais e indefinidas, estão firmadas e fundamentadas na Palavra, sendo por ela autenticadas, e não em um resgate universal para toda e qualquer pessoa. Farei algumas distinções que conduzem a uma maior clareza acerca do tema em questão e afastam muitas falsas acusações e consequências que nos são impostas, seja por equívoco, seja por má fé.

    1. A primeira coisa que vamos aqui estabelecer diz respeito à excelência, integridade e infinito valor do sangue e da morte de Jesus Cristo. Sem dúvida, sustentar e declarar essa verdade devem ser atos especialmente dignos de ser considerados. Qualquer opinião que pareça se chocar contra ela será demasiadamente parcial, ou pelo menos justificadamente suspeita, devendo ser rejeitada pelos cristãos se, após examinada e assim confirmada, como injuriosa e desrespeitosa no que

toca ao mérito e à honra de Jesus Cristo. Prezando o mérito e a honra de Jesus Cristo, as Escrituras apresentam copiosos exemplos da excelência e do valor de seu sacrifício e morte, referindo-se a seu sangue, em virtude da unidade de sua pessoa, como o sangue do próprio Deus (At 20.28), colocando-o em relação de superioridade infinita aos outros sacrifícios, tendo como princípio o "Espírito eterno", sangue "imaculado" (Hb 9.14). Ele é transcendentalmente mais precioso que ouro e prata ou coisas corruptíveis (1Pe 1.18) e tem a capacidade de justificar de todas as coisas das quais, mediante a lei, os homens não poderiam ser justificados (At 13.28). Ora, o sacrifício e a entrega que Cristo fez de si mesmo estavam em consonância com o propósito de seu Pai. O propósito e intento de Deus eram que seu Filho oferecesse um sacrifício de excelência, integridade e valor infinitos, suficiente para a redenção de todo e qualquer indivíduo, se o Senhor, em seu beneplácito, se valesse desse sacrifício para o cumprimento de seu propósito. Aliás, esse sacrifício poderia beneficiar até outros mundos, se o Senhor os quisesse criar, e redimi-los. Portanto, afirmamos que o sacrifício de Cristo foi suficiente para a redenção do mundo inteiro e para a expiação dos pecados de todos e quaisquer homens neste mundo.

Tal suficiência de seu sacrifício tem uma dupla base: primeira, a excelência da pessoa que o ofereceu e foi oferecida. Segunda, a intensidade do sofrimento que ele suportou, pelo qual ele se habilitou a levar sobre si toda a maldição da lei e a ira de Deus originada pelo pecado. *E isso estabelece a excelência e o valor inatos, reais e verdadeiros do derramamento do sangue de Jesus Cristo*. Nisso residem sua verdadeira perfeição e suficiência internas. Sua aplicação a qualquer pessoa, pelas quais ele pagaria o preço e as beneficiaria, segundo o valor que lhe é inerente, é um fator externo ao sacrifício, não tem nele sua origem, mas depende unicamente do propósito e da vontade de Deus. O que em si mesmo *tinha suficiência e valor* infinitos é o fato de ele ter sido o preço que seria pago por todos e quaisquer homens no mundo. O fato de ter formalmente se tornado o preço por qualquer pessoa deve ser atribuído única e tão somente ao propósito de Deus quanto à sua aquisição e redenção por meio dele. Quem apresenta a oferta e quem a aceita podem ter a intenção de que o preço seja pago por alguma pessoa ou por qualquer pessoa. Esse é o aspecto externo do preço e lhe dá formalidade. Mas o valor e a propriedade que dele fazem um preço derivam de sua própria suficiência interna. Isso traz como consequência a velha distinção feita por eruditos e acatada por diferentes teólogos protestantes, mas rejeitada por outros, a saber, que "Cristo morreu por todos no que diz respeito à suficiência do resgate pago, mas não no que se refere à eficácia da aplicação do resgate"; ou "o sangue de Cristo foi um preço suficiente pago pelos pecados de todo o mundo", expressão esta corrigida por alguns e assim declarada: "O sangue de Cristo foi suficiente para ser o preço pago por todos", o que é verdade, conforme já dissemos, pois o fato de ser o preço pago por todos ou por alguns não deriva de sua própria suficiência, excelência ou valor, mas da intenção de Deus e de Cristo de usá-lo com tal propósito, de acordo com o que já declaramos. Portanto, nega-se que o sangue de Cristo foi suficiente como preço e resgate por todos os homens, não porque ele não era suficiente, mas porque não era um resgate. Assim, fica nítido o que deve constituir a distinção antes estabelecida. Se ela significa apenas que o sangue de nosso Salvador tinha valor suficiente para viabilizar a redenção de toda e qualquer pessoa, e que Cristo tinha o propósito de definir um preço suficiente para redimi-las, então ela tem um elemento de verdade. Mas a grande verdade é que a expressão "morrer por eles" caracteriza a intenção de nosso Salvador de definir o preço para concretizar a redenção. Rejeitamos a ideia de que o preço tenha sido definido visando a toda e qualquer pessoa. Se isso fosse verdade, todos seriam beneficiários da redenção eterna que por eles foi paga, o que implicaria que Deus errou ao estabelecer seu propósito, em virtude da deficiência do resgate pago por Cristo, o que levou sua justiça a negar a libertação como contrapartida do pagamento.

Ora, o valor e a excelência infinitos que afirmamos haver na morte de Cristo são profundamente depreciados pelos que propõem a redenção universal, pois já demonstramos que a aplicação de sua morte a este ou aquele objeto, em maior ou menor medida, é um elemento que não faz parte de sua essência. Seu verdadeiro valor, porém, consiste nos efeitos e resultados imediatos, os quais, por sua própria natureza, ela está habilitada a produzir, efeitos e resultados nitidamente depreciados, ou quase eliminados, pelo conceito de redenção universal. Disso advêm expressões como estas: primeira, por meio dela *abriu-se um portal da graça para os pecadores;* suponho que eles não saibam onde, mas eles negam que alguém tenha sido conduzido pela graça de modo eficaz a tal porta. Segunda, *Deus poderia, caso assim desejasse, e sob quaisquer condições que fossem de seu agrado, salvar os homens pelos quais Cristo morreu.* Eles negam que o direito à salvação tenha sido adquirido por Cristo em favor de qualquer pessoa. Por isso, eles admitem que, depois da morte de Cristo, *Deus pode ter lidado com o homem novamente sob uma condição legal;* segundo, *todos e quaisquer homens podem ter sido condenados e, assim mesmo, a morte de Cristo teve pleno efeito;* além disso, *a fé e a santificação não são adquiridas por sua morte, não mais do que o necessário* (como antes) *para ir junto com ele para o inferno.* De diferentes formas eles expressam seus pensamentos de baixa qualidade e suas imaginações vazias acerca do valor e da suficiência inerentes à morte de Jesus Cristo e ao sangue por ele derramado.

Portanto, para a honra de Jesus Cristo, nosso Mediador, Deus e homem, nosso suficiente Redentor, afirmamos: tal foi a grandeza da excelência e do valor de sua morte e de seu sangue derramado, tão precioso seu valor, e de plena e infinita suficiência foi a oferta que ele fez de si mesmo, que sua morte foi capaz e perfeitamente suficiente para redimir, justificar, reconciliar e salvar todos os pecadores deste mundo, para satisfazer a justiça de Deus por todos os pecados da humanidade inteira e para levá-la à glória eterna. Ora, a plenitude e a suficiência do mérito da morte de Cristo constituem fundamento de duas coisas:

Primeira, é fundamento do anúncio público do evangelho a "todas as nações", sendo-lhe dado o direito de ser pregado a "toda criatura" (Mt 28.19; Mc 16.15), pois o caminho da salvação por ele declarado é amplo o bastante para que todos o trilhem. O remédio que ele traz à luz é suficiente para curar todas as doenças dos homens e para os livrar de todos os males. Se mil mundos existissem, o evangelho de Cristo poderia, com base nesse fundamento, ser pregado a todos eles, pois Cristo é suficiente para a salvação de todos os que dele extraíssem virtude, tocando-lhe pela fé, sendo este o único meio de se dessedentarem nessa fonte de salvação. Portanto, é completamente vã a objeção que alguns fazem, a saber, se Cristo não morreu por todos, a pregação do evangelho a todos os homens é inútil e desnecessária. É como se Deus os conclamasse a crer no que não é verdade — isto é, que Cristo morreu por eles, pois nas nações às quais o evangelho chega há aqueles que devem ser salvos ("tenho muita gente", At 18.10), e eles não seriam salvos pelo modo apontado por Deus, a não ser que o evangelho fosse pregado também a outros. Além disso, na economia e dispensação da nova aliança, pela qual se eliminam todas as diferenças externas e os privilégios de povos, línguas e nações, a palavra da graça deve ser anunciada indistintamente, e todos devem ser chamados ao arrependimento. Em terceiro lugar, quando Deus conclama o homem a crer, ele não o conclama, primeiramente, que creia que Cristo morreu em seu favor, mas que debaixo do céu não existe outro nome que lhe seja dado pelo qual deva ser salvo, somente Jesus Cristo, em cujo nome a salvação é pregada. Além dessas verdades indiscutíveis, refutando completamente a objeção que se apresenta, a suficiência do sangue de Cristo, conforme já a descrevemos, basta como base e fundamento para todos os preceitos gerais que ordenam a pregação do evangelho a todos os homens.

Em segundo lugar, cada pregador do evangelho em sua própria congregação, desconhecendo totalmente o propósito e o conselho secreto de Deus e sem ter permissão de escrutiná-lo (Dt 29.29), pode, com base nisso, conclamar todos os homens a que se arrependam, certo de que a salvação lhes chegará por esse meio, plenamente convicto de que a morte de Cristo é suficiente para a salvação daquele que se arrepender, deixando nas mãos de Deus (conforme lhe é ordenado) seu propósito e conselho, pois a Deus cabe conceder fé àquele por quem Cristo morreu.

E este é um ponto principal, que, se bem observado, irá desmontar muitas das vãs ostentações de nossos adversários, conforme ficará demonstrado especificamente mais adiante.

2. Outro aspecto a ser levado em conta é a *economia ou administração da nova aliança* nos tempos do evangelho, com a expansão e ampliação do reino e domínio de Cristo depois de sua encarnação. Por meio desta, eliminam-se todas as diferenças externas, o nome "gentios" é desconsiderado, o muro da separação vem abaixo; a promessa feita a Abraão de que ele seria herdeiro do mundo, assim como pai dos que creem, foi então plenamente cumprida. Ora, essa administração se opõe de modo tão diametral à dispensação que se restringia a um povo e família que pertencia exclusivamente a Deus e excluía o restante do mundo, que dá ocasião a muitas expressões gerais nas Escrituras, mas que não abrangem a universalidade de indivíduos e denotam somente a eliminação das restrições antes vigentes. Se levarmos em conta a finalidade e abrangência dessas expressões gerais, e a quem se dirigem, tanto sua natureza quanto o modo como devem ser interpretadas ficarão nitidamente manifestos. Tratando-se tão somente da ampliação do reino visível de Cristo a todas as nações quanto ao direito, e a muitas quanto ao fato (de Deus ter seus eleitos em todas as nações, manifestados nas várias gerações em que se empregaram os meios da graça), fica evidente que isso resulta somente em uma *distribuição* dos homens com quaisquer diferenças que venham a ter externamente e não em uma *reunião* de todos. Portanto, essas expressões contemplam apenas uma distribuição e não uma reunião.

Assim, as objeções que se levantam à particularidade do resgate efetuado por Cristo, que se restringe aos eleitos, e que se baseiam em termos como *todos, todos os homens, todas as nações, o mundo, o mundo inteiro* e outros semelhantes, mostram-se extremamente frágeis e desprovidas de validade. Elas distorcem as expressões gerais das Escrituras e extrapolam sua finalidade e propósito, que é de serem usadas pelo Espírito Santo somente para deixarem nítida a eliminação de todas as distinções pessoais e nacionais, o fim dos limites estreitos do Antigo Testamento, a expansão do reino de Cristo além das fronteiras dos judeus e de Salém, a eliminação de todas as antigas restrições e a pavimentação de um caminho a ser trilhado pelos eleitos dentre todos os povos ("a plenitude dos gentios"), pois agora "não há mais grego nem judeu, nem circuncisão nem incircuncisão, bárbaro, cita, escravo ou homem livre, mas, sim, Cristo, que é tudo em todos" (Cl 3.11). O Senhor prometeu "derramar seu Espírito sobre toda carne" (Jl 2.28), promessa que Pedro entende como cumprida quando os apóstolos receberam os dons do Espírito, que os capacitaria a pregar a diversas nações (At 2.17); "recebemos graça e apostolado, por causa do seu nome, a fim de conduzir todos os gentios para a obediência da fé" (Rm 1.5); não somente os judeus, mas homens dentre todas as nações, pois o evangelho "é o poder de Deus para a salvação de todo aquele que crê; primeiro do judeu e também do grego" (Rm 1.16). No que diz respeito à salvação, o alvo são os que, pelo sangue de Cristo, foram especificamente comprados "para Deus homens de toda tribo, língua, povo e nação" (Ap 5.9), onde temos uma clara distribuição dos alvos que, em outras passagens, parecem ser gerais. O evangelho deve ser pregado a todas essas nações (Mt 28.19), para que sejam conduzidos a Deus todos os que, dentre elas, foram comprados e redimidos (Jo 11.52). É exatamente isso que o apóstolo apresenta de forma tão ampla (Ef 2.14-17). Ora, é nesse sentido, conforme já explicamos, que devem ser entendidas as muitas passagens usadas como defesa da graça e redenção universais.

3. Precisamos fazer uma clara distinção entre o dever do homem e o propósito de Deus, e entre eles não há ligação alguma. O propósito e o decreto de Deus não são a regra para nossa ação, assim como o cumprimento do dever de obedecer ao que nos é ordenado não constitui uma declaração de seu propósito ou decreto. O que nos é ordenado deve ser visto e considerado principalmente no dever dos ministros do evangelho, na pregação da Palavra, nas exortações, nos convites, nos preceitos e nas advertências que lhes cabe fazer, os quais são declarações perpétuas de nosso dever e manifestam o reconhecimento oficial das coisas para as quais advertem e convidam. Entre ambas existe o vínculo da verdade, mas não derivam do conselho e do propósito de Deus quanto aos

indivíduos no ministério da Palavra. Ao ministro não cabe perguntar quais são os segredos da mente eterna de Deus. Ele não deve se preocupar com aqueles que Deus se propôs a salvar e em favor dos quais Cristo foi enviado para morrer. Aos ministros basta o exame da vontade revelada, por ela se *orientar* e dela derivar seu *dever*. Portanto, os preceitos universais da Palavra no tocante às *coisas* que devem ser feitas independem do propósito de Deus em si mesmo no que diz respeito às *pessoas*. O ministro ordena e convida a todos que se arrependam e creiam, mas ele não sabe especificamente a quem Deus concederá arrependimento para a salvação nem em quem há de realizar a obra da fé com poder. Quando ele convida e apela a todos em nome de Deus, ele não diz: "O propósito e a intenção de Deus é que creiais" (quem lhe deu tamanha autoridade?). Mas dele se exige que obedeça ao que lhe é ordenado; ele não declara o propósito divino quanto ao que o próprio Deus fará. A oferta externa do evangelho é o que deve levar todos os homens a concluírem qual seja seu dever; no entanto, o propósito de Deus pode ser revelado quando seu dever é cumprido. Portanto, é vã a afirmação de que Deus entregou Cristo por todos aqueles a quem ele é oferecido na pregação do evangelho; pois a oferta do evangelho não é uma declaração que se faz a alguém em particular, nem do que Deus fará em relação a essa pessoa, mas sim do que ela deve fazer para que seja aprovada por Deus e receba os benefícios prometidos. Com base nisso, conclui-se:

Primeiro, Deus sempre tem a intenção de salvar alguns dentre aqueles aos quais envia o evangelho com poder. Os ministros do evangelho não têm conhecimento do propósito específico de Deus, mas lhes cabe procurar o bem de toda e qualquer pessoa e nutrir esperança e bom juízo com relação a todos. Eles podem oferecer Jesus Cristo, com a vida e a salvação que nele residem, não obstante o fato de que o Senhor entregou seu Filho somente pelos eleitos.

Segundo, a oferta do evangelho jamais deixa de produzir frutos nem é feita em vão, mas é a declaração do dever do ministro e do que é aceitável a Deus, se devidamente executada, de acordo com o que ele exige. Se alguém perguntar: qual o propósito e a vontade de Deus em relação aos que recebem a ordem de crer mas não foram contemplados pela morte de Cristo? eu responderei: primeiro, eles estão ordenando o que deve ser ordenado para que a pessoa seja aceitável diante de Deus. Segundo, eles estão declarando a suficiência da salvação disponível em Jesus Cristo a todos os que nele creem. Terceiro, estão afirmando o vínculo certo, infalível e inviolável entre fé e salvação, de modo que aquele que exerce a fé certamente receberá a salvação, pois qualquer um que se voltar para Cristo jamais será por ele rejeitado. Falaremos mais sobre isso adiante.

4. A certeza da qual os judeus estiveram por um tempo imbuídos, incluindo os próprios apóstolos, que restringia a salvação e o resgate efetuados pelo Messias, ou pela semente prometida, somente aos próprios judeus, que eram a descendência de Abraão segundo a carne, deve ser vista como razão das muitas expressões gerais e ampliações dos objetos da redenção, mas não como base para afirmar uma universalidade sem limites. É evidente que os judeus, de modo geral, estavam sob a influência da opinião orgulhosa de que as promessas pertenciam somente a eles. Tais promessas eram universalmente deles e excluíam os outros, a quem amaldiçoavam e se referiam como "cães e incircuncisos". Assim, quando viam a multidão de gentios acorrendo à pregação de Paulo, enchiam-se "de inveja e, blasfemando, contradiziam o que Paulo falava [...] provocando uma perseguição" (At 13.45-50), conforme o que o apóstolo também relata em 1Tessalonicenses 2.15,16: "Eles não agradam a Deus, são inimigos de todos os homens e nos impedem de pregar aos gentios para que sejam salvos". E o que mais os revoltou na pregação de Jesus foi a previsão de que a vinha seria entregue a outros agricultores (Mt 21.41).

Os próprios apóstolos estavam profundamente influenciados por essa opinião herdada de seus pais. Isso fica evidente não apenas na pergunta sobre a restauração do reino para Israel (At 1.6), mas também e principalmente no fato de que, ao receberem a ordem de pregar e batizar todas as nações (Mt 28.19), ou toda criatura (Mc 16.15), e tendo recebido, segundo a promessa (At 1.8), poder do alto para cumprirem tal ordem, assim mesmo eles a interpretaram como algo aparentemente restrito às ovelhas perdidas da casa de Israel, pois saíram e pregaram somente aos judeus (At 11.19). Quando entenderam que a ordem era mais abrangente, glorificaram a Deus, dizendo: "Então, Deus concedeu também aos gentios o arrependimento para a vida" (At 11.18), admirados diante de uma realidade que não conheciam. É compreensível que as pessoas não tenham se convencido disso de imediato, pois esse era o grande mistério não revelado às gerações anteriores, mas foi dado a conhecer aos santos apóstolos e profetas de Deus por meio do Espírito, ou seja, que os gentios eram "coerdeiros, parte do mesmo corpo e coparticipantes da promessa em Cristo por meio do evangelho" (Ef 3.5,6).

Ora, tendo o Espírito lhes manifestado essas coisas, que havia chegado o tempo em que a irmã pequena devia ser levada em conta, o filho pródigo, acolhido em casa, e Jafé, convencido a habitar nas tendas de Sem, eles se empenharam por eliminar a restrição da mente de seus irmãos segundo a carne, pelos quais tinham uma consideração especial, mas também por afastar do pensamento do eunuco que ele fosse uma árvore seca, ou dos gentios, para que tivessem a certeza de que não haviam sido cortados do povo de Deus. Foi com esse objetivo que eles empregaram diferentes expressões gerais, opondo-se frontalmente ao primeiro erro, que era totalmente prejudicial ao reino de Jesus Cristo. Referimo-nos aos termos "mundo", "todos os homens", "todas as nações", "toda criatura" e outros semelhantes, empregados na esfera da redenção e da pregação do evangelho. Essas expressões não se limitam, conforme eles imaginavam, a uma nação e família, mas se estendem à universalidade do povo de Deus disperso por todas as regiões debaixo do céu. Essas expressões são frequentes em João. Ele testemunhou a primeira vinda do Senhor representada pelo terrível julgamento e vingança trazidos sobre a nação judaica cerca de quarenta anos depois da morte de Jesus. João costuma afirmar como o mundo se beneficiou do sacrifício de Cristo em oposição, conforme já afirmei, à nação judaica, proporcionando-nos assim uma regra de como interpretar tais frases e locuções: "... profetizou que Jesus iria morrer pela nação, e não somente pela nação, mas também para reunir como um só povo os filhos de Deus que estão dispersos" (Jo 11.51,52). Em consonância com esse sentido, ele diz aos judeus que creram que Cristo é a propiciação não somente por eles, "mas também pelos pecados de todo o mundo" (1Jo 2.2), ou seja, o povo de Deus disperso por todo o mundo, povo que não se restringe a uma nação, conforme os judeus em vão imaginavam. Isso esclarece o sentido das passagens em que as palavras *mundo* e *todo* são empregadas no contexto da redenção. Elas não encerram em si uma universalidade coletiva, mas uma distribuição geral por pessoas de todo tipo, em contraste com a ideia equivocada que já pudemos verificar acima.

5. É preciso avaliar seriamente o alcance, a natureza e o significado desses termos gerais desses termos usados indefinidamente nas Escrituras para determinar o objeto da redenção feita por Cristo. O pensamento a que nos opomos é sustentado apenas por essas expressões. O principal, se não único, argumento favorável à universalidade da redenção é derivado de palavras que parecem ter sentidos tão amplos quanto a afirmação pretendida, tais como *mundo, o mundo inteiro, todos* e outras afins. Os universalistas agarram-se a essas expressões e proclamam vitória indubitável. *O mundo, o mundo inteiro, todos, todos os homens!*

— *quem pode se opor a isso?* Chamem-lhes a atenção para o contexto das diversas passagens que empregam tais expressões. Respeitem-se as regras de interpretação. Façam com que se lembrem das circunstâncias e do escopo dessas passagens, do sentido que as mesmas palavras assumem em outros textos. Apelem para os outros recursos já mencionados que o Senhor nos deu para que descobríssemos seu pensamento e sua vontade na Palavra. Eles imediatamente recorrem ao literalismo, ao sentido ao pé da letra: "Chega de glosas e interpretações; permitam-nos crer no que a Palavra diz expressamente", porém mal sabem (assim espero) que estão encantados consigo mesmos e que, se tal declaração for amplamente aplicada, sem que tenhamos direito ao dom da interpretação condizente com a proporção da fé, estarão, em um estalar de dedos, confirmando a loucura maldita dos que interpretam antropomorfismos de modo literal, atribuindo corpo e forma humanas a Deus. Estarão ainda subscrevendo a fantasia da transubstanciação, destruindo o corpo de Cristo, que de fato tem um corpo, além de propagarem diversas outras heresias perniciosas. Continuem eles, enquanto quiserem, fazer essas afirmações vazias e úteis apenas para aterrorizar e desestabilizar homens frágeis. Por amor à verdade, não nos calaremos e facilmente demonstraremos que os termos gerais empregados nesses tipos de raciocínio não dão força alguma à ideia da redenção universal, seja ela absoluta, seja condicionada.

Duas palavras são grandes causas de tropeço: primeira, a palavra *mundo*; segunda, *todos*. As passagens em que elas são empregadas, das quais derivam os argumentos de nossos adversários, serão analisadas mais adiante. Por ora, vamos nos limitar a apresentá-las segundo o uso das Escrituras, casos em que elas não denotam universalidade coletiva daqueles a quem se referem, mas, tendo diversos significados, devem ser interpretadas em consonância com o escopo e com o assunto da passagem.

A primeira é a palavra *mundo*, que, no Novo Testamento, traduz o termo κόσμος (pois há outra palavra às vezes traduzida por mundo, a saber, αἰών, que não diz respeito ao presente assunto, mas à duração do tempo e não ao escopo ou alcance de alguma coisa). Quem quer que não a reconheça como πολύσημον, ou polissêmica, não conhece o bastante da Palavra de Deus.

Apresentarei brevemente vários significados da palavra para deixar claro que não é possível basear nenhum argumento em seu simples uso, em face de sua natureza nada inequívoca, a não ser que seu significado seja identificado na passagem específica em que se baseia o argumento.

Mundus sumitur,
  1. Subjectivè,
     1. Ὁλικῶς.
     2. Μερικῶς, idque vel pro
        1. Coelo aspectabili.
        2. Terra habitabili.
  2. Adjunctivè, ratione
     1. Incolarum, idque
        1. Collectivè, seu κατὰ πάντας.
        2. Distributivè, pro
           1. Quibusvis.
           2. Multis.
        3. Signanter, pro
           1. Bonis, seu electis.
           2. Malis, seu reprobis.
        4. Ἀορίστως, seu communiter.
        5. Restrictivè, seu συνεκδοχικῶς, pro
           1. Praecipuis.
           2. Romanis.
     2. Accidentum
        1. Corruptionis, unde sumitur pro
           1. Ipsa corruptione.
           2. Sede corruptionis.
           3. Terrena conditione.
        2. Maledictionis.[1]

Todas essas distinções no uso da palavra se estabelecem nas seguintes observações:

A palavra *mundo* nas Escrituras é geralmente entendida de cinco maneiras.

---

[1] Traduzindo o esquema acima: O *mundo* é um conceito entendido: I. Subjetivamente, 1. Universalmente. 2. Parcialmente como: (1.) O céu visível. (2.) A terra habitável. II. De modo adjuntivo com relação aos: 1. Seus habitantes e, nessa acepção: (1.) Coletivamente em referência ao todo. (2.) Distributivamente como: [1.] Qualquer um. [2.] Muitos. (3.) Como símbolo dos: [1.] Bons ou eleitos. [2.] Iníquos ou réprobos. (4.) Indistintamente ou em comum. (5.) Restritivamente ou como sinédoque de: [1.] Os principais. [2.] Os romanos. 2. Os acidentes. (1.) Da corrupção. [1.] A corrupção propriamente dita. [2.] A sede da corrupção. [3.] A condição terrena. (2.) Da maldição. (N. do E.)

1. *Pro mundo continente*
1.1. Em sentido geral, ὅλως, em referência ao conteúdo do céu e da terra, todas as coisas neles contidas e no início criadas por Deus (cf. Jó 34.13; At 17.24; Ef 1.4 e muitas outras passagens).
1.2. Em sentido distintivo:
1.2.1. Em referência aos céus e todas as coisas que lhe pertencem, em contraste com a terra (Sl 90.2)
1.2.2. Em referência à terra habitável, sentido este muito frequente (Sl 24.1; 98.7; Mt 13.38; Jo 1.9; 3.17,19; 6.14; 17.11; 1Tm 1.15; 6.7.
2. Em referência *ao que o mundo contém*, principalmente os seres humanos, de acordo com as seguintes características:
2.1. Universalmente, sem excluir ninguém (Rm 3.6, 19; 5.12).
2.2. Indefinidamente em relação aos seres humanos, sem inclusões nem restrições (Jo 7.4; Is 13.11).
2.3. Exegeticamente, significando "muitos", que é a acepção mais comum da palavra (Mt 18.7; Jo 4.42; 12.19; 16.8; 17.21; 1Co 4.9; Ap 13.3).
2.4. Comparativamente, referindo-se a grande parte do mundo (Rm 1.8; Mt 24.14; 26.13; Rm 10.18).
2.5. Restritivamente, referindo-se aos habitantes do Império Romano (Lc 2.1).
2.6. Em relação aos homens segundo suas diferentes qualidades: em referência aos bons, ao *povo de Deus*, seja como designação, seja como posse (Sl 22.27; Jo 3.16; 6.33,51; Rm 4.13; 11.12,15; 2Co 5.19; Cl 1.6; 1Jo 2.2); em referência aos homens maus, perversos e rejeitados do mundo (Is 13.11; Jo 7.7; 14.17,22; 15.19; 17.25; 1Co 6.2; 11.32; Hb 6.38; 2Pe 2.5; 1Jo 5.19; Ap 13.3).
3. Em referência ao *mundo corrupto* ou à corrupção universal presente em tudo o que está no mundo (Gl 1.4; 6.14; Ef 2.2; Tg 1.27; 4.4; 1Jo 2.15-17; 1Co 7.31,33; Cl 2.8; 2Tm 4.10; Rm 12.2; 1Co 1.20,21; 3.18,19).
4. Em referência ao *estado ou condição terrena e mundana* de homens e coisas (Sl 73.12; Lc 16.8; Jo 18.36; 1Jo 4.5; e muitas outras passagens).
5. Em referência ao *mundo amaldiçoado*, sob o poder de Satanás (Jo 7.7; 14.30; 16.11,33; 1Co 2.12; 2Co 4.4; Ef 6.12).

Há diversos outros sentidos nas Escrituras sagradas, mas não é necessário examiná-los aqui. Examinei os casos acima para mostrar a ousadia das afirmações feitas por alguns, que, com as Escrituras, assustam pessoas instáveis ao mencionar a palavra *mundo* repetidas vezes na esfera da redenção, como se dessas passagens fosse possível derivar apoio para seus argumentos em favor do resgate geral. "Parvas habet spes Troja, si tales habet" (Troia tem poucas esperanças, se é que tem alguma). Se a grande *força desses homens se resume a suas práticas sofísticas, baseadas na ambiguidade de uma palavra com múltiplos sentidos, todo o esforço por eles empenhado se revelará infrutífero*. Ora, conforme já dissemos, há diversas outras acepções nas Escrituras; por isso, quando examino as objeções interpostas pelo uso dessa palavra, espero que, com a ajuda de Deus, eu possa demonstrar que em nenhum lugar das Escrituras ela é empregada no âmbito da redenção. Fora desse âmbito, ela pode ser interpretada como referência a todos os homens sem exceção, como acontece em algumas poucas passagens. Por isso, para que nosso tratamento dessa palavra fique muito claro, acrescentaremos as seguintes observações:

Em primeiro lugar, no caso da palavra *mundo* e de outras, ocorre o que nas Escrituras chamamos de ἀντανάκλασις, ou seja, a mesma palavra adquire diferentes sentidos ou acepções, como em Mateus 8.22: "Deixa os mortos sepultarem seus próprios mortos", onde a primeira ocorrência da palavra "mortos" refere-se aos espiritualmente mortos no pecado; a segunda ocorrência refere-se aos naturalmente mortos pela separação entre alma e corpo. Em João 1.11, ele veio εἰς τὰ ἴδια, "para o que era seu", incluindo todas as coisas que ele havia feito; καὶ οἱ ἴδιοι, "os seus", isto é, a maior parte do povo, "não o receberam". Ainda em João, "o que é nascido do Espírito é espírito" (3.6), onde, na primeira ocorrência, a palavra é uma referência ao todo-poderoso Espírito de Deus e, na segunda, a uma vida espiritual pela graça dele recebida. Em casos assim, argumentar que o significado é o mesmo em ambas as ocorrências de determinada palavra, é uma violenta distorção do pensamento do Espírito Santo. Da mesma forma, o sentido da palavra *mundo* não é fixo, conforme podemos ver em João 1.10: "Ele estava no mundo, e o mundo foi feito por ele, e o mundo não o recebeu". Qualquer pessoa que atribua o mesmo significado às três ocorrências da palavra *mundo* será um intérprete deplorável, pois, na primeira menção, ela significa claramente uma parte da terra habitável (*subjetivamente* μερικῶς); na segunda, a totalidade da estrutura do céu e da terra (*subjetivamente* ὁλικῶς); e na terceira, alguns homens que vivem na terra, a saber, os incrédulos, que podem ser vistos *adjuntivamente* como o mundo. E ainda João 3.17: "Deus enviou o seu Filho ao mundo, não para que julgasse o mundo, mas para que o mundo fosse salvo por meio dele"; a primeira ocorrência de *mundo* deve ser necessariamente interpretada como uma parte do mundo habitável em que o Salvador viveu; a segunda ocorrência diz respeito a todos os homens no mundo, conforme alguns supõem (há certa verdade nisso, uma vez que ele não veio para condenar todos os homens do mundo, pois, em primeiro lugar, a condenação de quem quer que fosse não era o principal objetivo de sua vinda e, em segundo lugar, ele veio para salvar seu próprio povo e não para condenar a todos); na terceira ocorrência da palavra mundo, vemos uma referência aos eleitos de Deus, ou crentes que vivem neste mundo, através de várias gerações, aqueles que ele pretendia salvar, e ninguém mais. Caso contrário, o propósito de Deus não se teria cumprido, e a obra de Cristo seria insuficiente para aquilo que se destinava.

A segunda observação que temos a fazer é que nenhum argumento pode se basear em uma frase das Escrituras, em qualquer que seja o texto, se em outras passagens esse significado da frase for nitidamente negado, a menos que ele seja afirmado pelo escopo da passagem ou pelo assunto. Por exemplo, Deus amou o *mundo* e enviou seu Filho para reconciliar consigo o *mundo;* Cristo é a propiciação pelos pecados de *todo o mundo.* Se o escopo das passagens onde encontramos essas afirmações, ou o assunto dos quais elas tratam, apontarem para todas as pessoas de uma perspectiva universal, então que sejam eliminadas quaisquer restrições. No entanto, se as passagens não demandarem tal interpretação, por que haveríamos de atribuir à palavra *mundo* o sentido de todas e quaisquer pessoas, se não fazemos o mesmo em João 1.10: "O mundo não o conheceu"? Se o significado for todos sem exceção, seríamos obrigados a concluir que ninguém creu em Cristo, em oposição ao que lemos no versículo 12. Em Lucas 2.1, lemos "... para que o mundo inteiro fosse recenseado", o que não significa outra coisa a não ser os principais habitantes do Império Romano. Em João 8.26, "o que dele ouvi, isso falo ao mundo" aponta para os judeus que viviam no mundo, aos quais ele dirigia suas palavras, e não a todos sem exceção, aos quais ele não foi enviado. O mesmo podemos dizer de João 12.19: "O mundo inteiro vai atrás dele!", onde a palavra mundo não passa de uma grande multidão que fazia parte de uma pequena nação; ou 1João 5.19: "O mundo inteiro jaz no Maligno", mundo do qual, não obstante, não fazem parte os que creem. Ou, ainda, Apocalipse 13.3: "Maravilhado, o mundo inteiro seguiu a besta" — julguem se isso diz respeito a todos os indivíduos no âmbito universal! *Todas as nações* é uma frase que tem a mesma abrangência da palavra *mundo* e deve ser igualmente entendida, conforme atestam passagens como Romanos 1.5; Apocalipse 18.3, 23; Salmos 118.10; 1Crônicas 14.17; Jeremias 27.7. É evidente que as palavras e frases *mundo, o mundo inteiro* e *todo o mundo,* quando usadas de modo adjuntivo em referência aos homens deste mundo, denotam quase sempre somente alguns ou muitos homens dentre a totalidade. Os homens são classificados como bons e maus, crentes e incrédulos, eleitos e réprobos, conforme a imediata afirmação que deles se faz em diversas passagens. Portanto, não vejo razão por que essas frases devam ser distorcidas para assumirem qualquer outro significado nos lugares das Escrituras que constituem os pontos de discórdia entre nós e nossos oponentes. Essas passagens serão consideradas adiante.

Ora, tudo o que dissemos sobre a palavra *mundo* aplica-se à palavra *todos*, à qual se impõe um peso indevido e que não justifica a arrogância atrelada aos argumentos que supostamente nela se baseiam. Já declaramos que em nenhum lugar das Escrituras se diz que Cristo morreu por *todos os homens*, ou se entregou como resgate por todos os homens, menos ainda por todos e quaisquer homens. Em 1Timóteo 2.6, temos a afirmação expressa de que "ele se entregou em resgate por todos". O que está sendo discutido é a identidade de "todos": todos os crentes, todos os eleitos, alguns ou todos sem qualquer exceção? Nossos adversários defendem a última opção, e a principal razão por eles apresentada para tal interpretação está na importância da própria palavra. O contexto da passagem, a analogia da fé e outros recursos usados na exposição não favorecem de forma alguma a glosa por eles defendida. Isso ficará provado quando chegarmos às passagens específicas que eles apresentam. Por ora, examinemos a palavra em sua acepção normal nas Escrituras e vejamos se ela sempre e necessariamente deve ser assim interpretada.

A palavra *todos* é muito clara e dispensa quaisquer ilustrações. Pode ser empregada de uma perspectiva *coletiva*, referindo-se a todos em geral, sem exceção, mas também de uma perspectiva *distributiva*, significando alguns dentre todas as categorias, sem exceção. Dessa última perspectiva, pode se referir a todas as categorias de homens que falam, escrevem ou se expressam de alguma forma, mas principalmente em relação às Escrituras sagradas. Não é necessário provar que, algumas vezes, a palavra é empregada de uma perspectiva coletiva. Assim a empregam aqueles aos quais nos opomos, que afirmam ser este o único sentido da palavra. Eu, porém, ouso afirmar que, dentre dez ocorrências da palavra na Bíblia, em nenhuma ela deve ser vista de uma perspectiva coletiva, mas distributiva, significando alguns dentre todas as categorias das quais se diz alguma coisa. Dos muitos exemplos a que poderíamos recorrer, alguns bastarão para esclarecer essa questão. Temos, como primeiro exemplo: "E eu, quando for levantado da terra, atrairei todos a mim" (Jo 12.32). Não aceito que a palavra seja traduzida por "todos os homens", como em outras passagens (pois, embora eu saiba que o sentido pode ser o mesmo, a palavra *homens* não está no original, mas apenas πάντας). Mas pergunto: quem são esses *todos*? Toda e qualquer pessoa? Será que todos os homens, sem exceção, seriam atraídos a Cristo, se converteriam verdadeiramente e, certamente, salvos? Pois todos os que vão a ele, por meio dele e da ação do Pai, jamais serão rejeitados (Jo 6.37). Assim, todos, nessa ocorrência da palavra não pode significar algo que não seja muitos, alguns de todas as categorias, sem excluir nenhuma delas, conforme a interpretação da palavra em Apocalipse 5.9: "... Com o teu sangue compraste para Deus homens de toda tribo, língua, povo e nação". Estes compõem o conjunto chamado "todos", que seriam atraídos a ele; essa exposição da palavra tem para mim muito mais valor do que mil glosas articuladas pelos seres humanos. Da mesma forma, em Lucas 11.42, passagem à qual os tradutores atribuem um significado imediato e adequado (pois devem se manter o mais perto possível do que é próprio e da acepção nativa de cada palavra), conforme julgamos ser a interpretação correta, pois traduzem πᾶν λάχανον por "toda a sorte de hortaliças" (NVI), de forma *distributiva* (e assim deve ser). Não se trata de uma hortaliça específica, pois, se consideradas coletivamente, os fariseus não dariam o dízimo nem teriam condições de fazê-lo. A mesma palavra é usada novamente em Lucas 18.12: "... dou o dízimo de tudo quanto ganho", onde logicamente não poderia significar que o fariseu dava o dízimo de cada uma de suas posses. Também óbvio é o significado restrito da palavra em Atos 2.17: "... Derramarei do meu Espírito ἐπὶ πᾶσαν σάρκα. Cada um julgue por si se a expressão abrange todos os homens ou os homens de diversas categorias. Nossos tradutores seguem a mesma via de interpretação acima, em Atos 10.12, traduzindo πάντα τὰ τετράποδα por "todo tipo de quadrúpedes", ou seja, animais de diversas classes. Sob o mesmo prisma deve ser interpretado Romanos 14.2: "Um crê que pode comer de tudo", ou seja, comer daquilo que lhe agrada. Veja, ademais, 1Coríntios 1.5. Em um texto em que a palavra *todos* é interpretada como "todos sem exceção" (embora tal afirmação seja infrutífera e falsa, conforme ficará provado), a saber, 1Timóteo 2.4, que afirma que Deus "deseja que todos os homens sejam salvos", a mesma palavra, dentro do mesmo capítulo, deve ser inequivocamente interpretada conforme o sentido que lhe damos, como se vê no versículo 8: "Quero que os homens orem em todo lugar", e isso não significa cada lugar, sem exceção, especificamente no céu, na terra, no inferno. Não precisamos provar essa interpretação, assim como não precisamos provar que Jesus veio curar todo tipo de doença, em vez de curar todas as doenças de todos os homens (Mt 9.35).

Diversos outros exemplos podem ser dados para deixar claro que esse é o sentido mais frequente e comum da palavra *todos* nas Escrituras sagradas. Portanto, se tomarmos por base unicamente a palavra *todos*, nada pode ser inferido que justifique a universalidade ilimitada de todos os indivíduos. Consideraremos a seguir passagens específicas usadas para insistir na ideia da universalidade. Nas observações abaixo, concluirei tudo o que diz respeito a essas expressões gerais empregadas pelas Escrituras.

Primeiro, a palavra *todos*, sem dúvida alguma, restringe-se, e deve ser restrita, a *todos de algumas categorias*, mesmo que os limites da qualificação não estejam nitidamente expressos, ou seja, todos os que creem (1Co 15.22; Ef 4.6). Segundo Romanos 5.18, "por um só ato de justiça veio a graça sobre todos os homens", ou seja, sobre os que foram de fato justificados, os que são de Cristo, isto é, os que creem, pois não há dúvida de que não há justificação sem fé.

Segundo, eventualmente, a palavra *todos* refere-se a *alguns de todas as categorias* (Jr 31.34). A palavra כֻּלָּם é traduzida em Paulo por πάντες (Hb 8.11; cf. Jo 12.32; 1Tm 2.1-3), e a menção de "reis" deixa clara a referência a uma categoria de indivíduos. Não tenho dúvida, e isso ficará claro para todos, de que a palavra deve ser interpretada em um desses sentidos em todas as ocorrências no contexto da redenção, conforme ficará provado.

Terceiro, comparem-se com cuidado as expressões gerais do Novo Testamento com as predições do Antigo Testamento, e logo ficará claro que elas constituem explicações e exposições umas das outras. O Senhor afirma no Novo Testamento que o que foi previsto no Antigo deveria se cumprir. Ora, nas predições e profecias do Antigo Testamento, *todas as nações, toda carne, todos os povos, todos os cantos, famílias e tribos da terra, o mundo, toda a terra, as ilhas*, todos se converterão e olharão para Cristo e se dirigirão ao monte do Senhor. Não há dúvida de que essas expressões se referem apenas aos eleitos de Deus em todas as nações, e somente neles tais predições se revelarão verdadeiras e se concretizarão. Por que as mesmas expressões empregadas no evangelho, muitas delas alcançando diretamente o objetivo de declarar o cumprimento das outras expressões, deveriam ser extrapoladas de forma tão contrária à mente do Espírito Santo? Concluindo, quando se afirma que o Senhor haverá de enxugar as lágrimas de todos, não estaremos impedindo a boa interpretação se dissermos que os réprobos serão lançados por toda a eternidade em um lugar onde haverá choro e ranger de dentes. Assim também, quando se diz que Cristo morreu por todos, não erraremos se dissermos que esses réprobos poderão perecer por toda a eternidade por causa de seus pecados, sem que houvesse remédio algum que lhes fosse destinado, embora, eventualmente, alguns tenham recebido a oferta de tal remédio.

6. Observe-se que as Escrituras costumam se referir a objetos e pessoas com base em seu aspecto exterior, ou segundo são vistos entre os homens e de acordo com a opinião que estes têm das pessoas e dos objetos. Muitas vezes, a Bíblia fala aos homens e sobre os homens com base na informação suprida por seus aspectos exteriores. É a partir desses aspectos que são feitos julgamentos e não segundo sua essência ou seus aspectos interiores. Desse modo, muitos são chamados *sábios, justos e retos*, com base na imagem ou impressão que deles se tem, mas o Senhor sabe que eles são pecadores néscios. Jerusalém é chamada "cidade santa" (Mt 27.53), pois assim ela era estimada e percebida, mas, na verdade, era um "covil de ladrões". Em 2Crônicas 28.23, lemos que o perverso Acaz, rei de Judá, "sacrificou aos deuses de Damasco, que o haviam derrotado". Ninguém além do Senhor o havia derrotado, e os deuses aos quais ele sacrificou não passavam de madeira e pedra, obra das mãos de homens, que nada podiam fazer por si mesmos e muito menos derrotar seus inimigos. Mas o Espírito Santo emprega uma linguagem se referindo às convicções idólatras de Acaz e diz "que o haviam derrotado". Por acaso não se afirma que Cristo havia violado o sábado (Jo 5.18)? Mas isso não passava da opinião corrompida e cega dos fariseus.

Ao que já dissemos acrescente-se uma verdade indiscutível, a saber, que muitos aspectos próprios e peculiares aos filhos de Deus são muitas vezes atribuídos aos que, exteriormente, vivem em comunhão com eles e participam dos mesmos privilégios externos, embora não sejam partícipes da graça da promessa. Se essas duas coisas absolutamente claras forem colocadas lada a lado, ficará evidente que as passagens que parecem expressar a possibilidade de ruína e destruição eterna dos que são retratados como redimidos pelo sangue de Cristo não viabilizam nenhum argumento favorável aos adversários da redenção eficaz dos eleitos de Deus pelo sangue de Cristo. Isso se deve ao fato de serem eles redimidos κατὰ τὴν δόξαν, não κατὰ τὴν ἀλήθειαν — κατὰ τὸ φαίνεσθαι, não κατὰ τὸ εἶναι — redimidos segundo a aparência, não segundo a realidade, conforme o uso das Escrituras em diversos outros contextos.

7. As palavras proferidas com base em nosso *julgamento por deferência* nem sempre coincidem com o *julgamento de fato* do indivíduo sobre quem alguma coisa é afirmada. No que toca à retidão de nosso julgamento, basta que ajamos segundo as regras de julgamento que nos são dadas. O que está fora do âmbito de nosso conhecimento não nos diz respeito, seja em questão de julgamento ou não. Por isso, os apóstolos escrevem muitas vezes referindo-se aos indivíduos como "santos" e "eleitos", mas não há como ter certeza nem garantir que eles realmente eram "santos" e "eleitos". Em 1Pedro 1.1,2, Pedro se dirige a leitores que lhes eram desconhecidos e estavam dispersos pelo Ponto, Galácia, Capadócia, Ásia e Bitínia como "eleitos de Deus [...] escolhidos de acordo com a presciência de Deus Pai", mas ninguém ousaria afirmar que se pode concluir, sem sombra de dúvida, que eles, de fato, eram eleitos. Escrevendo a toda a igreja formada pelos tessalonicenses, Paulo afirma saber que eles eram "escolhidos por ele [Deus]". Em 2Tessalonicenses 2.13, ele bendiz a Deus, que os havia escolhido para a salvação. Ora, será que esse julgamento que Paulo faz de seus leitores não se baseava na regra da deferência? Ele afirma em outra passagem: "É justo que eu me sinta assim a respeito de todos vós" (Fp 1.7). Mas podemos ou devemos concluir infalivelmente que eram todos eleitos? Se alguém dentre eles se afastasse do evangelho e perecesse, poderíamos validar o argumento de que os eleitos podem perecer? Por acaso, não haveríamos de responder que eles foram considerados eleitos segundo o julgamento por deferência, mas que, de fato, não eram eleitos? Quando apresentada como resposta à objeção de que alguns redimidos perecem, unicamente em julgamentos feitos por deferência, por que ela não é suficiente e satisfatória tanto quanto nas declarações, feitas por deferência, de que eles são eleitos?

8. É necessário considerar o *vínculo infalível*, de acordo com o propósito e a vontade de Deus, entre fé e salvação, vínculo este muitas vezes pretendido nas ofertas do evangelho. Em seu conselho, o Senhor determinou, e revelou em sua Palavra, que há um vínculo indissolúvel entre esses dois elementos, de modo que "quem crer [...] será salvo" (Mc 16.16). Aliás, essa é a essência do evangelho em sua proclamação externa. O testemunho de Deus é que a vida eterna está em seu Filho; "quem crê no Filho de Deus tem o testemunho em si mesmo; quem não crê em Deus, torna-o mentiroso" (1Jo 5.9-11). Ora, esse vínculo entre meios e fim, fé e vida, é a única coisa pretendida e oferecida ao incontável número de pessoas às quais o evangelho é pregado. Todas as exigências, ofertas e promessas que lhes são feitas dão a entender unicamente essa vontade de Deus: os que creem certamente são salvos, verdade

divina inquestionável e objeto suficiente para fundamentar a fé sobrenatural. Sua rejeição é causa suficiente para a condenação: "... porque, se não crerdes que Eu Sou [isto é, o caminho, a verdade e a vida], morrereis em vossos pecados (Jo 8.24).

Há quem em vão idealize que quando a ordem e a promessa de crer são transmitidas a qualquer indivíduo, mesmo que ele integre o número daqueles que certamente perecerão, o Senhor tem uma vontade condicional acerca da salvação e pretende que esse indivíduo seja salvo, sob a condição de que creia, mas tal condição não condiz com a vontade de Deus, que é sempre absoluta. A única condição que existe é aquela entre as coisas propostas ao indivíduo, conforme já antes afirmamos. Esses pobres infelizes, que se põem de pé antes mesmo de conseguir engatinhar, e deveriam ser convencidos a se firmar em homens mais fortes, traem sobejamente sua própria ignorância arrogante, quando, com grande pompa, ostentam os fragmentos de um antigo sofisma arminiano, exaltando essa *nova* descoberta (pois é assim que pensam sobre tudo o que lhes é novo), a saber, "A oferta que Deus faz equivale à sua intenção; como ele convida a todos nós para que creiamos e sejamos salvos, esta é sua intenção para todos".

Em primeiro lugar, Deus não oferece vida a *todos* sob a condição de que creiam, mas exclui grande parte da humanidade sem lhe fazer absolutamente nenhuma oferta.

Em segundo lugar, se eles equiparam a *oferta* de Deus a seu mandamento e à sua promessa, quem disse que essas coisas são indicadores de sua vontade, de seu propósito ou de sua intenção? Ele ordenou ao faraó que deixasse o povo sair, mas será que seu propósito era que ele obedecesse à sua ordem? Por acaso, Deus não havia previsto que ele não obedeceria à sua ordem de deixar o povo sair? Sempre achei que as ordens e promessas de Deus revelam nosso dever e não seu propósito, o que Deus quer que façamos e não o que ele fará. Aliás, suas promessas, aplicadas à esfera *particular*, manifestam seu propósito para os *indivíduos* aos quais são aplicadas; mas, quando propostas *indefinidamente*, revelam somente a intenção de Deus que já havíamos identificado, ou seja, elas dizem respeito às *coisas*, não às *pessoas*. São indicadores do propósito divino de vincular fé e salvação.

Em terceiro lugar, se a oferta é universal (conforme eles afirmam) e a intenção de Deus é que ela seja aceita, ou seja, ele pretende a salvação pelo exercício da fé daqueles a quem a oferta é feita, então perguntamos: 1) O que dizer da eleição e reprovação? Sem dúvida, nenhuma das duas condiz com esse propósito universal de salvação. 2) Se essa é a intenção de Deus, por que ela não se concretiza?

Teria Deus fracassado no que diz respeito a seu propósito? "Dum vitant stulti vitia, in contraria currunt" (à medida que evitamos o erro tolo, aceleramos o seu oposto). A certeza de *Cila* não é pior do que a temível *Caríbdis*? Mas eles dizem: "Seu propósito de salvar depende de uma condição; se a condição não for satisfeita, ele não fracassa em seu propósito, embora a salvação não se concretize". Mas será que o Senhor sabia de antemão se a condição seria satisfeita por aqueles a quem a oferta fosse feita? Se a resposta for não, o que dizer de sua presciência e onisciência? Se a resposta for sim, como é possível que ele pretenda a salvação daqueles que, segundo ele mesmo sabia, jamais satisfariam a condição para serem salvos? Além disso, ele sabia que a condição não seria satisfeita sem que ele a concedesse, mas determinou que não iria concedê-la. Será que eles atribuiriam essa vontade e esse propósito a um homem sábio, a exemplo do que fazem ao atribuí-los com ignorância e presunção ao único Deus sábio? Pretenderia Deus que alguma coisa fosse feita mediante o cumprimento de uma condição que ele sabia perfeitamente que não seria cumprida e que ele havia resolvido não efetivar? Por exemplo, dar sua filha em casamento a alguém, sob a condição de que esse alguém lhe desse uma joia que ele não possui, nem pode possuir, a menos que ela lhe seja concedida e que, mesmo assim, ele não a concederia? Aonde tamanhas cegueira e ignorância, consideradas luz e conhecimento, haverão de conduzir essas pobres almas iludidas? A principal verdade demonstrada e exposta na proclamação do evangelho, em especial no que diz respeito aos incrédulos, é o estreito laço entre o dever da fé atribuída e o benefício da vida prometida. Tal verdade tem alcance universal e está fundamentada na plena suficiência da morte de Cristo para com os que creem. Não vejo por que isso deva ser considerado parte do *mistério dos universalistas: que o evangelho não poderia ser pregado a todos, a menos que Cristo tenha morrido por todos*. Junto com o que já mencionamos acima, esse é um sofisma antigo, corrompido, carnal e há muito refutado, fruto do desconhecimento da Palavra e da razão, as quais jamais se contradizem.

9. A distribuição dos eleitos e réprobos, crentes e incrédulos, de acordo com o propósito e a mente de Deus, através de todo o mundo, em diversos lugares, em todas ou na maioria das igrejas, constitui outro motivo para resistir à ideia da eficácia do sangue de Jesus Cristo para aqueles pelos quais ele nunca foi derramado. Os ministros do evangelho, servos dos mistérios de Cristo aos quais foi confiada a palavra da reconciliação, conhecem apenas as coisas reveladas (o Senhor guardou na arca secreta de seu coração o que diz respeito ao propósito e

à intenção acerca dos indivíduos, e a ninguém compete esquadrinhar esses segredos). Eles devem advertir e exortar a todos a quem são enviados, apresentando-lhes as mesmas ordens, propondo as mesmas promessas e oferecendo Jesus Cristo da mesma maneira a todos, de modo que os eleitos, aos quais não conhecem antes que se convertam, possam deles se beneficiar, ao mesmo tempo em que o coração dos demais é endurecido. Ora, essas coisas são assim ordenadas por aquele que é soberano sobre todos: primeiro, a coexistência de eleitos e réprobos, joio e trigo, até o fim do mundo. Segundo, a pregação de Cristo e da reconciliação por meio dele feita por homens que desconhecem os propósitos eternos de Deus quanto à separação dos ouvintes. Essa falta de conhecimento gera necessariamente duas consequências: as promessas devem ter um caráter geral irrestrito para serem adequadas a esta dispensação antes de serem anunciadas. E devem ser oferecidas àqueles que o Senhor nunca pretendeu beneficiar, mas que delas tomam conhecimento pelo fato de estarem misturados aos eleitos de Deus neste mundo. Portanto, a partir da apresentação geral de Cristo nas promessas nada pode ser concluído quanto à sua morte em favor daqueles que a ouvem. Ela tem outra razão e ocasião. Em suma, a palavra da reconciliação é confiada a homens que não têm conhecimento dos conselhos de Deus e deve ser pregada a indivíduos em diferentes situações quanto ao propósito divino. Dentre os meios pelos quais Deus decidiu atrair os seus encontram-se exortações, apelos, promessas e outros meios afins, conciliados com a razoabilidade da qual são partícipes aqueles a quem a Palavra é anunciada. Esses meios também se prestam à consecução de outras finalidades em relação aos restantes, tais como convicção, restrição, endurecimento do coração, culpabilidade. É inevitável que a proposta e a oferta sejam necessariamente feitas a alguns mediante condição a ser cumprida, os quais, intencionalmente, e no que diz respeito ao propósito de Deus, não têm direito algum a ela segundo seu justo objetivo e intenção. Finalizando, considerem-se duas coisas: primeira, a oferta em si não tem e nunca teve uma natureza absolutamente universal, mas apenas indefinida, com relação às diferenças exteriores. Segunda, Cristo não é recebido sem fé, e Deus concede fé a quem ele bem entende; é claro que ele nunca pretendeu que Cristo fosse recebido por aqueles aos quais ele não concede fé.

10. A fé prescrita e ordenada no evangelho se manifesta em diferentes atos e graus. Seu exercício se dá de maneira harmônica e consoante ao método natural da proposta dos objetos nos quais se deve crer. Essa consideração é assaz adequada ao assunto em pauta. Nossos adversários empenham-se por afirmar que,

se Cristo não morreu por todos, então é em vão que os indivíduos são exortados a crer. Assim, segundo eles, não há um objeto adequado da fé para um número incontável de pessoas, visto que Cristo não morreu por elas, como se o evangelho afirmasse desde o princípio a doutrina de que Cristo morreu por todos, tanto eleitos quanto réprobos, e que a primeira coisa em que deve crer uma pessoa que vive debaixo dos meios da graça é que Cristo morreu particularmente por ela. As duas proposições são obviamente falsas, conforme espero deixar claro a todos ao finalizar nossos argumentos. Por ora, basta dar a entender algo do que já afirmei anteriormente quanto à ordem do exercício dos diversos atos de fé. Ficará claro que ninguém neste mundo recebe ordem ou convite para crer, a menos que tenha um objeto suficiente para estabelecer o ato de fé, verdade suficiente como base e amplitude suficiente para o completo exercício do que lhe é prescrito.

A primeira coisa que o evangelho prescreve aos pecadores, que os convence e nela lhes ordena que creiam, é que a salvação não reside neles mesmos, visto que todos pecaram e foram destituídos da glória de Deus. Ela também não reside nas obras da lei, pois ninguém pode ser justificado por meio delas. Essa é uma verdade salvífica do evangelho na qual os pecadores devem crer, e nela o apóstolo se ampara plenamente ao preparar o caminho para a justificação por meio de Cristo. É incontável o número de pessoas a quem o evangelho é pregado, as quais nunca chegaram a crer nem sequer nessa verdade! Entre elas podemos contemplar quase todo o povo judeu, conforme fica evidenciado em Romanos 9; 10.3,4. Antes que se avance um só passo com qualquer proposta, tratar com desdém esse objeto de fé é o pecado da incredulidade.

Em segundo lugar, o evangelho exige fé na salvação por meio da semente prometida — aquele que desde sempre foi estabelecido como âncora da salvação dos que creem. Nesse ponto, milhões que fazem parte do exército de homens e recebem exteriormente o chamado caem por terra e jamais creem, com a verdadeira fé divina, que Deus viabilizou um caminho para a salvação dos pecadores.

Em terceiro lugar, Jesus de Nazaré, crucificado pelos judeus, é esse Salvador antes prometido, e não há outro nome debaixo do céu pelo qual podemos ser salvos. Esse foi o ponto principal que os judeus invalidaram, recusando-se a aceitar Cristo como Salvador dos homens e julgando-o como inimigo de Deus. Desde então, eles são acusados de infidelidade e incredulidade condenável. A questão não era entre Cristo e eles, nem se ele havia morrido por todos os judeus, mas se ele era o Messias prometido. Diante de sua resposta negativa, pereceram na incredulidade.

Ora, antes que sejam praticados esses três atos de fé, em vão a alma é exortada a subir os degraus que conduzem mais para alto, pois não se ampara nos degraus anteriores que lhe dão sustentação.

Em quarto lugar, depois de descobrir o Redentor prometido e de nele crer, o evangelho exige que nos apoiemos em Cristo como nosso suficiente Salvador, em quem há copiosa redenção, capaz de salvar todos os que se dirigem a Deus por meio dele e de carregar o fardo de todas as almas cansadas que se achegam a ele pela fé. Nessa proposta reside uma verdade infalível, fundamentada na superabundante suficiência da oferta que Cristo fez de si mesmo pelos homens, quem quer que sejam (em maior número ou menor) os beneficiários pretendidos. Para o exercício desse ato de fé, exigem-se muito autoconhecimento, muita certeza, muita convicção do pecado, a justiça de Deus e a livre graça. Oh, Senhor! quantos milhares de pobres almas dentro da esfera da igreja jamais poderão ser levadas a ela! A grande verdade é que, sem a ajuda do Espírito de Deus, nenhum desses três atos anteriores podem ser viabilizados, muito menos o último. Ele atua livremente, quando, como e em quem lhe agrada atuar.

Em quinto lugar, uma vez que essas coisas estejam firmadas na alma (não antes), somos todos chamados em particular para crer na eficácia da redenção que há no sangue de Jesus, específica e individualmente para nosso ser. Todos aqueles em quem a livre graça de Deus operou os primeiros atos de fé podem ter certeza de que esse último ato será concretizado, pois é Deus quem também o viabiliza. Se eles assim fizerem, poderão crer sem duvidar e sem temer a falta de um objeto adequado de fé. Pois, certamente, Cristo morreu por todos em cujo coração o Senhor, por seu infinito poder, opera a fé com eficácia para que de Cristo tomem posse e com ele aquiesçam, de acordo com a oferta ordenadamente apresentada no evangelho. Ademais, é de acordo com essa ordem (conforme alguns observam) que os artigos de nossa fé são dispostos no Credo Apostólico (nome dado ao antigo sumário da religião cristã). A remissão de nossos pecados e a vida eterna são propostos em último lugar para que neles creiamos. Antes de chegarmos a eles, o restante precisa estar profundamente arraigado. Há uma verdade absoluta em todas as coisas com as quais somos chamados a concordar, e concordamos segundo a ordem do evangelho. Se Cristo não morreu por todos, não haveria sentido em afirmar que esse objeto em que devemos crer é nulo.

Apresentei assim os fundamentos gerais para as respostas que devemos dar às objeções que se nos fazem. Dar-lhes aplicações específicas não será uma tarefa difícil, conforme espero que fique claro para todos.

2

Introdução à resposta dada a argumentos específicos

Chegamos agora à análise das objeções feitas à doutrina que, com base na Palavra de Deus, confirmamos de forma inegável. Ela costuma ser atacada com clamor e dissonância. Antes, porém, de apresentá-las, cumpre-me fazer três advertências ao leitor.

A primeira é que, de minha parte, gostaria de enterrá-las, em vez de trazê-las a lume. Elas contrariam a verdade de Deus e parecem desfigurá-la. Portanto, se dependesse de mim, não examinaria nenhuma delas. Aliás, elas não encerram nenhuma dificuldade ou valor, e eliminá-las jamais seria trabalhoso ou cansativo. A questão é que eu não gostaria de ser um instrumento que desse fôlego ou luz a algo que se opõe à verdade de Deus. No entanto, nestes dias de impropriedades e erros doutrinários, suponho que o leitor já tenha sido, ou ainda será, confrontado por homens que ficam à espreita para enganar. Portanto, eu lhe mostrarei o veneno e lhe providenciarei um antídoto contra a peçonha desses oportunistas que se multiplicam em nosso tempo.

Em segundo lugar, gostaria que o leitor, ao ouvir uma objeção, não se levasse pela retórica, nem permitisse que seu espírito se impressionasse. Lembre-se, porém, o leitor de quantas provas e inúmeras passagens das Escrituras confirmam a verdade à qual eles se opõem. Mantenha-se em paz enquanto os textos bíblicos são averiguados, os argumentos, ponderados, e as respostas, apresentadas. E que o Senhor o dirija enquanto examina todas as coisas e retém o que é bom (1Ts 5.21).

Em terceiro lugar, que o leitor atente com toda diligência para aquilo que constitui a essência da controvérsia e o ponto em que reside a diferença de opiniões, deixando de lado toda retórica e palavras pomposas da vaidade, considerando-as irrelevantes e desprovidas de importância.

Muito bem; as objeções feitas à verdade são de dois tipos. A primeira é extraída das Escrituras e sujeita a distorções. A segunda deriva do mau uso da razão.

Começaremos com o primeiro tipo, as objeções extraídas das Escrituras. Todas as passagens que supostamente contradizem nossa afirmação são veementemente apresentadas pelos mais fortes de nossos adversários[1] e se subdividem em três grupos: primeiro, as passagens que afirmam que Cristo morreu pelo *mundo,* ou que de algum modo fazem menção da palavra *mundo* associada à redenção. Em segundo lugar, todos os textos que mencionam *todos* e *todos os homens,* seja nas passagens que se referem à morte de Cristo por eles, seja nos textos onde se diz que Deus deseja a salvação deles. Em terceiro lugar, as passagens que afirmam que Cristo *comprou* ou morreu por aqueles que estavam perecendo. Por isso, eles configuram três argumentos ou sofismas principais e neles insistem com muita força. Com a ajuda do Senhor iremos examiná-los na ordem respectiva das passagens das Escrituras invocadas para confirmá-los e fortalecê-los.

I. O primeiro grupo de passagens recorre à palavra *"mundo";* diante delas, nossos pobres dissimuladores são comparáveis a crianças:

"Aquele que é dado em virtude do amor com que Deus amou o mundo, conforme João 3.16; aquele que se entregou pela vida do mundo, conforme João 6.51; aquele que é a propiciação pelos pecados de todo o mundo, conforme 1João 2.2" (acrescentem-se Jo 1.29; 4.42; 2Co 5.19, citados pelos arminianos, p. 530-1, e Corv. *ad Molin,* p. 442, cap. 29). "Ele foi entregue e morreu por todos os homens do mundo; mas a primeira se aplica a Cristo, conforme fica claro nas passagens antes apresentadas; portanto, ele morreu por todos e em favor de cada um", *Remon. Act. Synod.* p. 300. Com relação a isso, eles dizem que seus adversários não têm nem sequer indício de resposta.

Sem lhes tirar a liberdade de se vangloriarem, negamos expressamente, sem procurar indícios, a consequência da primeira proposição. Com a ajuda do Senhor, sempre que necessário, nós a colocaremos à prova, para averiguarmos se temos uma justa causa para negá-la. A ideia de que a palavra "mundo" remete a *todas e quaisquer pessoas* é justificada por eles com dois argumentos. Primeiro, pela razão e pelo sentido da palavra; segundo, pelo exame de passagens específicas das Escrituras que eles enfatizam. Colocaremos à prova ambos os argumentos.

Em primeiro lugar, se eles apelam à razão, penso que estão necessariamente dizendo o seguinte:

---

[1] *Acta et Scripta Synodalia Dordracena ministrorum Remonstrantium in foederato Belgio.*

Todo o mundo abrange todas e quaisquer pessoas no mundo; Cristo morreu por todo o mundo. Portanto, ele morreu por todas e quaisquer pessoas no mundo.

Resposta: Esse silogismo encerra quatro termos que derivam da ambiguidade da palavra "mundo"; assim, não há um termo *médio* que suporte o peso da conclusão. Na primeira proposição, *mundo* é entendido como aquilo em que o mundo está contido; na segunda, *mundo* é o que está contido no mundo, ou os homens no mundo. Isso é tão óbvio que dispensa provas. Assim, a menos que cheguemos à seguinte conclusão: *Portanto, Cristo morreu por aquilo que contém todos os homens no mundo* e afirmemos na *premissa* que Cristo morreu por aquilo em que *o mundo está contido*, ou seja, o arcabouço da terra habitável (o que é um disparate), esse silogismo será sofismaticamente falso. Se, então, quisermos extrair alguma prova da palavra "mundo", ela não estará associada à coisa em si, mas ao sentido da palavra nas Escrituras:

A palavra "mundo" nas Escrituras significa todas e quaisquer pessoas no mundo; as Escrituras afirmam que ele morreu pelo mundo; por consequência etc.

Resposta: A primeira proposição concernente à implicação e sentido da palavra *mundo* é *universal*, e engloba todas as passagens em que é usada, ou *particular*, aplicando-se somente a algumas. Se for universal, então a proposição é claramente falsa, conforme já vimos; se particular, então o argumento fica assim configurado:

Em algumas passagens das Escrituras, a palavra "mundo" significa todas e quaisquer pessoas no mundo, de todas as eras, tempos e condições; mas as Escrituras afirmam que Cristo morreu pelo mundo; consequentemente etc.

Resposta. É mais do que óbvio que esse *silogismo* não é melhor que o primeiro. Uma conclusão universal não pode ser inferida de uma proposição particular. Mas agora que a primeira proposição está corretamente formada, tenho uma pergunta acerca da segunda, ou da premissa, a saber: todas as passagens que mencionam a morte de Cristo dizem que ele morreu pelo mundo ou somente algumas? Se respondermos "todas as passagens", isso será obviamente falso, conforme manifestado pelos muitos textos das Escrituras já apresentados, que restringem a morte de Cristo a seus eleitos, suas ovelhas, sua igreja. Comparadas com esses textos restritivos, essas passagens não passam de apenas algumas. Se dissermos que somente algumas passagens conferem uma aplicação universal à morte de Cristo, o argumento assumirá obrigatoriamente a seguinte forma:

Em algumas poucas passagens das Escrituras, a palavra "mundo" significa todas e quaisquer pessoas no mundo; mas em algumas poucas passagens se afirma que Cristo morreu pelo mundo (embora não em termos expressos, mas equivalentes). Portanto etc.

Resposta: Esse argumento é tão frágil, ridículo e sofismaticamente falso, que fica evidente para qualquer um. Mas, claramente, com base na palavra *mundo*, o argumento não poderá ser melhorado, e ninguém gostaria que ele ficasse pior. A conclusão é universal, mas baseia-se em proposições particulares e, além disso, trata-se de um silogismo de quatro termos, a não ser que fique provado que *algumas passagens* no primeiro termo sejam idênticas a *algumas passagens* na *premissa*, mas é exatamente este o xis da questão. Assim, para que essa palavra tenha alguma força, o argumento precisa assumir a seguinte forma:

Se a palavra "mundo" significa todas e quaisquer pessoas que já existiram ou existirão, nas passagens em que se diz que Cristo morreu pelo mundo, então ele morreu por todas e quaisquer pessoas; mas a palavra "mundo", em todas as passagens em que se afirma que Cristo morreu pelo mundo, significa todas e quaisquer pessoas no mundo; portanto, Cristo morreu por elas.

Resposta: Primeiramente, em apenas *uma passagem* é afirmado que Cristo entregou sua vida pelo mundo, ou morreu por ele, o que manifesta a intenção do Salvador; todas as outras parecem manifestar a suficiência de sua oblação por todos, e isso nós também afirmamos. Em segundo lugar, negamos categoricamente a premissa de que, nessa passagem, "mundo" refere-se a todas e quaisquer pessoas. E apelamos para que todas as passagens específicas em que tal menção é feita sejam submetidas a prova.

Assim, conclamo à averiguação desse argumento, para que se evidencie onde reside sua força (na verdade, seu ponto fraco). Aqueles que foram capturados pela palavra *mundo* têm fugido com a isca, como se não houvesse sombra de dúvida pairando sobre a redenção universal. Se lhes pedirmos que delineiem e revelem a força do seu raciocínio, eles não saberão o que dizer. Aliás, a palavra *mundo* e a frase *todo o mundo* não significam nem o que eles dizem nem o que afirmam. Ora, *quid dignum tanto* (o que vale tanto)? Como explicar toda aquela empáfia mencionada na introdução? Arrisco-me a dizer que nenhum ser racional jamais formulou um argumento tão frágil para uma causa tão importante. Isso ficará mais evidente quando examinarmos as diversas passagens apresentadas como sustentação, conforme a sequência abaixo.

1. A primeira passagem na qual nos deteremos é a primeira a ser proposta por nossos adversários e sobre a qual se estribam. No entanto, não obstante suas pomposas alegações, não são poucos os que acham que exatamente o texto por eles evocado joga por terra a teoria como um todo, a exemplo de Golias, que

INTRODUÇÃO À RESPOSTA DADA A ARGUMENTOS ESPECÍFICOS 279

foi decapitado por sua própria espada. Essa passagem dá facilmente ocasião a muitos argumentos irrefutáveis e contrários à universalidade da redenção. Possa o grande Rei da paz da igreja nos guiar em nossa tentativa de fazer jus ao sentido da verdade contida nessa passagem. Primeiro nos concentraremos nas palavras iniciais; depois, colocaremos em equilíbrio o raciocínio e os argumentos delas extraídos. O texto em questão é João 3.16: "Porque Deus amou tanto o mundo, que deu o seu Filho unigênito, para que todo aquele que nele crê não pereça, mas tenha a vida eterna".

Os universalistas se vangloriam muito do uso que fazem dessa passagem. Estamos convencidos de que eles defendem uma tese muito frágil, tanto que não nos resta dúvida de que, com a ajuda do Senhor, provaremos que ela mesma dilacera toda a defesa por eles construída. Com esse objetivo apresentarei brevemente ao leitor duas paráfrases do texto; a primeira contém o sentido que os universalistas lhe atribuem; a segunda, o nosso sentido. Nossos adversários explicam essas palavras da seguinte maneira: *"Deus amou tanto* [teve tamanha inclinação natural, desejo e propensão para o bem de] *o mundo* [Adão e toda a sua posteridade, cada um deles, de todas as eras, tempos e condições, dentre os quais, desde há muito tempo, alguns estavam no céu, e outros, no inferno), *que deu o seu Filho unigênito* [fez com que ele se encarnasse na plenitude do tempo, para morrer, não com o propósito ou resolução de salvar alguns, mas] *para que todo aquele* [qualquer um daqueles aos quais ele se inclinou] *que nele crê não pereça, mas tenha a vida eterna* [colha esse fruto e obtenha o resultado, a saber, escapar da morte e do inferno e viver eternamente]". Para formular o sentido dessa passagem, algumas coisas precisam ser observadas:

Primeira, o *amor* que levou Deus a entregar ou enviar Cristo, que eles afirmam ser uma *inclinação natural ao bem de todos*. Segunda, os objetos desse amor, *todas e quaisquer pessoas de todas as gerações*. Terceira, em que consiste essa entrega (não sei se eles estão se referindo à escolha de Cristo como restaurador, ou sua manifestação na carne para cumprimento de seu ministério). Quarta, *todo aquele* é uma referência a todas as pessoas do mundo, não um termo que se restringe a alguns no que diz respeito à intenção. Quinta, a vida eterna *é o fruto colhido pelos que creem*, mas não é a finalidade que Deus tinha em vista.

A segunda coisa a ser observada pelo leitor é o que concebemos ser o pensamento de Deus nessa passagem. Seu alvo era o fomento e a apresentação do seu amor soberano aos pecadores perdidos, enviando Cristo para lhes conquistar redenção eterna, conforme fica evidente na paráfrase seguinte:

"*Deus* [o Pai] *amou tanto* [exerceu um amor tão singular e transcendente, um propósito imutável e um ato de soberania quanto à salvação de] *o mundo* [pessoas perdidas, pecadoras e miseráveis de todos os tipos, não somente judeus, mas também gentios, os quais amou de modo peculiar], *que* [visando à salvação dessas pessoas, para o louvor de sua graça gloriosa] *deu* [preparou o caminho para evitar a destruição eterna do homem, escolhendo e enviando] *seu Filho unigênito* [para ser o Salvador suficiente a todos os que a ele recorressem] *para que todo aquele que nele crê* [todos e quaisquer um dos crentes, e somente estes] *não pereça, mas tenha a vida eterna* [e assim obtenham de maneira eficaz as coisas gloriosas por meio dele, coisas que o Senhor, em seu amor soberano, preparou para eles]".

Expandindo as palavras, para apresentar o que consideramos ser o pensamento do Espírito Santo sobre elas, devem-se observar os seguintes pontos:

Primeiro, entendemos que o *amor* de Deus é o ato de sua vontade que o levou a enviar seu Filho Jesus Cristo, o mais eminente ato de amor e graça dirigido à criatura, pois amar é *velle alicui bonum*, ou seja, "desejar o bem a alguém". O maior bem que Deus poderia desejar às criaturas está no ato de ter ele escolhido seu Filho para redenção dessas criaturas. Não obstante, gostaria de observar que não coloco o propósito de enviar ou entregar Cristo em uma relação de subordinação ao amor de Deus pelos eleitos, como se o primeiro fosse a finalidade absoluta do segundo, mas ambos atuam coordenadamente para a finalidade suprema, ou seja, a manifestação da glória de Deus por meio da misericórdia combinada à justiça. No que diz respeito à nossa apreensão, porém, essa é a relação entre ambos. Assim afirmamos que não há amor maior que esse.

Segundo, afirmamos que *mundo* se refere somente aos eleitos de Deus, embora não considerados nesta passagem como tais, mas *mundo* está subordinado à noção de que ele serve ao propósito maior de exaltar o amor de Deus pelos eleitos, finalidade esta aqui pretendida. Essa noção é que eles são pobres, miseráveis, criaturas perdidas do mundo e no mundo, dispersas por todos os lugares, não limitadas a judeus ou gregos, mas espalhadas por todas as nações, famílias e línguas debaixo do céu.

Terceiro, Ἵνα πᾶς ὁ πιστεύων, "para que todo aquele que [nele] crê", é uma declaração da intenção de Deus ao entregar ou enviar seu Filho, não ao mundo amado, mas às pessoas cujo bem ele desejou, e esse amor é uma intenção imutável que visa ao bem maior dessas pessoas.

Quarto, "não pereça, mas tenha a vida eterna" é uma expressão do objetivo e da intenção específicos de Deus, a saber, a salvação inquestionável, por meio de

Cristo, daqueles que creem. De modo geral, essa é a interpretação que fazemos da passagem. Ela nos renderá vários argumentos, cada um deles suficiente para subverter a teoria do resgate geral. Com a finalidade de fundamentá-los melhor e para que se revelem claramente convincentes, apresentaremos e compararemos as diversas palavras e frases dessa passagem de cujas interpretações discordamos, explicando o motivo de rejeitarmos uma e defendermos a outra.

A primeira diferença de interpretação está no motivo de Cristo ter sido enviado, e ele se chama *amor*. A segunda diferença está no objeto desse amor, ao qual a passagem se refere como *mundo*. A terceira divergência diz respeito ao objetivo com que Deus enviou seu Filho, ou seja, para que os que creem pudessem ser *salvos*.

Quanto à primeira diferença, o "amor" é entendido por todos os nossos adversários como *a afeição e inclinação naturais em Deus para o bem das criaturas, de modo geral perdidas debaixo do pecado, condição que o levou a procurar algum caminho que pudesse remediá-la*. Nós, pelo contrário, afirmamos que o *amor* aqui mencionado não é uma propensão ou inclinação da natureza de Deus, mas um *ato de sua vontade* (onde esse amor está sediado, conforme por nós concebido) *e o eterno propósito de fazer o bem aos homens, o mais transcendente e eminente ato de amor de Deus pela criatura*.

Para que ambas as interpretações sejam examinadas e se entenda a que mais se coaduna com o pensamento do Espírito Santo, apresentarei ao leitor algumas razões que nos levam a nos opor à primeira interpretação. Em seguida, explicaremos por que ratificamos a nossa.

Em primeiro lugar, se nenhuma *afeição natural* pode ou deve ser atribuída a Deus, uma afeição que o levaria necessariamente a fazer algo que lhe fosse extrínseco, então não se pode atribuir esse sentido à palavra *amor* nessa passagem. Não se pode propor um sentido que não esteja na essência de Deus. Ora, é evidente que em Deus não há nem pode haver uma afeição natural. Isso pode ser provado de múltiplas maneiras, e apresentarei aqui apenas algumas.

Primeira: nada que inclua alguma imperfeição pode ser atribuído ao Deus todo-poderoso; ele é um *Deus suficiente;* é nossa *rocha, e sua obra é perfeita*. Mas uma afeição natural em Deus para o bem e a salvação de todos, jamais completada nem aperfeiçoada, implica imperfeição e fraqueza. Além disso, algo assim seria extremamente incompatível com a bem-aventurança e alegria absolutas do Deus todo-poderoso. Veja, nossa vontade de ver nossos desejos cumpridos, sejam eles naturais, sejam voluntários, é equivalente à bem-aventurança e alegria que queremos. Desse modo, sem prejudicar a infinita bem-aventurança do Deus eternamente bendito, não se pode atribuir a ele alguma afeição natural por algo que jamais será concretizado, conforme esse amor geral por todos.

Segunda, se o Senhor tem essa afeição natural por todos, amando-os a ponto de enviar seu Filho para morrer por eles, por que tal afeição não é concretizada? Por que ela é obstruída e não produz efeito? Por que o Senhor não coloca seu poder a serviço de seu desejo? Nossos adversários dizem que "isso não parece adequado à sua sabedoria infinita". Ou seja, eles dizem haver em Deus uma afeição que, em sua sabedoria, ele não pode pleitear. Entre os filhos dos homens, os vermes da terra, isso seria chamado uma afeição animalesca.

Terceira, não se deve atribuir a Deus uma afeição ou inclinação natural ao bem que não lhe seja atribuída pelas Escrituras e, além disso, seja contrária ao que as Escrituras lhe atribuem. Ora, as Escrituras não atribuem a Deus, em passagem alguma, uma afeição natural que o leve a se inclinar naturalmente ao bem das criaturas; ainda apresentaremos os textos que dão prova cabal disso. É óbvio que tal inclinação natural vai contra o que as Escrituras lhe atribuem. Elas o retratam como um ser livre para demonstrar misericórdia, alguém cujos atos são praticados com liberdade, conforme o que lhe agrada, pois "terei misericórdia de quem eu quiser ter misericórdia". Ora, se todos os atos de misericórdia dirigidos a alguém derivam da vontade soberana e seletiva de Deus (conforme é evidente), então, por certo, não pode existir algo chamado afeição natural. A grande verdade é que, se o Senhor não demonstrasse misericórdia e não se voltasse para a criatura somente com base em sua própria vontade seletiva, mas fosse naturalmente levado a mostrar misericórdia para os miseráveis, ele deveria ser misericordioso tanto para com os homens quanto para com os demônios e, além disso, deveria mostrar misericórdia para os salvos mas também para os condenados. O que é natural não pode ter manifestações diferentes, e o que é natural a Deus deve ser eterno. Muitas outras explicações eficazes são dadas por nossos teólogos que negam a afeição natural em Deus, solucionando o problema da distinção arminiana (assim a denomino em face do recente mau uso que dela tem sido feito) entre a vontade de Deus antecedente e a vontade consequente. O leitor interessado poderá recorrer a eles para se inteirar de modo convincente. Assim, o amor mencionado nesta passagem não é a afeição natural por todos de modo geral, mas:

Em segundo lugar, trata-se do *amor especial de Deus por seus eleitos* e não há nenhuma relação com aquilo que nossos adversários supõem, a saber, *uma vontade ou inclinação natural para o bem de todos*. Pois:

Primeiro, o amor aqui subentendido é de uma natureza absoluta, o mais eminente e transcendente já demonstrado por Deus a qualquer criatura miserável. Sim, a intenção de nosso Salvador é demonstrar esse amor, conforme fica nítido pelo uso enfático da expressão no texto. As palavras "tanto" e "para que" têm igual força declaratória e apontam para uma natureza extraordinária, peculiarmente notória, daquilo sobre o que se faz a afirmação, uma natureza superior a qualquer outra coisa da mesma categoria. Visando à exaltação e demonstração do amor aqui mencionado, os expositores costumam atribuir importância especial a praticamente cada uma das palavras do versículo. "*Deus*", glorioso e suficiente, aquele que poderia manifestar sua justiça pela eternidade condenando todos os pecadores e rejeitando-os como participantes de sua bem-aventurança. "*Amou*" com o mais sincero e intenso afeto, que consistiu em um ato de sua vontade e em um propósito eterno e imutável, por meio da dádiva do maior dos bens (o amor puro e eficaz). "*Tanto*", ou seja, em um grau altíssimo, impressionante e admirável. "*O mundo*", isto é, as pessoas no mundo e do mundo sujeitas às iniquidades e mazelas do mundo, entregues à própria sorte e sem nada que as recomendasse aos olhos de Deus. "*Que deu*", ou seja, ele não falou e tudo se fez, como no princípio do mundo, mas foi um passo adiante e realizou uma obra mais extensa, precisando exercer mais que um ato de seu poder supremo como antes. "*Seu Filho*", não uma criatura favorita ou da qual se agradava; não o sol, a lua, nem as estrelas; nem o rico tesouro de sua criação (todos cheios de maldade e incapazes de expressar esse amor), mas seu Filho. "*Unigênito*", assim chamado não em virtude de um relacionamento mais próximo com ele, nem por causa de uma reverência filial e submissa, a exemplo dos anjos, que são chamados filhos de Deus. Pois não foi um anjo que ele deu, apesar de que essa teria sido uma expressão de profundo amor, nem algum filho adotivo, como os crentes, que são filhos de Deus, mas seu Filho unigênito, gerado da própria pessoa de Deus na eternidade. E não foi alguém dentre seus filhos, pois ele tinha ou tem um só Filho, que está sempre no seio do Pai, ele entregou seu Isaque. Como poderia a infinita sabedoria de Deus dar maior testemunho de seu amor? Acrescente-se a isso o que está nitidamente incluído aqui, embora ainda não houvesse chegado o tempo para que ficasse claramente manifesto, a saber, ele deu seu Filho, seu único Filho, não para primeiramente ser um rei nem para ser adorado; ele não "poupou o próprio Filho, mas o entregou" à morte "por todos nós" (Rm 8.32). *"Para que todo aquele que nele crê"* declara seu desígnio e propósito em tudo isso; todo aquele que ele amou, "não pereça", ou seja, não passe a eternidade debaixo de ira e tormento, os quais lhe eram merecidos, *"mas tenha a vida eterna"*, a glória eterna com ele, glória que, por si mesmas, essas pessoas jamais conseguiriam obter. Assim não nos é difícil afirmar que "ninguém tem amor maior que este". Ora, se o amor aqui mencionado é o maior, o mais profundo e o principal, é claro que ele não pode ser identificado como uma afeição natural para com os homens, conforme já observamos. Pois o amor pelo qual somos de fato e eternamente salvos é maior que uma afeição que pode se compatibilizar com a condenação eterna dos homens.

Segundo, as Escrituras afirmam categoricamente esse amor como o principal ato do amor de Deus, aquilo que ele nos dá a conhecer em primeiro lugar: "Deus prova o seu amor por nós pelo fato de que, quando ainda éramos pecadores, Cristo morreu por nós" (Rm 5.8); e de forma plena: "Nisto se manifestou o amor de Deus para conosco: em haver Deus enviado o seu Filho unigênito ao mundo para que vivêssemos por meio dele. Nisto consiste o amor: não em que nós tenhamos amado a Deus, mas em que ele nos amou e enviou o seu Filho como propiciação pelos nossos pecados" (1Jo 4.9,10). Nas duas passagens, a eminência desse amor é manifestada com grande ênfase aos que creem, e as expressões empregadas não podem, definitivamente, abrigar a ideia de um desejo em prol do bem de todos.

Terceiro, visto que todo amor em Deus é *velle alicui bonum*, desejar o bem para os que são amados, então, por certo, os objetos do seu amor são aqueles em favor dos quais ele anseia esse bem, resultado e efeito do amor. Mas o resultado desse amor ou do bem pretendido, ou seja, evitar que *pereçam*, e *tenham a vida eterna* por meio de Cristo, é obtido apenas com relação aos eleitos. Portanto, eles certamente são os objetos desse amor, e somente eles; era isso o que tínhamos a declarar.

Quarto, esse amor, que levou Cristo a ser entregue por Deus, também é a causa da dádiva de todos os outros bens: "Aquele que não poupou o próprio Filho, mas o entregou por todos nós, como também não nos dará com ele todas as coisas?" (Rm 8.32). Portanto, se o amor aqui mencionado é a causa de Cristo ter sido enviado, como de fato é, ele também deve ser a causa de todas as outras coisas dadas com ele. Os beneficiários não podem ser outros, a não ser os que receberam a dádiva dessas coisas, ou seja, somente os eleitos, somente os que creem. Quem mais, senão eles, pode receber a graça aqui ou a glória na vida futura?

Quinto, em sua acepção original, a palavra ἠγάπησεν (amou) significa *valde dilexit* (profundamente estimado ou valorizado) — amar a ponto de permanecer nesse amor. Não seria fácil explicar como isso poderia coexistir com o ódio e com o propósito eterno de não conceder sua graça eficaz, propósito este que o Senhor tem para alguns. Julgue o leitor cristão se o amor de Deus, nessa passagem mencionado, deve ser interpretado como um desejo ou inclinação natural em Deus visando ao bem de todos, tanto eleitos quanto réprobos, ou o amor peculiar por seus eleitos, fonte do bem maior já dispensado aos filhos dos homens. Essa é a primeira diferença na interpretação dessas palavras.

Em segundo lugar, a controvérsia tem uma segunda faceta, que é o *objeto desse amor*, representado pela palavra "mundo", à qual nossos adversários atribuem o sentido de todas e quaisquer pessoas. Para nós, trata-se dos eleitos de Deus dispersos pelo mundo, em tácita oposição à nação judaica. Esta, excluindo todas as outras (com a exceção de alguns prosélitos), antes da manifestação de Cristo na carne, era detentora de todos os benefícios das promessas que lhe foram feitas (Rm 9.4), mas agora todas as nações têm participação igual nesse privilégio. Para confirmar a acepção que os universalistas conferem à palavra, seria necessário que se apresentasse algo de peso maior e não somente a palavra em si. Porquanto nem o amor mencionado no início, nem a finalidade declarada no final do versículo, podem ser harmonizados com o sentido que eles impõem à palavra do meio. Além disso, já analisamos como a inferência que se faz da palavra *mundo*, em face de suas importantes e ambíguas acepções, é frágil e desprovida de fundamentação.

Os grandes defensores dessa teoria fazem três manobras precárias para tentar provar que a palavra *mundo* não significa *os eleitos*. É justo que esperemos que eles provem que a palavra significa ou dá a entender *todas e quaisquer pessoas* no mundo, mas deles só nos chega um profundo silêncio, pois que, sem dúvida, estão conscientes da incapacidade para apresentar alguma prova. Conforme já disse, eles se limitam a propor três argumentos para refutar o que ninguém tentou provar, a saber, que a palavra *mundo* significa os *eleitos*. Embora declaremos que essas pessoas (aqui aludidas como aquelas que estão no mundo e dele são) constituem todos os eleitos de Deus, e somente estes, não estamos afirmando que elas são assim consideradas na passagem, mas vistas de outra perspectiva, ou seja, pessoas dispersas por todo o mundo e em si mesmas sujeitas a desgraça e pecado. Por isso, quem quiser contestar nossa interpretação dessa passagem precisará, em primeiro lugar, provar que a palavra *mundo* deve ser necessariamente entendida como todas e quaisquer pessoas no mundo. Deverá provar, em segundo lugar, que a palavra *mundo* não pode ser interpretada como os eleitos que estão no mundo, embora, de uma perspectiva formal, não sejam assim aludidos na passagem. No entanto, está fora do escopo da presente obra analisar toda a vã retórica empregada por aqueles que colocam a palavra *eleito* no lugar da palavra *mundo*, chegando assim a inferências absurdas. Mas negamos que qualquer absurdo ou inverdade se justifiquem pela simples substituição da palavra *mundo* por *eleito*. Ora, essa retórica costuma ser usada como uma espécie de assombração para impingir medo nos mais frágeis. Suponha que o texto deva ser lido assim: "Deus amou tanto os eleitos, que deu seu Filho unigênito para que todo aquele que nele crê não pereça". Qual inconveniência decorre disso? Eles dizem que "alguns dos eleitos, os quais Deus amou a ponto de enviar seu Filho por eles, podem perecer". Mas eu insisto, por quê? Seria porque ele enviou seu Filho para que eles não perecessem? Que outra causa haveria? "Não; mas porque o texto afirma que todo aquele que nele crê não perecerá. Isso deixa subentendido que alguns podem não crer." Muito bem! Mas onde fica isso subentendido? Deus determina que sejam salvos todos em favor dos quais ele enviou seu Filho; certamente, todos os que forem salvos crerão. Mas, dizem eles, isso está subentendido nas palavras *todo aquele*, que dividem o mundo entre os que creem e os que não creem. *Resposta*: primeiro, se as palavras *todo aquele* dividem os homens, então elas têm um caráter restritivo do amor de Deus por alguns e não por outros — restringem esse amor a um grupo. Mas, se elas não restringem o amor de Deus e não determinam a salvação apenas de alguns, então elas não trazem divisão ao objeto desse amor antes mencionado. Se elas fazem restrição, então o amor que levou Deus a entregar seu Filho não diz respeito a todos. Em segundo lugar, nego que o objeto do amor de Deus seja de caráter divisório, mas somente uma declaração da finalidade e do objetivo da entrega de Cristo para a consecução desse amor, ou seja, que todos os que creem sejam salvos. De modo que o sentido é este: "Deus amou tanto os seus eleitos em todo o mundo, que deu seu Filho com esta finalidade, que por meio dele os que creem fossem salvos". A isso se resumem todas as objeções (além de alguns argumentos evasivos) feitas para refutar nossa interpretação dessa passagem. Passamos agora a confirmá-la de modo afirmativo e negativo:

Nossa primeira razão deriva daquilo que já ficou provado concernente à natureza do amor aqui referido, cujo objeto é o mundo, que não pode se estender a todas e quaisquer pessoas do mundo, conforme todos haverão de confessar. Ora, este é o "mundo", objeto daquele amor que já retratamos e cuja prova será aqui produzida. Primeiramente, é aquele amor transcendente e notável; em segundo lugar, é um ato eterno da vontade de Deus; em terceiro lugar, é a causa de Deus ter enviado Cristo; em quarto lugar, é um ato pelo qual todas as coisas boas são dadas nele e com ele; em quinto lugar, é a fonte e a origem da salvação dos que são amados. Assim, o mundo, objeto deste amor, não pode ser toda e qualquer pessoa no mundo.

A segunda razão é que a palavra *mundo* no versículo 17, encerrando o mesmo sentido do versículo 16, dá sequência ao mesmo assunto e revela o propósito ou finalidade de Deus na entrega de seu Filho. Portanto, *mundo* significa necessariamente os eleitos e os que creem, ou no mínimo apenas os que são salvos. Verdade seja dita, a palavra é usada três vezes no versículo com um sentido dissonante, um tipo de inversão comum nas Escrituras, conforme já dissemos. É à segunda passagem que isso se refere e encerra o mesmo sentido da palavra *mundo* no versículo 16: "... para que o mundo fosse salvo por meio dele" — ἵνα σωθῇ, "para que ele fosse salvo". Isso revela o objetivo, propósito e intenção de Deus para o mundo que ele amou, ou seja sua salvação. Se *mundo* for interpretado como algo que não se limita aos que creem, Deus não alcançará seu propósito e intento. Não ousaríamos afirmar algo assim.

Terceiro, o povo escolhido de Deus é normalmente aludido como "o mundo", assim como "toda carne", "todas as nações", "todas as famílias da terra" e outras expressões gerais. Portanto, não nos deve causar espécie o fato de o povo escolhido ser identificado como *mundo* nesta passagem. O texto procura exaltar e glorificar o amor de Deus por ele, amor este engrandecido pelo fato de serem eles um *mundo* sob todos os aspectos. Eles são assim identificados quando as Escrituras dizem que Cristo é o Salvador deles (Jo 4.42); certamente ele é o Salvador, única e tão somente, dos que são salvos. Um Salvador dos que não são salvos é algo estranho. Acrescente-se aqui João 6.51, onde se afirma que ele se dá pela vida deles. O versículo 33 do mesmo capítulo deixa claro que ele "dá vida ao mundo". Julguem os homens se essa referência engloba alguém além dos eleitos. O próprio Cristo afirma dar vida somente às suas "ovelhas", e aqueles a quem ele dá vida "jamais perecerão" (Jo 10.27,28). Romanos 4.13

afirma que Abraão, pela fé, seria "herdeiro do mundo"; no versículo 11, ele é chamado "pai dos que creem". Romanos 11.12 declara que a transgressão dos judeus é "riqueza para o mundo", e aqui a palavra *mundo* inclui apenas os crentes de todo tipo no mundo, conforme a afirmação do apóstolo de que a Palavra frutificou "em todo o mundo" (Cl 1.6). Trata-se do mesmo "mundo" que Deus reconcilia consigo, não imputando aos homens suas transgressões (2Co 5.19), acompanhado da bem-aventurança em todos aos quais pertence a não-imputação (Rm 4.8). E, por várias e evidentes razões são eles assim denominados, tais como: primeira, fazer distinção entre o objeto desse amor de Deus e a natureza angelical, que pereceu absolutamente nos indivíduos após a queda, conforme a distinção que as Escrituras fazem com toda a clareza e cuidado em Hebreus 2.16 e referindo-se a esse amor de Deus como φιλανθρωπία (Tt 3.4). Segunda, para reverter e rejeitar a soberba dos judeus, como se eles tivessem se apropriado de todos os meios de graça e benefícios pretendidos por Deus. Terceira, para denotar a grande diferença entre a antiga administração da aliança, quando estava firmada com um só povo, família e nação, e a nova administração, quando todas as barreiras foram desfeitas, e todos os gentios e os quatro cantos do mundo deveriam se submeter ao reinado de Cristo. Quarta, para tornar manifesta a condição dos eleitos, que assim são amados, quanto à declaração da livre graça de Deus para com eles, uma vez que são despojados de todas as qualificações, com exceção daquelas que os qualifica como mundanos, terrenos, perdidos, miseráveis e corruptos. Assim, pelo menos este ponto seja facilmente assimilado: com base no vocábulo em si, nada pode ser apresentado como justa refutação à nossa interpretação dessa passagem, conforme já declaramos, e adiante ficará plenamente manifesto.

Quarto, se a abrangência pretendida são todos os indivíduos no mundo, por que o Senhor, na consecução desse amor, não revela Jesus Cristo a toda e qualquer pessoa que ele tanto amou? É estranho que o Senhor tenha amado os homens a ponto de entregar seu Filho unigênito por eles e nem uma única vez, por quaisquer que sejam os meios, declare seu amor a eles, não o declare a um número incalculável de indivíduos! É estranho que ele os ame e, mesmo assim, ordene as coisas de tal modo que, em sua sábia dispensação, esse amor seja completamente em vão e estéril! É estranho que os tenha amado e, mesmo assim, determine que não recebam nenhum bem por meio de seu amor, embora esse amor seja, na verdade, a expressão do desejo do bem maior a todos eles!

Quinto, a menos que se façam as seguintes concessões: 1. Alguns são amados e odiados desde a eternidade. 2. O amor de Deus por um número incalculável de pessoas é infrutífero e em vão. 3. O Filho de Deus é entregue em favor daqueles que, em primeiro lugar, nunca ouviram falar dele; em segundo lugar, não recebem a capacidade de crer nele. 4. Deus não é imutável em seu amor e, ademais, ainda ama os que estão no inferno. 5. Deus não dá todas as coisas àqueles por quem entrega seu Filho, contrariando o que diz Romanos 8.32. 6. Ele não tem conhecimento prévio de quem crerá e será salvo; então, a menos que se façam essas concessões blasfemas e absurdas, não se pode afirmar que a palavra *mundo* nesse texto significa todas e quaisquer pessoas da humanidade, mas somente aquelas dispersas pelo mundo, ou seja, os eleitos.

A terceira diferença nessas palavras diz respeito ao *meio* pelo qual esse amor do Pai, cujo objeto é o *mundo*, é viabilizado aos que dele se beneficiam. Ora, isso se dá *por meio da fé*, ἵνα πᾶς ὁ πιστεύων, para que todo aquele que crê" ou "para que todo crente". Consideramos que essas palavras têm por objetivo comunicar a concepção ou manifestação do meio pelo qual os eleitos de Deus se tornam participantes dos frutos do amor aqui apresentado, a saber, pela fé em Cristo. Deus designou esse meio como o único meio pelo qual nos transmitiria a vida que está em seu Filho. Quanto a esse ponto, já dissemos e provamos que a expressão *todo aquele* não divide o objeto do amor de Deus; podemos acrescentar ainda duas razões:

Primeira, se o objeto é restrito, de modo que somente alguns creem e são salvos, ou seja, aqueles pelos quais Cristo foi enviado, então essa restrição e determinação dos frutos desse amor dependem da vontade de Deus ou da vontade das próprias pessoas. Se depende das pessoas, então estas se distinguem por si mesmas das outras, contrariando 1Coríntios 4.7. Se depende da vontade de Deus, então este é o sentido da passagem: "Deus amou tanto a todos de uma forma que somente alguns participassem dos frutos de seu amor". Com que finalidade, então, ele amou essas pessoas? Não é para que "com a espada colocasse a serpente em fuga e com a lança atravessasse o dragão"?

Segunda, se as palavras *para que todo aquele que crê* ressaltam de modo peculiar o alvo e a intenção de Deus, restringindo o objeto de seu amor, então seu alvo é expressamente *a salvação dos que creem*, estabelecendo-se uma distinção entre estes e os demais. Neste caso, o resgate geral é uma expressão vazia e não tem relação alguma com o propósito de Deus e com sua intenção levada a termo na entrega de seu Filho somente para a salvação dos que creem. Trata-se de um ato determinado, a menos que afirmemos que Deus não sabe quem haverá de crer.

Portanto, as palavras *para que todo aquele que crê* enunciam a designação do *meio* pelo qual o Senhor nos fará participantes da vida através de seu Filho, que ele entregou por nós. As palavras que seguem, *tenha vida eterna*, compreendem todo o conselho de Deus relativo a essa questão, subordinado à sua própria glória. Disso decorre:

Deus não entregou seu Filho: 1. por aqueles que jamais crerão; 2. muito menos por aqueles que nunca o conhecerão e, portanto, não têm os meios da fé; e 3. por aqueles sobre os quais ele determinou não dispensar sua graça eficaz para que pudessem crer.

Agora resta ao leitor lançar mão das várias partes dessas exposições que se antagonizam, avaliá-las, provar todas as coisas, em particular aquela que merece atenção especial, o *amor de Deus,* e verificar com toda seriedade se a afeição geral e a inclinação natural que visam ao bem de todos podem ser harmonizadas com a ruína de todas e quaisquer pessoas assim amadas; ou se esse amor do Pai por seus eleitos é peculiar e transcendente, conforme já expusemos, definindo se o conceito de resgate geral, infrutífero para com a maioria daqueles por quem foi pago, ou a redenção eficaz somente dos eleitos tem como fundamento firme e forte essas palavras de nosso Salvador. Entretanto, lembre-se o leitor de que esse é o principal pilar de sustentação da tese de nossos adversários, pela qual, obviamente, tanto a causa de enviar Cristo quanto a finalidade desse ato do Senhor, conforme aqui expressos, são de uma completa incoerência.

3

Desdobramento dos textos bíblicos remanescentes apresentados como confirmação do primeiro argumento geral da redenção universal

Ao lado da passagem acima examinada, afirmado com grande confiança e insistência em favor do resgate geral, encontramos o seguinte argumento:

2. 1João 2.1,2: "Se alguém pecar, temos um advogado junto ao Pai, Jesus Cristo, o justo. Ele é a propiciação pelos nossos pecados, e não somente pelos nossos, mas também pelos pecados de todo o mundo". Ora, essa passagem e as deduções que dela são feitas têm sido apresentadas com diferentes roupagens e com grande variedade de observações, com o objetivo de lhes conferir aspectos vantajosos para a tese defendida. O peso de todo o conjunto tem como único pilar de sustentação as palavras do apóstolo, que afirma ser Cristo a "propiciação pelos pecados de todo o mundo". Eles dizem que isso "evidentemente diz respeito a todas as pessoas no mundo". Dizem ainda:

Primeiro, "as próprias palavras têm naturalmente esse sentido; pois que outro significado poderia ser dado a *todo o mundo*, a não ser todas as pessoas no mundo"?

Segundo, "com base no contraste estabelecido entre dois grupos: o mundo e os que creem; estes estão englobados na primeira parte da declaração do apóstolo de que Cristo é a propiciação pelos nossos pecados; portanto, o mundo, em contraste com eles, é uma referência a todas as outras pessoas". Se alguma outra coisa importante for alvo de objeção, nós a examinaremos no início da passagem que virá a seguir.

Antes de passar à explanação do pensamento do Espírito Santo representado por essas palavras, devo lhes dizer que posso responder à objeção dessa passagem de forma tão breve e sólida, que todas as exceções evasivas de nossos adversários serão eliminadas, a saber, que a palavra "mundo" empregada em outras passagens denota as pessoas que vivem no mundo. Assim, "todo o mundo", no presente texto, não tem outro sentido a não ser as pessoas que vivem dispersas por todo o mundo, ou seja, em todas as partes e regiões (em oposição a todos os habitantes de qualquer lugar, nação ou país). É assim que Apocalipse 5.9 se refere aos que foram resgatados por Cristo. Mas como nossos adversários se vangloriam dessa interpretação, pretendo, com a ajuda de Deus, esclarecer o sentido da passagem, de tal modo que não sobrem razões para que eles depositem confiança em sua interpretação forçada.

Para compreender o sentido desse texto, há três coisas que precisam ser levadas em conta: 1. Para quem o apóstolo está escrevendo. 2. O propósito e o alvo específicos desse texto. 3. O sentido destas duas expressões: [1.] Cristo é uma "propiciação" e [2.] "todo o mundo". Uma vez que assim se proceda, segundo a analogia da fé, olhando para o alcance dessa passagem e de outras paralelas, no que diz respeito ao emprego das palavras em si, não nos será difícil evidenciar por razões indiscutíveis que o texto não pode ser interpretado segundo a insistência e violência hermenêutica empregadas para defesa da redenção universal.

1. A identificação *daqueles a quem a epístola foi especificamente dirigida* iluminará o sentido pretendido pelo apóstolo. Esse é um dos elementos mais valiosos quando se busca o sentido correto de uma passagem. O presente texto e outras passagens das Escrituras divinas foram transmitidos para o uso, benefício e orientação da igreja como um todo, mas muitos trechos foram dirigidos a *igrejas* e pessoas específicas e para alguns tipos de pessoas. Portanto, eles pretendem ensinar, reprovar, eliminar e estabelecer algumas coisas que se referem diretamente a pessoas e igrejas em particular; isso pode ser facilmente provado. Não há nada nessa epístola que identifique a *quem* ela foi originariamente dirigida, e não temos condições de fazer alguma declaração infalível e plenamente digna de crédito no que diz respeito aos primeiros destinatários. No entanto, por meio de uma dedução clara e óbvia, é mais do que provável que ela se destinava aos judeus, ou crentes da circuncisão, conforme vemos a seguir:

1.1. João era ministro e apóstolo atuante especificamente entre os judeus e, portanto, estes eram os objetos mais imediatos de sua atenção: "Tiago, Cefas e João, considerados colunas, estenderam a mão direita da comunhão a mim e a Barnabé, para que fôssemos aos gentios, e eles, à circuncisão" (Gl 2.9). Pedro e Tiago (é ao Tiago autor da epístola que Paulo se refere em Gálatas, pois o outro Tiago, irmão de João, já havia morrido), dando prosseguimento ao apostolado para com os judeus, escreveram epístolas aos que se encontravam na Diáspora (Tg 1.1; 1Pe 1.1). Paulo, por sua vez, escreveu às principais igrejas que ele plantou entre os gentios. Assim, é mais do que provável que João escreveu a epístola e a dirigiu em primeiro lugar aos judeus, pois estes eram os principais objetos de sua atenção e apostolado.

1.2. Ele costuma dar a entender que estava escrevendo àqueles que ouviram e receberam a Palavra desde o início; no versículo 7, ele faz duas alusões a isso: "Irmãos, não vos escrevo mandamento novo, mas o mandamento antigo, que desde o princípio tivestes [...], que desde o princípio ouvistes". Ora, a proclamação do evangelho começou entre os judeus, aos quais foi primeiramente introduzido, antes da conversão de qualquer gentio — um mistério durante um período. Isso fica evidente nas histórias de Atos dos Apóstolos (cap. 1—5; 10; 11). A ordem divinamente determinada foi a salvação de todos os que creem, "primeiro do judeu, e também do grego" (Rm 1.16).

1.3. O contraste que o apóstolo estabelece entre *nós* e o *mundo* nesta passagem é suficiente para esclarecer quem são os primeiros destinatários. Na condição de judeu, ele se identificava com os judeus que creram, aos quais ele estava escrevendo, e se situa ao lado deles em contraste com o restante dos crentes no mundo. Essa postura era típica desse apóstolo, e assim ele deve ser entendido, conforme declara no evangelho que leva seu nome (Jo 11.51,52).

1.4. As frequentes menções e advertências que ele faz concernentes aos *falsos mestres*, *enganadores* e *anticristos* são um claro sinal de que a epístola foi dirigida em especial àqueles que estavam abertos e vulneráveis às seduções que vinham mais de seus compatriotas do que de outros. Naqueles primeiros dias, estes eram principalmente, se não exclusivamente, da circuncisão, conforme as Escrituras e a história eclesiástica deixam claro. É pensando nesses indivíduos que o apóstolo escreve: "Eles saíram de nós" (1Jo 2.19).

Agora que essa questão foi esclarecida, se o leitor assim desejar, lembre-se do que já dissemos sobre o ódio crônico que esse povo nutria para com os gentios e a forte opinião que eles tinham quanto ao interesse único por uma redenção obtida e comprada pelo Messias. Não será difícil vislumbrar o alvo do apóstolo nessa passagem, especificamente na expressão na qual até agora nos detivemos. Ele escreve: "Ele é a propiciação pelos nossos pecados", ou seja, os pecados dos judeus que creem. E, para que essa afirmação não lhes desse oportunidade de se manterem no erro de antes, ele acrescenta: "E não somente pelos nossos, mas pelos pecados de todo o mundo", isto é, "os filhos de Deus que andavam dispersos", como em João 11.51,52, entre todas as tribos, povos, línguas e nações.

Portanto, o que vemos aqui não é um contraste entre a salvação eficaz de todos os que creem e a redenção ineficaz de todos os outros, mas a extensão da mesma redenção eficaz que pertence aos judeus que creem, a todos os demais que creem, ou filhos de Deus por todo o mundo.

2. Com essas palavras, o apóstolo tem como objetivo *dar consolo aos crentes* que se deparam com seus pecados e imperfeições: "Se alguém pecar, temos um advogado junto ao Pai, Jesus Cristo, o justo. Ele é a propiciação pelos nossos pecados". A própria sequência e ordem das palavras, sem extensão alguma, apresentam-se como provas de que os beneficiários do consolo eram somente os que creem, para que não ficassem sem esperança nem se abatessem com suas fraquezas, pois já havia sido feita a provisão de um remédio eficaz e suficiente. Há três evidências disso: primeira, somente eles têm um *advogado;* apenas os que creem tem interesse na atuação de Cristo como advogado. Segunda, nessa situação, o consolo pertence única e exclusivamente a eles. Os outros, na condição de alienação, são denunciados pela ira (Jo 3.36). Terceira, eles são os "filhinhos" a quem ele escreve (1Jo 2.1); e são retratados como aqueles cujos pecados "pelo seu nome [...] são perdoados" e conheciam "o Pai". Assim, o objetivo do apóstolo e oferecer consolo aos crentes em suas imperfeições; por isso, ele só pode estar se referindo exclusivamente a eles. Se ele estende a todos o que ele escreve, a saber, que Cristo é a propiciação por todas e quaisquer pessoas, não consigo entender como isso pode cooperar para a finalidade em vista, ou seja, o consolo dos que creem. Que consolo lhes pode ser oferecido com a informação de que Cristo morreu por um número incontável de pessoas que serão condenadas? Poderia tal coisa me oferecer alívio se ela se aplica a mim e a todos os que perecerão eternamente? Por acaso, isso não seria motivo de sofrimento e não de consolo? Se me perguntarem: "Que consolo pode Cristo oferecer a todas e quaisquer pessoas, a menos que ele tenha morrido por elas?", eu responderei: "Se 'todas e quaisquer pessoas' é uma expressão que significa todos os que creem, então Cristo é, de acordo com a declaração do texto, uma propiciação e um advogado por todos eles. Se os beneficiários incluem *todas as outras pessoas,* diremos que não há nenhum consolo espiritual sólido que lhes seja viabilizado pela morte de Cristo ou pela Palavra de Deus; o pão dos filhos não deve ser lançado aos cachorrinhos".

3. O terceiro ponto a ser considerado é o sentido e o propósito da palavra "propiciação". O texto afirma que Cristo é a "propiciação" feita por "nós" e por "todo o mundo".

3.1. A palavra no original é ἱλασμός, empregada apenas duas vezes no Novo Testamento (aqui e em 4.10). O verbo também, ἱλάσκομαι, ocorre duas vezes: uma em Hebreus 2.17 e outra em Lucas 18.13, onde se refere à palavra do publicano, Ἱλάσθητί μοι, "tem misericórdia de mim". Há também outra palavra derivada da mesma raiz e com sentido semelhante, ἱλαστήριον, sendo igualmente usada duas vezes: em Romanos 3.25, traduzida por "propiciação", e Hebreus 9.5, onde é geralmente traduzida por "propiciatório" ("tampa da arca", NVI), e isso nos ajudará a esclarecer o sentido da palavra. Aquilo que Êxodo 25.17 denomina *kapporeth*, derivado de *kaphar*, cobrir de modo adequado, aqui é chamado ἱλαστήριον, termo aplicado a Cristo (Rm 3.25). Ora, o propiciatório era uma tampa de ouro puro, que media dois cúbitos e meio de comprimento por um cúbito e meio de largura, como se fosse o tampo de uma mesa; ficava sobre a arca e sob a sombra das asas dos querubins. Essa palavra כַּפֹּרֶת deriva, como já dissemos, de כָּפַר, cujo sentido original é "cobrir" (embora geralmente traduzida por "expiar"). Essa tampa ou propiciatório recebia esse nome porque era colocado sobre a arca para cobri-la, ficando sob as asas dos querubins. Havia nessa tampa um sentido místico de ocultar, como de fato ocultava, a lei ou o rígido teor da aliança das obras, que ficava dentro da arca. Dessa forma, Deus se declarava pacificado ou reconciliado, e a causa da ira e inimizade ficava ali oculta. Por isso a palavra tem essa segunda acepção, que o apóstolo traduz por ἱλαστήριον, "placamen" ou "placamentum", por meio da qual Deus é apaziguado. Esse é o claro significado do propiciatório, que ficava sob a sombra das asas dos querubins, sinal do poder e da bondade inerentes à presença de Deus. Os querubins ficavam ajoelhados sobre o propiciatório, à semelhança de uma galinha que abriga os pintinhos debaixo de suas asas. Isso remete à oração de Davi em que ele pede "refúgio sob a sombra das asas de Deus" (Sl 36.7; 57.1; 61.4; 63.7; 91.4), e talvez à alusão do nosso Salvador (Mt 23.37), referindo-se à proteção de Deus por sua misericórdia, conforme fica denotado pelas asas dos querubins que cobriam o propiciatório, encimando o estatuto acusatório, a mesa ou tampa de ouro que já descrevemos. Jesus Cristo é real e verdadeiramente retratado dessa forma em Romanos 3.25.

Tudo isso nos ajuda a esclarecer o significado da palavra e, consequentemente, o sentido dessa passagem de acordo com o pensamento do Espírito Santo. Ἱλασμός e ἱλαστήριον, ambas traduzidas por "propiciação", com o verbo derivado da mesma raiz, significam o que era feito ou viabilizado pelo propiciatório, a saber, apaziguar, pacificar e trazer reconciliação com Deus no que diz respeito à sua aversão ao pecado. Essa é a razão da frase Ἱλάσκεσθαι τὰς ἁμαρτίας τοῦ λαοῦ, que os latinistas traduzem por "expiare peccata populi" ("expiar os pecados do povo", ou seja, desviar a ira por meio da expiação. Daí o historiador, que diz: "Solere reges ostenta coelestia cæde aliquâ illustri expiare, atque a semet in capita procerum depellere" (É costume dos reis expiar os presságios celestiais com algum sacrifício notável e repelir as ameaças contra a cabeça dos nobres), *Suetônio in Neron*. 36). Nossa tradução é "viabilizar a reconciliação pelos pecados do povo". Ambas as traduções são aceitáveis, uma vez que o sentido é apaziguar, pacificar ou fazer reparação a Deus pelo pecado, para que este não fosse imputado ao povo diante do qual Deus estava sendo apaziguado. Tanto Ἱλάσκεσθαι τὰς ἁμαρτίας τοῦ λαοῦ quanto Ἱλάσκεσθαι τὸν Θεὸν περὶ τῶν ἁμαρτιῶν transmitem a ideia de "pacificar a Deus no que diz respeito ao pecado". Disso decorre a acepção que a palavra recebe quando é empregada pelo publicano em Lucas 18.13: Ἱλάσθητί μοι, "sê misericordioso comigo", ou seja, "permita-me desfrutar da misericórdia da qual deriva o perdão dos pecados, sendo tu apaziguado e reconciliado comigo". Tudo isso evidencia que Cristo é identificado como ἱλασμός, ou "propiciação", por meio da qual a lei é coberta, Deus é apaziguado e reconciliado, o pecado é expiado, e o pecador, perdoado. É por isso que o perdão e a remissão dos pecados costumam ser vistos como fruto do derramamento de seu sangue, que o tornou uma "propiciação" (Mt 26.28; Ef 1.7; Cl 1.14; Hb 9.22; Rm 3.25; 5.9; 1Jo 1.7; 1Pe 1.2; Ap 1.5).

Com base nisso, o sentido óbvio da passagem é que Cristo fez tal expiação do pecado e tal reconciliação com Deus, que o pecador é perdoado e recebe a misericórdia viabilizada por Cristo; a lei jamais será apresentada como motivo para sua condenação. Ora, digam os que são capazes de julgar se isso pode ser aplicado de modo tolerável a *todo o mundo* (no sentido de todas e quaisquer pessoas). Será que o pecado de todos é expiado? Deus se reconcilia com todos? Todos os pecadores são perdoados? Ninguém mais será acusado de transgredir a lei? Por que, então, não são todos salvos? Não há dúvida: tudo isso se aplica a todos os que creem e a mais ninguém em todo o mundo. É em favor destes que o apóstolo afirma que Cristo é uma *propiciação*. É principalmente (ou até somente) disso que surge a obra de Cristo como advogado, a qual o apóstolo promete como fonte de consolo para os que creem. É nisso que ela consiste, ou seja, na apresentação da expiação feita por seu sangue. Ademais, ele é uma propiciação somente pela fé (Rm 3.25), e não há dúvida de que somente os que creem têm fé. Portanto, com toda certeza, é somente por estes, em todo o mundo, que Cristo é uma propiciação. É somente a estes que Deus diz: Ἵλεως ἔσομαι, "serei propício", a principal mensagem da nova aliança (Hb 8.12) da qual somente os pactuantes se beneficiam.

Segundo, examinemos a frase ὅλου τοῦ κόσμου, "de todo o mundo". Não demonstrarei como a palavra *mundo* tem diferentes sentidos nas Escrituras, porque isso já ficou demonstrado, pelo menos parcialmente. Ademais, não é na palavra *mundo* que agora nos concentraremos, mas no adjetivo *todo*, "todo o mundo" e, portanto, precisaremos falar da expressão em sua totalidade. Eis o que tenho a dizer:

1. Essa frase e outra que lhe é equivalente, *o mundo inteiro*, são empregadas sete ou oito vezes no Novo Testamento, mas em nenhum dos casos se pode afirmar com clareza e de forma indiscutível (com a possível exceção de uma ocorrência em que ela é usada de modo realmente necessário) que a expressão abrange todas e quaisquer pessoas no mundo. Assim, a não ser que alguma circunstância dessa passagem nos obrigue a tal (e nada nos obriga), conferir esse sentido a essas palavras será um ato de violência hermenêutica. Examinemos, pois, essas passagens, começando pela última até chegar à primeira. Vejamos Apocalipse 3.10: "Eu te guardarei da hora da tentação que virá ἐπὶ τῆς οἰκουμένης ὅλης — "sobre todo o mundo". Aqui, o original da palavra *mundo* é diferente do texto que examinaremos a seguir, visto que há várias palavras que expressam o mesmo pensamento, mas consideradas sob diferentes conceitos. Na ocorrência de Apocalipse, é óbvio que o sentido não é "todas e quaisquer pessoas", pois algumas recebem a promessa de que serão guardadas daquilo que sobrevirá ao mundo. Passando adiante, a próxima é Colossenses 1.6: "... Que já chegou a vós e καθὼς καὶ ἐν παντὶ τῷ κόσμῳ — "também [está] em todo o mundo". Nesse caso,

Primeiro, não se pode interpretar a frase como "todas e quaisquer pessoas", pois nem todas haviam recebido o evangelho. Segundo, o único sentido aqui é "crentes que vivem em todo o mundo", pois o texto diz que o evangelho "produziu frutos" naqueles aos quais havia chegado, e não existe evangelho verdadeiro sem fé e arrependimento. A passagem seguinte é Romanos 1.8: "... a vossa fé é anunciada ἐν ὅλῳ τῷ κόσμῳ, em todo o mundo". Por acaso todos os que viviam no mundo ouviram e anunciaram a fé dos romanos? Vejamos também Lucas 2.1: "Saiu um decreto de César Augusto, ἀπογράφεσθαι πᾶσαν τὴν οἰκουμένην, para que o mundo inteiro fosse recenseado". Não há aqui uma referência a todos os indivíduos no mundo de então, mas ao Império Romano. É desnecessário repassar as outras passagens, pois todas têm o mesmo significado e importância indefinidos. A expressão em si não permite a universalidade que se pretende atrelar a ela, a menos que o assunto ao qual se refere e as circunstâncias da passagem assim exijam, mas aqui não há nenhuma dessas duas condições. Portanto, não há como forçar sobre essa frase uma acepção universal. Pelo contrário, podemos concluir que *todo o mundo* e *o mundo inteiro*, referindo-se em outras passagens a pessoas de todos os tipos que se encontram no mundo, não podem ser aqui interpretados de outra forma. Assim, ὅλος ὁ κόσμος, no presente caso, tem o mesmo significado de ἐκκλησία καθολική.

2. *Todo o mundo* não significa outra coisa além de *todas as nações, todas as famílias da terra, toda carne, todos os homens, todos os confins da terra*. Com certeza, essas expressões são equivalentes a *todo o mundo*, e abrangem os mesmos elementos particulares. Mas costumamos encontrar essas expressões como referências somente aos que creem, de todos os tipos, situados em todo o mundo. Por que a expressão não teria a mesma importância na esfera do mesmo tema? Podemos dar alguns exemplos: "Todos os confins da terra viram a salvação do nosso deus" (Sl 98.3); "todos os confins do mundo se lembrarão e se voltarão ao Senhor, e todas as famílias das nações adorarão perante ti" (Sl 22.27); "sirvam-no todas as nações" (Sl 72.11). Essas expressões gerais denotam unicamente os crentes de todas as nações do mundo, e somente eles verão a salvação de Deus, dela se lembrarão, se voltarão a ele e o servirão. O mesmo raciocínio se aplica a Joel 2.28: "Derramarei o meu Espírito sobre toda carne"; essas palavras foram repetidas quando do cumprimento da promessa (At 2.17); e Lucas emprega a mesma expressão ao relatar o sermão de João Batista: "Toda a carne verá a salvação de Deus". Que vitória haveríamos de proclamar, se em algum lugar das Escrituras se afirmasse que Cristo morreu por *toda carne, todas as nações, todas as famílias* etc.? Estes são como vestes distintivas dos que creem; contudo, são abrangentes e amplas como a expressão *todo o mundo*. "Todas as nações" (Is 2.2; 66.18) e "todos os homens" (Tt 2.11) são designativos dos que creem, pois somente a eles se manifesta a graça de Deus que traz a salvação. Se, portanto, eles são os filhos de Deus, conforme fica óbvio pelas expressões bíblicas *toda carne, todas as nações, todas as famílias, todos os confins do mundo, todas as extremidades da terra, todos os homens*, por que não também *todo o mundo*?

3. *Todo o mundo* significa, às vezes, o que há de pior no mundo; se usarmos uma sinédoque equivalente, por que não poderia significar o que há de melhor?

"O Diabo, e Satanás, que engana todo o mundo, foi expulso", ou seja, os perversos e réprobos em todo o mundo, enquanto os outros se alegram com sua derrota (v. 10). Ὁ κόσμος ὅλος, "todo o mundo jaz em perversidade" (1Jo 5.19): no início do versículo, "todo o mundo" é colocado em contraste com os que são "de Deus". Em Colossenses 1.6, observamos o sentido contrário.

Uma vez que esclarecemos o significado da expressão aqui instada, não resta dúvida de que nada há nas palavras em si que deva obrigar qualquer um a pensar que elas denotam toda e qualquer pessoa, mas somente os que creem, incluindo os que creram e os que deverão crer, através de todo o mundo, em oposição aos que creem unicamente na nação judaica. Além do que já ficou claramente demonstrado, apresento as seguintes razões em defesa desse sentido da passagem:

Primeira, nossa passagem não trata do resgate feito por Cristo no que diz respeito à *obtenção*, mas à sua *aplicação;* o que se afirma é que Cristo é um resgate por meio de sua morte, o que ele de fato é, mas somente pela fé, conforme declara Romanos 3.25. Ademais, somente a consolação deriva da aplicação do resgate aos que creem. Jamais se diz que a aplicação da morte de Cristo é universal; portanto, essa passagem não diz respeito a toda e qualquer pessoa.

Segunda, o texto não deixa dúvida de que Cristo é uma propiciação somente por aqueles a quem o autor se dirige, ou seja, tão somente os que creem, que serão consolados apesar de seus pecados (nesse caso, é somente a eles que o consolo se destina). Logo, Cristo é uma propiciação unicamente para os crentes de todos os tipos, épocas, lugares e condições.

Terceira, em outras passagens, esse tipo de expressão não pode ser levado ao extremo para abranger todas e quaisquer pessoas, conforme já ficou evidente nos textos usados com esse objetivo. Acrescente-se ainda Mateus 3.5: "E iam ter com ele toda a Judeia e toda a região vizinha ao Jordão (πᾶσα ἡ Ἰουδαία, καὶ πᾶσα ἡ περίχωρος τοῦ Ἰορδάνου)"; isso incluía os fariseus que rejeitaram o batismo de João. Por que, então, deveria essa frase ser interpretada como uma referência a todas e quaisquer pessoas aqui em 1João 2.1,2, ainda mais com o agravante de que todas as circunstâncias (como já demonstramos) são contrárias a tal interpretação?

Quarta, nas Escrituras, as passagens paralelas mais claras não justificam a imposição desse sentido (veja Cl 1.6; Jo 11.51,52).

Quinta, se a frase *todo o mundo* for interpretada com o sentido de qualquer pessoa que esteja no mundo, então a declaração inteira não será útil no que diz respeito à sua finalidade, ou seja, levar consolo aos que creem. Pois que consolo pode advir a qualquer crente se Cristo é uma propiciação pelos que estão perecendo? Aliás, afirmar que ele é uma *propiciação suficiente*, mas não eficaz, não lhes traria consolo algum. Seria como se Jacó e seus filhos recebessem de José a informação de que havia grãos suficientes para sustentá-los, mas ele não podia garantir que iria fazer isso. Se José lhes dissesse que o sustento seria suficiente, mas não eficaz, todos teriam morrido de fome, apesar de seu gesto favorável. Assim, em 1João 2.1,2, "todo o mundo" é uma referência a todo o povo de Deus (e não só à nação judaica) espalhado por *todo o mundo*, dentre todas as nações, tribos, línguas ou famílias, ou seja, alguns indivíduos de todos os tipos, mas não todos os indivíduos de qualquer tipo. Portanto, *essa passagem das Escrituras não serve de apoio à teoria da redenção geral*.

Algumas objeções costumam ser apresentadas contra nossa interpretação desse texto do apóstolo, mas todas são eliminadas ou contestadas na sua própria exposição. Assim, basta-nos mencionar duas objeções.

Primeira objeção: a finalidade do apóstolo é levar consolo a todos os que enfrentam medo e dúvida; mas todas e quaisquer pessoas no mundo podem passar por medo e dúvida; portanto, ele declara que todos, sem exceção, podem ser consolados.

Resposta: em se tratando de consolo, "todos" os que podem estar passando por medo e dúvida é algo que se restringe necessariamente aos que creem, conforme já dissemos.

Segunda objeção: na primeira parte da proposição ("pelos nossos pecados") estão incluídos todos os que creem. Portanto, quando a declaração é estendida pelo acréscimo de "pelos pecados de todo o mundo", todas as outras pessoas são também visadas.

Resposta: 1. Na primeira parte, somente os *judeus* que creram eram visados, e João fazia parte desse grupo. O acréscimo não configura uma extensão da propiciação de Cristo a outros que não creem, mas somente a *outros crentes*. 2. Sobre a primeira parte, é possível afirmar que ela abrange todos os que criam naqueles dias, os quais eram partícipes daquela verdade. Mas, por analogia, o acréscimo deve ser entendido unicamente como referência aos que *creriam* em outras épocas e lugares que seriam alcançados pelo nome de Cristo, incluindo todos os que, de acordo com a oração do nosso Salvador, creriam em seu nome antes do fim do mundo. Assim, as duas principais passagens apresentadas para confirmação do primeiro argumento são defendidas contra as falsas interpretações e violentas distorções feitas por nossos adversários. As passagens restantes serão facilmente esclarecidas.

3. O próximo texto para fins de argumentação é João 6.51, onde nosso Salvador afirma que dará "sua carne pela vida do mundo". Esse "dar a si mesmo" era a santificação e a oferta que ele faria de si como oblação aceitável pelos pecados daqueles por quem ele sofreu. Sua finalidade era dar a vida eterna àqueles por quem ele se oferecesse em sua morte. Como essa finalidade não se restringia aos judeus, mas incluía todos os eleitos de Deus em todos os lugares, o autor usa a palavra "mundo". O termo não pode ser interpretado como "todas e quaisquer pessoas", e isso é mais claro que a luz do sol, justificando-se, também, pelo fato de que a finalidade de Cristo era adquirir para eles, e derramar sobre eles, vida e salvação. Agora, pergunto: Como alguém, que não seja destituído de lógica espiritual e natural, pode imaginar que, por meio de sua oblação, Cristo pretendia adquirir vida e salvação para todos aqueles que, segundo ele mesmo sabia, haviam sido condenados muito tempo atrás, pessoas que estavam marcadas pelo decreto da ira irreversível? Quem se atreveria a afirmar que Cristo se entregou pela vida daqueles que, não obstante seu sacrifício, cujo objetivo era salvar, assim mesmo não recebem a salvação por toda a eternidade? Mesmo que não houvesse outra passagem para declararmos que a palavra *mundo* nem sempre significa *todos*, mas somente alguns de todos os tipos, caso típico dos eleitos de Deus, ou seja, se houvesse apenas esse texto, que nossos adversários apresentam para defender sua teoria, ainda assim, espero eu, juntamente com todos os leitores guiados pela razão e consciência, a defesa de nossa ideia não sofreria dano algum.

4. Há diversas outras passagens citadas por Thomas More em *The universality of free grace* [A universalidade da livre graça] (cap. 14) para supostamente provar a redenção universal. Faremos uma breve análise desses textos e do capítulo como um todo.

A primeira passagem na qual ele insiste é 2Coríntios 5.19: "Deus estava em Cristo reconciliando consigo o mundo, não lhes imputando suas transgressões".

Resposta: 1. Realmente, ele tem extrema confiança em sua força e na fragilidade de seus leitores, os quais inferirão a universalidade da redenção com base nessa passagem, onde, segundo ele, *mundo* significa "todas e quaisquer pessoas". Os que são retratados como o "mundo" no versículo 19 são os mesmos aos quais o versículo 18 se refere como *nos*: "Ele nos reconciliou consigo por meio de Jesus Cristo". Isso também se aplica ao versículo 21, que afirma que Cristo foi feito pecado por nós, para que nele [nós] fôssemos feitos justiça de Deus. Por acaso essas declarações se aplicam a todos os que estão no mundo? Se esse texto pode ser esclarecido pelo que vem antes e depois dele e se a palavra "mundo" pode ser interpretada por aquelas expressões diretamente relacionadas a ela, então *mundo* pode significar tão somente uma coisa: os crentes eleitos. 2. A referência a Deus, que reconcilia o mundo consigo, justifica a necessária conclusão de que a não imputação do pecado e a imputação da justiça de Cristo dizem respeito a esse "mundo" (2Co 5.21). Ora, a bem-aventurança da justificação em Cristo consiste nessas duas coisas (Rm 4.6,7); portanto, todo esse *mundo* que Deus reconcilia consigo em Cristo é um mundo bem-aventurado e justificado. Logo, nem todos os filhos dos homens que já viveram, vivem ou viverão neste mundo estão incluídos, pois boa parte deles *jaz no maligno*. 3. Essa reconciliação de *Deus em Cristo implica* a eficácia da obra reconciliatória. Há duas possibilidades: essa reconciliação é absoluta ou está sujeita a alguma condição. Se é *absoluta*, por que nem todos são de fato e absolutamente reconciliados, perdoados e justificados? Se *condicional*, então: primeiro, como uma *reconciliação condicional* pode ser harmonizada com algo que é real? Segundo, por que aqui não se menciona nenhuma condição? Terceiro, que condição é essa? Seria crer e ter fé? Então, essas palavras devem ter um destes dois sentidos: primeiro, "Deus estava em Cristo reconciliando consigo um mundo que crê", mas não haveria necessidade disso, pois os que creem são reconciliados. Segundo, "Deus estava em Cristo reconciliando consigo um mundo que não crê, sob a condição de que o mundo creia", ou seja, sob a condição de que ele não seja incrédulo; isto é, que ele seja reconciliado. Seria isso que o Espírito Santo tem em mente? Se essa reconciliação do mundo consiste (como de fato consiste) em uma não imputação do pecado, ela pode dizer respeito a todos os pecados ou a apenas alguns deles. Se for apenas a alguns, então Cristo salva apenas de alguns pecados. Se diz respeito a todos, então a incredulidade está incluída; caso contrário, ela não seria pecado; se isso fosse verdade, todas as pessoas neste mundo deveriam necessariamente ser salvas, pois a incredulidade lhes seria perdoada. Logo, a palavra *mundo*, neste caso, é somente o mundo dos bem-aventurados, crentes perdoados, os quais "são feitos justiça de Deus em Cristo".

O que Thomas More apresenta para sustentar o sentido oposto de *mundo* é muito pouco, apesar de suas muitas palavras. Ele gasta muito tempo com expressões rudimentares para provar que o texto deixa subentendidas duas reconciliações: a primeira é de Deus conosco por meio de Cristo; a outra é nossa com Deus por meio do Espírito. Nós também afirmamos esses dois aspectos, mas não os separamos e simplesmente os consideramos partes da mesma reconciliação. O primeiro é a regra do outro, pois, vejamos bem, qualquer pessoa com a qual Deus se reconcilie em Cristo e por meio dele também se reconciliará com Deus pelo Espírito. Deus se reconcilia deixando de imputar a tal pessoa os seus pecados. Ela se reconcilia com ele, aceitando a não imputação em Jesus Cristo. O primeiro aspecto da reconciliação não é apenas a norma para o outro, mas também a principal motivação, o grande tema da mensagem do evangelho pelo qual ela se concretiza. Desse modo, a afirmação dessa dupla reconciliação ou, mais exatamente, dos dois ramos de uma complexa obra reconciliatória, solidifica nossa convicção de que a palavra *mundo* não pode ser entendida como algo que vá além dos eleitos que estão no mundo.

No entanto, ele faz referência ao contexto para fortalecer sua interpretação, dizendo: "Pois os que estão no mundo são aqui chamados "homens" (v. 11); os homens devem 'comparecer perante o trono do julgamento de Cristo' (v. 10); os homens estão 'mortos' (v. 14); e devem viver para Cristo (v. 15). Portanto, isso se aplica a *todos* os homens". Ora, "homini homo quid interest?" (qual a diferença entre homem e homem?). Há certas pessoas que provam com tanta facilidade aquilo que lhes agrada! Permitam-me dizer a essas pessoas só mais uma coisa que elas devem fazer para ganhar a presente causa: provar que os eleitos de Deus não são *homens*, que eles não devem comparecer perante o tribunal de Cristo, que não estavam mortos e que não devem viver para Cristo. Façam isso, ou perderão a causa.

Mas ele acrescenta: primeiro, "destes, alguns são reconciliados com Deus" (v. 18). *Resposta*: É falsa a declaração de que há limitação ou restrição da reconciliação a alguns daqueles aos quais ele se dirige; é lógico que ela se estende a todos. Segundo: "Mas alguns não são reconciliados" (v. 11). *Resposta*: Nada no texto permite uma afirmação dessas; não há sequer uma nuança de sentido que a viabilize. "Muitos corrompem a Palavra de Deus."

Ele também apela para João 1.9: "Esta era a verdadeira luz que ilumina todo homem que vem ao mundo". Ele diz: "A palavra *mundo* é uma referência ao mundo da humanidade (v. 4), feito por Cristo (v. 3), que era dele por seu próprio ato de criação, por sua misericórdia e pela aquisição por ele efetuada, mas 'não o recebeu' (v. 5,10,11). Portanto, fica evidente que há vida e que Cristo morreu por todos".

Resposta: Nesta passagem, *mundo* não significa as pessoas que estão no mundo, quer todas, quer somente algumas, mas a parte habitável da Terra. Isso é óbvio em si mesmo, mais do que qualquer prova ou ilustração. A frase *vem ao mundo* não poderia ser entendida de outra maneira. É o equivalente de "nascer", vir à luz e respirar o ar comum a todos. Ora, entre as interpretações desta passagem que parecem mais compatíveis e consoantes com a mensagem do apóstolo, com outras expressões aqui empregadas, o verbo ἐρχόμενον, "vem", rege a palavra φῶς, "luz", e não ἄνθρωπον, "homens". Assim, a melhor tradução seria esta: "Esta era a verdadeira luz, a qual, vindo ao mundo, ilumina todo homem". O mesmo se pode dizer de outras passagens com expressões paralelas: "A luz veio ao mundo" (Jo 3.19); e "Eu sou uma luz que veio ao mundo" (Jo 12.46). Assim, nada se pode extrair da palavra *mundo* em favor da graça ou do resgate universais. Todo o peso do argumento deve estar nas palavras *todo homem*, mas Thomas More não se concentra nelas. Se alguém o fizesse, a palavra, na acepção de uma verdadeira iluminação, não poderia ser aplicada a qualquer pessoa que não fosse, de fato, iluminada.

Então, o que se afirma é que Cristo, vindo ao mundo, ilumina todo homem, em parte porque qualquer pessoa que recebe luz, é dele que a recebe, e em parte porque ele é a única e verdadeira luz e fonte de iluminação. Ele ilumina todo aquele que é iluminado; o texto não afirma nada além disso e por ninguém é contestado. As Escrituras, a experiência, a razão e o sentido determinem se, antes e depois da encarnação de Cristo, todas e quaisquer pessoas no mundo foram, são e serão de fato iluminadas com o conhecimento de Cristo por intermédio de sua vinda ao mundo. Isso, em breves palavras, é suficiente para expor toda a fragilidade do argumento em favor da redenção universal com base nesta passagem. Por ora, renunciamos a outras interpretações, elucidando a iluminação aqui mencionada como aquela que atua sobre a razão e o entendimento, transmitida a todos, sendo Cristo, em sua natureza divina, a luz de todos, até mesmo a eterna sabedoria de seu Pai.

A terceira passagem é João 1.29: "Eis o Cordeiro de Deus, que tira o pecado do mundo". Segundo Thomas More, o texto é uma referência ao mundo em geral.

Resposta: 1. Mesmo que essas palavras digam respeito ao mundo em geral, elas não justificam nenhum argumento em favor da universalidade dos indivíduos. 2. Não há dúvida de que Cristo é ὁ αἴρων, o Cordeiro que tira, leva, purifica e perdoa, conforme o uso da palavra em 2Samuel 24.10. Ele tira τὴν ἁμαρτίαν, "o pecado", o grande pecado, o pecado original τοῦ κόσμου, "do mundo", no sentido de que o pecado é algo comum a todos. Ele tira o pecado pela justificação para que ele não traga condenação; tira o pecado pela santificação para que ele não reine; tira o pecado pela glorificação para que ele deixe de existir. Mas dizer que ele tira, leva, perdoa e purifica o pecado de todas e quaisquer pessoas no mundo não é nem de longe o sentido do texto, mas uma afirmação falsa em si mesma.

Outro texto ao qual ele recorre é João 3.17: "Deus enviou seu Filho ao mundo não para condenar o mundo, mas para que o mundo fosse salvo por meio dele".

Resposta: já chamamos a atenção para uma clara ἀντανάκλασις, ou eminente inversão da palavra *mundo* nesta passagem, semelhante àquela de João 1.10: "Ele estava no mundo", ou na Terra, em uma parte dela, "e o mundo foi feito por meio dele", o mundo todo com todas as coisas nele contidas, mas "o mundo não o conheceu", ou seja, a maior parte dos que vivem no mundo. Aqui, em primeiro lugar, *mundo* significa a parte da Terra em que o Salvador viveu. Em segundo lugar, quem quiser poderá interpretar a palavra como "todas e quaisquer pessoas" (embora isso não seja amparado pelo texto); pois o fim precípuo da vinda do Salvador não foi condenar ninguém, mas salvar os seus, e muito menos condenar "todas e quaisquer pessoas" no mundo, pois do mundo foram escolhidos os que ele haveria de salvar. Em terceiro lugar, o texto se refere somente aos eleitos, em favor dos quais Deus enviou seu Filho com a finalidade de salvá-los, conforme as palavras revelam de forma inequívoca. Portanto, salvar aqueles aos quais o texto se refere como *mundo* é o propósito e o plano de Deus colocado em ação com o envio de seu Filho. Ora, é óbvio que não se trata de todos os homens, mas somente de judeus e gentios que creem em todo o mundo, porque: 1. Nem todos os homens são salvos, e o Senhor disse que ele fará "o que lhe agrada, e seu propósito prevalecerá". 2. Naquele momento, a maior parte dos homens estava debaixo de condenação. Por acaso, ele enviou seu Filho para que eles fossem salvos? 3. Cristo foi escolhido para a ruína de alguns (Lc 2.34), não para que todas e quaisquer pessoas fossem salvas. 4. A finalidade da manifestação e do envio de Cristo na carne não contraria quaisquer decretos eternos de Deus, os quais foram fixados por toda a eternidade e dizem respeito à condenação de alguns por causa de seus pecados. Por acaso, ele enviou seu Filho para salvar essas pessoas? Teria ele agido contrariamente a seus propósitos ou sido incapaz de implementá-los? *O mundo que é salvo é o povo de Deus disperso através do mundo.*

Além de João 6.51 (que já examinamos acima), Thomas More apela também para João 4.42 e 1João 4.14, passagens que se referem a Cristo como "Salvador do mundo".

Resposta: Cristo é chamado Salvador do *mundo* por uma das duas razões a seguir. Primeira, porque não há outro Salvador para nenhuma outra pessoa no mundo e porque é ele quem salva todos os que são salvos, incluindo o povo de Deus (não somente os judeus) espalhado pelo mundo inteiro. Segunda, porque ele de fato salva todo o mundo e todas as pessoas que estão no mundo, sem exceção. Se prevalecer a segunda razão, vitória ao Sr. More; se prevalecer a primeira, μένομεν ὥσπερ ἐσμέν, "estamos onde sempre estivemos".

No que diz respeito a esse assunto, o apelo que ele faz a João 12.46 ("Eu sou a luz que veio ao mundo") merece nossa menção, mas não nossa resposta. Já examinamos estas outras passagens: João 3.16,17; e 1João 2.1,2. Há alguns outros textos que ele apresenta, mas de tal forma distorcidos, corrompidos e tão inúteis para essa questão, que eu não me atreveria a testar a paciência do leitor por meio de uma repetição.

Esta é nossa defesa e resposta ao primeiro grande argumento de nossos adversários, nossa exposição de todos os textos das Escrituras que eles distorcem para sustentar a teoria da redenção universal; eles colocam todo o peso do argumento em cima da ambiguidade de uma palavra. Possa o leitor cristão "provar todas as coisas e reter o que é bom".

4

Resposta ao segundo argumento geral pela universalidade da redenção

II. O segundo argumento que nossos adversários apresentam com tantas distorções quanto o primeiro é derivado dos textos bíblicos em que, dentro do tema da redenção, são empregadas frases como *todos os homens* e *todo homem*. Eles usam essas frases nuas e cruas, acompanhadas por retórica e vãs expressões por eles mesmos formuladas, para proclamar vitória, em vez de apresentar um estudo que possa prevalecer. Seus argumentos não precisam de pé nem cabeça, contanto que sirvam para fabricar alguma declaração supostamente amparada por palavras expressas das Escrituras. Portanto, vamos examinar somente as passagens que eles geralmente apresentam, submetendo-as a interpretações forçadas, de acordo com os defensores mais hábeis dessa teoria. As principais passagens às quais eles apelam são: 1Timóteo 2.4,6; 2Pedro 3.9, Hebreus 2.9; 2Coríntios 5.14,15; 1Coríntios 15.22; e Romanos 5.18.

Quanto ao uso da palavra *todos* nas Escrituras, tanta coisa já foi dita por muitos estudiosos, que me seria desnecessário insistir nesse ponto. Nós mesmos já nos referimos a alguns aspectos dessa questão movidos pelo mesmo propósito e de modo mais do que suficiente para demonstrar que não se pode extrair nenhuma força argumentativa da palavra em si. Assim, vou me aplicar ao exame somente das passagens específicas e às objeções delas decorrentes.

1. A primeira e principal passagem é 1Timóteo 2.4,6: "[Deus] quer que todos os homens se salvem e venham ao conhecimento da verdade [...] Cristo se deu como resgate por todos para servir de testemunho no devido tempo". O argumento é assim formulado: "Se Deus quer que todos os homens se salvem, então Cristo morreu por todos; mas Deus quer que todos os homens se salvem e cheguem ao conhecimento da verdade; portanto, Cristo morreu por todos os homens".

Resposta: Todo o peso do argumento é colocado sobre a ambiguidade da palavra "todos", que permite diferentes sentidos. Se ela for interpretada em harmonia com o assunto que está sendo debatido e aplicada a todas as coisas e pessoas às quais ela se refere, então, de duas, uma: ou o argumento inteiro pode ser sustentado, ou várias proposições podem ser negadas, de acordo com a acepção da palavra que nos for imposta. As Escrituras contêm quase quinhentas ocorrências que evidenciam que *todos, todo homem* e *todos os homens* nem sempre se referem a todas e quaisquer pessoas que já existiram, existem ou existirão. Se essas frases ("todos", "todo homem" e "todos os homens") forem entendidas de forma *distributiva*, ou seja, alguns de todos os tipos, o argumento estará integralmente sustentado. Se entendidas de forma *coletiva*, isto é, todos de todos os tipos, negaremos a premissa menor, a saber, que Deus quer que todos se salvem. Para que nossa negação dessa premissa seja uma verdade evidente e compatível com o pensamento do Espírito Santo nessa passagem, precisaremos levar duas coisas em consideração: 1.1. O que é a vontade de Deus aqui mencionada, segundo a qual todos devem ser salvos. 1.2. A quem se refere o termo *todos* usado pelo apóstolo nessa passagem.

1.1. A vontade de Deus costuma ser subdividida em *vontade decretiva* e *vontade preceptiva*; assim, a palavra "vontade" de Deus tem essa dupla acepção: 1. Refere-se a seu propósito: é o que ele fará. 2. Refere-se à sua aprovação do que fazemos, ou seja, o que ele ordena que seja feito. Aqueles que se opõem ao nosso argumento poderão escolher o que esse versículo nos diz sobre a vontade de Deus, ou como ele quer que todos sejam salvos.

Primeiro, se eles disserem que Deus faz sua vontade *voluntate signi* ("pela vontade do signo"), ordenando, exigindo e aprovando, então este é o sentido do texto: "Deus ordena a todos os homens que façam uso do meio pelo qual podem alcançar o objetivo, isto é, a salvação. A execução dessa vontade é aceitável a Deus com relação a todas e quaisquer pessoas"; e está em consonância com o que Paulo diz em outra passagem: "Deus ordena a todos os homens, em todos os lugares, que se arrependam" (At 17.30). Ora, se esse é o meio pelo qual Deus quer a salvação de todos os que são aqui mencionados, então, certamente, o termo "todos" se refere a quaisquer pessoas que tenham conhecido e recebido o meio da graça; estas, na verdade, são muitas, mas não compõem nem mesmo um centésimo da descendência de Adão. Ademais, interpretando assim a vontade de Deus com relação à salvação dos homens, negamos a declaração consequente da primeira proposição, a saber, que Cristo morreu por tantos quantos Deus queria que fossem salvos. O fundamento da ordem divina de que os homens fizessem uso do meio que lhes foi viabilizado não é o fato de Cristo ter morrido por eles em particular, mas a *ligação* que ele mesmo, por seu decreto, estabeleceu entre fé e salvação. A morte de Cristo é suficiente para estabelecer essa *ligação* com todos e provê tudo o que é necessário à salvação dos que creem.

Segundo, se a vontade de Deus é sua vontade eficaz, isto é, a vontade de seu propósito e beneplácito, então, com toda a certeza, ela será cumprida, e todos os que Deus quer que sejam salvos serão efetivamente salvos. A bem da verdade, parece-me óbvio que isso é o que o texto pretende comunicar, pois a vontade de Deus é a base e o fundamento de nossas súplicas. É como se em nossas orações devêssemos dizer apenas "seja feita a tua vontade" — e sua vontade é que todos sejam salvos. Ora, temos a promessa de que receberemos de Deus "tudo o que pedirmos de acordo com sua vontade" (1Jo 3.22; 5.14); portanto, essa vontade de Deus, aqui apresentada como base de nossas orações, só pode ser sua vontade eficaz, que sempre é cumprida. Ninguém duvida de que Deus *é capaz* de salvar a todos (desconsiderando-se seu decreto), e aqui se declara que ele *quer* salvar. Logo, se aqui o termo *todos* engloba todas e quaisquer pessoas, então todas e quaisquer pessoas, com certeza, serão salvas. "Comamos e bebamos, pois amanhã morreremos" (1Co 15.32); "quem resiste à sua vontade?" (Rm 9.19); "ele faz tudo o que lhe apraz" (Sl 115.3). "Ele age segundo sua vontade no exército do céu e entre os moradores da terra" (Dn 4.35). Desse modo, se aqui a palavra *todos* deve ser interpretada como todos os homens em escala universal, uma das duas coisas a seguir será inevitável: ou Deus falha no cumprimento de seu propósito e intenção, ou todos os homens, sem exceção, são salvos. Isso nos leva à segunda coisa a ser considerada nas palavras "todos os homens" nesta passagem.

1.2. As palavras *todos os homens* são aqui empregadas pelo apóstolo no sentido de todos os tipos de homens vivendo indistintamente sob o evangelho ou, nesses últimos tempos, sob a dispensação ampliada dos meios de graça. Argumentando com Perkins sobre essa passagem, o próprio Armínio reconhece que a referência se limita aos homens desses tempos. O escopo do apóstolo, que trata da amplitude, da expansão e do alcance da graça, na sua administração externa sob o evangelho, não pode ser negado. Ele coloca isso como fundamento de nossa oração em favor de todos, pois o meio da graça e a localização da igreja não estão mais limitados às fronteiras de uma só nação, mas indiscriminada e indefinidamente estendidos a todos os povos, línguas e linguagens, e a todos os tipos de pessoas desses grupos, de condição social superior ou inferior, ricos e pobres, uns com os outros.

Desse modo, afirmamos que as palavras *todos os homens*, aqui, referem-se tão somente a todos os tipos de pessoas, em consonância com o propósito do apóstolo, que era demonstrar que todas as diferenças exteriores entre os filhos dos homens foram eliminadas. Apresentamos as seguintes razões para ratificar essa declaração:

Primeira, nas Escrituras, a palavra *todos* é geralmente empregada nesse sentido ("muitos de todos os tipos"), e não há nada no assunto da passagem que possa minimamente nos impor outra interpretação, muito menos todos os indivíduos em escala universal. É com muita segurança que nos atemos ao sentido e acepção mais comuns da palavra. Por exemplo, Mateus 4.23 afirma que nosso Salvador curava *todas* as doenças; e Lucas 11.42 nos informa que os fariseus davam dízimo de πᾶν λάχανον, *toda* hortaliça.

Segunda, o próprio Paulo nos leva a essa interpretação da palavra *todos*. Depois de nos instruir a orar por todos, pois o Senhor quer que todos sejam salvos, ele deixa expressamente subentendido que *todos os homens* é uma referência a pessoas de todos os tipos, classes, condições e ordens, subdividindo-as em diversas categorias e fazendo menção direta de algumas dessas pessoas como "reis e todos os que exercem autoridade". Vejamos, por força da semelhança, o que temos em Jeremias 29.1,2: "... Todo o povo que Nabucodonosor havia levado de Jerusalém para a Babilônia, depois que saíram Jeconias, o rei, a rainha, os eunucos, os príncipes de Judá e Jerusalém, os carpinteiros e os ferreiros". *Todo o povo* é interpretado como alguns de todos os tipos, classificados segundo suas ordens, classes e condições. Da mesma forma, o apóstolo interpreta a expressão *todos os homens* por ele mencionada designando pelo nome algumas ordens e condições às quais ele se referia. Ele diz: "Orai por todos os homens", ou seja, todos os tipos de pessoas, como magistrados e todos os que estão investidos de autoridade, pois é chegado o tempo em que não se observam mais as distinções antes observadas, tempo no qual o Senhor salvará alguns de todos os tipos e nações.

Terceira, somos instruídos a orar por todos aqueles que Deus quer que sejam salvos. Assim, não devemos orar por todos e quaisquer indivíduos, visto que sabemos que alguns são réprobos e pecarão até morrer. Não devemos orar por estes, conforme clara advertência que nos é feita.

Quarta: serão salvos todos aqueles que Deus quer que sejam salvos. Não nos atrevemos a negar essa verdade, pois "quem resiste à sua vontade?". Admitindo ser mais do que certo que nem todos serão salvos (pois alguns estarão em pé à sua esquerda), a totalidade dos homens não pode ser a intenção dessa passagem.

Quinta, os que Deus quer que sejam "salvos" são quantitativamente iguais aos que ele quer que "cheguem ao conhecimento da verdade". Esses dois grupos têm a mesma amplitude e são associados pelo texto. Mas a vontade do Senhor não é que todas e quaisquer pessoas, de todos os tempos, cheguem ao conhecimento da verdade. Desde há muito tempo, ele "mostra a sua palavra a Jacó, os seus estatutos e os seus juízos, a Israel. Não fez assim a nenhuma outra nação; e, quanto aos seus juízos, nenhuma os conhece" (Sl 147.19,20). Se ele quisesse que todos cheguem ao conhecimento da verdade, por que revelaria sua palavra a alguns, mas não a outros, sem a qual eles não têm esse conhecimento? Em tempos passados, ele "permitiu que todas as nações andassem em seus próprios caminhos" (At 14.16) e "não levou em conta os tempos dessa ignorância" (At 17.30), ocultando nos tempos mais antigos o mistério da salvação (Cl 1.26), dando continuidade à mesma dispensação até este dia no que diz respeito a alguns, porque "assim lhe pareceu bem" (Mt 11.25,26). Assim, é óbvio que Deus não deseja que todas e quaisquer pessoas no mundo, de todos os tempos e épocas, cheguem ao conhecimento da verdade, mas apenas todos os tipos de pessoas indistintamente; portanto, é somente a elas que a passagem diz respeito.

Essas e outras razões afins, que nos levam a interpretar *todos os homens* (v. 4) como aqueles que Deus quer que sejam salvos, pessoas de todos os tipos, também prevalecem para conferir a mesma acepção à palavra *todos* (v. 6), onde se afirma que Cristo se deu "em resgate por todos". Outras razões podem ser acrescentadas conforme já declaramos: é absolutamente necessário e justo que todos pelos quais o resgate foi pago tenham parte nesse resgate; se o resgate é aceito como suficiente, eles devem ser postos em liberdade. O pagamento e a aceitação de um resgate implica a comutação da pena e a libertação daqueles por quem o resgate foi pago e aceito. Assim, a palavra *todos* não pode se referir aos que não sejam redimidos e resgatados por Jesus Cristo. Estes, pelo amor de Cristo e pela virtude do preço de seu sangue, ficam livres de acusação e passam a desfrutar da gloriosa liberdade dos filhos de Deus. Esses filhos são expressamente retratados como pessoas de todos os tipos em Apocalipse 5.9 (passagem que serve à interpretação desta), de modo que a afirmação de que *todos* é uma referência a todos os homens do mundo em escala universal é peremptoriamente falsa.

Assim, evidenciando-se o sentido dessas palavras, nossa resposta à objeção (cujo peso é sustentado por uma falácia derivada da ambiguidade semântica da palavra *todos*) é simples e fácil. Pois, se *todos os homens* for uma referência ao *todos* do texto, ou seja, pessoas de todos os tipos, afirmaremos a íntegra, a saber, que Cristo morreu por *todos;* mas se à expressão *todos os homens* for atribuído o sentido de alcance universal, a premissa menor será negada, prova suficiente de que o texto não diz respeito a esse *todos*.

Em *A universalidade da livre graça*, Thomas More dedica um capítulo inteiro a essa objeção da passagem. Ela é uma das duas passagens sobre as quais ele coloca todo o peso da construção de sua teoria, passagem à qual ele sempre acaba voltando viciosamente. Achei ter feito um bom exame do teor de seu capítulo, mas, pensando melhor, deixei de lado essa resolução por três motivos:

Primeiro, porque meu desejo era não refazer o que já houvesse sido feito, em especial porque o tema em si não justifica minha interferência. Mas, na época em que eu estava trabalhando nessa resposta, chegou-me à mão uma excelente obra do Sr. Rutherford sobre a morte de Cristo e a atração dos pecadores a ele.[1] Nela, o autor apresenta uma resposta completa ao capítulo do livro de Thomas More; a ela eu remeto o leitor.

Segundo, ele não procurou, nem sequer uma vez, interagir com quaisquer de meus arrazoados e argumentos com os quais respondo à objeção à passagem de 1Timóteo e apresento prova cabal de que *todos os homens* significa única e tão somente pessoas de todos os tipos.

Terceiro, porque, deixando de lado as afirmações peremptórias de sua pena, com as quais ele procura fortalecer seu argumento e interpretação da passagem, o restante que ele submete à sua retórica não passa de uma frágil falácia que corre por todo o seu escrito. Nisto consiste o peso de todo o seu argumento: o *todos* pelos quais devemos orar não significa somente todos os que, no presente, creem, algo que não seria afirmado por ninguém com pleno domínio de suas faculdades mentais. Assim, não há como atribuir sobriedade a alguém que conclui, com base nessa passagem, que, se ela não se refere somente aos que atualmente creem, portanto, ela engloba todos os indivíduos que compõem a humanidade. Passamos agora à outra passagem à qual apelam os adeptos do resgate geral com base na palavra "todos".

---

[1] Ele se refere ao eminente teólogo escocês, Samuel Rutherford, 1600-1661. A obra mencionada acima foi publicada em 1647 e é intitulada *Christ dying and drawing to himself; or a survey of our Saviour in his soul's suffering* [Cristo morrendo e atraindo a si mesmo; ou um estudo de nosso Salvador em seus sofrimentos da alma] etc. As opiniões de More são nela discutidas nas p. 375-410. (N. do E.)

2. "O Senhor é longânimo para conosco, não querendo que alguns pereçam, mas que todos cheguem ao arrependimento" (2Pe 3.9). Alguns dizem: "Aqui, a vontade de Deus quanto à salvação de todos é declarada tanto em forma de *negação*, pois ele não quer que alguns pereçam, quanto de *afirmação*, mas que todos cheguem ao arrependimento; uma vez que não há arrependimento nem livramento da destruição a não ser pelo sangue de Cristo, é evidente que seu sangue foi derramado por *todos*".

Resposta: Não é preciso gastar muitas palavras para responder a essa objeção feita por força da má interpretação e da visível corrupção do sentido das palavras do apóstolo. Uma das regras para entendimento das Escrituras diz que expressões indefinidas e gerais devem ser interpretadas com bom senso de proporção em relação às coisas a partir das quais são afirmadas. Vejamos, pois, de quem o apóstolo está falando. Ele escreve: "O Senhor é longânimo para conosco, não querendo que alguns pereçam". Por acaso o bom senso não nos diz que o pronome pessoal "nós", evidenciado em *conosco*, deve ser repetido nas orações seguintes, para que fiquem completas, a saber: "... não querendo que alguns *de nós* pereçam, mas que todos *nós* cheguemos ao arrependimento"? Ora, de quem o apóstolo está falando e a quem ele está escrevendo? São os que receberam "grandes e preciosas promessas" (1.4), aos quais ele se refere como "amados" (3.1) e que o apóstolo coloca em contraste com os "escarnecedores" dos "últimos dias" (3.3), em favor dos quais o Senhor diz que tais dias serão abreviados, os que são chamados "eleitos" (Mt 24.22). Ora, sinceramente, algo que chega às raias da insensatez e loucura extremas é argumentar que Deus não quer que alguns desses pereçam, mas que todos cheguem ao arrependimento e, portanto, ele tem uma só vontade para com todas e quaisquer pessoas no mundo (incluindo aqueles aos quais ele nunca revelará sua vontade nem conclama ao arrependimento, visto que jamais ouviram falar de seu meio de salvação). Também destituído de toda relevância é afirmar contrariamente que alguns aos quais Pedro escreve não eram eleitos, pois assim ele os estimava, desejando que "firmassem seu chamado e eleição" (1.10); ademais, em sua primeira epístola, ele se refere expressamente a estes como "eleitos" (1Pe 1.2), "geração escolhida" e "povo adquirido" (2.9). Não é preciso acrescentar nada às contradições e dificuldades incontornáveis que acompanham a interpretação à qual nos opomos, como, por exemplo, que Deus deseja que cheguem ao arrependimento aqueles que foram desde cedo cortados da aliança, os que ele odeia desde a eternidade, dos quais ocultou o meio da graça, que dele jamais receberão arrependimento e que ele sabe perfeitamente ser impossível que se arrependam sem que isso lhes seja concedido. O texto deixa claro que os que ele não quer que pereçam são única e tão somente os eleitos. Mais adiante, vamos examinar uma passagem supostamente paralela, Ezequiel 18.23,32. Antes, passemos ao próximo texto.

3. Hebreus 2.9: "... para que, pela graça de Deus, provasse a morte por todo homem".

Resposta: Todos reconhecem que, aqui, ὑπὲρ παντός, "por cada um", é usado em lugar de ὑπὲρ πάντων, "por todos". A grande questão é a identidade desse "todos", se homens em escala universal ou se todos aqueles dos quais o apóstolo está aqui falando. Não há como negar que a expressão *todo homem* costuma ser usada nas Escrituras com o sentido de homens sob alguma restrição. Assim vemos o apóstolo, que escreve: "Advertindo todo homem e ensinando todo homem" (Cl 1.28); ou seja, todos aos quais ele pregou o evangelho, dos quais ele está aqui falando. "A manifestação do Espírito é dada a cada um para o que for útil" (1Co 12.7); a saber, a todas e quaisquer pessoas que receberam os dons aqui mencionados, seja na igreja de Corinto, seja em outros lugares. Já vi muitas vezes essa passagem ser usada pelos que apoiam a redenção universal, mas nunca tive a felicidade de perceber algum esforço da parte deles para provar, com base no texto, ou de qualquer outra forma, que *todos* deve ser interpretado aqui como todas e quaisquer pessoas; certamente, eles sabem que a acepção comum da palavra vai contra seus propósitos. Thomas More dedica um capítulo inteiro a essa passagem, que eu sinceramente examinei para ver se conseguiria extrair alguma coisa que, ainda que discretamente, provasse que o apóstolo estava se referindo a todas as pessoas, mas não encontrei nada além de um profundo silêncio. Desse modo, com uma profusão de palavras elegantes, a única coisa que ele faz em todo o capítulo é pressupor, humilde e cordialmente, o que está sendo examinado. Embora ele seja profundamente sincero, não há como anuir ao que ele pressupõe, pelas razões abaixo:

Primeira, provar a morte, ou seja, *beber integralmente do cálice* destinado aos pecadores, em favor dos quais nosso Salvador provou a morte, é não deixar uma única gota para que eles bebessem depois dele; ele provou a morte e a ela se submeteu para que o cálice não ficasse com os pecadores, mas fosse passado para ele. Ora, o cálice da morte passou apenas dos eleitos, dos que creem; por eles nosso Salvador provou a morte e bebeu de todo o cálice para alcançar a vitória.

Segunda, há uma causa aparente que levou o apóstolo a se referir àqueles por quem Cristo morreu usando o pronome *todos*, a saber, o fato de que ele estava escrevendo aos hebreus, que haviam sido profundamente contaminados pela falsa ideia de que os benefícios conquistados pelo Messias pertenciam somente às pessoas da nação judaica, excluindo todas as demais. Para extirpar essa opinião perniciosa, o apóstolo achou por bem mencionar o alcance da livre graça sob o evangelho e sustentar a universalidade dos eleitos de Deus espalhados pelo mundo.

Terceira, a presente referência a *todos* pelos quais Cristo provou a morte pela graça de Deus não se harmoniza com a ideia de todas e quaisquer pessoas ou com qualquer outra concepção que não se restrinja aos eleitos de Deus. O versículo 10 refere-se a eles como "muitos filhos trazidos à glória"; o versículo 11, aqueles que são "santificados" e seus "irmãos"; o versículo 13, "os filhos que Deus lhe deu"; o versículo 15, aqueles que são "libertados das cadeias da morte"; nenhuma dessas designações pode ser associada aos que nascem, vivem e morrem na condição de "filhos do Diabo". Cristo não é fonte de salvação, conforme aqui qualificado, para ninguém que não "lhe obedeça" (Hb 5.9). A justificação vem por meio dele "aos que nele creem" (Rm 3.22). Por essas e outras razões afins, não podemos dar ouvidos ao pedido de nossos adversários, visto que estamos plenamente convencidos de que, na presente passagem, *todo homem* é uma referência aos eleitos de Deus, e somente a eles, em cujo lugar, pela graça de Deus, Cristo provou a morte.

4. Outra passagem é 2Coríntios 5.14,15: "Porque o amor de Cristo nos constrange, visto que assim julgamos: se um morreu por todos, logo, todos estavam mortos. E ele morreu por todos, para que os que vivem não vivam mais para si mesmos, mas para aquele que por eles morreu". Nossos opositores dizem: "Aqui, no versículo 14, há dois pronomes *todos,* e ambos precisam ter a mesma abrangência. Se *todos* estavam mortos, então Cristo morreu por *todos*, ou seja por tantos quantos estavam mortos. Repetindo, ele morreu por todos que devem viver para ele; mas esse é o dever de toda e qualquer pessoa no mundo. Portanto, ele morreu por todas elas. Ademais, o versículo 10 deixa claro que aquele *todos* se refere a todos os indivíduos, onde se afirma que todos devem 'comparecer perante o trono do julgamento de Cristo', do qual ninguém estará isento".

Resposta: 4.1. Neste ponto específico, atribuindo às palavras o sentido atribuído por alguns de nossos adversários, mesmo assim não parece que o argumento do apóstolo, no versículo 14, se refira a dois pronomes *todos* de igual abrangência. Ele não está dizendo que Cristo morreu por todos os que estavam mortos, mas que aqueles pelos quais Cristo morreu estavam mortos. Nenhuma outra evidência pode ser extraída além dessa. Os que Cristo salvou estavam sujeitos ao tipo de morte da qual o apóstolo fala. É a primeira ocorrência do pronome *todos* que determina a abrangência das palavras, não a segunda. O apóstolo afirma que estavam mortos todos aqueles pelos quais Cristo morreu, não que Cristo morreu por todos os que estavam mortos. O que a passagem nos ensina sem sombra de dúvida é isto: "Se ele morreu por todos, então todos estavam mortos", ou seja, *todos* pelos quais ele morreu. Portanto, *todos os que estavam mortos* não justifica a extensão da frase *todos pelos quais Cristo morreu*, mas é apenas regida por esta.

4.2. Negamos que todas e quaisquer pessoas têm obrigação *moral* de viver para Cristo *virtute praecepti*, por exigência da virtude. As únicas pessoas que têm o compromisso e dever de viver para ele são aquelas às quais ele se revelou; são as que vivem por ele e têm uma vida espiritual nele e com ele; todas as demais estão debaixo das obrigações antigas.

É verdade que todos, sem exceção, deverão comparecer perante o trono de julgamento de Cristo — ele recebeu a incumbência de julgar o mundo. Mas não é verdade que o versículo 10 do capítulo 5 esteja se referindo a todas e quaisquer pessoas. O apóstolo está falando de *todos nós, todos os que creem*, em especial dos pregadores do evangelho, e não estão incluídos todos os homens sem exceção. Não obstante qualquer coisa que se afirme, sob hipótese alguma o pronome *todos* inclui indivíduos que não sejam os eleitos de Deus, *todos os que creem*. Com base no texto, posso provar que é somente a estes que o apóstolo se refere. Apresento as seguintes razões:

Primeira, o texto faz uma associação entre a ressurreição de Cristo e sua morte: "... por eles, Cristo morreu e ressuscitou". Ora, Cristo ressuscitou para nossa justificação (Rm 4.25); e somos necessariamente justificados (Rm 8.34). Nossos próprios adversários sempre admitiram que os frutos da ressurreição de Cristo são especificamente para os que creem.

Segunda, o apóstolo está se referindo somente àqueles que, em virtude da morte de Cristo, "vivem para ele" (2Co 5.15); são "novas criaturas" (5.17); são aqueles "a quem o Senhor não culpa por suas transgressões" (v. 19); os que "se tornam justiça de Deus em Cristo" (v. 21); essas descrições refletem apenas os que creem e não todos sem exceção.

Terceira, associado a πάντες, o artigo οἱ obviamente restringe o pronome *todos* a "todos de alguns tipos". Então, estavam eles todos (ou *todos esses*) mortos.

Todos esses; todos quem? Todos os crentes a quem o apóstolo se refere, conforme vimos acima.

Quarta, está provado que todos aqueles de quem o apóstolo está falando morreram, pois Cristo morreu por eles; "Se um morreu por todos, então todos morreram." De qual morte o texto está aqui tratando? Não de uma morte natural, mas espiritual; e das mortes designadas por esse nome, não aquela que está *no pecado*, mas a morte *para o pecado*, pois: Em primeiro lugar, os grandes paladinos da causa arminiana, como Vorstius e Grotius (nesta passagem em particular), convencidos pela evidência da verdade, reconhecem que o texto trata da morte para o pecado, em virtude da morte de Cristo. Esse era o sentido que eles atribuíam à passagem. Em segundo lugar, essa conclusão é algo óbvio no texto; a intenção do apóstolo era provar que aqueles pelos quais Cristo morreu também morreram para o pecado e, portanto, não devem mais viver para o pecado, mas para aquele que por eles morreu. Ele está falando do mesmo assunto que ele aborda mais profundamente em Romanos 6.5-8, onde afirma que estamos "mortos para o pecado" e fomos "plantados junto com ele na semelhança de sua morte". Tanto lá quanto aqui, ele conclama os crentes a uma "novidade de vida". Assim, as palavras "se Cristo morreu por todos, então todos morreram" dizem respeito à morte para o pecado daqueles por quem Cristo morreu, pelo menos daqueles aos quais o apóstolo se refere aqui. Que relação pode haver entre isso e o resgate universal?

A quinta razão é que o apóstolo está falando da aplicação da morte de Cristo. Ele está tratando da sua eficácia para aqueles pelos quais ele morreu, eficácia que os leva a viver para ele. Ninguém afirmou, porém, que Cristo morreu por todos no tocante à aplicação. Se há alguma virtude ou eficácia na sua oblação aplicada com essa finalidade, então todos devem necessariamente viver para ele; aliás, viver com ele para sempre. Em suma, não há nesta passagem menção alguma da morte de Cristo em favor de todos sem exceção, mas sim daqueles que morreram para o pecado e vivem para ele.

5. A quinta passagem bíblica apresentada como prova da redenção universal com base na palavra *todos* é 1Coríntios 15.22: "Porque assim como todos morrem em Adão, todos também serão vivificados em Cristo".

Resposta: Há outra passagem a ser considerada, sobre a qual é colocado todo o peso do argumento geralmente derivado dessas palavras. Não será necessário falar muito sobre isso, nem me voltarei contra a exposição comum do texto. Neste versículo, aqueles acerca dos quais Paulo fala no decorrer do capítulo são designados pelo pronome "todos". Trata-se dos que foram implantados em Cristo, ligados a ele, à semelhança dos membros ligados à cabeça, aqueles que recebem uma gloriosa ressurreição em virtude da ressurreição de Cristo. Assim o apóstolo os retrata. Em todo o capítulo, Paulo discorre sobre a ressurreição dos crentes, conforme evidenciam os argumentos que ele apresenta, argumentos estes que têm sentido apenas se aplicados aos que creem. Sua argumentação deriva da ressurreição de Cristo, da esperança, fé, práticas e recompensas que os cristãos esperam. Todos os seus argumentos neste capítulo têm força insuperável para firmar e confirmar os cristãos na fé advinda da ressurreição. Seria absolutamente ridículo se todos ou qualquer um desses argumentos fossem apresentados às pessoas como prova da ressurreição dos mortos de modo geral. Ademais, a própria palavra ζωοποιηθήσονται denota uma vivificação para uma vida boa, para a glória, uma ressurreição bem-aventurada; ela não diz respeito à vivificação dos que serão ressuscitados para uma segunda morte. Em João 5.21, o Filho ζωοποιεῖν, "vivifica", aqueles que ele quer (não todos). A mesma palavra é empregada por Jesus em João 6.63: "É o Espírito τὸ ζωοποιοῦν, que vivifica"; assim também Romanos 4.17. Em lugar algum, a palavra é usada em referência à ressurreição geral por que todos passarão no último dia. Portanto, *todos* os que serão vivificados por força da ressurreição de Cristo é uma alusão aos que são participantes da natureza de Cristo, os quais, no versículo 23, são identificados como "os que são de Cristo", dos quais Cristo é as primícias (v. 20). Com certeza, ele não é as primícias dos condenados. Aliás, embora seja verdade que todos morreram em Adão, não é isso que está sendo afirmado aqui (o apóstolo está se referindo tão- -somente aos que creem). Mesmo que se fizesse essa concessão na interpretação, ela não serviria de prova para o que se pretende afirmar, em virtude da limitação expressa do sentido na oração subsequente. Enfim, mesmo que concedêssemos tudo o que eles pretendem, a saber, a universalidade da palavra *todos* em ambas as ocorrências, eu ainda não me sentiria capaz de vislumbrar um meio que viabilizasse a crença no resgate geral.

6. Romanos 5.18 é a última passagem citada nessa categoria e a mais enfatizada: "Pois assim como por uma só ofensa veio o julgamento sobre todos os homens para condenação, assim também por um só ato de justiça veio a graça sobre todos os homens para justificação de vida". Seria suficiente fazer a breve afirmação de que *todos os homens,* na segunda ocorrência, pode ser interpretado única e tão somente como aqueles que receberam gratuitamente o dom para

justificação de vida. São eles que recebem "a abundância da graça e o dom da justiça" (v. 17) e "reinam em vida por um, Jesus Cristo", por meio de cuja obediência são "feitos justos" (v. 19). Se há alguma coisa certa e clara na verdade de Deus é esta: nem todos são justificados. Alguns não creem, não são todos os que têm fé, e sobre estes "permanece a ira de Deus" (Jo 3.36); não há dúvida de que sobre eles a graça não reina pela justiça para a vida eterna mediante Jesus Cristo, ao contrário daqueles que recebem o dom gratuito para justificação (Rm 5.17, 18). Nossa resposta poderia se resumir ao que dissemos acima, mas há alguns que, indo contra a clara e evidente intenção do apóstolo, comparam Adão e Cristo quanto à eficácia do pecado de um para a condenação e à eficácia da justiça do outro para a justificação e vida. Eles assim comparam os que são descendentes naturais de um pela propagação e os descendentes espirituais do outro pela regeneração. Eles se empenham para deturpar essa passagem e manter a heresia à qual nos opomos com todo vigor e certeza de êxito. Por isso, cremos ser necessário ponderar sobre o que eles afirmam com esse propósito.

Em Romanos 5.14, Adão é chamado τύπος, "figura daquele que estava por vir". Ele não era um tipo instituído e ordenado somente com esse propósito, mas há uma *semelhança* entre Jesus Cristo e Moisés no que este foi e fez e no que se seguiu a ele. Desse modo, por causa de Moisés e do que ele fez, por força da semelhança, muitas coisas podem ser bem representadas se forem justapostas à obediência de Cristo e à eficácia de sua morte. Eis como o apóstolo trabalha com essa semelhança (além de apontar diversas diferenças, sempre exaltando Cristo acima do tipo representado por Adão): Ele apresenta diversas particularidades para afirmar uma semelhança, mas não igualdade, entre a eficácia de um e de outro. Pois a eficácia e o mérito necessários para salvar uma pessoa são maiores do que para perder dez mil. Um é eficaz no que diz respeito ao demérito, ao pecado, à desobediência, culpa e transgressão para condenar ou trazer a culpa da condenação sobre aqueles por ele representado como pessoa pública. Ele é a cabeça e origem natural de todos eles, encerrados que se encontram na mesma condição em que ele está por instituição divina. E há a eficácia do outro no tocante à justiça, obediência e morte para absolvição, justificação e salvação daqueles dos quais ele é a cabeça espiritual por instituição divina e representante como pessoa pública. Não há o menor indício de que *todos os homens* do final do versículo sejam os mesmos *todos os homens* do início. A comparação deve ser considerada sob o aspecto da intensidade, da perspectiva da eficácia; não deve ser feita extensivamente, referindo-se aos objetos. O "todos" (1Co 15.22) relativos a Adão são chamados "muitos" (Rm 5.15); e os "muitos" (Mt 20.28) referentes a Cristo são chamados "todos" (1Tm 2.6), o que de fato são, pois constituem toda a descendência que lhe foi dada.

Em *The universality of free grace* [A universalidade da livre graça] (cap. 8), Thomas More propõe essa comparação entre Adão e Cristo, feita pelo apóstolo, como um dos pilares da redenção universal. Depois de fazer algumas estranhas mesclas de verdades e heresias como suas premissas (as quais não debateremos aqui para não cair em monotonia), ele afirma que a redenção universal consiste nos seguintes elementos:

Primeiro, "Adão, em seu primeiro pecado e transgressão, teve agiu como pessoa pública, em lugar de toda a humanidade, em virtude da aliança que Deus havia feito com ele; assim, qualquer coisa que ele fizesse com relação a essa aliança colocaria todos na condição de coparticipantes com ele. Da mesma forma, Cristo agiu como pessoa pública em sua obediência e morte, em lugar de toda a humanidade representada por ele, incluindo todas e quaisquer pessoas da descendência de Adão."

Resposta: No que diz respeito a Adão, ratificamos que ele agiu como pessoa pública em relação a todos os seus descendentes por disseminação natural. Cristo também agiu como pessoa pública em lugar de todos os seus e, nesse sentido, foi prefigurado por Adão. Mas dizer que Cristo, em sua obediência, sacrifício e morte, agiu como pessoa pública em lugar de todas e quaisquer pessoas deste mundo, de todas as épocas e lugares, é uma monstruosidade que jamais poderia ser compreendida ou considerada sem causar horror e repulsa. Isso seria o mesmo que afirmar que Cristo assumiu o lugar não somente de seus eleitos e dos que lhe foram dados por Deus, mas também dos réprobos, odiados por Deus desde a eternidade, daqueles que ele nunca conheceu e a respeito dos quais, nos dias de sua carne, ele diz que era grato porque o Pai havia deles ocultado os mistérios da salvação. São aqueles pelos quais ele se recusou a orar; em sua maior parte, já estavam condenados no inferno e, de maneira irrevogável, haviam se colocado fora do alcance da redenção, antes mesmo que ele praticasse qualquer ato de obediência. Penso que aqueles que se empenham para preservar o testemunho do Senhor Jesus dificilmente abraçarão essa doutrina, a saber, que é possível perecer qualquer pessoa em lugar de quem o Filho compareceu diante do Pai com sua obediência perfeita; que qualquer um daqueles pelos quais ele é mediador e advogado, rei, sacerdote e profeta, podem dele ser tirados, arrancados de seus braços, e que sua defesa e reparação feita em favor deles podem ser rejeitadas (pois ele é todas essas coisas para eles, ou seja, pessoa pública, representante, fiador e aquele que por eles se responsabiliza diante do Pai).

Mas consideremos brevemente as razões pelas quais Thomas More mantém essa estranha declaração, as quais, até onde pude reuni-las, são estas:

Primeira, Cristo não assumiu o lugar dos eleitos tão somente, porque Adão não perdeu a eleição; esta não lhe foi confiada. *Segunda,* se ele não assumiu o lugar de todos, então ele não foi tão eficaz quanto Adão, seu tipo. *Terceira,* Hebreus 2.9 afirma que ele restaura todos os homens que se perderam em Adão. *Quarta,* ele se fez carne, sujeitou-se à mortalidade, submeteu-se à lei e carregou os pecados da humanidade. *Quinta,* ele fez todas essas coisas em lugar de toda a humanidade que lhe havia sido dada (Rm 14.9; Fp 2.8-11). *Sexta,* ele é chamado "o último Adão". *Sétima,* ele é uma pessoa pública, que assumiu o lugar de todos desde o "primeiro Adão" (1Co 15.45,47; 1Tm 2.5; Rm 5).

Resposta: Desde que se conhece o nome "cristão", nunca uma conclusão tão desbaratada foi extraída de princípios tão instáveis e sem consistência, nem a Palavra de Deus foi tão corrompida com tamanha audácia para dar sustentação a uma heresia. Alguém poderia dizer que se trata de um desperdício de esforços, mas é muito fácil eliminar tanta palha e restolho. Assim respondo à primeira razão: Embora Adão não tenha perdido a eleição, e os decretos eternos do Todo-Poderoso não representem um compromisso de salvaguardar os filhos dos homens, mesmo assim, todos os eleitos se perderam em Adão; Cristo veio buscar esses eleitos e os encontrou; ele veio por eles como uma pessoa pública. Quanto à segunda razão, em nenhuma passagem Cristo é comparado a Adão no que diz respeito ao *escopo dos objetos* de sua morte, mas somente quanto à *eficácia de sua obediência*. A terceira razão é uma declaração falsa; veja acima nossa análise de Hebreus 2.9. Quanto à quarta razão, na qual se argumenta que ele se fez carne etc., era necessário que ele fizesse todas essas coisas para salvar seus eleitos. Ele se fez de carne e osso porque esta era a condição dos filhos de Deus. Em referência à quinta razão, a Bíblia jamais afirma que os filhos dos homens foram dados a Cristo para que fossem salvos e para que ele os representasse como pessoa pública. Ele mesmo afirma o contrário (Jo 17.6,9). Deste mundo, apenas alguns lhe foram dados, e estes ele salvou; nenhum deles pereceu. As passagens às quais Thomas More apela não apresentam nada parecido com isso. Elas também serão examinadas mais adiante. Quanto a sexta razão, Cristo é chamado o "último Adão" no tocante à eficácia de sua morte para a justificação da descendência que lhe foi prometida e dada, à semelhança do pecado do "primeiro Adão", que foi eficaz para trazer a culpa da condenação da descendência a partir dele disseminada. Isso não prova de maneira alguma que Cristo assumiu o lugar daqueles a quem sua morte nunca foi dada a conhecer nunca se lhes revelou proveitosa. Respondendo à sétima razão apresentada por More, Cristo foi realmente uma pessoa pública, mas não há prova alguma de que ele foi uma pessoa pública em lugar de todos sem exceção, nem pelo que já foi declarado antes, nem pelos textos que vêm a seguir, os quais já foram todos examinados. Isso perfaz a totalidade dos argumentos usados por Thomas More para justificar sua afirmação; é um exemplo das graves inferências que ele faz a partir de premissas frágeis e inválidas. A propósito, não podemos deixar passar em brancas nuvens uma ou duas passagens que ele estranhamente inclui em seu discurso; a primeira é que Cristo, por meio de sua morte, libertou todos os homens da morte na qual haviam caído por causa de Adão. Ora, a morte na qual todos caíram em Adão é a morte no pecado (Ef 2.1-3) e a culpa da condenação que recai sobre esse pecado. Se Cristo libertou dessa morte a todos, sem exceção, então todas e quaisquer pessoas devem ser vivificadas com a vida espiritual, que é tida e obtida somente por Jesus Cristo. O evangelho já declarou, e Deus determinará um dia, se isso é assim ou não e se viver por meio de Cristo é ou não um privilégio restrito aos que creem. Outra estranha afirmação feita por ele é que o propósito da morte de Cristo é se apresentar vivo e justo diante de seu Pai, como se este fosse seu objetivo supremo. O Espírito Santo declara categoricamente que Cristo "amou a igreja e se entregou por ela, para apresentá-la a si mesmo uma igreja gloriosa" (Ef 5.25-27).

Os paralelos seguintes que ele estabelece entre Adão e Cristo não encerram nenhuma prova em si mesmos relativamente ao assunto em pauta, a saber, que Cristo foi uma pessoa pública que, em sua obediência, se colocou no lugar de todas e quaisquer pessoas afetadas pela desobediência de Adão. Afirmo que eles não constituem prova alguma e são meramente uma mescla de algumas verdades e diferentes heresias altamente questionáveis. Darei ao leitor apenas uma breve amostra de algumas delas, o que lhe bastará para julgar as restantes, e não me incomodarei com a transcrição e leitura de tantas futilidades vazias que de forma alguma guardam relação com o assunto em debate.

Primeiro, na segunda parte do paralelo, ele afirma: "Quando Cristo cumpriu cabalmente a sua obediência, ao morrer e ressuscitar, oferecendo-se a si mesmo como sacrifício, e fazendo reparação, em virtude do nome de Deus em Cristo, e em Cristo para com Deus (isto é, aceito por Deus por amor de Cristo), a morte, ressurreição, sacrifício e reparação, e a redenção de todos — foram por todos sem exceção. Nesse ponto ele compara Cristo a Adão no desempenho das responsabilidades por ele assumidas. Ora, mesmo tremendo diante do que o apóstolo afirma em 2Tessalonicenses 2.11,12, é com profundo espanto que admito que alguém neste mundo possa ser tão destituído de bom senso, razão, fé e toda reverência de Deus e dos homens, a ponto de publicar, sustentar e procurar disseminar heresias tão abomináveis, blasfemas, sem sentido e contraditórias, conforme vemos a seguir: A morte de Cristo deve ser aceita e contabilizada diante de Deus como a morte de todos, mas a maior parte desses indivíduos foi toda destinada pessoalmente à morte eterna pelo mesmo Deus justo. Todos, sem exceção, devem ressuscitar em Jesus e com ele, mas a maior parte continua morta em seus pecados e morre eternamente por causa do pecado. A reparação feita por Cristo deve ser aceita em favor de todos os que nunca são nem serão poupados, e nenhum centavo de sua dívida será pago por ela. A expiação deve ser feita por meio do sacrifício em favor dos que jamais deixarão de estar debaixo da ira. Quando Cristo morreu, sofreu, fez reparação e ressuscitou, todos os réprobos como Caim, o faraó, Acabe e os demais, que realmente se encontravam condenados no inferno, sob morte e tormentos, todos eles devem ser considerados por Deus como pessoas que morreram, sofreram, fizeram reparação e ressuscitaram com Cristo.

Qualquer pessoa ficará admirada e pasma diante do fato de que tais contradições destituídas de lógica, heresias horrendas e afirmações abomináveis são simplesmente jogadas em cima dos cristãos, sem que se faça nenhuma alegação com aparência de prova, mas unicamente sob a suposta autoridade daquele que já abraçou coisas como essas. Mas sabemos que os juízos de Deus estão muitas vezes ocultos e totalmente fora do alcance de nossa visão.

Segundo, no terceiro dos paralelos por ele traçados, ele sobe mais um degrau, comparando Cristo com Adão no que diz respeito à eficácia, efeito e fruto de sua obediência. Ele afirma: "Assim como pelo pecado de Adão toda a sua descendência ficou despojada da vida e caiu sob o pecado e a morte, trazendo juízo e condenação sobre todos, ainda que isso aconteça secreta e invisivelmente, e de certa forma sem que seja expresso (não sei o que ele entende por *secreta e invisivelmente*, mas com certeza ele não acha que essas coisas podem ser objetos de nossos sentidos; quanto à frase *sem que seja expresso*, que Romanos 5.12 seja o árbitro que a julgue de um jeito ou de outro, juntamente com outras passagens onde essa e outras coisas são explicadas com mais clareza e abrangência), assim também pela eficácia da obediência de Cristo, todos os homens sem exceção são redimidos, restaurados, feitos justos, livremente justificados pela graça de Cristo, mediante a redenção que há em Jesus Cristo, a 'justiça de Deus pela fé em Jesus Cristo, para todos' (Rm 3.22)". É aqui neste ponto que o impostor corrompe perversamente a Palavra de Deus, à semelhança do Diabo, em Mateus 4, eliminando as palavras seguintes, "sobre todos os que creem", mas tanto a expressão "para todos" quanto "sobre todos" se referem aos que creem. Thomas More segue em frente, afirmando: "Que mais nos resta, a não ser concluir que todos devem ser salvos? O Espírito Santo afirma expressamente: '... aos que [Deus] justificou, também glorificou' (Rm 8.30). "Solvite mortales animas, curisque levate" [levante as almas mortais e eleve-as]". Esse autor nos impõe declarações como essas, sem nenhum indício de prova. Segundo ele, os homens devem ser restaurados, mas continuar perdidos; devem ser feitos justos, mas permanecer odiosamente perversos e integralmente abomináveis; devem ser justificados livremente pela graça de Deus, mas continuar debaixo da sentença condenatória da lei de Deus; e a justiça de Deus pela fé de Jesus Cristo deve se estender a todos os que não creem. Essas declarações são diametralmente opostas ao evangelho de Jesus Cristo, e não apenas isso, mas tão discrepantes e afastadas umas das outras, que o unguento inútil das advertências do Sr. More jamais servirão para curar as feridas que lhes são comuns. Imagino que seria monótono e ofensivo demais continuar revolvendo esse monte de esterco. Deliciem-se com toda essa palha aqueles que se deixam levar pelas heresias e falsidades resultantes da corrupção das Escrituras e pela rejeição da razão e do bom senso, já que não conseguem abraçar a verdade por amor às Escrituras. Já deixamos óbvia a fraqueza dos argumentos empregados para sustentar que Cristo, em sua obediência até a morte, foi uma pessoa pública em lugar de todos sem exceção. Com a permissão do leitor, irei agora transgredir brevemente as regras do debate e, assumindo a parte contrária dos argumentos, apresentar algumas razões e testemunhos para provar que nosso Salvador Jesus Cristo, em sua obediência até a morte, na *redenção* que ele operou, na *reparação* que ele fez e no *sacrifício* ofereceu, não foi uma pessoa pública que representou *todas e quaisquer pessoas*, eleitos e réprobos, crentes e infiéis ou incrédulos, conforme vemos abaixo:

Primeiro, *a semente da mulher* não seria uma pessoa pública no lugar da *semente da serpente*. Jesus Cristo é a semente da mulher κατ' ἐξοχήν; todos os réprobos, conforme já provamos, são a semente da serpente. Portanto, Jesus Cristo não foi, em sua oblação e sofrimento, quando esmagou a cabeça do pai da semente, uma pessoa pública em favor deles.

Segundo, como pessoa pública, Cristo representa somente aqueles em favor dos quais foi separado para esse ofício de *representante;* segundo seu próprio testemunho, que temos em João 17.19, ele se santificou ou se separou para uma obra pela qual seria uma pessoa pública em favor somente dos que lhe foram dados do mundo, e não de todos sem exceção; portanto, ele não foi uma pessoa pública que assumiu o lugar de todos.

Terceiro, como pessoa pública, Cristo foi "fiador" (Hb 7.22); mas ele não foi fiador de todos, pois: nem todos foram incluídos na aliança na qual ele era fiador, aliança esta cujas condições se aplicam a todos os pactuantes, conforme já afirmamos; além disso, nenhum indivíduo pode perecer se Cristo for seu fiador, a não ser que Cristo não tenha capacidade de pagar a dívida; portanto, ele não era uma pessoa pública em lugar de todos sem exceção.

Quarto, ele sofreu por aqueles para os quais era uma pessoa pública, assumindo o lugar que lhes era destinado, e fez reparação por eles (Is 53.5,6); mas Cristo não sofreu nem fez reparação no lugar de todos, pois alguns sofrerão necessariamente por si mesmos, o que deixa claro que ele não sofreu por essas pessoas (Rm 8.33,34); ademais, a justiça de Deus exige deles reparação e que paguem até o último centavo.

Quinto, como pessoa pública, Jesus Cristo não fez nada em vão no tocante aos que ele representou, mas suas ações como pessoa pública foram vãs e infrutíferas para grande parte dos filhos dos homens, incapazes que são de se beneficiar de qualquer coisa que Cristo tenha feito. Com relação a esses indivíduos, isto é, todos os que realmente estavam condenados, termos como redenção, reconciliação, reparação e outros afins não se aplicam de forma alguma.

Sexto, se Deus se agradou de seu Filho naquilo que ele, como pessoa pública, fez em representação dos outros (como de fato se agradou, Ef 5.2), então ele também se agradou daqueles representados por Cristo, seja de modo absoluto, seja condicionalmente. Mas Deus não podia se agradar de muitos filhos dos homens, nem absoluta nem condicionalmente, como no caso de Caim, do faraó, de Saul, Acabe e outros, antes mortos e condenados. Portanto, Cristo não representou a todos na condição de pessoa pública. Sétimo, veja outros testemunhos consultando as seguintes passagens: João 10.15; 11.51; 17.9; Mateus 1.21; 20.28; 26.26-28; Marcos 10.45; Hebreus 2.17; 6.20; 13.20; Isaías 53.12; Atos 20.28; Efésios 5.2, 23-25; Romanos 8.33,34.

5

Resposta ao último argumento extraído das Escrituras

III. Chego agora ao terceiro e último argumento extraído das Escrituras, com o qual os arminianos e seus sucessores (até agora) lutam para sustentar a quimera da redenção universal. Ele é derivado dos textos bíblicos que parecem se referir à perdição de alguns pelos quais Cristo morreu e à natureza infrutífera de seu sangue no que diz respeito a muitos pelos quais foi derramado. Eles são extremamente prolíficos em suas interpretações desse tema, sempre plenos de esforços retóricos para declarar que, em relação à maioria dos indivíduos pelos quais foi derramado, o sangue de Cristo não obteve sucesso nem produziu frutos, levando à perdição pecadores comprados, purificados e reconciliados. Quem poderia acreditar que essa convicção se dedica ao consolo de pobres almas? Toda a força do argumento reside na desvalorização do precioso sangue do Cordeiro, em tripudiá-lo e estimá-lo como algo comum. Mas peço ao leitor amigo que me permita dizer que tenho certeza de que esse sangue não teve tão pouco valor assim aos olhos do Pai, a ponto de ser derramado em vão, mesmo que por uma só alma. Assim, cumpre-nos defendê-lo, e isso só nos traz alegria, pois que nos voltamos claramente à honra de nosso bem-aventurado Salvador. Vejamos, pois, o que dizem os cristãos (no máximo, cristãos nominais) que procuram enfraquecer a eficácia do derramamento do sangue e da morte de Cristo, justamente daquele por cujo nome eles desejam ser chamados e reconhecidos. Eis o que por eles é argumentado:

"Se Cristo morreu pelos réprobos e por aqueles que perecem, então ele morreu por todos sem exceção, pois, conforme se admite, ele morreu pelos eleitos e pelos que são salvos; mas ele morreu pelos réprobos e pelos que perecem; portanto" etc.

Resposta: Quanto à *premissa*, ou segunda proposição desse argumento, faremos o que pensamos ser apropriado a todos os eleitos de Deus, ou seja, negá-la de forma peremptória (considerando a morte de Cristo, que aqui se afirma ter sido em favor deles, não da perspectiva do valor e da suficiência que lhe são inerentes, mas segundo o propósito do Pai e do Filho no que diz respeito àqueles pelos quais ele morreu). Logo, negamos que, obedecendo à ordem do Pai e no que tange à reparação dos pecados feita por ele, Cristo entregou sua vida pelos réprobos e pelos que perecem.

É isso que eles tentam provar com base em Romanos 14.15; 1Coríntios 8.11; 2Pedro 2.1; e Hebreus 10.29. Seguindo a ordem em que são apresentadas, demonstraremos que nenhuma dessas coisas pode ser provada com base nas passagens às quais recorrem.

1. A primeira é Romanos 14.15: "Mas se teu irmão se entristece com a carne [que comes], já não andas segundo o amor. Não destruas com tua carne aquele por quem Cristo morreu".

Resposta: Se não conhecêssemos a destreza mental com que nossos adversários criam aparatos argumentativos para suas causas, ficaríamos atônitos com a conclusão que eles extraem dessa passagem. Eu lhes pergunto encarecidamente: que coerência ou associação pode ser aqui vislumbrada? "O apóstolo exorta cristãos sadios e firmes na fé a que façam uso moderado da liberdade cristã, para que não entristeçam o espírito dos mais fracos, que também eram crentes (professavam a mesma fé, chamados 'santos, eleitos, redimidos', que também andavam em amor), e assim não os fizessem tropeçar e cair da fé no evangelho. Portanto, Jesus Cristo morreu por todos os réprobos, até por aqueles que nunca ouviram uma simples palavra ou sílaba da doutrina do evangelho." Uma pessoa precisaria de olhos de lince para enxergar esse tipo de inferência com base na exortação do apóstolo. Mas eles dirão: "Por acaso não se afirma que aqueles por quem Cristo morreu podem perecer?". *Resposta*: Essa passagem não menciona nem deixa subentendido absolutamente nada desse tipo; apenas outros crentes são exortados a não fazer o que pode ir diretamente contra o outro e destruí-lo, levando-o a se entristecer por causa de um comportamento não condizente com o amor. "Mas por que o apóstolo exortaria alguém a não fazer o que de forma alguma poderia acontecer, se aquele, por quem Cristo morreu, não pode perecer?" *Resposta*: Embora aquele não possa perecer no que diz respeito ao evento, o outro pode pecar, dando ocasião à destruição ou perecimento como causa efetiva. Por acaso um indivíduo não pode ser exortado a não tentar fazer algo que, mesmo que ele procurasse fazer, não conseguiria levar a efeito? O soldado que furou com uma lança o lado de nosso Redentor já morto não foi a causa de nenhum dos seus ossos ter sido quebrado. Ademais, estariam condenados todos e quaisquer indivíduos que alguém tentasse destruir por meio de um comportamento incoerente com o amor?

Tais argumentos são puramente fantasiosos. Não obstante, não negamos que muitos podem perecer, e perecer de forma absoluta, caso, em nossos tratos e conversas com eles, sejamos levados a considerá-los redimidos por Cristo. Até aqueles que se acham redimidos devem ser estimados como "santos e irmãos", conforme a linguagem que as Escrituras usam com relação aos que professam o evangelho. Uma coisa é certa: nenhum texto faz menção desses indivíduos como comprados ou redimidos por nosso Salvador, mas, sim, daqueles qualificados para serem membros da igreja visível. Isso está infinitamente longe de significar todas e quaisquer pessoas.

2. Examinemos a segunda passagem, 1Coríntios 8.11: "E pelo teu conhecimento perecerá teu irmão fraco por quem Cristo morreu". Essas palavras parecem um pouco mais impressionantes, mas, na realidade, não possuem poder de persuasão maior que a anterior. O texto fala do *perecimento de alguém por quem Cristo morreu*. Não consigo entender que, nesta passagem, *perecer* deve significar destruição ou condenação eternas. O que o apóstolo deixa subentendido como causa desse perecer é a prática de comer alimentos oferecidos a um ídolo com a consciência culpada, como se o ídolo fosse algo, e justificar esse ato com o exemplo de outros que fingem saber que o ídolo não é nada. Assim, o irmão fraco come livremente das coisas oferecidas ao ídolo. Ninguém pode duvidar de que essa prática, por sua própria natureza, era um pecado condenável. Assim acontece com todo pecado; nós perecemos, somos destruídos, todas as vezes que pecamos por causa de qualquer coisa que está em nós. O mesmo acontecia com aquele que comia coisas oferecidas aos ídolos. Mas negamos que Deus sempre se vingue do pecado condenando aquele que o pratica; ele, no entanto, se revelou no sangue de Jesus Cristo. Não se pode provar que tal pessoa de fato perece eternamente e de forma merecida. Outrossim, aquele de quem se diz que perece é chamado *irmão*, ou seja, é alguém que crê; somos irmãos apenas pela fé por meio da qual temos um só Pai. Ele não somente é um *irmão*, mas Cristo, diz o texto, *morreu por ele*. É fácil provar que um verdadeiro crente não pode perecer para sempre. Portanto, fica claro que aquele que perece jamais creu: "Eles saíram de nós, porque não eram de nós". Qualquer um que perece jamais foi um crente verdadeiro. Como, então, ele pode ser chamado de *irmão?* Porque ele assim professa, e assim o consideramos; desse modo devemos considerar todos eles. Como o texto diz que ele é um irmão, também diz que Cristo morreu por ele, conforme o juízo que as Escrituras nos permitem fazer dos homens. Não podemos considerar um

homem nosso irmão e achar que Cristo não morreu por ele; não somos irmãos de réprobos. Cristo morreu por todos os que creem (Jo 17). Assim, consideramos crentes todos os que se portam segundo a profissão de fé evangélica e não manifestam nada contrário a ela. Mesmo assim, não negamos que muitos dentre estes podem perecer. Além disso, "de modo que perecerá" é uma referência ao pecado daquele que comete a ofensa; pois nada que reside no irmão fraco faz com que ele se perca irremediavelmente. O argumento de nossos adversários é assim construído: "O apóstolo diz aos que estão se comportando de maneira ofensiva que, por causa do abuso de liberdade por eles praticado, outros os seguirão, e suas consciências serão feridas, levando à perdição aqueles que são irmãos, assim reconhecidos por vocês, irmãos por quem Cristo morreu; portanto, Cristo morreu por todos os réprobos deste mundo. 'Seria justo e correto', diz o apóstolo, 'praticar essas coisas, colocando pedras de tropeço no caminho do irmão fraco, pedras nas quais ele poderá tropeçar e cair?'; portanto, Cristo morreu por todos sem exceção". Não negamos que alguns possam perecer por toda a eternidade, referindo-nos aqui aos que, aparentemente, foram beneficiados pela morte de Cristo, pois são pessoas com as quais vivemos e conversamos dentro das normas do evangelho.

3. A próxima passagem à qual costumam apelar com muita frequência é 2Pedro 2.1: "Entre vós haverá também falsos doutores, que negarão o Senhor que os comprou, trazendo sobre si mesmos repentina perdição". Como suposta prova da teoria com que estamos lidando, todos os elementos dessa passagem são profundamente obscuros, incertos e questionáveis. É altamente *incerto* que a palavra Senhor seja uma referência a Cristo, o Senhor; o texto original traz a palavra Δεσπότης, raramente ou nunca atribuída a ele. É *incerto* que a alegação de que esses falsos mestres foram comprados ou resgatados tem algo que ver com a redenção eterna pelo sangue de Cristo ou com a libertação da dissolução mundana na idolatria ou coisas afins, pela bondade de Deus ou pelo conhecimento da verdade, conforme afirmação expressa na parte final da passagem (v. 20). É *incerto* se o apóstolo se refere a essa compra segundo a realidade do evento, ou segundo a perspectiva dos próprios falsos mestres, ou de acordo com a profissão de fé que faziam.

No entanto, temos *certeza* quanto aos seguintes pontos: primeiro, nenhum fruto espiritual da redenção é associado a esses falsos mestres, mas somente dons comuns de iluminação e conhecimento, que Cristo adquiriu para muitos pelos quais sua alma não foi dada como resgate. Em segundo lugar, de acordo com nossos adversários, a redenção de uma pessoa pelo sangue de Cristo não pode ser um agravante distintivo de seus pecados, pois eles afirmam que Cristo morreu por todos; mas o fato de esses falsos mestres terem sido comprados é exposto como um agravante específico de seus pecados.

Farei apenas um breve exame das *incertezas* acima, com base nas quais nossos adversários inferem a redenção universal (inferência que não pode ser feita, a não ser que se cometa uma violência hermenêutica, caso eles estivessem certos com relação ao sentido pretendido). Em seguida, ponderarei um pouco sobre o sentido correto da passagem.

Quanto ao primeiro ponto, é altamente *incerto* que Cristo, como mediador, seja o sentido pretendido com o uso da palavra *Senhor*. Nada há no texto que nos obrigue a pensar que este seja o sentido, pois o que fica evidente é justamente o contrário; em primeiro lugar, nos versículos seguintes, somente Deus, na condição de Deus, é mencionado em seus procedimentos com os falsos mestres, e não há uma só palavra sobre Cristo. Quanto ao *segundo* ponto, o título Δεσπότης, dominador e soberano ("Herus" em latim), não costuma ser usado no Novo Testamento como referência a nosso Salvador; o título que lhe é atribuído em todas as passagens é Κύριος, e não há nenhuma ocorrência em que ele seja inequivocamente chamado Δεσπότης, palavra esta aplicada em diversos textos unicamente ao Pai (Lc 2.29; At 4.24; e vários outros). Além disso, se esse título é supostamente atribuído ao Salvador em uma ocorrência, somos obrigados a concluir que esta seja 2Pedro 2.1? Não. Por acaso, seria esse o título adequado ao Salvador na esfera da obra de redenção? Δεσπότης é uma palavra usada no sentido de Senhor ou Dominador, mas sempre no campo semântico de servidão e sujeição; a finalidade do resgate que Cristo faz de qualquer pessoa por meio de seu sangue é sempre expressa pelas Escrituras em termos mais afetuosos. Portanto, é altamente incerto que, nesta passagem, Cristo deva ser associado à palavra *Senhor*.

Mas, em segundo lugar, supondo que a referência aqui seja a Cristo, é absolutamente discutível que o resgate dos falsos mestres tenha sido feito com seu sangue. Primeiro, o apóstolo faz uma comparação com os tempos veterotestamentários e com os falsos profetas que se misturavam ao povo de então. Ele fundamenta sua declaração com vários exemplos extraídos do Antigo Testamento e os apresenta em todo o capítulo seguinte. Continuando, o termo ἀγοράζω, aqui empregado, refere-se principalmente à compra de uma coisa; metaforicamente, pode se referir à redenção de pessoas. A palavra equivalente no Antigo Testamento é פָּדָה e significa qualquer tipo de libertação, conforme vemos em

Deuteronômio 7.8; 15.15; Jeremias 15.21 e em várias outras passagens. Portanto, o texto deixa subentendido somente uma libertação desse tipo. Segundo, aqui não se faz menção alguma do sangue, preço, da morte ou oblação de Jesus Cristo, à semelhança do que é comum acontecer em outras passagens que tratam da redenção propriamente dita. Quando se usa a palavra ἀγοράζω em referência específica à redenção, acrescenta-se alguma expressão ("comprados por um preço" — 1Co 6.20; "por teu sangue" — Ap 5.9) para estabelecer distinção entre a redenção e uma libertação comum de alguma dificuldade. Terceiro, em 2.20, o apóstolo expõe amplamente o tipo de libertação que eles haviam recebido e como isso aconteceu, afirmando que ela consistia em escapar "das corrupções do mundo" tais como idolatria, falsa adoração e coisas afins "pelo conhecimento do Senhor e Salvador Jesus Cristo". Ele afirma com todas as letras que eles foram comprados no sentido de serem separados do mundo e de desfrutarem do conhecimento da verdade. Mas ele não diz uma só palavra que insinue que tenham sido lavados no sangue do Cordeiro. É inquestionável a falta de qualquer menção desses falsos mestres na condição de redimidos ou comprados. O que está presente é só a declaração de que foram libertados da cegueira do judaísmo ou paganismo pelas dispensações de Deus para com eles e pelo conhecimento do evangelho; por meio dessa libertação, o Senhor, exercendo plena soberania sobre eles, comprou-os para serem seus servos. Assim, nossos adversários, com base nesta passagem, formulam o seguinte argumento: "Deus, o Senhor, transmitindo o conhecimento do evangelho e atuando sobre esses mestres para que reconhecessem e professassem esse evangelho, e a ele se sujeitassem, separou e libertou do mundo vários "santos" que tinham somente a aparência de santos, mas de fato eram lobos e hipócritas há muito destinados à condenação; portanto, Jesus Cristo derramou seu sangue para a redenção e salvação de todos os réprobos e condenados do mundo inteiro". Quem não admiraria tamanho malabarismo hermenêutico de nossos adversários?

Em terceiro lugar, também temos *certeza* de que o apóstolo não estava falando do resgate de lobos e hipócritas no que diz respeito à realidade desse resgate, mas sim da percepção que os outros tinham desses falsos mestres, algo compreensível em razão da suposta confissão que eles faziam do evangelho e do que professavam sobre si mesmos como indivíduos resgatados por aquele que eles pretensamente pregavam aos outros. As Escrituras dizem sobre Acaz: "Os deuses de Damasco o feriram", por causa do que ele mesmo imaginava e havia professado (2Cr 28.23). O último versículo também torna provável que as Escrituras, em seu curso natural, atribuem todas essas qualidades (*santos, eleitos, redimidos* etc.) a todos os que fazem parte da comunhão da igreja, qualidades estas compatíveis somente com seus verdadeiros membros espirituais. Ora, na verdade, pelo fato de eles professarem ter sido comprados por Cristo, o apóstolo poderia de maneira justa, e segundo a opinião de nossos adversários, pressionar esses falsos mestres, mediante o agravamento de seus pecados. Quanto à alegação de terem sido comprados, ela poderia ser feita tanto em relação a eles quanto a pagãos e incrédulos que nunca ouviram do nome do Senhor Jesus.

Muito bem. Dito tudo isso, se nossos adversários ainda forem capazes de provar a redenção universal com base em 2Pedro 2.1, eles poderão estar seguros de que terão bom êxito em qualquer outra coisa que se dispuserem a fazer, por mais absurda, ingênua e insensata que seja. Antes, porém, é imperioso que eles completem uma tarefa escolhida a dedo para eles, ou seja, provar os seguintes pontos: Primeiro, a palavra *Senhor* se refere a Cristo como mediador. Segundo, o verbo *comprou* ou *resgatou* diz respeito à redenção espiritual viabilizada pelo sangue do Cordeiro. Terceiro, os *falsos mestres haviam sido real e efetivamente redimidos*, e essa condição não era simplesmente uma impressão da igreja. Quarto, os que são redimidos, a exemplo dos falsos mestres, podem perecer, contrariando afirmação categórica das Escrituras (Ap 14.4). Quinto, enunciar a suposta força desta inferência: "Na igreja, há alguns que reconheceram que Cristo os comprou [ou resgatou], mas caíram e blasfemaram contra ele, perecendo assim por toda a eternidade; *portanto, Cristo comprou e redimiu todos os que um dia pereceram ou perecerão*". Sexto, como algo comum a todos pode se tornar um agravante específico do pecado de um indivíduo, muito mais do que dos pecados dos outros.

4. O último texto ao qual nossos adversários apelam para apoiar sua tese é Hebreus 10.29: "De quanto pior castigo, supondes vós, será merecedor aquele que pisou sobre o Filho de Deus e considerou profano o sangue da aliança, com o qual foi santificado, e ultrajou o Espírito da graça?". A isso eles respondem: "Nada se pode afirmar com respeito a esses apóstatas, isto é, 'que eles pisaram sobre o Filho de Deus' etc., mas somente que o sangue de Cristo, de uma forma ou de outra, foi derramado por eles".

Resposta: A intenção do apóstolo nesta passagem coincide com o objetivo e escopo gerais de toda a epístola, isto é, exortar os judeus que agora professavam a doutrina do evangelho e convencê-los a perseverar na fé evangélica. À semelhança do que faz em outras passagens, ele lança mão de vários argumentos; a maior parte deles é derivada de uma comparação estabelecida entre o evangelho em sua dispensação e a lei, sob cuja sombra eles viviam aprisionados antes de professar a fé cristã. Assim, aqui também, ele insiste em um forte argumento com o mesmo propósito "ab incommodo, seu effectu pernicioso", ou seja, com base nos efeitos e consequências perigosas e nefastas do pecado de voltar à velha vida e da renúncia espontânea da verdade conhecida e professada, por quaisquer motivos e influências. O apóstolo lhes assegura ser isso um total abandono das esperanças e dos meios de recuperação, restando-lhes apenas o horror da consciência na expectativa do juízo vindouro (Hb 10.26,27). Conforme faz em toda a epístola, ele confirma tudo isso com base em alguma *coisa, maneira* ou *costume* que lhes eram conhecidos e familiares na dispensação da aliança debaixo da qual tinham vivido, ou seja, o judaísmo. Assim, ele chega à sua conclusão, comparando o menos grave com o mais grave e baseando seu exemplo na punição estipulada pelo próprio Deus contra aqueles que transgrediam a lei de Moisés da mesma forma pela qual os apóstatas pecavam contra o evangelho, ou seja, com a "mão levantada" ou "com atitude desafiadora". Essa pessoa deveria ser morta sem misericórdia (Nm 15.30,31). Em seguida, depois de apresentar com fartura as provas de que o evangelho e a manifestação de sua graça são preferíveis e superiores às antigas cerimônias da lei, ele conclui e diz que, certamente, um castigo muito mais severo (severidade que ele deixa para os próprios leitores deduzirem) aguarda aqueles que, por decisão própria, se desviam do sagrado evangelho e desprezam a declaração da graça que ele contém e revela. Pintando um retrato ainda mais amplo da situação, ele apresenta a natureza e a qualidade desse pecado no qual espontaneamente caem alguns que confessam ser redimidos e libertados pelo sangue de Cristo. Diz o apóstolo: "Esse pecado, no mínimo, equivale a pisar o Filho de Deus e desprezá-lo; é encarar o sangue da aliança, pelo qual a pessoa foi separada e santificada na confissão do evangelho, como sangue de um homem comum e, assim, ultrajar o Espírito da graça". Uma vez que isso representa o sentido da passagem e o objetivo do apóstolo, podemos observar vários elementos que defenderão o significado do texto contra a violência perpetrada por nossos adversários, tais como:

Primeiro, a passagem diz respeito apenas àqueles que professavam a fé do evangelho, haviam sido separados do mundo, levados à comunhão da igreja, confessavam ter sido santificados pelo sangue de Cristo, recebido e tomado posse de Jesus Cristo como Filho de Deus e aprovisionados com os dons do Espírito Santo, conforme Hebreus 6.4,5. Ora, não há dúvida de que essas coisas são distintivas somente de alguns, na verdade bem poucos, em comparação com a totalidade dos filhos dos homens. Portanto, o que o apóstolo afirma a respeito de alguns não pode ser estendido e aplicado a todos sem exceção. Portanto, se qualquer pessoa pode ser excluída, a teoria da redenção universal cai por terra. Nada pode ser concluído com respeito a todos os homens com base na condição de alguns poucos que têm qualificações não compartilhadas pela totalidade.

Segundo, o apóstolo não declara algo que havia ocorrido, nem que poderia ocorrer, mas apenas agrega uma ameaça de punição baseada na hipótese de que isso ocorresse. Apontando para a desgraça que necessariamente decorreria de tal situação, ele tem como finalidade dissuadir os crentes, em vez de dar a entender que se tratava de uma possibilidade real. Em Atos 27.31, Paulo diz aos soldados que, se os marinheiros fugissem com o bote salva-vidas, eles [os soldados] não conseguiriam se salvar, mas ele não queria dizer que eles necessariamente se afogariam se isso acontecesse, pois Deus lhe havia declarado o contrário na noite anterior, e ele lhes transmitiu essa mensagem. Paulo queria apenas exortá-los para evitar algo que possivelmente os destruiria. Tampouco conseguirão os remonstrantes, com toda sua retórica, nos convencer de que é inútil advertir as pessoas sobre o mal e que não adianta lhes dizer que atentem para os meios, e para o relacionamento entre esses meios, pelos quais esse mal pode naturalmente atingi-las. No entanto, no que diz respeito aos propósitos de Deus, o evento em si está fora de cogitação e jamais se concretizará. A ameaça de julgamento derivado da apostasia é o meio indicado para preservar os santos de tal pecado; mas a apostasia é uma possibilidade que jamais terá condições de seduzir os eleitos. Nesta passagem, Paulo apenas levanta uma hipótese, conforme fica nítido no versículo 26, onde ele introduz o argumento e o motivo para perseverar: "Porque, *se* pecarmos voluntariamente". Em momento algum, ele afirma ser essa uma possibilidade para *os que creem;* mas ele mostra quais seriam as consequências. Quanto à possibilidade de os soldados do navio perecerem, Paulo não lhes diz nada, mas lhes informa do que haveria de acontecer se não fossem tomadas as medidas preventivas. Se, conforme é bem provável, essa é a intenção do apóstolo ao empregar a primeira pessoa do plural (se [*nós*] pecarmos voluntariamente), então absolutamente nada pode ser provado em favor da universalidade da redenção ou da apostasia dos santos; pois essa passagem é geralmente apresentada em defesa dessas duas teorias; mas "suppositio nil ponit esse" (suposições não criam realidades).

Terceiro, é inegável que as pessoas às quais ele se refere professavam tudo o que é mencionado: Jesus Cristo é o Filho de Deus, e elas foram santificadas pelo sangue da aliança e iluminadas pelo Espírito da graça. Aliás, Hebreus 6.4,5 é uma passagem paralela que deixa patente que elas haviam sido iluminadas com muitos dons, além do ato inicial de batismo seguido pela pública profissão e manifestação de todas essas coisas. O abandono de todas essas coisas, que, aliás, eles passavam a vituperar, era um comportamento próprio dos apóstatas, que amaldiçoavam o nome de Cristo. Tratava-se de um pecado tão profundamente abominável, com tantos agravantes, que essa acentuada ameaça de punição a ele apensada se justifica plenamente, embora os apóstatas jamais tivessem demonstrado algum interesse prático no sangue de Jesus.

Quarto, os crentes, incluindo os apóstolos, tinham alta estima por todos os batizados, pelos recém-convertidos enxertados na igreja, e os consideravam pessoas santificadas; por isso, ao falar dos desertores da fé, Paulo só podia se referir a eles mencionando a reputação que tinham na comunidade, que os considerava irmãos na fé. Fossem eles verdadeiros crentes ou não, mas apenas por um período, esse argumento contra a apostasia é proposto em consonância com o relato normalmente feito pelo Espírito Santo e não havia outra forma de retratá-los.

Quinto, se o texto for interpretado de modo propositivo e em concordância com a verdade do próprio conceito exposto em duas partes, a saber, que aqueles a quem o apóstolo se refere eram verdadeiramente santificados e que essas mesmas pessoas poderiam perecer, então há duas coisas que disso decorrem de forma inevitável: Primeira, fé e santificação não são frutos da eleição. Segunda, os crentes podem definitivamente desertar da fé em Cristo. Ainda não vi os novos universalistas defenderem ambas as proposições juntas, mas as duas são endossadas pelos antigos arminianos.

Sexto, não há nada no texto com força suficiente para nos convencer de que as pessoas aqui aludidas são verdadeiros crentes justificados e regenerados, muito menos que Cristo morreu por elas; essas coisas vêm a lume somente por causa da falsa importância que lhes era atribuída. Há apenas uma expressão que, aparentemente, tem algum fôlego, a saber, que "elas foram santificadas pelo sangue da aliança". Diante disso, precisamos levar em consideração apenas os seguintes pontos: Primeiro, os apóstolos adotavam uma forma para se dirigir às igrejas, designando a todos como "santos", atribuindo a todos uma qualidade que pertencia somente a alguns. Segundo, esses indivíduos eram batizados (ordenança que, entre os antigos, era às vezes chamada φωτισμός, "iluminação"; e, às vezes, ἁγιασμός, "santificação") por um ato solene de aspersão do símbolo do sangue de Cristo. Eles eram, de uma perspectiva exterior, santificados, separados e considerados santos e crentes. Terceiro, nas Escrituras, há várias acepções da palavra ἁγιάζω, "santificar" (aqui empregada), e a mais frequente é consagrar e separar para uso sagrado, de acordo com a Septuaginta em 2Crônicas 29.33 e Levítico 16.4.[1] Quarto, nesta epístola, Paulo emprega muitas palavras e frases no contexto do Templo, fazendo alusão às antigas observâncias da lei, relacionando-as com elementos e práticas da igreja cristã. Quinto, essa suposta santidade que era professada costumava ser assim designada e avaliada, mas trata-se apenas de uma suposição que se fazia em relação às pessoas das quais se dizia serem santificadas. O que fica muito claro nesta passagem é que seu objetivo não é absolutamente insinuar a santificação verdadeira, real, interna e eficaz, própria dos eleitos de Deus, mas somente uma separação externa (reputada e avaliada como santidade verdadeira) dos caminhos deste mundo e dos costumes da antiga sinagoga para a fruição da ordenança de Cristo que representava o sangue da aliança. Portanto, essa ameaça de punição está sendo feita a todos os que, exteriormente, pareciam santificados; aos que eram de fato santificados, ela anunciava o vínculo entre a apostasia e a condenação, advertindo-os a evitá-la, à semelhança de José, que foi avisado para fugir para o Egito, de modo que Herodes não matasse Jesus; mas isso, da perspectiva do propósito de Deus, não aconteceria. Para os que eram santos apenas exteriormente, essa ameaça mostrava como o pecado é execrável, e os que nele caíssem (uma possibilidade muito real) seriam inevitavelmente destruídos.

Assim, espero ter dado ao leitor, com a ajuda do Senhor, uma clara solução para todos os argumentos que até hoje os arminianos tentaram basear nas Escrituras para defender sua causa. Alguns outros sofismas serão rapidamente eliminados. Temos visto uma proliferação de argumentos nessa área, alguns dos quais, pelo menos na forma em que são apresentados, parecem novos e podem trazer certas dificuldades para os menos preparados. Por isso, na próxima seção eliminarei todas as objeções feitas por Thomas More em seu livro *The universality of free grace* [A universalidade da livre graça], onde, na sexta parte do capítulo seis, ele reúne essas objeções à nossa tese principal de que Cristo morreu somente pelos eleitos, dando a elas o nome de *razões*.

---

[1] Nessas passagens, a LXX traz ἡγιασμένοι μόσχοι, e χιτῶνα ἡγιασμένον. (N. do E.)

6

Resposta ao vigésimo capítulo do livro *A universalidade da livre graça de Deus*, composto por todos os argumentos empregados pelo autor em sua obra para provar a universalidade da redenção

O *título* é uma pretensa satisfação para os que desejam satisfazer a razão; concordo que se trata de um grande empreendimento, mas, quanto à sua execução, aí é que está o problema ("hic labor, hoc opus"). Eu ficaria profundamente admirado se a razão cristã, corretamente lastreada pela Palavra de Deus, pudesse se satisfazer com a doutrina da redenção universal, doutrina *tão discrepante* da Palavra, tão cheia de contradições em si mesma e em relação a seus próprios princípios. Portanto, estou convencido de que o autor dos argumentos a seguir (os quais, para que o leitor não os confunda com outros, ele chama de *razões*) não logrará êxito em seu intento com relação a todos os que revelam o mínimo de razão, a ponto de saber usá-la, e o mínimo da graça, a ponto de não amarem as trevas mais do que a luz. Suponho que a única explicação que posso conceber para o fato de ele chamar de muitas *razões* essa coletânea de argumentos e textos das Escrituras, por ele já antes citados e apresentados, é que, nesta parte de sua obra, ele lhes deu uma forma lógica e argumentativa. Deles farei aqui uma rápida análise; a propósito, observe-se sua habilidade na estruturação regular dos argumentos aqui por ele evidentemente pretendida. Esta é sua primeira razão:

I. "O que as Escrituras afirmam com frequência e clareza, usando palavras evidentes, é verdadeiro e digno de fé, sem a menor sombra de dúvida (Pv 22.20,21; Is 8.20; 2Pe 1.19,20)."

"As Escrituras afirmam com frequência e clareza que Jesus Cristo se entregou como resgate e, pela graça de Deus, provou a morte por todos os homens, conforme já demonstrado (caps. 7 a 13)."

"Portanto, esta é certamente uma verdade digna de fé (Jo 20.31; At 26.27)."

Primeiro, a proposição desse argumento é clara, evidente e reconhecida por todos os que professam o nome de Cristo. Mas cabem aqui uma ressalva e precaução: quando se diz que todas as coisas nas quais devemos crer são *afirmadas pelas Escrituras com palavras evidentes*, estamos nos referindo ao *sentido* evidente dessas palavras, sentido este esclarecido quando pautado pelas regras de interpretação. Deve-se crer no significado, não somente nas palavras, pois estas são meros signos daquele. Portanto, nosso objetivo deve ser alcançar *o significado e o sentido evidentes*. É isso que queremos dizer quando falamos em crer nas palavras evidentes das Escrituras. No entanto, se *palavras evidentes* for uma referência à importância da literalidade das palavras, as quais eventualmente podem ser *figurativas* ou, no mínimo, comportar diversas acepções passíveis de ampliação ou restrição no ato hermenêutico, então essa afirmação não poderia ser mais falsa. Como evitar a insensatez blasfema dos antropomorfistas, atribuindo a Deus um corpo e uma forma humana, pelo fato de as *palavras evidentes das Escrituras* costumarem mencionar seus olhos, mãos, ouvidos etc.? Até uma criança consegue perceber que a verdadeira importância dessas expressões de forma alguma justifica conceitos carnais aviltantes. Será que a transubstanciação, ou sua irmã mais nova, a consubstanciação, também não fariam parte de nosso credo? Com essa limitação, portanto, descartamos a proposição juntamente com as passagens das Escrituras apresentadas à guisa de atestado; fazemos somente a observação de que nenhuma delas serve para cumprir o propósito em questão. E porque não se relacionam com o argumento em consideração, nós apenas as submetemos ao juízo silencioso das pessoas.

Em segundo lugar, negamos peremptoriamente o pressuposto, ou premissa menor, de que Cristo se entregou como resgate por todos os homens; tal coisa não é afirmada pelas Escrituras, seja uma única vez, seja algumas vezes, nem evidentemente, nem de modo obscuro. A passagem à qual se apela não constitui absolutamente prova; portanto, isso não passa de retórica vazia. No que diz respeito à afirmação de que Cristo provou a "morte por todos os homens", concordamos que as palavras se encontram em Hebreus 2.9; negamos, porém, que *todos os homens* sempre e necessariamente signifique *todos e quaisquer homens do mundo*. Νουθετοῦντες πάντα ἄνθρωπον, καὶ διδάσκοντες πάντα ἄνθρωπον — "exortando todos os homens e ensinando todos os homens" (Cl 1.28). A expressão *todos os homens* não se refere aqui a todos os homens do mundo, nem devemos acreditar que Paulo tenha exortado e ensinado a cada homem em particular, pois tal ideia seria falsa e inexequível. Assim, nas Escrituras, *todos os homens* não é um coletivo universal que se refere a todos de todos os tipos, mas, antes, é um termo distributivo relativo a alguns de todos os tipos, ou um coletivo que se restringe a todos de alguns tipos. No caso de Paulo, *todos os homens* era uma referência restrita àqueles a quem ele havia pregado o evangelho. Em segundo lugar, o texto original diz apenas ὑπὲρ παντός (por todos), sem o substantivo *homens*, e tal lacuna pode ser preenchida por outras palavras como "eleitos" ou "crentes" tanto quanto por *homens*.

Em terceiro lugar, *todos* se restringe inequivocamente a todos os membros de Cristo, os filhos que por ele foram levados à glória, conforme antes afirmamos. Logo, essa passagem não é de modo algum útil para confirmar o pressuposto, por nós negado no sentido que o autor pretende. Temos certeza de que jamais haverá algo inequívoco ou provável que lhe sirva como testemunho comprobatório.

Como conclusão do silogismo e para manifestar sua habilidade argumentativa, o autor acrescenta algumas provas. Parece que ele estava consciente da fragilidade das proposições das quais advém a conclusão. Portanto, ele achou melhor dar-lhe algum novo apoio, embora com pouco sucesso, como facilmente ficará claro para qualquer um que apenas consulte as passagens citadas e considere o assunto em questão. Nesse meio-tempo, essa nova lógica de apresentar provas para a conclusão não adequadas a nenhuma das proposições, esforçando-se para torná-la viável por meio de novos testemunhos não viabilizados pelas premissas, merece nossa atenção nestes tempos de escritores eruditos. "Heu quantum est sapere" (Que grandeza de conhecimento!). Uma lógica dessas é adequada à manutenção de tal teologia. É o que temos a dizer quanto ao primeiro argumento.

II. "Aqueles sobre os quais Jesus Cristo e seus apóstolos afirmam que Cristo veio salvar, em termos claros e evidentes, sem exceção ou restrição de qualquer tipo que seja, ele certamente veio salvar. Com essa finalidade ele morreu, entregou-se como resgate e é uma propiciação pelos pecados deles (Mt 26.24; Jo 6.38; 1Co 15.3,4; Hb 10.7; Jo 8.38,45; 2Pe 1.16; Hb 2.3,4)."

"Jesus Cristo e seus apóstolos afirmam, em termos claros e evidentes, que 'Cristo veio salvar os pecadores' (1Tm 1.15); o 'mundo' (Jo 3.17); que ele morreu pelos 'injustos' (1Pe 3.18); pelos 'ímpios' (Rm 5.6); por 'todos' (Hb 2.9); 'se entregou como resgate por todos os homens' (1Tm 2.6); e é a 'propiciação pelos pecados de todo o mundo' (1Jo 2.2). Em cada uma dessas afirmações, sem exceção ou restrição, 'todos' se referem aos injustos, ímpios, pecadores, homens e ao mundo (Rm 3.10, 19, 20, 23; Ef 2.1-3; Tt 3.3; Jo 3.4,6."

"Portanto, Jesus Cristo veio para salvar, morreu e se entregou como resgate por todos os homens, sendo a propiciação dos seus pecados (Jo 1.29)."

Quanto à proposição deste argumento, desejo apenas observar que não afirmamos que em algum lugar as Escrituras estabelecem uma exceção ou restrição para as pessoas pelas quais se afirma que Cristo morreu. Não é como se em uma passagem as Escrituras afirmassem que ele morreu por todos os homens, mas negassem isso em outra, como se alguns de *todos os homens* fossem excluídos. Isso criaria repugnância e contradição na Palavra de Deus. O que estamos dizendo é que uma passagem das Escrituras interpreta outra e enuncia um significado antes ambíguo e incerto naquela passagem. Por exemplo: quando as Escrituras declaram que Cristo morreu ou se entregou em resgate por *todos*, nós cremos; e quando, em outro lugar, elas declaram que *todos* são sua *igreja*, seus *eleitos*, suas *ovelhas*, todos os *crentes*, alguns de todos os tipos, *de todas as tribos, línguas e nações debaixo do céu*; isso não é fazer uma exceção ou restrição sobre o que antes foi dito acerca de *todos*, mas apenas declarar que *todos* aqueles pelos quais ele se entregou como resgate eram toda a sua igreja, todos os seus eleitos, todas as suas ovelhas, alguns de todos os tipos; por isso cremos que ele morreu por todos. Com essa observação, deixamos de lado a proposição, retirando seu significado, que é tudo o que a frase pela qual ele se expressa pode oferecer, juntamente com a vã retórica e o pomposo desfile de textos das Escrituras apresentados para confirmá-la, dos quais nenhum tem algo a ver com o propósito em vista. Portanto, estou convencido de que ele elencou nomes e números aleatoriamente, sem, uma única vez que seja, consultar os textos, tendo grande confiança de que ninguém rastrearia sua retórica e, além do mais, achando que alguns olhos poderiam se maravilhar com suas fartas citações. Permita-me pedir ao leitor que se volte para esses textos e, se algum deles for relevante ou estiver relacionado ao assunto em questão, que a credibilidade do autor, na próxima vez, seja levada em consideração em seu favor. Oh, não sejamos como muitos que corrompem a Palavra de Deus! Mas talvez seja um erro de impressão e, em vez de Mateus 26.24, ele estivesse se referindo ao versículo 28, onde se diz que Cristo derramou seu sangue por muitos. Em João 6, ele confundiu o versículo 38 com o 39, onde nosso Salvador afirma que veio para salvar os que o Pai lhe deu — para que nenhum deles se perdesse, os quais, certamente, são os eleitos. Em 1 Coríntios 15.3,4, ele não está muito equivocado, já que o apóstolo associa nesses versículos a morte e a ressurreição de Cristo, que, segundo ele, foram para nosso benefício; e já explicamos em que medida isso favorece sua tese. Ao citar Hebreus 10.7, suponho que ele tenha se referido ao versículo 10 do capítulo, afirmando que somos santificados pela vontade de Deus, que Cristo veio cumprir, por meio da oferta do seu corpo — atribuindo nossa santificação à sua morte, o que não se aplica a todas e quaisquer pessoas, embora ele talvez suponha que a última parte do versículo, "uma vez por todas", seja favorável ao seu argumento. Mas alguém de bom coração, espero eu, irá desiludi-lo, informando-lhe o significado da palavra ἐφάπαξ. O mesmo pode ser observado sobre os outros textos: eles não têm relação alguma com a proposição em questão e até contêm em si mesmos o suficiente para refutá-la. Assim, em resumo, esta é sua proposição: "Todos aqueles pelos quais as Escrituras afirmam que Cristo morreu, foi por estes que ele morreu". Isso, sem dúvida, é verdade e por mim plenamente concedido.

A premissa afirma que Cristo e seus apóstolos dizem nas Escrituras que ele morreu para salvar *pecadores, injustos, ímpios,* o *mundo, todos;* por isso, a conclusão deve ser simplesmente: "Portanto, Cristo morreu pelos pecadores, injustos, ímpios, o mundo e por outros beneficiários afins". A isso respondemos, em primeiro lugar, que, em essência, este é exatamente o mesmo argumento que o anterior e alguns dos que vêm a seguir; apenas algumas palavras variam para mudar a aparência externa e mostrar uma diversidade de argumentos. Em segundo lugar, toda a força desse argumento reside em transformar proposições indefinidas em universais, concluindo que, porque Cristo morreu pelos pecadores, ele morreu por todos os pecadores; porque ele morreu pelos injustos, pelos ímpios e pelo mundo, então ele morreu por todos os injustos, todos os ímpios e por todos deste mundo; porque ele morreu por todos, ele morreu por todos e quaisquer tipos de homens. Ora, se isso for um bom argumento, vou fornecer-lhe mais alguns dessa espécie, caso precise usá-los: 1) Deus "justifica os ímpios" (Rm 4.5); portanto, ele justifica todo e qualquer ímpio. Ora, "aqueles que ele justifica, ele também glorifica"; portanto, todo e qualquer ímpio será glorificado. 2) Quando Cristo veio, "os homens amaram mais as trevas do que a luz" (Jo 3.19); portanto, todos os homens agiram assim e, logo, nenhum deles creu. 3) "O mundo não conheceu Cristo" (Jo 1.10); portanto, nenhum homem no mundo o conheceu. 4) "O mundo inteiro jaz no Maligno" (1Jo 5.19); portanto, todos, sem exceção, encontram-se nesse estado. Eu poderia facilmente apresentar-lhe outros argumentos como esses, que transformam proposições indefinidas em universais e poderiam ser usados com quaisquer propósitos pretendidos.

Em terceiro lugar, se você interpretar as palavras da conclusão apenas no sentido pretendido pelas passagens bíblicas citadas na premissa, podemos concordar plenamente com o argumento como um todo: Cristo morreu pelos pecadores e pelo mundo, por pecadores de várias gerações que vivem no mundo. No entanto, na conclusão, se "todos" for entendido da perspectiva de uma universalidade coletiva, então o silogismo é sofístico e falso. Nenhum texto das Escrituras afirma ou justifica tal conclusão, uma vez que o objeto da morte de Cristo é designado em termos indefinidos. Esse objeto só adquire clareza a partir de um sentido mais restrito dado a esses termos em outras passagens, segundo as quais são entendidos como referentes a todo o seu povo e aos filhos de Deus espalhados pelo mundo. m quarto lugar, os trechos específicos das Escrituras citados no início da premissa, 1Timóteo 1.15; 1Pedro 3.18; Romanos 5.6, não são de modo algum pertinentes ao propósito em questão. João 3.17; Hebreus 2.9 e 1João 2.2 já foram considerados. Romanos 3.10,19,20,23; Efésios 2.1-3; Tito 3.3 e João 3.4,6, acrescentados ao final da mesma proposição, provam que todos são pecadores e filhos da ira, mas não há a menor indicação de que Cristo morreu por todos os pecadores nem por todos esses filhos da ira. Isso basta para refutar os dois primeiros argumentos e poderia ser facilmente uma resposta ao autor. As Escrituras são explícitas e abrangentes para confirmar a posição que ele deseja contestar.

III. "Por certo se deve crer no que as Escrituras apresentam como a finalidade da morte de Cristo, como fundamento e causa do ato divino de exaltar Cristo (para ser o Senhor e Juiz de todos) e como a equidade de seu julgamento, conforme Salmos 12.6, 18.30 e 119.4".

"Mas as Escrituras apresentam isso como finalidade da morte e ressurreição de Cristo, que ele pudesse ser Senhor de todos, como em Romanos 14.9 e 2Coríntios 5.14,15. E por essa causa (i.e., sua morte e ressurreição), Deus o exaltou para ser o Senhor e Juiz de todos os homens, e seus julgamentos serão justos, conforme Romanos 14.9,11,12; 2Coríntios 5.10; Filipenses 2.7-11, Atos 17.31 e Romanos 2.16:"

"Portanto, esta é uma verdade na qual se deve crer: Cristo morreu e ressuscitou por todos (1Tm 2.6)."

Em primeiro lugar, não vou me preocupar muito com a construção pouco clara desse argumento, com as expressões estranhas do que se pretende e com a falta de especificidade ao atribuir o resultado ao indivíduo e não à causa. *Primeiramente*, há uma organização artificial nesse argumento causada pela inclusão da proposição menor, a saber, Cristo é feito Senhor e Juiz de todos na proposição maior. Ao incluir esse termo nas três proposições, ele torna o argumento quase incompreensível. A *segunda* impropriedade está no fato de que ele entende que a causa da exaltação de Cristo inclui a sua morte. "Por essa causa, Deus exaltou Cristo." No entanto, foi especificamente na sua ressurreição que ele foi "declarado Filho de Deus com poder" (Rm 1.4); essa foi a parte gloriosa da sua exaltação. Examinar e expor a fraqueza e a tolice de incontáveis coisas como essas, que ocorrem em todo lugar, seria desperdiçar preciosos momentos. Aqueles que têm o mínimo de gosto pela aprendizagem ou pelo método de raciocínio facilmente percebem a tolice desses argumentos; para os demais, especialmente os pobres admiradores desses sofismas nebulosos, não direi "Quoniam hic populus vult decipi, decipiatur" (se as pessoas querem ser enganadas, que sejam enganadas), mas "Deus lhes dê entendimento e arrependimento para reconhecerem a verdade".

Em segundo lugar, não tenho nada a dizer sobre todo esse argumento diante de nós, exceto implorar ao Sr. More que, se a infelicidade de nossos tempos o chamar para escrever novamente, ele pare de dar sua opinião por meio de silogismos e se expresse em seu próprio estilo. Com a confusão das inúmeras tautologias em seu presente texto, ele pode desnortear um pouco seu leitor. De fato, esse tipo de argumentação utilizada aqui — por falta de lógica, que o leva a se enganar, e pela paixão pela sofisticação, com a qual ele engana os outros — é extremamente ridícula. Ninguém pode ser tão cego que, na primeira leitura do argumento, não veja que ele afirma e deduz na conclusão, reforçando-a com um novo testemunho, algo que nem sequer foi sonhado em nenhuma das premissas; elas falam da exaltação de Cristo para ser o juiz de todos, o que se refere à sua própria glória; a conclusão de que ele morreu por todos necessariamente visa ao bem dos beneficiários de sua morte, não à glorificação de Cristo. "Não seria um nobre empreendimento banir toda a erudição humana e estabelecer essa forma de argumentação em seu lugar? 'Hoc Ithacus velit, et magno mercentur Atridae.'"

Terceiro, a força e a essência do argumento são o seguinte: "Cristo morreu e ressuscitou para ser Senhor e Juiz de todos; portanto, Cristo morreu por todos". Ora, pergunte o que ele quer dizer com "morrer por todos", e todo o tratado responderá que é pagar um resgate por todos eles, para que possam ser salvos. Ora, regozijem-se em sua rápida compreensão aqueles que entendem como isso pode ser extraído do domínio de Cristo sobre todos, com seu poder de julgar todos os comprometidos com ele, o que inclui os anjos pelos quais ele não morreu. Eu confesso que isso escapa à minha capacidade de entendimento.

Quarto, apesar de sua forma de argumentar se mostrar tão infrutífera, vejamos se há algum peso na substância do argumento. Muitos textos das Escrituras são amontoados e aplicados de várias maneiras às diferentes proposições. Naqueles extraídos de Salmos 12.6; 18.30 (como suponho que deva ser, e não 130, como está impresso) e 119.4, há menção dos preceitos de Deus e da pureza e perfeição de sua palavra. Não consigo compreender como isso se relaciona com o assunto em questão. O texto em 2Timóteo 2.6, que é apensado à conclusão, é um daqueles frequentemente apresentados como suposta base de toda a afirmação. Mas não há razão para tal, conforme já demonstramos diversas vezes. Entre os textos anexados à proposição menor, encontramos 2Coríntios 5.14,15. Já esclareci o que o Espírito Santo pretendia dizer nesse trecho e deixei óbvio que dele não se pode extrair nada que justifique a tese da redenção universal. Da mesma forma, ele não pode absolutamente ser aplicado ao presente argumento. Não contém uma sílaba sequer sobre o julgamento de Cristo e sobre seu poder sobre todos, que era a ideia enfatizada. Filipenses 2.7-11, Atos 17.31 e Romanos 2.16 mencionam, de fato, a exaltação de Cristo e seu julgamento de todos no último dia. Mas afirmar que, porque ele julgará a todos no último dia, então ele morreu por todos, é algo cuja prova exigiria mais esforço do que o nosso adversário pretende empenhar nessa questão.

Em geral, o peso acaba sendo colocado em Romanos 14.9,11,12, que é o único texto que oferece algo supostamente favorável a essa linha de raciocínio; por isso, vamos considerá-lo brevemente. Nessa passagem, o apóstolo enfatiza o senhorio e o domínio de Cristo sobre todos. Isso serve como alerta aos crentes para que caminhem inculpáveis e sem causar tropeço uns aos outros, conscientes do terror que advém do Senhor e da necessidade de comparecerem diante do seu trono de julgamento. Ter de prestar contas por escândalos e tropeços será um ato marcado unicamente por tristeza. Para que isso fique indelevelmente gravado neles, ele lhes revela o meio pelo qual Cristo, o Senhor, obteve esse domínio e poder para julgar. Com todas as coisas colocadas sob seus pés, ele também declara seu propósito, neste particular, ao assumir o ofício de mediador: "morrer e voltar a viver", isto é, para que pudesse exercer juízo sobre todos aqueles que lhe foram confiados. Isso faz parte da "glória que lhe foi proposta" e o fez "suportar a cruz, desprezando a vergonha" (Hb 12.2).

Assim, tudo o que é insinuado aqui sobre a morte de Cristo diz respeito à finalidade, aos efeitos e resultados que sua morte teve em relação a si mesmo, não à sua intenção para com aqueles por quem ele morreu. Morrer pelo outro denota, no mínimo, morrer pelo bem do outro e, nas Escrituras, sempre denota morrer em lugar do outro. Ora, sinceramente, afirmo que não sou capaz de entender como se pode, a partir disso, chegar à conclusão de que Cristo morreu por todos. O que se afirma é simplesmente que, por sua morte, ele viabilizou o exercício do poder pelo qual é Senhor sobre todos e julgará a todos, lançando grande parte dos homens ao inferno pela sentença de seu justo julgamento. Se as pessoas continuarem a insistir que Cristo morreu por todos, simplesmente porque, por meio de sua morte e ressurreição, ele obteve o poder de julgar a todos, eu me limitarei a lhes deixar três coisas para que as considerem: *primeira*, inúmeras almas serão julgadas por Cristo por não andarem segundo a luz da natureza que lhes foi deixada para levá-las a buscar o poder eterno e a divindade do seu Criador, sem que o menor vestígio do evangelho lhes tenha chegado aos ouvidos para dirigi-las a um Redentor, conforme se afirma em Romanos 2:12-16. Nesse caso, para essas pessoas, que benefício haveria no fato de Cristo ter morrido por elas? *Segunda*, Cristo morreu também pelos demônios, porque, mediante sua morte e ressurreição, obteve o poder de julgá-los. *Terceira*, a afirmação como um todo não tem pertinência alguma com o assunto em questão; nossa investigação diz respeito àqueles que nosso Salvador pretendia redimir e salvar por seu sangue; isso equivale a falar alhos e responder bugalhos.

IV. "A verdade geral estabelecida pelas Escrituras e válida para toda a humanidade é que todos os que creem e recebem Cristo não perecerão, mas terão a vida eterna; tal verdade é digna de fé (At 5.20)."

"Deus enviou seu Filho para ser o Salvador do mundo, verdade afirmada pelas Escrituras com relação a todos os homens, de modo que cada um dos que creem e recebem Cristo não perecerá, mas terá a vida eterna (Jo 3.16-18,36; 1.4,11,12)".

"Portanto, a verdade de que Deus enviou seu Filho para ser o Salvador do mundo é certamente digna de fé (1Jo 4.14)."

Espero que nenhum homem honrado, que conhece um pouco da controvérsia em questão e do assunto debatido entre nós e nosso adversário, ou que está de alguma forma familiarizado com essa linha de argumentação, espere que gastemos muitas palavras com essa pobre retórica, com repetições inúteis, com expressões confusas e com deduções e argumentações destituídas de lógica, conforme se vê nesse suposto novo argumento. Na verdade, trata-se do mesmo raciocínio dos dois primeiros argumentos e de quase todos os que vêm a seguir. Não se deve esperar que eu perca muito tempo ou energia com eles. Certamente eu não teria ânimo para recapitular coisas tão banais como essas, não fosse pelo fato de que "eundum est quo trahunt fata ecclesim". Não quero, portanto, incomodar o leitor com uma declaração detalhada de algo acerca de que ele já deve estar convencido, bastando para isso examinar estas razões: A saber, que este autor é totalmente ignorante do modo de raciocínio e não sabe expressar suas próprias concepções de maneira tolerável, nem inferir com regularidade uma coisa a partir de outra. Em réplica aos seus argumentos: Primeiramente, tudo o que as Escrituras apresentam como verdade a ser crida é certamente verdadeiro e deve ser aceito. Em segundo lugar, as Escrituras apresentam a morte de Cristo como um meio suficiente para conduzir os pecadores a Deus, todos aqueles a quem o evangelho é pregado, de modo que todo o que nele crê e o recebe será certamente salvo. Em terceiro lugar, não podemos concluir outra coisa senão que a morte de Cristo é de um valor infinito, capaz de salvar completamente todos aqueles a quem se dá a conhecer, desde que por meio da verdadeira fé obtenham interesse e direito a ela. Já confirmamos essa verdade por muitas passagens das Escrituras e entendemos que essa suficiência inata da morte de Cristo é a base da sua proposta indiscriminada tanto para eleitos quanto para réprobos. Em quarto lugar, sua conclusão, se ele pretende lhe dar alguma semelhança com um argumento, pelo menos deveria incluir a proposição inteira, a saber, "que Cristo é apresentado como Salvador do mundo, de modo que cada um daqueles que creem" etc. Então podemos declarar que isso não constitui argumento em prol da redenção universal, mas apenas da plenitude e suficiência da reparação feita por Cristo. Quanto à palavra *mundo*, já dissemos o suficiente.

V. "Deus fará que todos os homens o confessem para sua glória — esta é certamente uma verdade, pois Deus não admite mentira alguma para sua glória (Jo 3.33; Rm 3.3,4)."

"Mas Deus fará que todos os homens confessem Jesus (em virtude de sua morte e do resgate por ele oferecido) como Senhor para a glória de Deus (Fp 2.7-11; Is 45.22,23; Rm 14.9,11,12; Sl 86.9)."

"Portanto, é certamente verdade que Jesus Cristo se entregou como resgate por todos os homens e, assim, tem o direito de senhorio sobre eles; e se alguém não crer e não se submeter a essa soberania, ainda assim ele permanece fiel e não pode negar a si mesmo, mas um dia os trará diante dele e os fará confessar que ele é Senhor, para a glória de Deus. Neste dia, ele os negará, pois o negaram nos dias de sua tolerância (2Tm 2.12-14; Mt 10.32,33; 2Co 5.10)."

Resposta: Com base nas premissas, a conclusão desse argumento deve ser esta e não outra: "Portanto, é certamente verdade que Jesus Cristo é o Senhor e deve ser confessado como tal para a glória de Deus". Essa é a única conclusão que esse argumento permite, a menos que, em vez de um silogismo, você pretenda fazer três proposições independentes, cada uma com sua própria força. O que é introduzido sobre Cristo se entregar como resgate por todos e o que se segue sobre a sentença e condenação daqueles que não creem nem obedecem ao evangelho, confirmado com base em 2Coríntios 5.10 e 2Timóteo 2.12-14, é completamente estranho ao assunto que está sendo debatido. Agora, sendo essa a conclusão pretendida, se nosso autor supõe que os que rejeitam a redenção universal questionam sua veracidade, não me surpreende que ele tenha abandonado todas as suas atividades para se envolver em controvérsias, tendo vantagens tão evidentes contra seus adversários, que erros tão pequenos como este são capazes de alimentar seu orgulho. Mas seria um gesto de bondade separá-lo de sua própria sombra, ou seja, separá-lo de suas próprias opiniões e crenças tão conflitantes como aqui e em outros textos. Portanto, peço-lhe que ouça uma palavra com o coração e observe o seguinte: Primeiro, embora não atribuamos uma redenção infrutífera e ineficaz a Jesus Cristo, nem digamos que ele amou a todos com um amor integral que o levou a entregar sua vida, mas amou apenas sua própria igreja, e que todos os seus eleitos são efetivamente redimidos por ele, mesmo assim não negamos que ele também julgará os réprobos — ou seja, todos aqueles que não conhecem a verdade de seu evangelho, os que a negam, os que desobedecem a ela e a corrompem — e no último dia todos serão convencidos de que ele é Senhor sobre tudo e todos. Assim, ele pode poupar seus esforços na tentativa de provar coisas incontestáveis. Eu gostaria muito de dizer outras coisas, mas devo conter minha indignação. Segundo, por isso, na segunda proposição, "em virtude de sua morte e resgate oferecido", negamos que em qualquer lugar das Escrituras seja sequer insinuado que o resgate pago em nosso favor por Cristo em sua morte tenha sido a causa de sua exaltação como Senhor de todos; é sua obediência ao Pai em sua morte, e não a reparação que ele fez em nosso favor, que é proposta como causa dessa exaltação, conforme evidenciado em Filipenses 2.7-11.

VI. "Aquilo que pode ser comprovado nas Escrituras, tanto por frases claras e evidentes quanto por deduções implícitas e necessárias, sem distorcer, acrescentar, subtrair ou alterar as frases e palavras das Escrituras, é uma verdade na qual se deve crer (Mt 22.29,32; Rm 11.2,5,6)."

"Mas Jesus Cristo se entregou como resgate por todos os homens e, pela graça de Deus, provou a morte em favor de cada um deles, e isso pode ser provado pelas Escrituras, tanto por frases claras e evidentes quanto por deduções implícitas e necessárias, sem distorcer, acrescentar, subtrair ou alterar as frases e palavras, como já foi demonstrado nos capítulos 7 e 13, que agora serão dispostas em várias provas."

"Portanto, Jesus Cristo entregou-se por todos os homens e, pela graça de Deus, provou a morte por todos individualmente, e essa é uma verdade na qual devemos crer (Mc 1.15; 16.15,18; 1Jo 4.14)."

Resposta: Primeiro, o argumento em questão afirma que a redenção universal pode ser provada pelas Escrituras. No entanto, como essa afirmação é justamente o que está sendo discutido e a tese que precisa ser comprovada, não faz sentido que ela mesma seja um argumento, a menos que seja apenas para aumentar o número de argumentos apresentados. Na minha opinião, esses argumentos não precisam ser respondidos separadamente, a não ser que sejam, de fato, argumentos válidos.

Em segundo lugar, em relação ao próprio argumento (já que deve valer por um), dizemos o seguinte: 1) Quanto à primeira proposição, deixando de lado as expressões desnecessárias, entendo que o significado seja este: "O que é afirmado nas Escrituras, ou delas pode ser deduzido por inferência justa, seguindo as formas de interpretação, afirmação e inferência pelas quais o Espírito de Deus nos conduz ao conhecimento da verdade, isso certamente é algo em que devemos crer. Tudo isso é por nós concedido, embora não seja comprovado pelos trechos citados (Mt 22.29,32; Rm 11.2,5,6). E essa é a única base para aquele artigo de fé que você contesta. 2) Quanto à segunda proposição, de que Cristo se entregou como resgate ὑπὲρ πάντων, por todos, e provou a morte ὑπὲρ παντός, por todos, isso é o que dizem as próprias Escrituras, e ninguém nunca negou tal afirmação. A transformação de *todos* em *todas e quaisquer pessoas* nas duas passagens apresentadas constitui um acréscimo de sua autoria e não uma declaração das Escrituras. Portanto, se você pretende provar que Cristo se entregou como resgate por todos e provou a morte por todos, poupe sua energia; todos professam isso e ninguém jamais o contestou. Mas se você pretende provar que "todos" é uma referência a todas e quaisquer pessoas, de todas as eras e de todos os tipos, eleitos e réprobos, e não uma designação de todos os seus filhos, todos os seus eleitos, todas as suas ovelhas, todo o seu povo, todos os filhos que lhe foram dados por Deus, ou seja, alguns dentre todos os tipos, de todas as tribos, línguas e nações apenas, então eu, com a ajuda do Senhor, estarei disposto a debater com você, ou com qualquer pessoa, para buscar o significado da palavra e o pensamento de Deus que ela expõe; seguindo a proporção da fé, a essencialidade da doutrina da redenção, o escopo dos textos onde tais afirmações se encontram, comparando-os com outros textos e, por métodos afins, esforçando-me com toda humildade para descobrir a vontade do Senhor, de acordo com a sua própria revelação. No que diz respeito ao bom êxito de tal empreendimento, deixando de lado as falhas que estarão presentes devido às minhas fraquezas pessoais, tenho, pela graça de Deus, extrema confiança, visto que, por sua bondade, tenho recebido forças e oportunidades para pesquisar e considerar seriamente tudo o que os mais famosos defensores da redenção universal, sejam luteranos, sejam arminianos, têm sido capazes de dizer sobre essa questão. Por ora, dirijo-me ao que está diante de mim, desejando apenas que o leitor observe que a afirmação a ser provada pelo Sr. More é a seguinte: "Jesus Cristo, de acordo com o conselho e a vontade de seu Pai, harmonizados com seu propósito de salvação em sua própria mente e intenção, por meio de sua morte e oblação, pagou um resgate por todas e quaisquer pessoas, eleitas e réprobas, tanto as que são salvas quanto as que perecem, para resgatá-las do pecado, da morte e do inferno, a fim de lhes recuperar a salvação, a vida e a imortalidade, e não apenas em favor de seus eleitos, ou da igreja, escolhidos para serem herdeiros antes da fundação do mundo." Para confirmar essa declaração, ele apresenta diversos textos, os quais, com a ajuda do Senhor, consideraremos a seguir.

Primeira prova do sexto argumento. "Deus amou tanto o mundo que entregou seu Filho para ser o Salvador do mundo (1Jo 4.14); e envia seu servo para dar testemunho de seu Filho, para que todos os homens, por meio dele, possam crer (Jo 1.4,7); para que todo aquele que nele crer tenha vida eterna (Jo 3.16,17). E ele deseja que todos cheguem ao conhecimento da verdade (1Tm 2.4) e sejam salvos (1Tm 1.15). E não lhe faltará suficiência para ajudá-los, se, quando a luz vier, eles se deixarem ser trabalhados e a receberem (Pv 1.23; 8.4,5). E isso não está claro nas Escrituras?"

Resposta: Primeiro, como já observamos, a principal e, na verdade, única coisa a ser provada é que essas proposições indefinidas encontradas nas Escrituras sobre a morte de Cristo devem ser entendidas de uma perspectiva universal, ou seja, os termos "todos" e "mundo" significam, quando denotam o objeto da morte de Cristo, todas e quaisquer pessoas neste mundo. A menos que isso seja feito, qualquer outro esforço será completamente inútil e infrutífero. Ora, quanto a isso, não há absolutamente nada alegado nessa suposta prova, exceto algumas passagens ambíguas mencionadas de forma superficial, com uma falsa observação nelas baseada, para a qual elas não oferecem nenhum conteúdo substancial.

Em segundo lugar, 1João 4.14, que fala sobre Deus enviando seu Filho para ser o "Salvador do mundo" e seu servo para dar testemunho disso, refere-se apenas ao fato de que ele é o Salvador dos seres humanos que vivem neste mundo, os quais são seus eleitos. Uma centena de textos como esse, mesmo que claramente interpretados em outras passagens, não seriam pertinentes ao propósito em questão. A próxima questão vem de João 1.4,7. O versículo 4 afirma que Cristo era a "vida dos homens", o que é totalmente verdadeiro, pois nenhuma vida pode ser encontrada senão apenas nele e através dele. Mas, como isso não tem relação alguma com o assunto em pauta, as próximas palavras do versículo 7, "para que todos creiam por meio dele" foram inseridas para tentar juntar um sentido com outro fragmento das Escrituras. Isso parece ter algum peso, como se Cristo tivesse sido enviado para que todos os homens pudessem nele crer. Que espetáculo! Isso parece ter o mesmo efeito para a redenção universal que as Escrituras citadas e mutiladas pelo Diabo tiveram para nosso Salvador, quando foi convidado a se lançar do pináculo do templo. Mas se você descartar a sofisticação da antiga serpente, esse texto é bastante útil para invalidar a tese que se busca defender por meio dele. As palavras são: "Houve um homem enviado por Deus, cujo nome era João. Ele veio como testemunha, para dar testemunho da luz, para que todos os homens, por meio dele, pudessem crer". Ora, a quem você acha que "por meio dele" se refere? Seria a Cristo, a luz? Ou a João, a testemunha da luz? Certamente é João, conforme a quase unanimidade entre os expositores, exceto no caso de certos papistas e Grotius. Assim também a tradução da Siríaca, que lê: "Por sua mão ou ministério". É isso que a própria palavra dá a entender; pois não cremos διὰ Χριστοῦ, "por Cristo", ou, como seria aqui, διὰ τοῦ φωτός, "pela luz". Mas, em vez disso, como em João 12.36, lê-se εἰς τὸ φῶς, "*na* luz" e não *por* ela; e em Atos 9.42, ἐπὶ τὸν Κύριον, "creram *no* Senhor"; assim também em Romanos 9.33, Καὶ πᾶς ὁ πιστεύων ἐπ' αὐτῷ, "todo aquele que *nele* crê". Da mesma forma, ἐν Χριστῷ, em diversas passagens, *nele*. Todavia, não há menção de crer *"por ele"*, o que denota mais o instrumento da fé, do ato de crer, como é o caso do ministério da Palavra, e não a fé em Cristo como objeto. Com isso em mente, vamos analisar o que se diz sobre João e o motivo pelo qual ele foi enviado, ou seja, "para que todos possam crer por meio dele". Ora, aqui a palavra *todos* possui as qualificações exigidas pelo autor, sempre expressando uma universalidade coletiva, que é usada em referência a Deus, entre outras coisas. Mas eu lhes pergunto: quem eram esses *todos* que seriam levados à fé por meio do ministério de João? Por acaso, não eram somente todos aqueles que viviam neste mundo na época de João, aos quais ele pregou (por alguns anos) apenas na Judeia, mas também todos os que já haviam morrido antes de seu nascimento e os que nasceram após sua morte, além dos que viverão até o fim do mundo em qualquer lugar debaixo do céu? Façam bom proveito dessa ideia aqueles que conseguem acreditar nela, com a certeza de que nunca deixarei de me opor a eles; estou plenamente convencido de que, na presente passagem, *todos os homens* é uma expressão que se refere apenas a algumas pessoas de todos os tipos, às quais sua palavra foi dirigida. Portanto, o sentido necessário da palavra *todos* aqui é totalmente nocivo à proposição.

Em terceiro lugar, o que é argumentado a partir de João 3.16,17, que Deus enviou seu Filho para que "todo aquele que nele crê não pereça, mas tenha a vida eterna", tanto quanto sei, não está em debate quanto ao seu sentido entre os cristãos.

Em quarto lugar, em relação à vontade de Deus de que todos sejam salvos, com base em 1Timóteo 2.4 (argumento ao qual é desnecessariamente acrescentada uma ideia de 1Timóteo 1.15 para causar impressão, sendo que o texto ali tem um propósito bem diferente), considerando "todos" como uma universalidade de indivíduos, então eu pergunto: Primeiro, em que ação de Deus essa vontade consiste? É no propósito eterno de sua vontade de que todos sejam salvos? Por que essa vontade não se concretizou? "Quem jamais resistiu à sua vontade?" Seria seu desejo antecedente que todos os homens sejam salvos, embora no final ele não se realize? Então, o Deus bendito seria absolutamente infeliz, porque não tem a capacidade de realizar seus desejos justos e santos. Por acaso se trata de algum ato temporário de Deus pelo qual ele se declarou a eles? Então, eu lhe digo o seguinte: conceda que a salvação pode ser alcançada unicamente em um Redentor, em Jesus Cristo, e apresente um exemplo de como Deus, em qualquer ato que seja, declarou sua mente e se revelou a todos os homens, de todos os tempos e lugares, no que diz respeito à sua vontade de salvá-los por meio de Jesus Cristo, o Redentor, e nunca mais vou incomodá-lo com esse assunto. Segundo, a dúvida é se essa vontade diz respeito igualmente ao *todos* em questão. Se a resposta for sim, então por que ela não tem o mesmo efeito sobre todos? Que motivo pode ser atribuído a isso? Se a resposta for não, onde isso aparece no texto? Não há nada nele que dê a entender tal diversidade. Da nossa parte, entendemos que *todos os homens* significa alguns de todos os tipos em todo o mundo. Não duvidamos de que, para o leitor isento, isso tenha ficado claro com base no contexto e nas circunstâncias da passagem. A vontade de Deus mencionada é aquela à qual nosso Salvador se refere em João 6.40. O que se segue no final dessa prova, "e não lhe faltará suficiência para ajudá-los, se, quando a luz vier, eles se deixarem ser trabalhados e a receberem" é um ferrão venenoso na cauda da serpente, onde está contido todo o veneno pelagiano do livre-arbítrio e do mérito congruente papista, com a graça suficiente arminiana em toda a sua extensão e universalidade; e o texto citado não dá testemunho de nenhuma dessas coisas.

A essência e o significado de toda a afirmação estão na universalidade de uma graça suficiente concedida a todos os homens, uma graça subjetiva que lhes permite obedecer. Essa graça tem diferentes graus, de acordo o uso que dela fazem aqueles que atualmente a desfrutam. Essa posição é tão contraditória a inúmeras passagens das Escrituras, tão pejorativa da livre graça de Deus, tão destrutiva para a eficácia da graça e uma clara exaltação do antigo ídolo do livre-arbítrio, que é elevado ao trono que pertence a Deus, que se coloca em pé de igualdade com qualquer coisa que o estado decadente do cristianismo tenha inventado e propagado. Essa teoria está tão longe de ser "clara e evidente nas Escrituras", que chega a ser universalmente sórdida diante de toda a dispensação da nova aliança que ali nos é revelada. Se algum dia o Senhor me chamar para tal, espero apresentar provas claras desse fato. Por enquanto, essa questão não está imediatamente ligada ao assunto em pauta e, portanto, devo deixá-la de lado.

Segunda prova. "Jesus Cristo, o Filho de Deus, veio ao mundo para salvar o mundo (Jo 12.47), para salvar os pecadores (1Tm 1.15), para tirar nossos pecados e destruir as obras do Diabo (1Jo 3.5,8) e para tirar os pecados do mundo (Jo 1.29); portanto, morreu por todos (2Co 5.14,15) e entregou-se como resgate por todos (1Tm 2.6), para salvar o que se havia perdido (Mt 18.11). Assim, sua propiciação foi feita pelo mundo (2Co 5.19) e pelo mundo inteiro (1Jo 2.2). E tudo isso é claro e evidente nas Escrituras".

Resposta: As passagens dessa prova que mencionam *todos* ou *mundo*, como João 12.47, João 1.29, 2Coríntios 5.14,15, 1Timóteo 2.6, 2Coríntios 5.19 e

1João 2.2, já foram consideradas, e não gostaria de incomodar o leitor com repetições. Veja essas passagens; não tenho dúvidas de que o leitor perceberá que, longe de dar qualquer força à teoria que o autor pretendia provar, elas a destroem. Quanto aos outros textos (1Tm 1.16; Mt 18.11; 1Jo 3.5,8), não vejo como extrair algo deles para dar substância à redenção universal. O argumento que eles propiciam contra essa tese já foi por nós enunciado. Então, passemos adiante.

Terceira prova. "Deus em Cristo, de alguma forma por ele estabelecida, dá a todos os homens testemunho de sua misericórdia e bondade adquiridas por Cristo (Sl 19.4; Rm 10.18; At 14.17); por meio disso, em um momento ou outro, ele move seu Espírito para bater à porta do coração dos homens e tocá-los, convidando-os ao arrependimento e para que o busquem, apropriando-se, assim, da graça e salvação oferecidas. Isso não ocorre de forma ostensiva ou pretensa, mas Deus, em verdade e boa vontade se prontifica a concedê-las aos homens. E tudo isso é plenamente testemunhado pelas Escrituras (Gn 6.3; Is 45.22; At 17.30,31; Jo 1.19)."

Resposta: Em primeiro lugar, "parvas habet spes Troja, si tales habet" (há pouca esperança para Troia, se é que há alguma). Se a universalidade da redenção precisa de provas como essas, ela de fato tem grande necessidade de sustentação, mas pouca esperança de obtê-la. A *vocação universal* é aqui afirmada para manter de pé a *redenção universal*. "Manus manum fricat" (uma mão esfrega a outra), ou melhor, "muli se mutuo scabiunt" (as mulas coçam umas às outras); um é frequentemente invocado para apoiar o outro; eles são as duas pernas da idolatria do livre-arbítrio, estabelecida para que os homens o adorem, e quando uma tropeça, a outra avança para sustentar Babel. Não tratarei agora da *vocação universal* (uma ficção grosseira), mas me limitarei a dizer que é verdade que Deus, em todos os tempos, desde a criação, tem chamado os homens para que o reconheçam como o grande Criador, valendo-se das coisas que, por meio da criação visível, poderiam ser conhecidas sobre ele, "seu poder eterno assim como também sua divindade" (Rm 1.19,20; Sl 19.1,2; At 14.17). Segundo, após a morte de Cristo, pela pregação do evangelho estendida a todos os lugares, ele chamou para si os filhos de Deus espalhados pelo mundo, onde antes seus eleitos estavam confinados quase a uma só nação, dando assim o direito de o evangelho ser pregado a "toda criatura" (Mc 16.15; Rm 10.18; Is 45.22; At 17.30,31). Mas, em terceiro lugar, que Deus tenha, em todos os momentos, lugares e épocas, concedido meios de graça, ou os tenha chamado a Cristo como redentor, para que participassem de sua misericórdia e bondade nele manifestadas com iniciativas e movimentos de seu Espírito, de modo que os homens aceitassem esses convites, bem, isso é uma fantasia tão abjeta e destituída de fundamento, tão contrária à misericórdia distintiva de Deus, tão contraditório de passagens expressas das Escrituras e da experiência de todas as épocas, que eu me pergunto como um homem tem a ousadia de fazer essa afirmação, ainda mais apresentando-a como prova de uma mentira mais abjeta ainda. Se eu não estivesse resolvido a me limitar à controvérsia atual, não hesitaria em apresentar algumas razões para refutar essa fantasia; farei algo depois, se o Senhor não me impedir. Enquanto isso, peço ao leitor que consulte Salmos 147.19,20; Mateus 11.25; 22.14; Atos 14.16; 16.7; e Romanos 10.14,15. Passemos agora à prova seguinte.

Quarta prova. "O Espírito Santo, que vem do Pai e do Filho, repreenderá o mundo do pecado (até mesmo aquela parcela do mundo que agora se recusa a crer que está debaixo do pecado), porque eles não creem em Cristo, e o seu pecado é o fato de não terem crido nele. E como poderia o pecado deles ser o fato de não crerem em Cristo, fato este que os encerra debaixo do pecado, se a expiação que Cristo fez por eles não fosse suficiente nem fosse verdadeira a oferta de misericórdia que Deus lhes faz, nem houvesse vontade e poder suficientes na obra do Espírito Santo para, em algum momento, levá-los a crer? No entanto, isso é evidente nas Escrituras e será manifestado pelo Espírito Santo como o grande pecado deles, que os mantém presos a todos os outros pecados (Jo 3.18,19, 8.24, 12.48, 15.22,24, 16.7-11)."

Resposta: A intenção dessa prova é mostrar que os homens serão condenados por sua incredulidade, por não crerem em Cristo; o autor diz que isso não pode acontecer a menos que três coisas sejam concedidas. Primeira, há o suficiente na expiação que Cristo fez por eles. Segunda, há verdade na oferta de misericórdia que Deus lhes faz. Terceira, em algum momento, há vontade e poder suficientes que lhes são dados pelo Espírito para crerem. Ora, embora eu acredite ser impossível a alguém entender o que disso pode ser concluído em favor da redenção universal, ainda observarei algumas coisas: quanto à primeira exigência, se "suficiente na expiação feita por eles" significa que ela tem o suficiente, nós a negamos, não porque a expiação não tenha o suficiente para eles, mas porque a expiação não foi feita por eles. Se você quer dizer que há suficiência no mérito de Cristo para salvá-los se eles crerem, concedemos isso e afirmamos que essa suficiência é a principal base da proposta que lhes é feita (entendendo que aqueles a quem se faz a proposta são os mesmos aos quais o evangelho é pregado).

Quanto ao segundo ponto, há verdade em todos os caminhos e palavras de Deus, assim como também em sua oferta de misericórdia a quem quer que seja feita. Se considerarmos o mandamento de crer, com a consequente promessa de vida, como uma oferta de misericórdia, então vemos nisso uma verdade eterna. Essa verdade é que Deus certamente concederá vida e salvação a todos os que creem; a oferta é uma declaração imediata de nosso dever de crer; em segundo lugar, a ligação entre fé e vida não leva absolutamente em conta a intenção de Deus quanto à alma específica a quem a oferta é feita: "Pois quem conheceu a mente do Senhor, ou quem foi seu conselheiro?" Quanto ao terceiro ponto, a concessão de vontade ou poder pelo Espírito: *primeiramente*, afirmo que você está colocando o carro na frente dos bois, a vontade antes do poder. *Segundo*, nego que alguma assistência interna seja necessária para tornar um homem indesculpável por não crer, se o objeto da fé lhe for proposto; em si mesmo, ele não tem nem o poder nem a vontade de crer, pois ambos se perderam em Adão. *Terceiro*, como a vontade de crer pode ser concedida a um homem que, mesmo assim não crê, é algo que lhe peço que seja explicado na próxima controvérsia em que você se envolver. Dito isso, permita-me dar a essa prova uma expressão única para que sua força fique bem clara: "Se o Espírito convence de pecado todos aqueles que ouvem o evangelho e não creem, então Cristo morreu por todos os homens; ele morreu tanto por aqueles a quem o evangelho é pregado quanto por aqueles aos quais não é. A primeira parte é verdadeira, pois a incredulidade deles é seu grande pecado. Portanto, Jesus Cristo morreu por todos". Se isso é um argumento, o que se conclui se baseia em proposições completamente distintas uma da outra e sem vínculo algum entre elas. Os versículos das Escrituras citados, João 3.18-19, 8.24, 12.48, 15.22,24, provam que a incredulidade é um pecado que condena a alma, pecado em virtude do qual serão condenados aqueles que ouvem o evangelho e o rejeitam. Mas o que isso tem a ver conosco, *quid ad nos*?

Um texto é mais enfatizado e, consequentemente, mais desvirtuado do que os outros; por isso, precisamos esclarecê-lo. Trata-se de João 16.7-11: "Eu vos enviarei o Consolador. Quando ele vier, convencerá o mundo do pecado, da justiça e do juízo: do pecado, porque não creem em mim; da justiça, porque vou para o Pai e vós não me vereis mais; do juízo, porque o príncipe deste mundo já está condenado". Primeiramente, não está claro se o autor entende as palavras do Espírito em Cristo e com Cristo no último dia, ou no sentido do ministério da Palavra atualmente, nos dias do evangelho. Se for o primeiro caso, ele está completamente equivocado;

se for o segundo, então a convicção aqui mencionada destina-se somente àqueles a quem o evangelho é pregado. Não sei como isso pode favorecer a tese da redenção universal, que abrange tanto aqueles que viveram antes da morte de Cristo quanto os que viveram depois. Em segundo lugar, não está claro se o autor pressupõe que essa convicção do Espírito implica apenas a pregação do evangelho, ou se ela consiste na atuação do Espírito Santo mesmo naqueles que nunca ouviram a palavra do evangelho; se ele se refere ao segundo caso, então esperamos uma prova mais bem elaborada. Em terceiro lugar, não está claro se o autor parte ou não do princípio de que aqueles assim convencidos se convertem e são levados à fé por essa convicção e pela eficácia da graça que a acompanha.

No entanto, o texto é apresentado e enfatizado. Para deixar ainda mais evidente como eram poucas as razões para apresentá-lo, passarei brevemente ao significado das palavras. Neste seu último sermão, nosso Salvador Jesus Cristo pretende consolar seus apóstolos na triste condição em que eles se encontravam, causada por sua declaração de que precisaria deixá-los e ir para o Pai. Ele sabia muito bem que essa tristeza e aflição seriam ainda maiores quando eles vissem a forma vil e ignominiosa pela qual seu Senhor e Mestre seria deles retirado. Ele também sabia de todas as reprovações e perseguições que os aguardavam uma vez que estivessem privados de sua presença física. E os instrui a não ficarem perturbados, nem cheios de tristeza e medo por tudo isso, assegurando-lhes que todas essas perdas, a vergonha e as reprovações seriam copiosamente compensadas pelo que ele faria em favor deles e pelo que lhes concederia quando sua presença física fosse deles retirada. E quanto a esse aspecto específico, o principal de todos, que ele deveria ser indignamente rejeitado e retirado do mundo como um falso mestre e enganador, ele lhes diz que enviará em seu lugar ἄλλον παράκλητον, "outro Consolador" (Jo 14.16), aquele que irá "vicariam navare operam" (operar uma obra substitutiva), como disse Tertuliano, para enchê-los com toda a consolação da qual poderiam ser privados por sua ausência; e não apenas isso, mas também estar presente com eles em situações ainda mais importantes do que qualquer uma para as quais ele os havia designado até então.

Ele os faz se lembrarem disso novamente em João 16.7. Ora, ὁ παράκλητος, ali prometido, é propriamente "um advogado" — isto é, alguém que defende a causa de uma pessoa culpada ou acusada perante qualquer tribunal — em oposição a τῷ κατηγόρῳ (Ap 12.10); assim essa palavra é traduzida em 1João 2.1, o "Advogado" que temos junto ao Pai. Cristo, então, lhes diz que será o advogado deles junto ao Pai e, por isso, enviará um advogado para defender sua causa no mundo, isto é, diante daqueles homens no mundo que o difamaram com tamanho desprezo e o condenaram como um enganador, atribuindo isso como afronta a todos os seus seguidores. Sem dúvida, ele se referia principalmente ao derramamento do Espírito sobre os apóstolos no Pentecostes, após a ascensão de nosso Salvador, embora, em certo sentido, isso tenha continuado em todas as épocas no ministério da Palavra. No entanto, o que ele quis dizer também fica mais claro ao considerarmos o que ele afirma que o advogado fará, ou seja: 1. "Ele repreenderá" ou evidentemente "convencerá o mundo do pecado, porque não creram nele", algo que se viu com grande clareza no sermão de Pedro em Atos 2, quando os inimigos e os que odiavam Cristo foram tão repreendidos e convencidos de seu pecado que, sob a pressão urgente dessa condenação, exclamaram: "Irmãos, o que faremos?" Assim o mundo foi levado a confessar espontaneamente o pecado de ter assassinado Jesus Cristo. Ele irá convencer o mundo acerca da "justiça, pois foi para seu Pai", não da justiça do próprio mundo, já que este não é justo; no entanto, convencerá da sua justiça aqueles homens deste mundo que o julgaram como um enganador, provando que ele não era um blasfemo como alegavam, mas sim o Filho de Deus, conforme ele mesmo testemunhou. Serão obrigados a admitir isso quando, através do derramamento do Espírito sobre os apóstolos, ficar evidente que ele foi ao encontro de seu Pai, pelo qual foi acolhido e reconhecido, da mesma forma que o centurião faria logo após a morte de Cristo. Ele irá "convencer o mundo quanto ao juízo, porque o príncipe deste mundo já foi julgado". E revelará a todos aos quais se dirige que aquele que foi desprezado como filho do carpinteiro e desafiado a descer da cruz, caso fosse capaz, encontra-se exaltado à direita de Deus. Todo juízo lhe foi entregue, pois, de antemão, em sua morte, ele julgou, sentenciou e triunfou sobre Satanás, o príncipe deste mundo, que detinha o poder da morte, o principal agente que instigou aqueles que o crucificaram. Essa é a interpretação clara e autêntica desse trecho, incluindo a eficácia do Espírito, que atua da mesma maneira (ainda que em graus distintos) com o mesmo propósito, na grandiosidade da Palavra, até o fim dos tempos. Mas a relação que existe entre isso e a redenção universal, guardem-na para si aqueles que conseguem compreendê-la, pois tenho certeza de que nunca serão capazes de explicá-la aos outros.

Quinta prova. "Deus testificou, tanto por sua palavra quanto por seu juramento, que deseja que seu Filho traga redenção a todos os seres humanos e, igualmente, conduza todos ao conhecimento da verdade, possibilitando que a redenção seja operada neles e sobre eles (1Tm 2.4 com Jo 3.17). Dessa forma, ele não almeja a morte de ninguém, nem mesmo dos ímpios, e nela não encontra prazer, mas prefere que se arrependam e vivam (Ez 18.23,32, 33.11). E ousaria algum de nós dizer que o Deus da verdade fala e jura algo que não pretende sincera e profundamente? Longe de nós tal blasfêmia!"

Resposta: Primeiramente, afirmar que "Deus testemunha, por sua palavra e juramento, que deseja que Cristo nos salve nesta ou naquela extensão", etc., é uma audaciosa invocação do testemunho de Deus sobre algo que ele nunca afirmou, nem isso jamais passou pelo seu coração. Pois ele revelou sua vontade, a saber, que Cristo salvasse definitivamente todos aqueles que o buscam, e não em qualquer extensão declarada com tamanha falsidade, ignorância e audácia. As pessoas devem estar atentas para não provocarem a Deus e gerar sua própria confusão; ele não dará testemunho das mentiras de corações enganosos. Em segundo lugar, dizer que "Cristo deve levar todos ao conhecimento da verdade, para que assim a redenção seja operada neles e sobre eles" é outra audaciosa deturpação da Palavra, um falso testemunho dado em nome de Deus. Não lhe basta enganar as pessoas e colocar a paciência delas à prova? Você também testará a paciência do nosso Deus? Em terceiro lugar, no que diz respeito às passagens das Escrituras distorcidas pelo sentido que lhes é atribuído: em João 3.17, é mencionado que Deus "enviou seu Filho para que o mundo fosse salvo por meio dele"; não ser salvo nesta ou naquela extensão, mas salvo "de seus pecados" (Mt 1.21) e "definitivamente" (Hb 7.25). Portanto, o mundo dos escolhidos de Deus, que são os únicos que alcançam essa salvação, é o único mundo a ser considerado, conforme já provamos. Em 1Timóteo 2.4, existe uma menção da vontade de Deus quanto à salvação de todos os tipos de indivíduos, conforme já exposto; entretanto, isso não justifica a ousada afirmação que se faz nesse ponto. Em quarto lugar, aos versículos mencionados acrescenta-se Ezequiel 18.28, que afirma que Deus não tem "prazer na morte do ímpio" e, no versículo 32, "nenhum prazer na morte de alguém". Esses textos não têm relação alguma com o tema em discussão. Poderiam ter alguma pertinência quanto à suposta vocação universal, mas não quanto à redenção universal. A passagem citada não faz menção de Cristo nem de sua morte. No entanto, como nossos oponentes costumam criar empecilhos com base nesse trecho para confundir e atrapalhar os mais simples, acrescento aqui algumas considerações para elucidar o significado do texto e provar que ele não tem nenhuma relação com o assunto abordado.

Assim, consideremos em primeiro lugar a quem e sobre quem são proferidas essas palavras. São elas proferidas a todos os homens e dizem respeito a eles ou apenas à casa de Israel? Sem dúvida, apenas à casa de Israel e tão somente a ela: "Ouve agora, ó casa de Israel" (v. 25). Ora, será que, por dizer que não se compraz na morte da casa de Israel, a quem revelou seu plano e de quem exigiu o arrependimento e a conversão, isso significa que Deus profere essas palavras a todos, incluindo aqueles a quem nunca revelou sua vontade, nem chamou ao arrependimento (Sl 147.19,20)? Assim, o trabalho de base de toda a conclusão é eliminado por essa primeira observação. Em segundo lugar, "Deus não deseja a morte do pecador" é uma declaração que pode significar somente duas coisas: 1. O propósito e a determinação de Deus são de que o pecador não morra. 2) Ele ordena que o pecador faça as coisas pelas quais possa viver. Se o significado estiver na primeira opção, por que nem todos são salvos? Por que os pecadores morrem? É importante lembrar que Deus é imutável em seu propósito (Hb 6.17); seu conselho permanecerá de pé e ele fará sua vontade (Is 46.10). Se o significado estiver na segunda opção, então Deus ordena que aqueles que ele chama façam o que é necessário para que vivam e evitem a morte (embora Deus saiba que isso não é possível sem sua intervenção). Ora, não consigo entender que relação isso tem com a ideia da redenção geral. Em terceiro lugar, permita-me concluir com o seguinte pensamento: nossos adversários equivocam-se lamentavelmente na interpretação geral do texto, em seu escopo e objetivo e na intenção do profeta, distorcendo-o para aplicá-lo a algo que não tem a menor relação com o texto. As palavras fazem parte da resposta que o Senhor dá aos judeus que se queixavam e citavam o seguinte provérbio: "Os pais comeram uvas verdes, e os dentes dos filhos é que se embotaram". A quem se aplicava esse provérbio? Bem, "em relação à terra de Israel", conforme o versículo 2, a terra de sua habitação, que foi devastada pela espada por causa dos pecados de seus pais, embora eles mesmos fossem inocentes (conforme eles afirmavam). Assim, o assunto que esse versículo aborda são os juízos temporais de Deus que levaram à destruição da terra habitada pela nação de Israel; o Senhor se justifica declarando a equidade desses juízos em razão dos pecados do povo, pecados pelos quais a terra os devorou e os lançou fora. De acordo com o texto, Deus está lhes dizendo que sua justiça exige que eles morram por tais coisas e seu sangue recaia sobre eles, conforme o versículo 18. Eles serão mortos pela espada e eliminados pelos juízos que merecem. Ele não está dizendo que derramar o sangue deles e lançar fora seus corpos lhe fosse algo prazeroso em si mesmo ou tão desejável, que ele o faria movido apenas por sua vontade, mas lhes diz que abandonem suas abominações e provem se a vida não lhes será prolongada em paz. Com base no que está legítima e claramente expresso nesse texto e que qualquer pessoa imparcial poderia facilmente perceber, sempre me perguntei como dele puderam ser extraídas tantas conclusões estranhas em defesa de uma ideia de misericórdia ampla e irrestrita e de vocação e redenção universais. Além disso, fico surpreso com a forma com que esse trecho pôde ser usado para dar apoio a uma série de afirmações blasfemas que nosso autor apresenta como sua quinta prova.

Sexta prova. "As próprias palavras e frases usadas pelo Espírito Santo nas Escrituras, que falam da morte de Cristo, do resgate e da propiciação dos que deles se beneficiam e de quem pode buscá-la e, crendo, encontrar vida, subentendem nada menos que todos os homens. Por exemplo: "Todas as nações" (Mt 28.19,20); "os confins da terra" (Is 45.22; 49.6); "toda criatura" (Mc 16.15); "todos" (2Co 5.14,15; 1Tm 2.6); "todo homem" (Hb 2.9); "o mundo" (Jo 3.16,17; 2Co 5.19); "o mundo inteiro" (1 Jo 2.2); "o que estava perdido" (Lc 19.10); "pecadores" (Mt 9.13); "injustos" (1Pedro 3.18); "ímpios" (Rm 5.6); todo aquele que se arrepende e crê em Cristo receberá a sua graça (Jo 3.16,18; At 10.43). Ora, diante de todos esses textos tão reiterada e indistintamente usados, não seria um ato de orgulho e heresia enxergar outras interpretações que restringem o sentido de algo que as Escrituras apresentam de modo tão pleno e irrestrito a todos os homens?"

Resposta: Em primeiro lugar, esse argumento, baseado nas palavras e frases que expressam o objeto da morte de Cristo nas Escrituras, é o que preenche as páginas deste livro. É um argumento que se repete, e a maioria dos trechos citados aqui foi mencionada centenas de vezes. Mesmo assim, ele está tão longe de ser algo convincente que, na verdade, é apenas uma repetição do próprio assunto que está sendo debatido, seguida da sua própria opinião. A principal questão entre nós é se as palavras "todos" e "o mundo" devem ser consideradas de uma perspectiva universal. Ele diz que "sim" e fica repetindo isso vez após vez. Essa é a única prova apresentada. Mas ele repete várias vezes aquilo que deve ser comprovado, em vez de apresentar a prova.

Em segundo lugar, quanto às passagens que afirmam que Cristo morreu pelos "pecadores", pelos "ímpios", pelo "que estava perdido" etc., conforme Lucas 19.10; Mateus 9.13; 1Pedro 3.18; e Romanos 5.6, já declarei a falta de utilidade desses textos como provas da redenção universal.

Em terceiro lugar, quanto aos trechos em que se empregam as palavras "todos", "todos os homens", "o mundo" e "o mundo inteiro", já os ouvimos várias vezes, e eles também já foram considerados.

Em quarto lugar, quanto às expressões "todas as nações", em Mateus 28.19,20, e "toda criatura", em Marcos 16.15, usadas em relação àqueles a quem o evangelho é pregado, tenho o seguinte a dizer: 1. Elas não incluem todos os indivíduos, nem todas as nações em todos os tempos, muito menos cada uma das pessoas de todas as nações (se olharmos para o cumprimento e a realização dessa ordem de discipular todas as nações); ademais, o evangelho não foi de fato pregado a todos, embora seja adequado e apropriado na dispensação dessa ordem que o evangelho seja pregado a todos, conforme declarado. 2. O mandamento de pregar o evangelho a todos não prova de maneira alguma que Cristo morreu com a intenção de redimir todos os homens; ele tem outros fundamentos e fins, conforme já declarado. 3. Discordamos da ideia de que o resgate pertence a todos a quem o evangelho é apresentado; há outros fins para tal apresentação; e Cristo dirá a alguns destes que nunca os conheceu. Portanto, certamente, ele não entregou sua vida por eles. 4. "Os confins da terra", em Isaías 45.22, refere-se àqueles que buscam a Deus de todos os cantos da terra e são salvos, o que certamente não se aplica a todos os homens. E a promessa de Cristo ser oferecido como "salvação até os confins da terra", em Isaías 49.6, refere-se ao que Deus fará pelos gentios e igualmente por seu próprio povo, que é "tornar a trazer o remanescente de Israel"; dessa forma, ele levará a bom termo a salvação de Deus e reunirá o remanescente preservado, que é constituído por seus eleitos, até os confins da terra.

A esta altura, espero que eu não precise incomodar o leitor atento, dizendo que, certamente, o autor dessa coletânea não poderia ter encontrado maneira mais eficaz de arruinar a tese que ele tenta defender do que apresentar os textos das Escrituras que ele cita para confirmá-la. Ele admite que *todos* e *o mundo* equivalem a "todos os confins da terra" (Is 45.22; 49.6). É indubitável que essas expressões claramente se referem, em ambos os casos, apenas aos eleitos de Deus e crentes. Portanto, esse é o sentido dessas palavras quando usadas em outras passagens, interpretando-se uma passagem à luz da outra. Se "orgulho e heresia" não tivessem tomado plena posse da mente dos homens, eles não negariam tanto seu próprio senso quanto a razão, contradizendo a si mesmos e aos textos claros das Escrituras na tentativa de sustentar opiniões falsas e corrompidas.

Sétima prova. "Existem certos privilégios elevados e únicos do Espírito contidos no Novo Testamento e selados pelo sangue de Cristo. Eles não se aplicam a todos os homens, mas apenas aos santos, aos chamados e escolhidos do Senhor. Quando mencionados isolada e distintamente, são tratados como aplicáveis somente a eles (Mt 13.11; Jo 14.17, 21-23; 16.13-15; 17.19,20; At 2.38,39; 1Co 2.9,14; Hb 9.15; 1Pe 2.3,9). No entanto, muitos desses privilégios únicos são mencionados em associação com o resgate e a propiciação, e estes pertencem a todos. De fato, esses privilégios não são mencionados de forma tão restritiva e exclusiva, mas sim com palavras que permitem aplicar o resgate a todos. Ao mesmo tempo, esses textos também apresentam os privilégios que se aplicam somente aos que creem, para que eles encontrem consolo e esperança especial, mas também anunciam o resgate e mantêm aberta a porta para que outros, ao crerem e receberem a propiciação, possam entrar e participar com os demais. É isso que se diz de suas "ovelhas" e de "muitos", mas nunca somente por suas ovelhas ou somente por muitos. Eis aqui uma forte prova do resgate para todos os homens, conforme demonstrado no capítulo 3.10."

Resposta: A força dessa prova, no que diz respeito ao assunto em questão, está completamente fora de minha capacidade de percepção e não entendo como ela pode receber qualquer aplicação tolerável a ponto de merecer o nome de prova da tese principal que se pretende defender. A força que ela tem está em uma observação que, se tiver algum sentido, não é nem verdadeira nem jamais tentou ser comprovada; pois, em primeiro lugar, não é necessário provar que há privilégios peculiares e elevados aplicáveis aos santos e chamados por Deus. Entre esses privilégios está a morte de Cristo por eles, não como santos, mas como eleitos, os quais, pelo benefício dessa morte e desse derramamento de sangue, são feitos santos e considerados santos de Deus; pois "ele resgatou sua igreja com seu próprio sangue" (At 20.28); ele "amou a igreja e se entregou por ela" (Ef 5.25); ele se deu por "nós" (Tt 2.14). Diversos desses [privilégios] aqui indicados lhes são expressamente atribuídos na condição de eleitos, tais como os mencionados em João 17.19,20; entre os quais também, no mesmo nível de importância, é contada a "santificação de si mesmo [de Jesus] por amor a eles", ou seja, ser uma oblação (v. 19). Em resumo, todos os privilégios salvíficos peculiares aplicam-se apenas aos eleitos de Deus, comprados para eles e tão somente para eles pelo sangue de Jesus Cristo (Ef 1.3,4). Quanto à outra parte da observação, de que onde se menciona esses privilégios juntamente com o resgate, há espaço para estender o resgate a todos, eu respondo: em primeiro lugar, isso de fato é dito, mas nunca houve uma tentativa de prová-lo. Em um assunto de tamanha importância, temos poucas razões para acreditar no autor tendo como base apenas sua palavra. Em segundo lugar, quanto a "permitir que o resgate se aplique a todos", percebo que, se isso não for permitido, vocês permitirão, mesmo que tirem o verdadeiro sentido das Escrituras completamente de contexto. Em terceiro lugar, já mostrei que onde o pronome "muitos" é mencionado, a referência é unicamente ao resgate, assim como também nas ocorrências das palavras "ovelhas" e "todos". Portanto, não há a menor diferença. Em quarto lugar, em diversas passagens, o resgate de Cristo e esses outros privilégios peculiares (que, na verdade, são frutos do resgate) encontram-se tão associados, que se torna impossível aplicar os privilégios a *alguns* e o resgate a *todos*. Tanto o resgate quanto os benefícios restringem-se aos salvos (Ap 5.9,10). A redenção de seu povo pelo resgate viabilizado por seu sangue e sua constituição como reis e sacerdotes são ideias atreladas uma à outra. Não há como estender o resgate a todos os homens, pois ele é atribuído especificamente aos salvos coroados, e estes se distinguem do restante dos povos e nações dos quais foram retirados e se diferenciam dos que não foram incluídos no pagamento do resgate. Isso é o extremo oposto de todo sentido que eu consigo vislumbrar nessa observação. Em quinto lugar, já discorremos o suficiente sobre "ovelhas e tão somente ovelhas".

Oitava prova. "A restauração operada por Cristo em seu próprio corpo em prol da humanidade é apresentada nas Escrituras como tão ampla, completa e eficaz quanto a queda do primeiro Adão, por si mesmo, foi para todos os homens; nesse sentido, declara-se que o primeiro Adão é uma figura de Cristo, o segundo Adão (Rm 3.22-25; 5.12,14,18; 1Co 15.21,22, 45-47), conforme já demonstrado no capítulo 8."

Resposta: Em primeiro lugar, é bem verdade que Cristo e Adão são comparados (em relação à justiça de um, transmitida àqueles que são seus, e a desobediência e transgressão do outro, transmitidas de maneira semelhante a todos os que são dele) em alguns textos mencionados aqui, como em Romanos 5.12,18. Mas, evidentemente, não se estabelece uma comparação exaustiva entre a justiça de Cristo e a desobediência de Adão, em relação ao objeto, mas uma comparação intensiva, em relação à eficácia de um e de outro; o apóstolo afirma a efetividade da justiça de Cristo para a justificação, contrapondo-a à prevalência do pecado de Adão para a condenação; assim como a transgressão de Adão trouxe a culpa condenatória sobre todos os que são sua semente natural, também a justiça de Cristo obteve o dom gratuito da graça para justificação em favor daqueles que são sua semente espiritual, a saber, os filhos que seu Pai lhe deu.

Segundo, 1Coríntios 15.21,22 fala da ressurreição dos mortos, que se aplica somente aos que creem; pois, embora ele mencione *todos* no versículo 22, "em Cristo todos serão vivificados", no versículo 23 ele claramente interpreta a quem esse *todos* se refere, a saber, todos os que são "de Cristo"; não que os outros mortos não ressuscitarão, mas os que são de Cristo ressuscitarão para a glória em virtude da ressurreição de Cristo, e é disso que o apóstolo fala aqui, uma ressurreição que, certamente, nem todos terão.

Terceiro, a comparação entre Cristo e Adão no versículo 45 (sem mencionar as diversas leituras desse trecho) refere-se apenas aos princípios que lhes foram confiados para transmitir aos outros: Adão, um "ser vivente" ou "alma vivente", foi dotado de um princípio de vida natural para ser transmitido à sua descendência; "Cristo, espírito vivificante", por sua vez, transmitiu vida, graça e espírito à sua descendência. Neste ponto, eu gostaria de observar que todas as comparações feitas entre Cristo e Adão se resumem a uma única coisa: eles eram duas raízes ou troncos comuns que transmitiram aos que neles foram enxertados (isto é, enxertados em Adão pela geração natural e em Cristo pela regeneração espiritual) aquilo de que estavam plenos; no caso de Adão, pecado, culpa e desobediência; no caso de Cristo, justiça, paz e justificação. Nos trechos onde a comparação se estabelece, foge ao escopo, objetivo e finalidade do apóstolo considerar o número daqueles que receberam essas coisas, seja de um, seja do outro.

Quarto, é verdade que em Romanos 3.23 se declara que "todos pecaram e estão destituídos da glória de Deus"; isso é algo de que o apóstolo já havia apresentado provas cabais, manifestando assim não haver salvação a ser alcançada, exceto por meio de Jesus Cristo. Mas se você perguntar a quem se estende essa justiça de Cristo e a quem a redenção em seu sangue se aplica, ele dirá claramente: "a todos os que creem" (v. 22), sejam judeus, sejam gentios, "porque não há diferença".

Nona prova. "O Senhor Jesus Cristo enviou seus servos e lhes ordenou que pregassem o evangelho a todas as nações, a toda criatura, e lhes dissessem que quem cresse e fosse batizado seria salvo (Mt 28.19,20; Mc 16.15,16). Eles assim fizeram e pregaram a todos (2Co 5.19; Rm 10.13,18). Nosso Senhor Jesus Cristo um dia deixará claro que não enviou seus servos em uma falsa missão, nem lhes colocou na boca uma mentira, nem os incentivou a serem dissimulados, oferecendo a todos algo que sabiam pertencer apenas a alguns poucos, mas foram instruídos a falar a verdade (Is 44.26; 61.8; 1Tm 1.12)."

Resposta. Em primeiro lugar, é verdade que Cristo ordenou a seus apóstolos que "pregassem o evangelho a todas as nações e a toda criatura" e lhes dissessem "que todo aquele que cresse seria salvo" (Mt 28.19,20; Mc 16.15,16). Sem distinção de pessoas ou nações, eles deviam convidar todos os homens a quem a providência de Deus os dirigisse e dos quais o Espírito Santo não os afastasse (como ocorreu em At 16.6,7); eles deviam advertir as pessoas a que se arrependessem e cressem no evangelho. Em segundo lugar, também é verdade que, em obediência a esse mandamento, os servos de Cristo exortaram os homens a se arrependerem, crerem e se reconciliarem com Deus. Eles assim fizeram em todas as nações, sem distinção, exceto quando impedidos, conforme já mencionado. Eles trabalharam para propagar o evangelho até os confins da terra e para não o restringir aos judeus (2Co 5.19,20; Rm 10.18). Também não há a menor sombra de dúvida de que o Senhor Jesus Cristo não enviou seus servos com uma mentira, para oferecer a todos o que pertencia apenas a alguns, mas para falar a verdade; disso não há necessidade de prova. Mas não é fácil entender o que dessa declaração pode ser concluído em defesa da redenção universal.

Talvez alguns digam que a prova disso está no fato de que, se Cristo não morreu por todos aos quais a Palavra é pregada, como aqueles que a pregam podem oferecer Cristo a todos? Um fraco argumento, Deus o sabe! Pois, em primeiro lugar, o evangelho nunca foi pregado a todas e quaisquer pessoas, nem se afirma algo semelhante nos textos citados; e vocês precisam provar que Cristo morreu por todos, tanto por aqueles que nunca ouviram o evangelho quanto pelos que o ouviram. Em segundo lugar, o que os pregadores do evangelho oferecem àqueles aos quais a Palavra é pregada? Não é vida e salvação por meio de Cristo, mediante a condição de fé e arrependimento? Por acaso a veracidade dessa oferta não consiste no fato de que todo aquele que crer será salvo? E essa verdade não permanece firme e inviolável, conquanto haja suficiência em Cristo para salvar todos aqueles que o buscam? Deus confiou aos ministros do evangelho suas intenções, propósitos e conselhos, ou seus mandamentos e promessas? É uma mentira dizer aos homens que aquele que crê será salvo, embora Cristo não tenha morrido por alguns deles? Provas como essas precisam ficar de pé por si mesmas; caso contrário, a conclusão a que se pretende chegar será bastante frágil.

Décima prova. "O Senhor deseja que os crentes orem até pelos injustos e pelos que os perseguem (Mt 5.44,48; Lc 6.28); sim, até mesmo "por todos os homens"; sim, até mesmo "pelos reis e por todos os que estão investidos de autoridade", quando eram poucos os detentores de autoridade que amavam o cristianismo. No entanto, ele não se referiu a alguns dessa classe, mas a "todos os que estão investidos de autoridade"; com base nisso, é bom diante de Deus "que todos os homens sejam salvos e cheguem ao conhecimento da verdade" (Lc 10.5; 1Tm 2.1-4). Certamente, há uma porta aberta para todos os homens, e ela conduz à vida (2Tm 1.10); pois Deus não disse à semente de Israel: "Buscai-me em vão" (Is 45.19). Ele não quer que seus filhos orem por coisas em vão.

Resposta: A força dessa prova reside em supor, primeiramente, que afirmações indefinidas devem ser interpretadas como equivalentes de declarações universais, o que é falso (Rm 4; 5). Em segundo lugar, a palavra "todos" (1Tm 2.1), não abrange todas as categorias de homens e não deve ser interpretada de uma perspectiva distributiva, pois o apóstolo, fazendo uma lista de diversas categorias, não deixa dúvida sobre o alcance da distribuição que ele tem em vista. Em terceiro lugar, quanto à afirmação de que somos obrigados a orar para que todos e quaisquer homens, cada um dos homens singularmente, seja salvo, temos o seguinte a dizer: 1. Não existe mandato, regra, preceito ou exemplo disso. 2. Tal exigência se opõe ao preceito apostólico (1Jo 5.16). 3. Isso se opõe ao exemplo de nosso Salvador (Jo 17.9). 4. Opõe-se ao conselho e propósito de Deus que nos foram revelados de modo geral (Rm 9.11,12,15; 11.7), onde evidentemente nossa oração por todos se refere apenas a todas as categorias de homens, sem que nenhuma seja excluída, para que aqueles que são destinados à vida eterna possam crer. Em quarto lugar, é falsa a ideia de que devemos orar apenas para que os homens sejam salvos por Cristo e não orar por nada mais (Jr 29.7). Em quinto lugar, o que deve nos levar a orar por alguém é a certeza de que Cristo morreu por aquele indivíduo em particular, e isso não é verdade (At 8.22,24). Em sexto lugar, essa "prova" parte de uma pressuposição assombrosa, a saber, que nosso dever é estar em plena harmonia com a mente secreta de Deus, com seu propósito e conselho. Até que todas essas suposições sejam provadas (e nenhuma delas o será em breve), esta prova não ajudará em nada, e o argumento continuará desprovido de força: "Devemos orar por todos; portanto, Deus pretende salvar a todos pela morte de Cristo". Sua natureza sofística e fragilidade são óbvias. Não se pode chegar a uma boa conclusão com base em nosso dever em relação ao propósito de Deus, embora não haja dúvida de nosso dever em relação a seu mandamento.

Décima primeira prova. "O Senhor deu sua palavra e prometeu estar com seus servos que pregam o evangelho a todos e com seu povo orando por todos, onde quer que eles estejam, para que possam prosseguir com confiança em ambas as tarefas (Mt 28.20; 1Tm 2.3,8; Lc 10.5; Is 54.17)."

Resposta: É óbvio que Deus estará com seu povo, seja pregando ou orando, de acordo com sua vontade e segundo o dever que lhes foi atribuído, assim como também é óbvio que isso não prova nada em favor da redenção universal. O que poderia ser mais evidente?

Décima segunda prova. "O Senhor já realizou e cumpriu sua palavra aos seus servos e a seu povo, incluindo homens de todas as categorias e pecadores de todos os tipos, mostrando-lhes misericórdia até o fim, para que nenhum deles excluísse a si mesmo, mas para que todos fossem incentivados a se arrepender, crer e ter esperança (At caps. 2; 3; 8-11; 16; 19; 28; 1Co 6.10,11; 1Tm 1.13-16)."

Resposta: Se você tivesse nos informado que Deus já havia cumprido a sua promessa aos seus servos ao salvar todas e quaisquer pessoas, e provado isso com clareza de raciocínio, você teria confirmado de maneira inegável sua opinião principal. No entanto, ao afirmar apenas que ele mostrou misericórdia a alguns de todas as categorias e a todos os tipos de pecadores, a fim de que outros, semelhantes a eles, possam ser levados a crer (os restantes de seus eleitos que ainda não foram chamados), você evidentemente traiu sua própria causa e confirmou a tese de seus adversários. À semelhança de seus oponentes, você demonstrou que o Senhor salva, pelo sangue de Jesus, apenas alguns de todas as categorias e não todos, conforme seu dogma o leva a pensar.

Décima terceira prova. "A bênção da vida fluiu na doutrina do amor de Deus para com a humanidade; sim, na descoberta espiritual da graça de Deus para com a humanidade (no resgate e na expiação feitos por Cristo em favor de todos os homens, com os frutos que deles decorrem), Deus, em primeiro lugar, convenceu seus escolhidos para que cressem e se voltassem para ele (At 13.48; Tt 2.11,13; 3.4,5)."

Resposta: Primeiro, reconhecemos de bom grado que a liberdade da graça de Deus e a transcendência do seu amor eterno pelos homens, com o envio de seu Filho para morrer por eles e recuperá-los para si do pecado e de Satanás, são motivos eficazes e (quando impulsionado pelo Espírito da graça) princípios operantes bem seguros da conversão dos eleitos de Deus. É algo que nos alegra o coração, que nos aproxima dele e pelo qual desejamos ser gratos com obediência a cada momento. Mas negamos completamente que isso tenha sido eficaz para estender seu amor a todos, ou pelo menos que haja alguma eficácia na intensificação desse amor, porque: 1. Isso é falso e distorce a Palavra de Deus, conforme já demonstrado, e nada de bom pode resultar de uma mentira. Isso enfraquece completamente e anula a eficácia desse motivo celestial, transformando o amor mais intenso e incomparável de Deus por seus eleitos em um mero desejo, vontade e sentimento de sua natureza (o que, na verdade, contraria essa natureza), fracassando em seu fim e propósito. Isso poderia ser consistente com a destruição eterna de toda a humanidade, conforme as numerosas provas que apresentarei, se a Providência me chamar para a outra parte desta controvérsia sobre o porquê de Jesus Cristo ter sido enviado. Em segundo lugar, os textos reiterados não dizem nada sobre esse amor comum estendido a todos, porque: 1. A "graça" mencionada em Tito 2.11,13 é a graça que certamente traz salvação, algo que não pode ser produzido por esse amor comum, e foi o que levou Deus a enviar Cristo "para nos remir de toda a iniquidade e purificar para si mesmo um povo especial, zeloso de boas obras", onde nossa redenção e santificação são afirmadas como finalidade imediata da oblação de Jesus Cristo; já dissemos como esse pensamento é extremamente nocivo para a tese da redenção universal. 2. Assim também são o "amor e bondade" mencionados em Tito 3.4-7, pelos quais recebemos "a lavagem da regeneração e a renovação do Espírito Santo" (v. 5), justificação e adoção como herdeiros da vida eterna (v. 7); cada um julgue se isso se refere a um amor comum ou a um amor singular. 3. Atos 13.47 (pois o v. 48 citado contém uma clara restrição desse amor de Deus aos seus eleitos) mostra a extensão da misericórdia de Deus em Cristo, por meio da pregação do evangelho também aos gentios, e não apenas aos judeus, conforme profetizado por Isaías 49.6; isso está longe de dar qualquer força à universalidade da graça, sendo apenas a mesma afirmação que se vê em João 11.52, a saber, "reunir em um só corpo os filhos de Deus que andam dispersos".

Décima quarta prova. "De acordo com João 3.19, quando o evangelho é apresentado às pessoas e elas recusam sua luz espiritual, preferindo seguir outras coisas, afirma-se que elas escolheram ou amaram "as trevas em vez da luz" (mas como poderiam fazer tal escolha se a luz da verdade não fosse destinada a elas?), seguindo vaidades mentirosas, abandonando as misericórdias que lhes eram oferecidas (Jn 2.8), endurecendo o coração (Rm 2.5), perdendo sua própria alma

(Mt 16.26) e destruindo a si mesmas (Os 13.9). Sendo descendentes de Adão, elas caíram nas trevas, na dureza de coração, perderam a alma e herdaram a morte. Como tudo isso poderia ter acontecido se Jesus Cristo não houvesse obtido vida, não tivesse feito expiação, não lhes houvesse restaurado a alma, nem assegurado e empregado meios para que elas pudessem ser salvas? Deus não é um senhor severo que colhe onde não plantou."

Resposta: O resumo desse argumento é que aqueles que não creem na pregação do evangelho são a causa de sua própria ruína e destruição; portanto, Jesus Cristo morreu por todos e quaisquer homens no mundo. Embora responder a tal argumento seja claramente um desperdício de tempo e energia, devo acrescentar algumas observações para que não paire dúvida nem para o leitor menos atento. Primeira, o evangelho não foi pregado a todos. Desde o começo do mundo, a grande maioria dos homens foi preterida na dispensação dos meios de graça (Rm 2.14; At 14.16; 17.30 ["não levou em conta"]). Todos esses, então, devem ser deixados de fora da conclusão pretendida, o que a torna completamente inútil para o propósito em questão. Pois a redenção universal cai por terra se uma única alma não for incluída no pagamento do resgate. Em segundo lugar, não crer que a morte de Cristo se deu em favor de cada indivíduo que já existiu ou existirá não é o que causa a destruição do homem (esse não é um objeto de fé exigido nas Escrituras). Mas é a falta de fé na suficiência da paixão e da oblação de Jesus Cristo pelos pecadores, com a aceitação da misericórdia assim obtida, com base nos termos e condições apresentados no evangelho. Isso não se refere ao propósito e à intenção de Deus em relação àqueles por quem Cristo deveria morrer, mas sim à suficiência e eficácia de sua morte para todos aqueles que o recebem de maneira adequada, crendo que ele é o único e verdadeiro caminho, a vida e a luz, não havendo outro nome dado debaixo do céu pelo qual os homens possam ser salvos (At 4.12). "Amar as trevas em vez da luz", conforme João 3.19, é o versículo citado como prova. A palavra usada ali é μᾶλλον, que significa "em vez de"; não se estabelece uma comparação entre o amor deles pelas trevas e o amor que eles nutriam pela luz, como se eles amassem ambos, porém mais as trevas. O que se estabelece claramente é uma oposição ao amor pela luz em favor de um total amor pelas trevas. Diz o autor que é isso que os homens fazem. Como essa afirmação é feita de forma indefinida, seguindo as regras de interpretação da Bíblia adotadas por ele, ela deve ser entendida universalmente como referência a todos os homens. No entanto, é possível entender que se refere à maioria dos homens a quem Cristo pregou, já que alguns deles também "o receberam" e lhes foi dado o direito de se tornarem filhos de Deus, conforme João 1.12.

Não vejo motivo para aqui interpretar "amar" como "escolher", como se as palavras fossem equivalentes ou como se a palavra no original pudesse significar as duas coisas. Há uma diferença entre amar e escolher; e quanto a ἠγάπησαν, um tradutor seria tão ruim quanto você como intérprete se a traduzisse por "eles escolhem". O que significa amar mais as trevas do que a luz, senão seguir e se apegar em afeto e prática aos caminhos em que estavam, alienados da vida de Deus, praticando as obras infrutíferas das trevas e rejeitando a doutrina celestial do evangelho, que oferece paz e reconciliação com Deus por meio de Cristo e, portanto, vida e imortalidade? Logo, concluir a partir disso que Cristo morreu por todos e quaisquer homens do mundo, porque a maior parte daqueles a quem ele pregou o evangelho não creu, é um tipo de raciocínio desatinado; é muito melhor inferir que, portanto, ele não morreu por todos os homens, porque não lhes foi dada a graça de crerem nele (Fp 1.29).

A declaração entre parênteses, "como poderiam fazer tal escolha se a luz da verdade não fosse destinada a elas?", não esclarece a inferência anterior. Se a frase "destinada a elas" se refere à intenção e ao propósito de Deus, a verdade é que não nos atrevemos a dizer que Deus pretende e decide que alguém receba uma luz que, na realidade, não receberá. Se assim disséssemos, colocaríamos a Glória de Israel em pé de igualdade conosco e contradiríamos aquele que disse: "Meu conselho permanecerá firme, e farei tudo o que me agrada" (Is 46.10). "O conselho do Senhor permanece para sempre" (Sl 33.11); ele é "o Senhor e não muda" (Ml 3.6; Tg 1.17; 2Tm 2.19; Rm 9.11). Se "destinada a elas" significa a provisão de plenitude de luz e graça, à semelhança da luz do sol à disposição de todos os homens do mundo, embora alguns sejam cegos e não possam vê-la, então concordamos. Afirmamos que há luz no evangelho para todos aqueles a quem é pregado; a própria cegueira dos homens é a única causa de não a receberem; mas isso não fez a pedra do argumento dar um passo adiante e, no fim, ela ainda rola de volta sobre ele.

Em terceiro lugar, as outras passagens mencionadas não têm nenhuma pertinência direta para o assunto em pauta e não fornecem nenhum argumento que lhe seja favorável. Por exemplo, o livro de Jonas fala sobre aqueles que abandonam o verdadeiro Deus para seguir ídolos, perdendo assim as bênçãos temporais e espirituais que haviam recebido do verdadeiro Deus (Jn 2.8). Romanos 2.5 fala sobre os gentios que poderiam aprender com as obras de Deus e desfrutavam da paciência divina que lhes era estendida, mas não se arrependeram e continuaram em sua rebelião, endurecendo ainda mais seu coração. Mateus 16.26 trata do homem que perde sua alma. Oseias 13.9 se refere à ruína causada pelo pecado pelo qual o próprio homem é responsável. A força argumentativa desses textos é a mesma dos textos anteriores.

No entanto, em quarto lugar, o desfecho desse raciocínio parece sugerir uma visão adicional do autor, que não fica aparente à primeira vista, a saber, que todos os homens estão em uma condição restaurada por Cristo. Não se trata de uma porta de misericórdia que lhes foi aberta, mas que todos foram realmente restaurados à graça e ao favor divino; se não caírem dessa posição, certamente serão salvos. E o argumento usado como prova é o seguinte: estando perdidos em Adão, não se poderia dizer que eles mesmos se perderam, a menos que fossem restaurados por Cristo; em outras palavras, se as trevas e a dureza de coração estavam em Adão, não se poderia dizer que eles amaram as trevas nem que endureceram o próprio coração, a menos que todos fossem iluminados e quebrantados por Cristo. Agora, se essa é a intenção dele (como parece ser), então eu devo dizer algumas coisas; primeiramente, sobre o argumento e, em segundo lugar, sobre o assunto em si.

Primeira, este é o argumento apresentado: devido ao pecado original, os homens são culpados de morte e condenação; portanto, eles não podem, por meio de pecados reais, confirmar e agravar essa condenação, trazendo assim morte sobre morte. Como há uma dureza de coração inata e inerente ao homem, ninguém pode acrescentar graus de rebeldia e entorpecimento causados por rebeliões verdadeiras. Como os homens já são cegos, eles não podem menosprezar a luz (quando, na verdade, a razão pela qual menosprezam é porque são cegos). Homens que têm tempo, oportunidade e meios para salvar a própria alma não podem perdê-la, isto é, não podem ser condenados, a menos que sua alma já desfrutasse da condição de salva. Veja bem, essa é uma das provas que, na conclusão, é chamada de "evidente e de acordo com as Escrituras". Mas, na verdade, nada pode ser mais contrário à razão, às Escrituras e aos princípios dos oráculos de Deus do que essa afirmação, assim como também algumas de suas outras declarações. Não direi mais nada, sabendo que nenhum leitor pode ser tão ingênuo a ponto de pensar que recusar um remédio oferecido, juntamente com outros inúmeros atos de desprezo praticados contra o Senhor, não sejam suficientes para tornar os homens culpados de sua própria condenação. Estou falando daqueles aos quais é dada a oportunidade de ouvir a pregação do evangelho.

A *segunda* observação, quanto ao assunto em si, ou seja, uma restauração real de todos os homens feita por Cristo a um estado (conforme insinuado) que eles tinham no início em Adão (em relação à aliança, não à inocência), pois assim entendo ser o sentido que o autor quer transmitir, já que, em outra passagem, ele afirma categoricamente ser assim, e que todos são justificados por Cristo, embora não consiga declarar como isso acontece. A esse respeito digo o seguinte: 1. Não há nada nas Escrituras que possa dar a menor validade a esse erro grosseiro, nem se pode apresentar alguma coisa sequer parecida com essa ideia. 2. Isso contraria uma série de verdades fundamentais: (1.) Contraria muitas passagens que afirmam que estamos "mortos em transgressões e pecados" (Ef. 2.1); "a menos que nasçamos de novo, não podemos ver o reino de Deus" (Jo 3.3); até que cheguemos pela fé a Cristo, "a ira de Deus permanece em nós" (Jo 3.36); juntamente com inúmeras passagens que revelam a alienação universal de todos os homens em relação a Deus enquanto a paz e a reconciliação reais não forem feitas por meio de Cristo. (2.) Contraria a própria natureza e essência da nova aliança da graça que procede da livre misericórdia de Deus para com seus eleitos; essa aliança é acompanhada por promessas distintas desde a primeira até a última, estabelecendo uma diferença entre a semente da mulher e a semente da serpente, tanto nos membros quanto na Cabeça; ela é eficaz e de fato concretiza todas as coisas boas prometidas àqueles a quem se aplica (o que certamente não inclui todos os homens); as Escrituras como um todo reiteram que essa aliança é feita com o povo de Deus, ou com aqueles que dele serão, em oposição ao mundo; todos essas coisas, juntamente com várias outras, são afirmadas de modo tão abundante nas Escrituras, que nenhuma delas pode ser verdadeira se todos os homens forem restaurados à aliança por Cristo. (3) Isso é contrário ao propósito eterno de Deus na eleição e reprovação, sendo esta última a decisão de deixar os homens em sua condição decorrente da queda, sem qualquer reparação por Cristo. (4.) Ela é acompanhada de muitas consequências estranhas, absurdas e infundadas:

[1.] Todas as crianças que morrem antes de ter a capacidade de usar a razão e antes de cometer um pecado real estarão necessariamente salvas. No entanto, nosso Salvador afirmou que "ninguém pode ver o reino de Deus se não nascer de novo" (Jo 3.3); e Paulo diz que os filhos de descrentes são "impuros" (1Co. 7.14); ora, nenhuma coisa impura entrará na nova Jerusalém (Ap 21.27). Por tal raciocínio, as crianças nascidas de déspotas, pagãos, descrentes e dos perseguidores, se morrerem na infância, serão colocadas em um estado mais bem aventurado do que a condição dos apóstolos de Cristo, em um estado superior ao do melhor dos crentes, os quais, de acordo com os autores dessa doutrina, correm o perigo de perecer eternamente. [2.] Não é necessário mais nada para ser salvo do que permanecer no estado em que a pessoa nasceu (ou seja, na aliança, restaurada a ela por Cristo); ao passo que toda a Palavra de Deus anuncia que todos os que permanecem nesse estado, por certo, perecerão eternamente. [3.] Todos os que perecem se afastam da graça da nova aliança, mesmo que as promessas dessa aliança afirmem que os que nela estão jamais se afastarão de modo absoluto. [4.] Ninguém pode chegar a Cristo, exceto aqueles que caíram da condição que tinham nele, pois todos os outros permanecem em Cristo.

Inúmeras outras consequências como essas decorrem obrigatoriamente dessa afirmação falsa, herética e absolutamente nociva à doutrina da livre graça de Deus. Espero que provas como essas levem os homens pensantes a estudar mais a tese que se pretende provar e produzam bons resultados que revelem a sórdida mentira inerente ao todo.

Em quinto lugar, quanto às últimas palavras da prova, eu respondo que Deus semeou aquela semente em Adão e a regou com inúmeras bênçãos temporais para todos os homens, e bênçãos espirituais para alguns, cujo fruto ele exigirá do mundo dos incrédulos, e não no sangue de Jesus Cristo, a não ser na medida em que ele foi certamente oferecido a alguns deles e desprezado.

Décima quinta prova. "Deus discutiu, lutou, acusou e protestou seriamente com aquele grupo, do qual muitos pereceram (Rm 9.27; Is 10.22). Por exemplo: 'Ah! Se eles tivessem sempre um coração disposto a me temer e a guardar todos os meus mandamentos, para que tudo fosse bem com eles e com seus filhos para sempre!' (Dt 5.29). 'Que mais se podia fazer à minha vinha, que eu não lhe tenha feito?' (Is 5.4,5). 'Que iniquidade acharam em mim vossos pais, para se afastarem de mim?' (Jr 2.5). 'Acaso fui para Israel um deserto, ou uma terra de trevas? Por que, pois, diz o meu povo: Somos livres e jamais voltaremos a ti?' (v. 31). 'Povo meu, que te fiz eu? Em que te contristei? Testifica contra mim' (Mq 6.3). 'Quantas vezes quis eu ajuntar [...], e vós não quisestes!' (Mt 23.37). 'Ah, se o meu povo me ouvisse! Se Israel andasse nos meus caminhos, eu logo submeteria os seus inimigos e voltaria a minha mão contra os seus adversários!' (Sl 81.13,14). 'Visto que clamei e recusastes; estendi a mão, e ninguém deu atenção' (Pv 1.24-31). 'Porquanto, tendo conhecimento de Deus, não o glorificaram como Deus' (Rm 1.21,28). 'Portanto, és inescusável, ó homem'. [...] Mas, segundo a tua dureza e coração impenitente, acumulas contra ti mesmo ira' (Rm 2.1,5). Nenhum cristão, eu espero, irá questionar a Deus, dizendo: 'Tu nunca quiseste nosso bem; nenhum resgate foi dado por nós, nenhuma expiação, feita por nós, nenhum bem nos foi oferecido, nenhuma misericórdia nos foi mostrada; nada, na verdade, pelo que pudéssemos ser salvos, nada além de um espetáculo vazio, um mero embuste'. Mas se alguém arrazoasse com tamanha maldade, mesmo assim tais objeções não ficariam em pé."

Resposta: A essa coletânea de questionamentos responderei brevemente com algumas observações, mostrando como eles são inúteis para o assunto em pauta. Primeira, em todos eles não há menção de nenhum resgate concedido ou expiação feita por aqueles que perecem (conforme ele alega no final de sua prova). Em vez disso, todos dizem respeito às misericórdias temporais com meios externos de graça. Além disso, acrescente-se o que observamos no argumento anterior, ou seja, assim como Deus não os questiona nessa questão, eles também não questionarão a Deus no último dia. Não nego que haja coisas suficientes para questionar os pecadores da perspectiva do sangue de Cristo e do resgate que ele pagou. Por meio dessas coisas, os eleitos podem ser atraídos e conduzidos à fé e ao arrependimento, e os crentes podem ser cada vez mais convencidos a abandonar toda impiedade e cobiça mundana e viver para Cristo, que morreu por eles; outros, porém, podem ficar em uma condição mais indesculpável ainda por causa dessas coisas. Apenas, no momento, aqui não se expressam tais questionamentos, nem se pode encontrar algum que mostre o propósito e a intenção de Deus em Cristo em relação àqueles que perecem. Em segundo lugar, todas as passagens citadas (exceto as que vemos em Rm 1.28; 2.5, que clara e evidentemente atribuem o caráter indesculpável do pecado ao conhecimento acessível aos pecadores pelas obras da criação e pela providência de Deus, como eterno e todo-poderoso, sem fazerem a menor indicação de algum resgate, expiação e redenção) se referem àqueles que desfrutaram dos meios da graça, os quais, nos dias em que esses questionamentos foram feitos em relação a eles, eram um conjunto muito pequeno de todos os homens; de modo que nada pode ser concluído com base no que lhes é dito sobre a mente e o propósito de Deus para com todos os outros (Sl 147.19,20), sendo isso nocivo à tese do resgate geral. Em terceiro lugar, não há ninguém, em especial nenhum daqueles que desfrutam dos meios de graça, mas recebe tantas misericórdias de Deus, que possa ser justamente questionado por ele em virtude de sua ingratidão e desobediência proporcional às misericórdias e à luz recebidas. Quarto, eu esperaria que todos concordassem que Deus não apenas poderia questionar os filhos dos homens sobre qualquer uma dessas coisas, se elas estivessem ausentes, mas também poderia, se fosse do seu agrado, trabalhá-las efetivamente no coração dos homens pela grandeza incomparável do seu poder. Então, nenhum desses aspectos declara o propósito de Deus, o qual ele poderia cumprir, se assim fosse de seu agrado, "pois quem jamais resistiu à sua vontade?" (Rm 9.19). Em quinto lugar, afirmar que Deus tem desejos e vontades é contrário à sua natureza perfeita e suficiente; essas características não estão presentes nele de forma alguma, assim como ele não tem olhos, ouvidos ou mãos. Essas coisas devem ser entendidas como θεοπρεπῶς.

Em sexto lugar, é evidente que todas essas coisas não passam de declarações emocionais do nosso dever na fruição dos meios de graça, fortes convicções dos obstinados e desobedientes, com uma plena justificação das excelentes maneiras pelas quais Deus nos leva ao cumprimento de nossos deveres; portanto, Cristo morreu por todos os homens, ὅπερ ἔδει δεῖξαι? Em sétimo lugar, alguns textos específicos, aparentemente mais enfáticos do que os restantes, já foram por nós examinados.

Décima sexta prova. "A maneira pela qual as Escrituras apresentam o pecado daqueles que desprezam e recusam a graça, sua condição e os que estão perecendo indica que Cristo derramou seu sangue por eles. Elas assim se referem a tais pessoas: 'transformam a graça de Deus em libertinagem' (Jd 4); 'pisam o Filho de Deus, profanam o sangue da aliança com que foram santificados, ultrajam o Espírito da graça' (Hb 10.29); 'negam o Senhor que os comprou' (2Pe 2.1); 'perecem aqueles por quem Cristo morreu' (1Co 8.11); 'árvores sem fruto, duas vezes mortas, arrancadas pela raiz' (Jd 12,13); 'trazendo sobre si mesmos rápida destruição' (2Pe 2.1). E como tudo isso poderia acontecer se Deus não tivesse de alguma forma dado seu Filho por eles? Se Cristo não tivesse derramado seu sangue para obter o perdão por eles? Se ele não os tivesse comprado, nem tivesse graça ou vida por seu Espírito para lhes conceder?"

Resposta: Em primeiro lugar, nesta prova há três passagens das Escrituras frequentemente citadas em defesa da tese da redenção universal, a saber, Hebreus 10.29, 2Pedro 2.1 e 1Coríntios 8.11; elas já foram consideradas em detalhes e demonstramos que em nada ajudam na afirmação para a qual são violentamente distorcidas e cujo sentido é pervertido com essa finalidade. Quanto aos textos extraídos de Judas (v. 4,12,13), não consigo entender como eles podem ser vinculados ao assunto em pauta. No versículo 4, afirma-se que alguns "transformam em libertinagem a graça de Deus", ou seja, para dar fomento ao pecado, eles fazem mau uso da doutrina do evangelho e da misericórdia de Deus que esse evangelho revela. Assim, concluir que Jesus Cristo morreu por todos os homens é uma inferência infundada, porque o apóstolo deixa claro que Cristo não morreu por aqueles que fazem mau uso de sua graça. Em vez disso, ele afirma sobre tais homens: "... desde muito, eles foram sentenciados à condenação"; tal sentença é diametralmente oposta ao amor que levou o Senhor a enviar seu Filho, Jesus Cristo, para obter a salvação de qualquer homem que fosse. A força da prova reside nos outros trechos, os quais já foram considerados.

Décima sétima prova. "Jesus Cristo, por meio de sua morte, será o juiz dessas pessoas, e por meio do evangelho, pelo qual elas poderiam ter sido salvas, ele as julgará para a segunda morte. Como isso seria possível se Cristo nunca tivesse sofrido a primeira morte por elas e se não houvesse verdade em seu evangelho que lhes foi pregado (Rm 14.9-12; Fp 2.7-11; Rm 2.16; Jo 12.47,48,50)?"

Resposta: Primeiro, confessamos que Jesus Cristo será o juiz de todos e que todo julgamento já foi confiado a ele. No entanto, não se segue disso que ele tenha morrido por todos, a menos que se afirme que ele também morreu pelos demônios, pois estes também devem ser julgados por ele. Segundo, a declaração de que todos serão julgados pelo evangelho, mesmo aqueles que nunca ouviram falar dele, é diretamente contrária ao evangelho: "Porque todos os que sem lei pecaram, sem lei também perecerão; e todos os que sob a lei pecaram, pela lei serão julgados" (Rm 2.12). Todo homem, sem dúvida, será julgado de acordo com a luz e a regra que ele tinha ou da qual poderia ter usufruído, e não de acordo com algo de que ele tenha sido insuperavelmente privado. Em terceiro lugar, dizer que Cristo sofreu só a primeira morte não é uma expressão das Escrituras, nem pode ser inferido com base nelas; ele sofreu a morte que estava na maldição da lei, ou seja, para pagar a penalidade do pecado humano e não para conquistar o direito de julgar os homens. Em quarto lugar, o autor sugere que não há verdade no evangelho pregado, a menos que Cristo tenha morrido por todos, mas o fato é que não há afirmação mais oposta à verdade do evangelho. Os textos citados mencionam Cristo como Senhor de todos, exaltado acima de todas as coisas, Juiz de todos, que julga os homens de acordo com o evangelho, ou seja, aqueles que usufruem do evangelho; mas não entendo como esses textos podem ser tão distorcidos para serem usados como provas de que Cristo morreu por todos.

Décima oitava prova. "Os crentes são exortados a lutar pela fé da salvação comum uma vez entregue aos santos. Alguns, quando a ouvem, opõem-se a ela; outros transformam a oferta da salvação em libertinagem. Ao não atentarem para ela e deixando de andar na fé dessa salvação já realizada por Cristo em favor dos homens, eles se privam dela e se desviam da salvação que Cristo, por meio de seu Espírito, ao aplicar-lhes a fé, neles operou; e assim, ficam destituídos da salvação vindoura (Jd 3-5)."

"Cada uma dessas provas é clara e está em harmonia com as Escrituras. Se as evidências individuais são tão fortes, imagine então quando reunidas! Isso ainda justifica o sentido que 1Timóteo 2.6 e Hebreus 2.9 implicam e confirma a verdade da proposição inicial."

Resposta: Nessa prova, não vejo nada que indique que a salvação adquirida por Cristo é comum a todos, exceto pelo fato de ser chamada "salvação comum". Se concluirmos que essa salvação é comum a todos, então se poderia igualmente concluir que a fé pertence a todos, já que é chamada "fé comum" em Tito 1.4, embora seja logo antes identificada como "a fé dos eleitos de Deus" em Tito 1.1. É inegável que há uma comunidade de crentes, e o que é comum entre eles se estende a toda a igreja de Deus; há um *totus mundus ex toto mundo*; a salvação comum é o meio pelo qual todos eles são salvos, sem indício algum de uma estranha salvação comum pela qual ninguém é salvo, como defendido pelo debatedor. O restante dessa prova é apenas um amontoado de palavras, características da crença do autor, mas em grande parte inadequadas à Palavra de Deus e depreciativas dos méritos de Cristo. Elas tornam a salvação adquirida por ele ineficaz em si mesma e, em vez disso, deixam-na à mercê da vontade de homens pecadores, corrompidos e amaldiçoados, para que decidam se a aceitam ou rejeitam.

São essas as provas que o autor chama de "claras e de acordo com as Escrituras", sendo uma recapitulação de quase tudo o que ele diz em todo o seu livro. Pelo menos no que diz respeito à parte argumentativa, não omiti nada de peso. Por isso, separei o presente capítulo para dar uma resposta completa e bem localizada. Agora, deixo a cargo do leitor cristão que as examinar, juntamente com as respostas que contraponho, se o que o autor pretende provar, ou seja, que o pagamento de um resgate feito por Cristo em favor de todos e quaisquer homens está clara e evidentemente confirmado nas Escrituras, como ele quer nos levar a crer, ou se todo esse amontoado de palavras, chamadas de argumentos, razões e provas, não é algo obscuro, desajeitado e muitas vezes incompreensível na forma como são expressas, palavras infantis, frágeis e ridículas no modo pelo qual fazem suas inferências, além de perversas, violentas e equivocadas em suas alegações e interpretações das Escrituras, através de ignorância, descuido e corrupção de julgamento, em oposição direta ao pensamento e à vontade de Deus nelas revelados.

7

Refutação de objeções remanescentes

Neste encerramento de nosso tratado eliminaremos alguns sofismas típicos e argumentos capciosos dos arminianos, que ultimamente se tornaram comuns e não muito sofisticados. Isso encerrará toda a controvérsia que nos arrastou fervorosamente até aqui. Vou me esforçar para ser o mais breve possível, em parte porque essas coisas já foram tratadas extensivamente por outros, em parte porque, tendo eliminado todas as insinuações de oposição à verdade, conforme sustentada pelas Escrituras, todas as outras objeções afundarão naturalmente. No entanto, como foram feitos grandes alardes e empregadas palavras inflamadas pela vaidade em relação a algumas das objeções abaixo, é necessário que algo seja dito para mostrar como toda essa retórica é vazia, de modo que o crente mais frágil não seja enredado por ela.

Primeira objeção. O argumento que passaremos a discutir é bastante conhecido, mas desprovido de mérito, à semelhança de outros usados nas demais controvérsias dos últimos dias. Ele é assim expresso: "Aquilo em que todos devem crer é verdadeiro. Todos devem crer que Jesus Cristo morreu por eles. Logo, é verdadeiro que Jesus Cristo morreu por todos".

Esse argumento é conhecido como "Aquiles dos Remonstrantes", porque é considerado um dos argumentos mais fortes dos arminianos, mas também visto como frágil por muitos outros. Na verdade, os próprios arminianos raramente o usam, o que dá a entender que eles não querem expor a fragilidade de seus outros argumentos. Às vezes, eles tentam reforçá-lo com algumas afirmações notáveis e até com ameaças e insultos aos adversários. Agora, para dizer a verdade, quanto a mim, aqui não transcreverei nada dos muitos questionamentos completos contrapostos por nossos teólogos, pelos quais esse Aquiles, ou melhor, Golias, costuma cair por terra; e sinceramente desejo que os muitos questionamentos trabalhosos e prolixos provocados pela arrogância de nossos adversários não tenham conferido, para essa pobre e frágil teoria, mil vezes mais visibilidade ou força do que poderia ser obtida por seus próprios defensores.

Então, em primeiro lugar, a objeção pressupõe que o termo "crer" é usado no mesmo sentido em ambas as premissas (pois, caso contrário, o silogismo será formalmente falso). Em segundo lugar, "crer" é entendido como uma aplicação salvífica de Cristo à alma, conforme prometido, porque crer que Cristo morreu por mim em particular, como se afirma ser o dever de todos, não pode implicar outra coisa exceto essa aplicação salvífica. Em terceiro lugar, crer que Cristo morreu por quaisquer pessoas, segundo a questão em pauta, deve ser interpretado da perspectiva do propósito do Pai e da intenção de Jesus Cristo no que diz respeito à *universalidade*; é a isso que nos opomos. Em quarto lugar, quanto ao termo "todos", ele deve se referir a todos os homens considerados em *condição de igualdade*, pois vários aspectos e condições das mesmas pessoas podem submetê-las a diversas obrigações para com os deveres. Ora, não há nenhuma condição comum a todos, exceto o estado de ira e morte (Ef 2.3) e, portanto, cada homem deve ser considerado sob essa condição; assim, em suma, o sentido da premissa menor é: "Todos os homens do mundo, considerados em um estado de ira e não regeneração, devem crer, conforme descrito anteriormente, que a intenção de Deus era que Cristo morresse por cada um deles em particular".

Ora, deixando de lado a premissa maior (que é falsa), aquilo em que os homens devem crer, segundo a premissa menor, não é *verdadeiro* nem *falso*, mas *bom*. Como tal, a premissa é absolutamente inválida. Ela não tem o menor apoio da razão ou das Escrituras; e quando nossos adversários provarem que "todos" significa cada indivíduo do mundo, eu me converterei à teoria deles.

Em primeiro lugar, se fosse verdade que todos devem crer que Cristo morreu por todas e quaisquer pessoas que fazem parte da humanidade, então elas deveriam crer em algo falso. Isso não pode ser verdade, pois o dever de crer deriva do Deus da verdade. E, conforme já foi amplamente demonstrado, é mentira que Cristo morreu por todos e quaisquer indivíduos da humanidade. Em segundo lugar, os homens deveriam ser imediatamente obrigados a crer no que não foi revelado, embora a *revelação divina* seja o objeto de toda fé. A Bíblia não afirma em lugar algum que Cristo morreu especificamente por este ou aquele homem, mas apenas indefinidamente pelos pecadores, muitas vezes especificados de uma perspectiva *antecedente* pelo propósito de Deus e, de uma perspectiva *consequente*, pela própria obediência por eles adquirida. Em terceiro lugar, a intenção e o propósito de Deus, que aqui estamos examinando, não são propostos como objeto da fé, mas apenas seus mandamentos, promessas e ameaças — o restante deve ser reunido e assegurado à pessoa por meio da experiência que ela usufrui no coração derivada de alguma questão ou efeito infalível e positivo. Em quarto lugar, qualquer mandamento para crer não pode ser interpretado da perspectiva do propósito de Deus, como se seu significado fosse este: "O propósito de Deus era que Cristo morresse por tal pessoa especificamente". Ademais, nenhuma promessa nas Escrituras valida esse sentido. Em quinto lugar, a menos que ouça, como a pessoa pode crer? Isso já basta para refutar esse argumento. Nem todos os homens recebem a proposta da morte de Cristo como objeto de fé para si mesmos. Como podem crer em algo de que nunca ouviram falar, absolutamente nada? Quantos milhões de crianças e outras pessoas em nações bárbaras vão para o seu "próprio lugar" sem ouvir o menor relato de Jesus Cristo ou de seus sofrimentos por eles ou por outros, mesmo nestes dias do evangelho! Muito mais antes da encarnação de Cristo, quando os meios de graça estavam restritos a uma pequena nação com alguns prosélitos! Todos os demais, todos eles, devem crer que Cristo morreu por eles, especificamente em favor de cada um? Aqueles que pensam assim são, sem dúvida, obrigados a ir e pregar a todos eles ou, melhor dizendo, a todos os que ainda estão na terra dos viventes. Não é a *incredulidade* o grande pecado que conduz à condenação, se a fé for indispensável (Jo 3.36)? Por acaso, Paulo não prova que muitos serão condenados por pecarem contra a luz da natureza (Rm 2.12)? Essa é uma clara demonstração de que a fé não é exigida de todos, de que nem todos são obrigados a crer.

Nossos oponentes talvez façam a exceção, como certamente fariam se quisessem manter alguma força ou validade no argumento, de que sua afirmação se aplica somente aos chamados pela Palavra. Nesse sentido, poderíamos formular o argumento da seguinte maneira:

"Aquilo em que todos os chamados pela Palavra, aqueles aos quais o evangelho é pregado, devem crer é verdadeiro; todos os chamados pela Palavra devem crer que Cristo morreu especificamente por eles; *logo...*"

Resposta: 1. Somente a última exceção mencionada é retirada por este *argumento reformulado;* todas as outras permanecem com plena força, o que é suficiente para refutá-lo. 2. Quem não vê que a própria reformulação do argumento o tornou completamente inútil para a causa em cuja defesa foi produzido? Pois se qualquer pessoa (e muito mais a maior parte dos homens) for excluída da abrangência desse argumento, o *resgate geral* cairá por terra. Das *incontáveis multidões formadas por todos* chegamos aos *muitos* que são chamados e não duvidamos de que desceremos imediatamente aos *poucos escolhidos*. No que diz respeito à exceção de que aquilo que vale para aqueles a quem é proposto também valeria se proposto fosse a todos, eu respondo: Primeiro, o argumento deve ser baseado no dever bíblico de crer e não pode ser estendido além de seu real alcance. Em segundo lugar, não é seguro discutir o que seria ou deveria ser se as coisas não fossem como Deus as designou e ordenou. Nós vemos a vontade de Deus no presente e não devemos fazer suposições para usar como base de nossos argumentos. Em terceiro lugar, se o evangelho fosse pregado a todo o mundo, o significado da mente e da vontade de Deus que poderia ser traduzido pelo evangelho para os que o ouvissem seria apenas este: "Quem crer e for batizado será salvo, mas quem não crer será condenado", ou seja, Deus vinculou essas duas coisas, fé e salvação, de modo que quem quiser fruir a salvação deverá cumprir o dever de crer. Se o evangelho fosse agora pregado aos turcos e indianos, e eles o rejeitassem, certamente seriam condenados por não crerem no que deveriam ter crido depois de ouvir a pregação do evangelho.

Mas isso quer dizer que Cristo morreu em favor de cada um deles como indivíduos? Com certeza, não; mas quer dizer o seguinte: "Não há nenhum outro nome debaixo do céu, dado entre os homens, pelo qual devamos ser salvos", senão pelo nome de Cristo, que nos é revelado no evangelho (At 4.12). [Eles seriam condenados] por rejeitarem o conselho e a sabedoria de Deus para salvar os pecadores pelo sangue de Jesus; por não crerem na necessidade de um Redentor, e que Jesus de Nazaré era esse Redentor, segundo o que ele mesmo disse aos judeus: "Se não crerdes que eu sou ele, morrereis em vossos pecados". A incredulidade específica dos judeus consistia em não crerem que Jesus era o Messias prometido, mesmo tendo visto que ele foi declarado Filho de Deus com poder. Essa falta de fé é o tipo de incredulidade que condena a alma, pois é uma recusa obstinada em aceitar o chamado do evangelho. Eles não foram condenados porque se recusavam a crer que Cristo morreu em favor de cada um deles. Na verdade, essa ideia não poderia lhes ter sido proposta, de acordo com a regra do evangelho, e eles nunca chegaram a questioná-la ou considerá-la.

Ainda assim, negamos a premissa menor do silogismo reduzido, em parte pelas razões antes formuladas, em parte por estas razões aqui apensadas:

1. Aqueles a quem o evangelho é pregado são obrigados a crer com a fé necessária apenas para a justificação. Ora, isso não é suficiente à plena convicção de que Cristo morreu especificamente por alguém, segundo a intenção e o propósito

de Deus, que não revelam o objeto da justificação, nem o meio pelo qual um pecador pode ser justificado.[1]

2. Nas coisas em que devemos crer há uma ordem, natural em si mesma, estabelecida pela vontade de Deus; de forma que, enquanto não crermos em algumas delas, as outras não nos serão exigidas (não se pode ordenar a uma pessoa que chegue ao último degrau de uma escada pulando todos os degraus abaixo), a saber: 2.1. Arrepender-se e crer que o evangelho é a Palavra de Deus, contém a sua vontade, e que Jesus Cristo, nele revelado, é a sabedoria e o poder de Deus para a salvação. 2.2. Por decisão de Deus, há um vínculo que não pode ser rompido entre a fé e a salvação, a fé do evangelho que leva o pecador a abandonar a autoconfiança e a justiça própria. 2.3. Há uma convicção específica, dada pelo Espírito, da necessidade de um Redentor para a alma da pessoa em particular. Essa convicção é um instrumento pelo qual ela adquire consciência de estar debaixo de um fardo, sentindo-se cansada e sobrecarregada. 2.4. Uma verdadeira entrega e descanso da alma em Cristo na promessa do evangelho como Salvador suficiente e capaz de libertar e salvar de forma absoluta aqueles que se chegam a Deus por meio dele. Ele tem a prontidão, capacidade e vontade, pela preciosidade de seu sangue e pela suficiência de seu resgate, para salvar todos os que se entregam espontaneamente a ele com esse fim, dentre os quais ele se prontifica a estar presente. Em todo esse processo, ninguém é convocado pelo evangelho para investigar uma vez sequer o propósito e a intenção de Deus em relação ao objeto específico da morte de Cristo, já que cada um tem certeza de que sua morte será proveitosa para aqueles que nele creem e a ele obedecem.

Em quarto lugar, e somente depois de tudo isso, cabe àquele que crê dar à sua alma a certeza da boa vontade e do amor eterno de Deus nele e para com ele, que o levou a enviar seu Filho para morrer por ele em particular, à medida que encontra em sua própria vida o fruto da morte de Cristo. Seria um absurdo e totalmente contrário à regra do evangelho pedir a um homem que creia que a intenção e o propósito de Deus eram que Cristo morresse especificamente por ele e esperar que ele tenha certeza disso em sua alma, antes que esteja convencido

---

[1] Falta clareza às últimas partes desse trecho. Em sua edição de 1755, o Rev. Adam Gib propõe a seguinte tradução: "... os quais não são revelados ao objeto da justificação, nem no meio pelo qual um pecador pode ser justificado". Se tivéssemos a liberdade de trocar "nem" por "mas", obteríamos um significado mais compatível, sem cometer violência ao texto, e manteríamos a harmonia com o objetivo da linha de raciocínio. (N. do E.)

das seguintes coisas: 1. Da verdade do evangelho em geral. 2. A fé é o único meio de salvação. 3. Ele mesmo precisa de um Salvador. 4. Em Cristo há o suficiente para salvá-lo e restaurá-lo, se ele se entregar a ele em seu próprio caminho! Está muito claro que somente aqueles que passam por essas etapas têm o dever de crer no que estamos discutindo.

O argumento, então, deve ser reformulado novamente e apresentado da seguinte forma: "Aquilo em que todos, convencidos da necessidade de um Salvador e do caminho certo da salvação, ansiando, desejando e anelando por Jesus Cristo como o único capaz de lhes dar refrigério, devem crer é verdadeiro; é verdadeiro que todos aqueles assim qualificados devem crer que Cristo morreu especificamente por eles; logo, é verdadeiro...". E alguns concordam com tudo isso sem prejuízo para a causa que nos propusemos a defender. Então, as seguintes afirmações são mais do que evidentes:

1. Nem todos os que são chamados pela Palavra, em qualquer estado ou condição em que se encontrem, devem crer que Cristo morreu por eles, mas apenas aqueles que possuem as qualificações acima descritas. 2. O preceito de crer, com confiança fiduciária, que Cristo morreu por alguém em particular não é proposto, nem é obrigatório para todos os que são chamados; não crer que a morte de Cristo se deu especificamente por alguém não é pecado, mas tem como raiz o hábito da incredulidade ou de não se voltar para Deus em Cristo para obter misericórdia. 3. Nenhum réprobo, por quem Cristo não morreu, será condenado por não crer que Cristo morreu por ele em particular, o que não é verdade, mas por não crer nas coisas às quais ele foi chamado, antes mencionadas, todas verdadeiras em relação a ele. 4. O mandamento de crer em Cristo, especialmente enfatizado como uma ordem proferida a todos, não é, naquela questão em particular, obrigatório para ninguém, exceto ao se cumprirem as condições exigidas. 5. "Crer no nome de Jesus Cristo", que é o mandamento de 1João 3.23, não é crer que a intenção de Deus era que Cristo morresse por nós em particular, mas descansar nele para receber a salvação, conforme Isaías 11.10. 6. O testemunho de Deus que devemos autenticar como verdadeiro não é outro, senão este: "Aquele que tem o Filho tem a vida; aquele que não tem o Filho de Deus não tem a vida" (1Jo 5.12). Os réprobos, não crendo nisso, fazem o que está em seu poder para tornar Deus mentiroso e são justamente condenados por isso. Quem desejar estudar mais sobre esse argumento poderá consultar Piscator, Perkins, Twisse, o Sínodo de Dort, Du Moulin, Baronius, Rutherford, Spanheim e Ames entre outros.

Segunda objeção. "Aquela doutrina que enche a mente e a alma de pobres pecadores miseráveis com dúvidas e escrúpulos sobre o dever de crer ou não, ainda que Deus os chame para isso, não pode estar em harmonia com o evangelho. Mas é exatamente isso que a doutrina da particularidade da redenção faz. Ela enche a mente dos pecadores com dúvida e medo quanto à necessidade de crer; e isso acontece porque eles não têm certeza se o propósito de Deus era que Cristo morresse especificamente por alguém, visto que ele supostamente não morreu por todos, mas apenas por seus eleitos. Assim, quando uma alma é chamada a crer, ela pode, com toda razão, começar a duvidar de que lhe seja possível crer e de que esse é seu dever, visto que ela não sabe se Cristo morreu especificamente em seu favor."

Resposta: 1. Com base na experiência, vemos que as dúvidas, incertezas e medos costumam surgir no coração dos pecadores como resultado de uma incredulidade não vencida. Às vezes, os homens se opõem à verdade do evangelho e, em outras ocasiões, aproveitam-se disso para escapar dessa verdade. Perguntamos se, por acaso, a própria doutrina seria a causa das dúvidas ou tropeços daqueles que poderiam cumprir o dever que lhes cabe. Ou será que todas essas preocupações e incertezas são um produto natural da corrupção e incredulidade dos que se opõem à verdade revelada em Jesus? Refutamos a primeira opção, ou seja, que a doutrina da redenção particular e eficaz seja a causa. O problema da segunda opção nos leva a afirmar que apenas Deus pode solucioná-lo.

2. Essa objeção parte do pressuposto de que o homem é obrigado a conhecer e ser convencido (ou seja, crer) de que Jesus Cristo morreu por ele em particular, por designação de Deus, antes de crer em Jesus Cristo. No entanto, isso é exatamente o que nossos oponentes tentam provar: que os homens, segundo nossa linha de pensamento, podem hesitar em crer, porque não têm a garantia prévia de que Cristo morreu especificamente por eles, por designação de Deus. Se isso não for é uma óbvia contradição, eu não sei o que é contradição. Pois eu pergunto, de acordo com as Escrituras, como um homem pode ter a garantia de que Cristo morreu por ele em particular? Não é essa a mais alta expressão de fé? Não inclui ela um senso do amor espiritual de Deus derramado em nosso coração? Não é esse o ápice do consolo transmitido pelo apóstolo em Romanos 8.34 e o fundamento de toda sua alegre convicção em Gálatas 2.20? O que fica evidente é que nossos adversários exigem que o homem creia antes de crer; ele não conseguirá crer e ficará com mais medo ainda de decidir se deve crer, a menos que creia antes de crer! Parece-me que a resolução de dúvidas desse tipo é um caminho que certamente enredará as consciências hesitantes em outras perplexidades ainda mais embaraçosas.

3. Negamos a convicção de que a vontade de Deus é que o pecador tenha necessariamente certeza de que Cristo morreu especificamente por ele, para que assim seja conduzido à fé. Considerem-se os seguintes textos: os pecadores devem crer no chamado de Cristo (Mt 11.28; Is 55.1); o mandamento de Deus (1Jo 3.23); a promessa de vida mediante a fé (Jo 3.36); o perigo da incredulidade (Jo 3.36); a suficiência do sangue de Cristo para salvar todos os que creem (At 20.21; Ef 5.2); a segurança da salvação de todos os que creem sem exceção (Mc 16.16); estes e outros textos afins são suficientes para eliminar todas as dúvidas e temores; isso é tudo o que as Escrituras dizem com esse propósito.

4. A doutrina que (1) afirma a certeza da salvação pela morte de Cristo para todos os que creem; (2) reitera o mandamento de Deus e o chamado de Cristo como indicadores infalíveis do dever da pessoa que conhece tal mandamento e tal chamado, e tal dever, se cumprido, será aceito por Deus; (3) apresenta a livre graça adquirida para todas as consciências aflitas e sobrecarregadas em geral; e (4) revela uma fonte de sangue suficiente para purificar todo o pecado de todos os indivíduos no mundo que fizerem uso dos meios designados para chegar a ela; ora, essa doutrina, quanto ao dever de crer, não pode gerar dúvida ou temor na mente dos pecadores convictos e sobrecarregados. Pois bem, todas essas coisas são apresentadas pela doutrina da redenção eficaz particular na dispensação do evangelho.

Então, deixarei de lado essa objeção sem mais discussões, mas acompanhada desta pergunta: "Em que os homens são obrigados a crer, segundo os defensores da redenção universal, se sabem de antemão que Cristo morreu por eles em particular?" Seria na convicção do amor de Deus e da boa vontade de Cristo? Não pode ser; eles já têm isso de antemão, conforme João 3.16 e Romanos 5.8. Também não se trata de se chegarem a Deus por meio de Cristo para se beneficiarem dos frutos de sua morte, pois que frutos seriam esses? Não há frutos da morte de Cristo, de acordo com os universalistas, que não sejam comuns a todos, os quais poderiam ser tanto a condenação quanto a salvação, já que há mais pessoas condenadas do que salvas; tanto a incredulidade quanto a fé, já que a maioria é formada por incrédulos. Os frutos imediatos da morte de Cristo não podem ser nada além do que é compartilhado com os que perecem. Em última análise, a maneira como eles expressam sua fé em Cristo pode ser interpretada como uma forma de obediência sociniana.

Há duas[2] coisas que permanecem, sobre as quais há uma grande contenda, todas em si excelentes e valiosas, reivindicadas pelas várias correntes de pensamento aqui por nós ponderadas, mas todas expressas com tamanha desigualdade, que um julgamento fácil serviria para decidir a controvérsia. São elas: (1) a exaltação da livre graça de Deus; (2) o mérito de Cristo e (3) o consolo da nossa alma. Vamos considerá-las nessa ordem, e que cada corrente de pensamento assuma o que lhe cabe.

Terceira objeção. Em primeiro lugar, a questão da *livre graça de Deus.* Algumas pessoas acreditam, não sei como, que a ideia da *redenção universal* é mais adequada para enfatizar *o amor e a livre graça de Deus.* Para elas, a gloriosa expressão *livre graça* resume-se ao que ensinam, a saber: Deus ama a *todos,* enviou Cristo para morrer por *todos* e está pronto para salvar a *todos, desde que se voltem para ele.* Eles consideram ser essa a verdadeira "exaltação da *livre graça* e do amor e que nisso consiste a universalidade da redenção", além de empregarem outras expressões cheias dessa retórica floreada, "ao passo que a opinião contrária restringe o amor e a graça de Deus a alguns poucos escolhidos".

Aguarde um momento. O que é exatamente a graça segundo vocês, a livre graça universal? Seria a graça da eleição? Certamente não, porque Deus não escolheu a todos para a salvação, como está escrito em Romanos 9.11-12, Efésios 1.4 e Romanos 8.28. Seria a graça do chamado eficaz? Não, também não pode ser isso. Não há dúvida de que não é, pois "a quem Deus chama, ele também justifica" e "glorifica", conforme Romanos 8.30, 11.25,26, 29. Nem todos foram ou são chamados externamente, de acordo com Romanos 10.14. Seria a graça da purificação e santificação? Mas, estão todos purificados? Estão todos lavados no sangue de Jesus? Ou somente a igreja foi lavada, conforme Efésios 5.25-27? Alguns, certamente, ainda estão contaminados, segundo Tito 1.15. A fé é o princípio da purificação do coração e "a fé não é para todos". Seria a graça da justificação, o amor e a misericórdia gratuitos de Deus ao perdoar e aceitar pecadores? Mas, amigos, isso é universal? Todos são perdoados? Todos são aceitos? Vejam Romanos 1.17; 3.22; 5.1. Seria a graça da redenção no sangue de Cristo? Vejam, por favor, Apocalipse 5.9.

Então, eu pergunto: "O que é essa livre graça universal? Não é alguma coisa universal que vocês mesmos inventaram? Ou seria um novo nome para o velho ídolo do livre-arbítrio? Não seria ela nociva à livre graça em todos os seus aspectos? Não tenderia à subversão de toda a aliança da graça distintiva, negando evidentemente

---

[2] Em vista dos pontos enumerados no parágrafo e das três objeções examinadas na sequência, parece que, por engano, "duas" foi escrito em lugar de "três". (N. do E.)

que suas condições sejam cumpridas em algum dos pactuantes por virtude da promessa da aliança? Por acaso, os dois grandes objetivos dessa livre graça não seriam zombar de Deus e exaltar os próprios universalistas? Não estariam eles afirmando que o Senhor finge amar, ter boa vontade e estender sua livre graça e perdão a todos, ainda que nunca tenha revelado amor ou boa vontade à maioria deles e saiba que, sem sua intervenção para efetivar sua graça, eles jamais poderão chegar a tal conhecimento? Por acaso, não afirmam eles, com essa graça universal, que o Senhor finge que ama todos os que são chamados publicamente ao conhecimento dessas coisas, finge que enviou seu Filho para morrer por todos eles e que simula desejar que todos sejam salvos? No entanto, debaixo de uma condição dessas, sem a ação de Deus, alcançar a salvação lhes seria menos exequível do que subir ao céu usando uma escada. Por acaso, eles não fazem Deus dizer abertamente: "Tal é o meu amor, minha graça universal, que eu os amarei graciosamente, ousarei abraçá-los alegremente em todas as coisas, exceto naquelas que lhes façam algum bem?" Será que eles estariam afirmando que Deus é grosseiramente hipócrita, alguém que se dirigiria a um pobre cego e lhe diria: "Pobre coitado, sinto pena da sua situação, entendo sua necessidade e o amo imensamente; passe a enxergar por si mesmo e eu lhe darei cem libras". Ousariam eles atribuir tal comportamento ao santíssimo Deus da verdade? A graça universal por eles defendida não passa de zombaria? Isso já trouxe algum benefício a alguém, quanto à salvação, que é comum a todos? Por acaso, as duas propriedades da graça de Deus nas Escrituras não são sua natureza distintiva e eficaz? E a graça segundo eles não é outra coisa senão estas? E se fosse concedido que tudo o que eles dizem sobre a extensão da graça é verdade? Essa graça já salvou uma alma? Em caso afirmativo, eu pergunto: Então, por que não são salvas todas as almas? Eles dirão: "Porque elas não creem". Então, a concessão da fé não faz parte dessa livre graça por eles propagada.

Observe o segundo objetivo deles: exaltar a si mesmos e o livre-arbítrio em lugar da graça, ou pelo menos deixar espaço nessa graça para que eles venham e desempenhem a melhor parte na obra de salvação, a saber, o próprio ato de crer, que torna eficaz todo o resto. Observe para onde se dirige e se inclina a livre graça universal. Não estariam os próprios termos em oposição um ao outro? Ou seja, para incluir réprobos como objetos da livre graça, eles negam aos eleitos justamente a livre graça de Deus; para torná-la universal, negam sua eficácia; para que todos possam dela participar, negam que qualquer um seja salvo por ela; pois a graça que salva não pode ser irrestrita.

No entanto, pergunto eu: Em que aspecto a doutrina da redenção eficaz dos eleitos de Deus apenas no sangue de Jesus compromete a livre graça? É na sua *liberdade*? Afirmamos que ela é tão livre que, se não for completamente livre, não é graça. Ou seria em relação à sua *eficácia*? Sustentamos que somos salvos pela graça, e a ela atribuímos a totalidade da obra de nossa restauração que nos conduz a Deus. Ou, ainda, seria em relação à sua *extensão*? Afirmamos que a graça se estende a todos aqueles que foram, são ou serão salvos do inferno. É verdade, a graça que conduz ao inferno não é por nós considerada livre graça no sentido do evangelho. Pois consideramos a livre graça de Deus tão poderosa, que, se dirigida a um objeto por ela escolhido, ela o conduz a Cristo, a Deus, à salvação e à eternidade.

"Mas vocês não estendem a graça a todos; vocês a restringem a alguns.". Por acaso está em nossas mãos o poder para estender o amor e o favor de Deus? Acaso não tem ele misericórdia dos quais lhe apraz ter misericórdia e não endurece o coração de quem ele quer? No entanto, afirmamos que sua graça é estendida universalmente aos salvos. Deveríamos lançar o pão dos filhos aos cães? Amigos, cremos que a graça de Deus em Cristo produz fé em todos aqueles a quem é estendida. Cremos que as condições da aliança ratificada em seu sangue são todas efetivamente operadas no coração de cada pactuante. Cremos que não há amor de Deus que não seja eficaz. Cremos que o sangue de Cristo não foi derramado em vão. Cremos que, deixados por nossa conta, estamos todos mortos em transgressões e pecados e não podemos fazer nada além do que a livre graça de Deus opera em nós. Portanto, não podemos conceber que a graça seja estendida a todos. Para aqueles que afirmam que milhões dos incorporados à nova aliança da graça perecem eternamente, que cabe aos homens crer que a vontade de Deus pode ser frustrada, que seu amor é passível de ser ineficaz e que nos distinguimos uns dos outros, a esses afirmamos que fiquem à vontade para estender a graça até onde quiserem; porquanto, para eles, tanto faz se o objeto da graça de Deus vai para o céu ou para o inferno.

Mas, enquanto isso, eu lhes suplico, amigos, permitam-me questionar se vocês estão falando da livre graça de Deus ou se entregando a fantasias inúteis. É o amor dele ou a vontade de vocês? No entanto, nossas orações são para que Deus lhes conceda muito mais amor do que o amor encontrado na graça universal e ineficaz com a qual vocês tanto se preocupam. Vamos trabalhar para que pobres almas não sejam enganadas por suas falsas promessas de livre graça para todos. Elas não sabem que sua suposta livre graça é apenas uma ilusão, que não lhes trará nenhuma ajuda para se libertarem da condição em que se encontram, mas apenas dará permissão para que salvem a si mesmas, caso possam fazer isso sozinhas. Em vez disso, elas creem, com base no nome que vocês deram a algo que vocês mesmos criaram, que estão recebendo uma graça poderosa, onipotente e salvadora, que as conduzirá infalivelmente a Deus, conforme supostamente ensinado pelas Escrituras. Enquanto isso, vocês riem dessas pessoas pelas costas, pensando em como são facilmente enganadas por esse espetáculo vazio, que não passa de palavras inúteis, cuja essência é esta: "Sigam em frente, sejam salvas se puderem, do jeito que lhes foi revelado, porque Deus não irá impedi-las".

Quarta objeção. Cada parte discute *a exaltação do mérito de Cristo*, e ambas fazem suas alegações nesse quesito. Já falamos sobre isso; então, agora serei breve. Mediante uma rápida visão da diferença que há entre elas, em que cada uma alega exaltar o mérito de Cristo naquilo que é negado pela outra, essa discussão terminará sem demora.

Há apenas uma coisa concernente à morte de Cristo que os autores do *resgate geral* afirmam e com a qual pretendem destacar a excelência de sua morte e oblação, a saber, que os benefícios dela se estendem a todos e quaisquer indivíduos, ao passo que seus adversários o restringem a poucos, muito poucos, somente os eleitos; isso, segundo eles, compromete a honra do Senhor Jesus Cristo. E é nesse aspecto que eles afirmam exaltar muito mais o nome e o mérito de Jesus Cristo, acima do almejado pelos que sustentam a redenção eficaz apenas dos eleitos.

Em primeiro lugar, a verdade é que a definição da medida da honra de Jesus Cristo não pode ser deixada a nosso critério, nós, pobres vermes deste mundo; o que ele considera honra é o que ele dá e atribui a si mesmo e nada mais. Ele não precisa de nossa mentira para ter glória. Portanto, mesmo que, aos nossos olhos, isso pareça uma exaltação da glória de Cristo, se baseado em uma mentira de nosso próprio coração, será uma abominação para ele. Em segundo lugar, negamos que a ideia de uma redenção universal possa retratar adequadamente a natureza e a dignidade da morte de Cristo, já que sua eficácia para todos (se for verdadeira) não se deve à sua suficiência inata, mas ao livre prazer e determinação de Deus, conforme já enfatizado. Em terceiro lugar, o valor de uma coisa decorre de sua suficiência e dignidade intrínsecas para qualquer fim ao qual se destine. Aqueles que defendem a redenção eficaz afirmam que a suficiência da morte de Cristo é muito maior do que a defendida por seus opositores.

Se eu tentasse agora reiterar todas as formas pelas quais a honra de Cristo, a excelência de sua paixão e morte, juntamente com seus frutos, estão presentes na doutrina que procuramos apresentar a partir das Escrituras, muito acima dos elementos propostos pelos que seguem os princípios da redenção universal, seria necessário repetir muito do que já foi dito. Então, limito-me a apresentar abaixo uma comparação entre as duas doutrinas.

Universalistas	Redenção bíblica
1. Cristo morreu por todos, sem exceção, eleitos e réprobos.	1. Cristo morreu somente pelos eleitos.
2. A maioria daqueles pelos quais Cristo morreu está condenada.	2. Todos aqueles pelos quais Cristo morreu são certamente salvos.
3. Por meio de sua morte, Cristo não obteve a graça salvífica por aqueles pelos quais morreu.	3. Por meio de sua morte, Cristo obteve a graça salvífica para aqueles pelos quais morreu.
4. Cristo não tomou providências para que a maior parte daqueles por quem morreu ouvisse ao menos uma única vez a mensagem de sua morte.	4. Cristo proporciona os meios e revela o caminho da vida a todos aqueles pelos quais morreu.
5. Em sua morte, Cristo não confirmou a aliança da graça com nenhum pactuante, mas simplesmente garantiu que, mediante sua morte, Deus, se quisesse, firmaria uma nova aliança com quem bem entendesse e sob quaisquer condições por ele impostas.	5. Pelo sangue de Jesus a nova aliança da graça foi confirmada a todos os eleitos.
6. Cristo morreu e, mesmo assim, pode ser que ninguém seja salvo.	6. Por meio de sua morte e com base na aliança de Deus, Cristo comprou um povo especial, e em suas mãos o que agrada ao Senhor prosperará até o fim.
7. Cristo não tinha a intenção de redimir apenas sua igreja, mas também a semente perversa da serpente.	7. Cristo amou sua igreja e por ela entregou sua própria vida.
8. Cristo não morreu pela incredulidade de ninguém.	8. Cristo morreu pela incredulidade dos eleitos.

Outros exemplos semelhantes poderiam ser facilmente coligidos, e as diferenças entre eles seriam rapidamente detectadas. Tenho certeza de que esses poucos exemplos são suficientes para todos os cristãos experientes e provam como o *resgate geral* pouco contribui para a honra e glória de Jesus Cristo, ou para a exaltação do valor e da dignidade de sua paixão e morte.

Quinta objeção. A próxima e última questão a ser debatida nesta disputa diz respeito à consolação do evangelho, que Deus em Cristo está disposto a nos conceder copiosamente. Uma breve discussão sobre qual das duas opiniões proporciona o alicerce mais firme e sólido nessa questão nos levará, com a ajuda do Senhor, ao fim deste longo debate. Permita o Deus da verdade e consolação que todos os nossos empreendimentos, ou melhor, toda a sua obra em nós na luta pela verdade, possam terminar em paz e consolação! Para esclarecer esse ponto, algumas coisas precisam ser afirmadas de antemão:

1. Toda verdadeira consolação do evangelho pertence apenas aos que creem (Hb 6.17,18), o povo de Deus (Is 40.1,2). A ira de Deus permanece sobre os incrédulos (Jo 3.36).

2. Oferecer consolo àqueles a quem ele não é devido é tão criminoso quanto ocultá-lo daqueles a quem ele pertence (Is 5.20; Jr 23.14; Ez 13.10).

3. A tentativa de T. More de apresentar a morte de Cristo de tal forma que todos possam ser consolados, abrangendo todos os indivíduos deste mundo, parece uma iniciativa orgulhosa de alguém que procura endireitar o que Deus fez torto e, portanto, é algo que se opõe ao evangelho.

4. A doutrina que sustenta a ideia de consolação com base na morte de Cristo para incrédulos clama: "Paz, paz", ao passo que Deus afirma: "Não há paz".

Levando em conta essas premissas, oferecerei brevemente provas para quatro posições: 1. A extensão da morte de Cristo ao campo da universalidade, no que diz respeito a seu objeto, não pode levar o menor grau de consolação aos que Deus haveria de consolar com o evangelho. 2. Negar a eficácia da morte de Cristo àqueles por quem ele morreu é como cortar os nervos e músculos da poderosa consolação que cabe aos crentes receberem e cuja concessão é própria do evangelho. 3. Não há nada na doutrina da redenção somente dos eleitos que possa impedir a consolação daqueles a quem ela pertence. 4. A doutrina da redenção eficaz das ovelhas de Cristo, pelo sangue da aliança, é a verdadeira base sólida de toda consolação duradoura.

1. Começando pelo primeiro ponto, afirmamos que a crença na morte de Cristo com alcance universal em relação a seu objeto não tem nada de

peculiar que possa dar o menor fundamento de consolação àqueles a quem Deus deseja consolar. Já dissemos que a verdadeira consolação do evangelho é fruto da reconciliação real com Deus, sendo apropriada e peculiar somente aos crentes. A partir da ideia de um resgate geral, nenhuma consolação pode ser obtida pelos que não creem. Isso é inquestionável e facilmente comprovado pelas seguintes razões:

1.1. Para os que creem, nenhuma consolação pode advir de algo que não é proposto em nenhum lugar das Escrituras como seu fundamento, causa ou substância, como é o caso do resgate geral; porquanto, em primeiro lugar, aquilo que não existe não pode trazer alento nem efeito algum; em segundo lugar, todos os fundamentos e elementos da consolação são coisas específicas e peculiares apenas a alguns, conforme será explicado.

1.2. Os que creem não podem obter nenhuma consolação a partir de algo em comum entre eles e aqueles a quem, primeiramente, Deus não teria consolado; segundo, certamente perecerão pela eternidade; terceiro, estão em franca rebelião contra Cristo; e quarto, nunca ouviram uma única palavra do evangelho ou de consolação. Ora, o fundamento da *consolação* proposto com o resgate geral e dele derivado pertence igualmente a todas essas pessoas e a outras como elas, mas também pertence aos crentes mais consagrados.

1.3. Sugiro que se procure, não em momentos de controvérsia, mas em momentos de abandono e tentação, encontrar consolo ou paz para a alma em um silogismo como o seguinte: "Cristo morreu por todas as pessoas; eu sou uma pessoa; logo, Cristo morreu por mim". O próprio coração de tal indivíduo lhe dirá que, apesar de toda a certeza dessa conclusão, a ira de Deus pode permanecer sobre ele para sempre. Será que ele não percebe que, apesar disso, o Senhor mostra tão pouco amor por milhões e milhões de filhos dos homens (aos quais esse silogismo também se aplica, de acordo com o resgate geral), que ele não revela nem a si mesmo nem a seu Filho? De que me adianta saber que Cristo morreu por mim, se, não obstante essa morte, posso perecer para sempre? Se sua intenção for me oferecer consolação com base no que é comum a todos, precisará me dizer o que todos possuem que pode satisfazer meus anseios, fluindo da segurança do amor de Deus em Cristo. Se você não consegue me oferecer mais consolação do que ofereceria a Judas, como pode esperar que eu me sinta consolado e me tranquilize? O fato é que vocês todos são péssimos consoladores, médicos inúteis, amigos de Jó, habilidosos apenas para levar mais aflição aos aflitos.

"Mas tenha bom ânimo", dirão os arminianos; "Cristo é uma propiciação por todos os pecadores, e agora você sabe que é pecador". *Resposta*: É verdade, mas Cristo é uma propiciação por todos os pecados desses pecadores? Em caso afirmativo, como alguns deles podem perecer? Se não, de que adianta isso para mim, cujos pecados (como a incredulidade) talvez sejam aqueles pelos quais Cristo não foi uma propiciação? "Mas não se exclua", eles dizem, "Deus não exclui ninguém; o amor que o levou a enviar seu Filho foi dirigido a todos". Não me fale sobre a exclusão de Deus; eu já me excluí o bastante. Ele me acolherá com poder? Cristo não somente comprou minha admissão, mas também me deu capacidade para ser recebido pelos braços de seu Pai? "Porquanto ele abriu uma porta de salvação para todos". Mas de que adianta abrir um túmulo se o morto não poderá sair? Quem acende uma vela para um cego enxergar? Abrir uma porta para que saia aquele que está preso, que é cego, paralítico, que está acorrentado e até morto, serve apenas para ridicularizar seu sofrimento e não para lhe conceder liberdade. Não me diga que aquilo que me trará profundo consolo e satisfação não preservará a grande parte dos homens que perecem eternamente.

2. A tese do resgate geral não oferece, por meio da morte de Cristo, nenhuma base sólida de consolação para os crentes. Pelo contrário, ela subverte todos os ingredientes importantes de uma profunda consolação que derivam da morte de Cristo. Isso ocorre, em primeiro lugar, porque ela separa e divide o que deveria estar unido para formar um alicerce seguro de confiança. Em segundo lugar, porque nega a eficácia da morte de Cristo para aqueles por quem ele morreu. Esses dois procedimentos são indispensáveis para o resgate geral.

Em primeiro lugar, eles fazem separação entre a *impetração* da redenção (a qual, segundo afirmam, é o único fruto imediato e adequado da morte de Cristo) e a *aplicação* dessa redenção, de modo que a *impetração* pode pertencer a milhões que não são beneficiados pela *aplicação*. Na verdade, essa impetração da redenção pode ser obtida por todos, mas sua aplicação com o objetivo de salvar não é garantida a ninguém. Assim, tal redenção é ineficaz e meramente possível, apesar da qual todos os filhos dos homens podem perecer eternamente. Isso ocorre porque, nessa visão, a impetração é o único objetivo da morte de Cristo. Ela é uma entidade totalmente separada da aplicação da redenção e não pode proporcionar a ninguém o menor benefício salvífico. Pois os arminianos negam que a aplicação seja fruto da morte de Cristo. Caso contrário, por que não se estenderia a todos por quem ele morreu? Não consigo compreender de que forma isso poderia consolar uma pobre alma. "O que farei?", pergunta o pecador; "a iniquidade dos meus calcanhares me cerca. Não tenho descanso nos meus ossos por causa do meu pecado; o que pode aliviar minha tristeza?" Tenha coragem; Cristo morreu pelos pecadores. "Sim, mas, por acaso os frutos da sua morte serão certamente aplicados a todos aqueles por quem ele morreu? Se não, posso perecer para sempre." Os universalistas responderão remetendo-o à sua própria capacidade de crer, a qual, no final das contas, se resume a isto: "et erit mihi magnus Apollo" (eu terei o grande Apolo). Ao fazerem isso, eles reconhecem que a consolação que tanto alardeiam procede de nós mesmos, não da morte de Cristo.

Em segundo lugar, fazer separação entre a oblação e a intercessão de Jesus Cristo não consiste em grande fonte de consolação para os crentes. Na verdade, isso a subverte completamente.

Nas Escrituras, há dois trechos eminentes, entre outros, em que o Espírito Santo oferece consolo aos crentes diante de duas causas gerais de todas as suas dificuldades e tristezas, a saber, suas aflições e pecados. O primeiro é Romanos 8.32-34, e o outro é 1João 2.1-2. Em ambos os trechos, os apóstolos recorrem ao estreito laço e vínculo inseparável que existe entre a oblação e a intercessão de Jesus Cristo para edificarem sobre elas o alicerce da consolação que apresentam aos crentes no meio de suas aflições e fraquezas. O leitor pode conferir ambos os textos e verificar que tais são a ênfase e a força do que é proposto para consolar os crentes. Em ambos os casos, esse é o objetivo principal. Não há prova mais direta desse fim e propósito. Ora, todos os autores da redenção universal dividem e separam essas duas coisas. Eles não permitem ligação entre elas nem alguma dependência de uma sobre a outra além daquela que é feita pela vontade do homem, estendendo a oblação de Cristo a todos, mas sua intercessão apenas a alguns. Mas a morte de Cristo, separada de sua ressurreição e intercessão, não é proposta em lugar algum como base da consolação. De fato, assim separada, ela é categoricamente classificada como imprópria para tal finalidade (1Co 15.14). Sem dúvida, aqueles que afirmam tal coisa não podem ser considerados amigos da consolação cristã.

Terceiro, os defensores da graça universal negam que a obtenção da fé, da graça e da santidade, que é o objetivo principal da nova aliança, e a perseverança nelas, por meio da morte e derramamento do sangue de Jesus Cristo, se estendam a todos ou a qualquer um daqueles por quem ele morreu. Essa afirmação não parece ser capaz de proporcionar alguma consolação da cruz, como em vão se pretende.

Que tipo de consolação pode ser extraído de fontes tão secas, que não produzem nada disso? Como já mencionado, de acordo com a tese dos defensores da graça universal, essas coisas não dependem diretamente da morte de Cristo. Eles não apenas admitem algo assim, mas também tentam apresentar provas. Ora, onde uma alma buscaria essas coisas, exceto na obra redentora de Cristo? De onde elas fluiriam, senão de seu lado ferido? Ou há alguma consolação que possa ser encontrada sem ela? Diante do trono da graça, o argumento mais forte que pode ser apresentado em favor dessas coisas consiste no fato de que elas foram conquistadas pelo Senhor Jesus. Que promessa pode existir sem ele? Por acaso, nele todas as promessas de Deus não são "sim" e "amém"? Podemos alcançar essas coisas com nossa própria força? É essa a consolação que nos oferecem, nos enviando da livre graça para o livre-arbítrio? De acordo com essa teoria, pergunto eu, a quem deve se dirigir uma pobre alma destituída dessas coisas? "A Deus, que tudo dá livremente", eles dizem. Mas Deus nos abençoa com alguma bênção espiritual se não for por meio de Jesus Cristo? Ele nos abençoa com algo nele que não tenha sido conquistado para nós? Por acaso, a graça como um todo não é adquirida por um Mediador, assim como nele dispensada? É assim que se consola uma alma, pela morte de Cristo, informando-lhe que Cristo não lhe conquistou essas coisas, sem as quais ela não pode ser consolada? "Credat Apella".

Por certo, é evidente que a pretensa redenção geral está longe de ser base para uma consolação sólida daqueles a quem se destina. Na verdade, ela é diretamente nociva e diametralmente oposta a todas as formas pelas quais o Senhor declarou estar disposto a nos consolar por meio da morte de seu Filho. Ela seca a fonte e envenena as águas que levariam tal consolação para nossa alma.

3. O próximo passo é mostrar que a doutrina da redenção eficaz somente para os eleitos pelo sangue de Jesus não é suscetível a quaisquer exceções justificáveis em relação a esse ponto. E isso não diminui de maneira alguma a consolação que Deus pretende dar àquele que crê. A única coisa que é objeto de contestação por seus oponentes, sem nenhuma sombra de razão, é esta: "Não há nada nas Escrituras que dê a uma pessoa a segurança de que Cristo morreu especificamente por ela, a menos que concedamos que ele morreu por todos". A propósito, não nos comovemos com o protesto que eles fazem, a saber, que inúmeras almas são excluídas de qualquer participação no sangue de Cristo, pois entendemos que os excluídos são confessadamente réprobos incrédulos e pessoas impenitentes até o fim.

Primeiramente, a experiência de todos os crentes que, pela graça de Deus, adquiriram no coração a certeza de sua participação e interesse em Cristo, conforme lhes foi prometido, sem sequer pensar na redenção universal, é prova cabal de que isso é notoriamente falso. Em segundo lugar, a certeza derivada de um silogismo prático, em que uma premissa é verdadeira na Palavra, e a segunda é verdadeira pelo testemunho do Espírito no coração, tem sido admitida por todos até aqui. Ora, todos os crentes podem ter essa certeza de que Cristo morreu por eles, cuja alma ele teve a intenção e o propósito de salvar. Por exemplo, todos os crentes podem chegar a essa conclusão a partir da verdade da Palavra e da fé criada em seu coração:

Primeiro, "Cristo morreu por todos os que creem", ou seja, por todos aqueles que o escolhem e nele descansam como Salvador suficiente; não que ele tenha morrido em favor de cada um como tal, mas todos os que creem estão entre aqueles por quem ele morreu. Ele não morreu pelos crentes enquanto crentes, embora tenha morrido por todos os crentes; mas morreu por todos os eleitos enquanto eleitos, os quais, pelo benefício de sua morte, creem e, assim, adquirem a certeza de que Cristo morreu por eles. Quanto aos eleitos, mas que ainda não creram, negamos que possam ter alguma segurança dessa espécie enquanto continuam na incredulidade. Seria uma contradição afirmar que um indivíduo pode ter certeza de que Cristo morreu especificamente por ele, enquanto permanece incrédulo. A primeira premissa apresentada no início é verdadeira em inúmeras passagens da Palavra de Deus.

Segundo, pelo testemunho do Espírito, o coração do crente presume: "Mas eu creio em Cristo", ou seja, "eu o escolho como meu Salvador e me entrego somente a ele para receber a salvação; lanço-me sobre ele para ser tratado segundo a sua misericórdia". Há também muitos testemunhos na Palavra acerca da verdade dessa premissa no coração do crente, cuja infalibilidade é conhecida por todos. Disso decorre a conclusão: "Portanto, o Senhor Jesus Cristo morreu por mim em particular, com a intenção e o propósito de me salvar".

Esse silogismo pode ser formulado com justiça somente pelos que creem, de modo que é exclusividade deles. É um tesouro de consolação que deve ser usufruído somente por eles. A suficiência da morte de Cristo para salvar todos os que se voltam para ele, sem exceção, é a única coisa que basta para satisfazer todos os convites e chamados do evangelho e levá-los a crer. Quando creem, pela graça de Cristo obtendo a promessa, a eles é revelada a infalível segurança da intenção e do propósito de Cristo de redimi-los por sua morte (Mt 1.21). Cada um pode julgar por si mesmo se a doutrina da redenção eficaz dos eleitos somente pelo sangue de Jesus é a melhor base para assegurar paz e descanso à alma, em contraposição ao que nossos oponentes, de acordo com seus princípios, são obrigados a lançar como pedra fundamental para todos, a saber: "Cristo morreu por todos os homens; eu sou um homem; portanto, Cristo morreu por mim". Esse juízo deve ser feito levando-se em conta que a primeira premissa é absolutamente falsa e que a conclusão, mesmo que pudesse ser verdadeira, não lhes proporcionaria, de acordo com o que pensam, uma consolação maior do que aquela possibilitada pela queda de Adão. Não afirmamos isso como se tanto uma opinião quanto a outra pudesse ser fonte de consolação em si mesma. Somente Deus, em sua soberania e livre graça, pode verdadeiramente consolar. Mas nosso intento é apenas mostrar quais princípios são adequados aos meios pelos quais Deus atua na vida de seus eleitos.

4. Eu deveria encerrar esse debate, elaborando a conclusão de que a consolação do evangelho deriva da morte de Cristo, a qual é eficaz somente para os eleitos pelos quais ele morreu. No entanto, não irei continuar. Primeiro, porque isso já foi amplamente tratado por diversos pregadores fiéis que trabalham na vinha do Senhor. Segundo, porque a tarefa do dia a dia dos pregadores é explicar essa verdade ao povo de Deus. Terceiro, porque tratar desse assunto de forma *prática* e tão *ateológica* iria me desviar de meu objetivo de falar de uma perspectiva teológica e no contexto de uma *controvérsia*. Em quarto lugar, em debates desse tipo, questões assim não são esperadas nem bem-vindas por homens sábios e instruídos, da mesma forma que objeções altamente acadêmicas e complicadas não são bem-vindas em sermões populares ou estudos bíblicos destinados apenas à edificação.

Com o intuito de concluir, convido o leitor a examinar Romanos 8.32-34. Não tenho dúvidas de que, se não estiver contaminado pela heresia que estamos combatendo, concluirá comigo que conforto, consolo, segurança, descanso, paz, alegria, refrigério e exultação do espírito podem ser obtidos aqui neste mundo, mas não poderão ser encontrados exceto no sangue de Jesus derramado há muito tempo e em sua intercessão ininterrupta. Tanto sua oblação quanto a intercessão continuam inseparáveis e destinadas aos eleitos de Deus, pelos preciosos efeitos e frutos que elas produzem, os quais conduzem à fé e a mantêm preservada, até a obtenção de uma coroa de glória imortal que não desvanece.

Μόνῳ σοφῷ Θεῷ, διὰ Ἰησοῦ Χριστοῦ ἡ δόξα εἰς τοὺς αἰῶνας. Ἀμήν.

Apêndices

Appendices

Alguns testemunhos dos antigos

I. Confissão da santa igreja de Esmirna, pouco tempo depois de receber as palavras de aprovação proferidas pelo Espírito Santo (Ap 2.9), por ocasião do martírio de Policarpo: Ὅτι οὔτε τὸν Χριστόν ποτε καταλείπειν δυνησόμεθα τὸν ὑπὲρ τῆς τοῦ κόσμου τῶν σωζωμένων σωτηρίας παθόντα, οὔτε ἕτερον τιμῇ σέβειν. (Eusébio, *História eclesiástica*, livro iv, cap. 15). (Jamais podemos abandonar Cristo, aquele que sofreu pela salvação *dos que são salvos deste mundo*, nem adorar qualquer outro.) [Trecho de uma carta da igreja de Esmirna às igrejas do Ponto, na qual há um relato do martírio de Policarpo.]

II. Testemunho de Inácio, ao ser levado de Antioquia para Roma, onde seria lançado às feras por causa do testemunho de Jesus (*Epístola aos filadelfos*, cap. 9, 107 d.C.): Οὗτός ἐστιν ἡ πρὸς τὸν Πατέρα ἄγουσα ὁδός, ἡ πέτρα, ὁ φραγμός, ἡ κλείς, ὁ ποιμήν, τὸ ἱερεῖον, ἡ θύρα τῆς γνώσεως δι' ἧς εἰσῆλθον Ἀβραὰμ καὶ Ἰσαὰκ καὶ Ἰακώβ, Μωσῆς, καὶ ὁ σύμπας τῶν προφητῶν χορός, καὶ οἱ στύλοι τοῦ κόσμου οἱ ἀπόστολοι καὶ ἡ νύμφη τοῦ Χριστοῦ, ὑπὲρ ἧς, φερνῆς λόγῳ, ἐξέχεε τὸ οἰκεῖον αἷμα ἵνα αὐτὴν ἐξαγοράσῃ. (Este é o caminho que leva ao Pai, esta é a rocha, o rebanho, a chave; ele é o pastor, o sacrifício; a porta do conhecimento, pela qual entraram Abraão, Isaque, Jacó, Moisés e todo o grupo dos profetas, e os pilares do mundo, os apóstolos, e a noiva de Cristo, pela qual, em vez de um dote, ele derramou seu próprio sangue para redimi-la.)

III. Clemente, "cujo nome está no livro da vida" (Fp 4.3), e toda a igreja de Roma de seus dias: Διὰ τὴν ἀγάπην ἣν ἔσχεν πρὸς ἡμᾶς τὸ αἷμα αὐτοῦ ἔδωκεν ὑπὲρ ἡμῶν ἐν θελήματι αὐτοῦ καὶ τὴν σάρκα ὑπὲρ τῆς σαρκὸς ἡμῶν καὶ τὴν ψυχὴν ὑπὲρ ψυχῶν ἡμῶν (*Epístola à igreja de Corinto*). (Pelo amor que ele tinha por nós, ele deu seu sangue por nós, segundo seu propósito, e sua carne por nossa carne, e sua vida por nossa vida.)

Aqui se identificam: 1. A causa da morte de Cristo — seu amor por nós; 2. O objeto dela — nós, os que cremos; 3. A maneira como ele nos redimiu — por substituição. Essas três afirmações são testemunhos de grande antiguidade e dignas de todo crédito.

IV. Cipriano, Epístola 62 a Cecílio, famoso santo erudito que foi martirizado (250 d.C.). "Nos omnes portabat Christus, qui et peccata nostra portabat." "Aquele que carregou a todos nós, que carregou os nossos pecados"; isto é, na cruz, ele levou sobre si as pessoas pelas quais morreu.

O mesmo autor, escrevendo a Demetriano: — *Hanc gratiam Christus impertit, subigendo mortem trophæo crucis, redimendo credentem pretio sanguinis sui.* (Esta graça Cristo concede, vencendo a morte pelo troféu da cruz, redimindo o crente pelo preço de seu próprio sangue.)

O mesmo autor, ou algum outro autor antigo e piedoso, sobre as obras cardeais de Cristo, sermão 7, *Rivet. Crit. Sac. in Cyp.* [livro 2, cap. 15] *Scultet. Medul. Pat. Erasm. præfat*, ad lib.[1]

O mesmo autor também menciona expressamente a suficiência do resgate pago por Cristo, decorrente da dignidade de sua pessoa: *Tantæ dignitatis illa una Redemptoris nostri fuit oblatio, ut una ad tollenda mundi peccatum sufficeret.* (De tão elevada dignidade foi a oblação de nosso Redentor, que ela sozinha foi suficiente para tirar os pecados do mundo.)

V. Cirilo de Jerusalém, *Cataqueses, xiii.* (350 d. C.): — Καὶ μὴ θαυμάσῃς εἰ κόσμος ὅλος ἐλυτρώθη, οὐ γὰρ ἦν ἄνθρωπος ψιλὸς ἀλλὰ υἱὸς Θεοῦ μονογενὴς ὁ ὑπεραποθνήσκων — καὶ εἰ τότε διὰ τὸ ξύλον τῆς βρώσεως ἐξεβλήθησαν ἐκ παραδείσου, ἆρα διὰ τὸ ξύλον Ἰησοῦ νῦν εὐκοπώτερον οἱ πιστεύοντες εἰς παράδεισον οὐκ εἰσελεύσονται (Não se maravilhe se todo o mundo for redimido; pois ele não era apenas um homem, mas o Filho unigênito de Deus, que morreu. Se, então, por comerem da árvore [proibida], eles foram expulsos do paraíso, por acaso agora, pela árvore [ou cruz] de Jesus, os que creem não entrarão mais facilmente no paraíso).

Assim, outro autor entre eles revela em que sentido usam a palavra *todos*.

VI. Atanásio, *Da encarnação do Verbo de Deus* (350 d.C.): Οὗτός ἐστιν ἡ πάντων ζωή, καὶ ὡς πρόβατον ὑπὲρ, τῆς πάντων σωτηρίας ἀντίψυχον τὸ ἑαυτοῦ σῶμα εἰς θάνατον παραδούς. (Ele é a vida de *todos* e, como uma ovelha, entregou seu corpo como preço pela alma de *todos*, para que fossem salvas.)

Nos dois textos acima, *todo(s)* não pode se referir a outra coisa, exceto os *eleitos*, como também a seguir:

---

[1] Esses sete sermões sobre as obras cardinais de Cristo são de Arnoldus Carnotensis, abade do mosteiro beneditino de Bonneval, na diocese de Chartres. Ele se destacou no meado do século 12. Durante um tempo, a autoria de vários de seus tratados práticos foi atribuída a Cipriano (N. do E.).

VII. Ambrósio, *Do chamado dos gentios*, livro 1, cap. 3; ou ainda Próspero, livro. i. cap. 9, edit. Olivar. (370 d.C.): *Si non credis, non descendit tibi Christus, non tibi passus est.* (Se não credes, Cristo não desceu para vós e não sofreu por vó.)

Ambrósio, *Da fé a Graciano*: *Habet populus Dei plenitudinem suam. In electis enim et præscitis, atque ab omnium generalitate discretis, specialis quædam censetur universitas, ut de toto mundo totus mundus liberatus, et de omnibus hominibus omnes homines videantur assumpti.* (O povo de Deus tem sua própria plenitude. Nos eleitos e predestinados, que são distintos da *generalidade de todos*, leva-se em conta certa *universalidade especial*, de modo que o mundo inteiro parece ser salvo do mundo inteiro, e todos os homens parecem ser tirados de todos os homens.)

Em seguida, o autor explica em detalhes por que, nessa questão, os termos "todos" e "o mundo" costumam ser usados no sentido de "alguns de todos os tipos".

Os autores a seguir escreveram após o surgimento da heresia pelagiana, o que levou a uma maior diligência e cuidado no emprego da expressão.

VIII. Agostinho, *Da correção e da graça*, cap. 6 (420 d.C.): *Per hunc Mediatorem Deus ostendit eos, quos ejus sanguine redimit, facere se ex malis in sternum bonos* (Por meio dele, o Mediador, o Senhor declara que aqueles a quem ele redimiu com seu sangue serão transformados do mal em bem pela eternidade.) *Vult possidere Christus quod emit; tanti emit ut possideat.* (Cristo possuirá o que comprou; ele o comprou por um preço tão alto para que pudesse possuí-lo.)

Agostinho, no sermão 44, *Das palavras dos apóstolos*: "Aquele que nos comprou por tão grande preço não quer que pereçam os que ele comprou."

Ainda Agostinho, tratado 87 sobre João: *Ecclesiam plerumque etiam ipsam mundi nomine appellat; sicut est illud, 'Deus erat in Christo mundum reconcilians sibi;' itemque illud, 'Non venit Filius hominis ut judicet mundum, sed ut salvetur mundus per ipsum;' et in epistola sua Johannes ait, 'Advocatum habemus ad Patrem, Jesum Christum justum, et ipse propitiator est peccatorum nostrorum, non tantum nostrorum sed etiam totius mundi.' Totus ergo mundus est ecclesia, et totus mundus odit ecclesiam. Mundus igitur odit mundum; inimicus reconciliatum, damnatus salvatum, inquinatus mundatum. Sed iste mundus quem Deus in Christo reconciliat sibi, et qui per Christum salvatur, de mundo electus est inimico, damnato, contaminato.* (Ele geralmente se refere à igreja como mundo; assim como está escrito 'Deus estava em Cristo reconciliando o mundo consigo mesmo"; também: 'O Filho do homem não veio para condenar o mundo, mas para que o mundo, por meio dele, fosse salvo'; em sua epístola, João diz: 'Temos um advogado junto ao Pai, Jesus Cristo, o justo; e ele é a propiciação pelos nossos pecados, e não somente pelos nossos, mas também pelos pecados de todo o mundo'. Todo o mundo, portanto, é a igreja; e o mundo odeia a igreja. Assim, o mundo odeia o mundo; o inimigo, o reconciliado; o condenado, o salvo; o contaminado, o mundo purificado. E aquele mundo que Deus reconcilia consigo mesmo em Cristo, e que é salvo por Cristo, é escolhido a partir do mundo que se lhe opõe, o mundo condenado, contaminado.)

Dentro desse contexto, muitas outras coisas poderiam ser facilmente extraídas de Agostinho, mas seu pensamento quanto a essas questões é conhecido por todos.

IX. Próspero (440 d.C.), Resposta aos capítulos dos gauleses, cap. 6. *Non est crucifixus in Christo qui non est membrum corporis Christi. Cum itaque dicatur Salvator pro totius mundi redemptione crucifixus, propter veram humane nature susceptionem, potest tamen dici pro his tantum crucifixus quibus mors ipsius profuit. Diversa ab istis sors eorum est qui inter illos censentur de quibus dicitur, "Mundus enim non cognovit."* (Quem não é crucificado com Cristo não é membro do corpo de Cristo. Assim, embora nosso Salvador tenha sido crucificado para a redenção do mundo inteiro devido à verdadeira natureza humana que assumiu, ele pode ser considerado crucificado somente para aqueles aos quais sua morte trouxe benefício. No que diz respeito à sua condição, há uma diferença entre estes e aqueles dos quais se diz: "O mundo não o conheceu".)

Agostinho, *Respostas às objeções de Vincenzo*. Resp. 1: "*Redemptionis proprietas, haud dubie penes illos est, de quibus princeps mundi missus est foras. Mors Christi non ita impensa est humano generi, ut ad redemptionem ejus etiam qui regenerandi non erant pertinerent.*" (Sem dúvida, a redenção pertence àqueles dos quais o príncipe deste mundo é expulso. A morte de Cristo não deve ser estendida à humanidade como um todo, de tal forma que sua redenção inclua os que não seriam regenerados.)

Agostinho, *Sobre a ingratidão*, cap. 6:

Sed tamen hæc aliqua sivis ratione tueri
Et credi tam stulta cupis; jam pande quid hoc sit,
Quod bonus omnipotensque Deus, non omnia subdit
Corda sibi, pariterque omnes jubet esse fideles?
Nam si nemo usquam est quem non velit esse redemptum,

Haud dubie impletur quicquid vult summa potestas.
Non omnes autem salvantur.

"Se não há ninguém que Deus não queira redimir, então por que nem todos são salvos?"

X. Concílio de Valença,[2] cânone 4. Pretium mortis Christi datum est pro illis tantum quibus Dominus ipse dixit, "*Sicut Moses exaltavit serpentem in deserto, ita exaltari oportet Filius hominis, ut omnis qui credit in ipso non pereat, sed habeat vitam eternam.*" (O preço da morte de Cristo é pago apenas por aqueles a respeito dos quais o próprio Senhor disse: 'Assim como Moisés levantou a serpente no deserto, também é necessário que o Filho do Homem seja levantado, para que todo aquele que nele crê não pereça'.)

---

[2]Realizado em Valença em 855, convocado por três províncias: Lião, Viena e Arles. Remigius presidiu o concílio; foram condenados cinco cânones aprovados em um concílio em 853, em Chiersey, e a causa de Godeschalcus, que havia levantado a controvérsia, foi fortemente apoiada. O cânone citado tem o objetivo de contradizer o quarto cânone do concílio de Chiersey, segundo o qual "jamais houve, há ou haverá um homem pelo qual Cristo não tenha morrido" (N. do E.).

Apêndice em resposta a um livro com doutrinas equivocadas recentemente publicado pelo Sr. Joshua Sprigge[1]

Ao leitor:
Peço-lhe que preste bastante atenção a este breve apêndice. Não me foi possível expressar-me a tempo sobre essa questão, pois tanto o texto quanto o prefácio do presente livro já estavam prontos, o que causou essa falta de ordem. Na terceira divisão deste estudo, há capítulos (7-9) que discutem a reparação feita por Cristo e defendem a doutrina contra objeções levantadas por alguns. Meu objetivo primário era mostrar a incoerência da reparação com o resgate geral, sobretudo agora contestado. Ao lidar com esse assunto, meu foco principal estava nos socinianos, conhecidos opositores da pessoa, da graça e do mérito de Cristo, os maiores mentirosos que já existiram em se tratando da religião cristã. Ao afirmar meu pensamento, não fui além da proposta bíblica, nem recorri a controvérsias, mas apenas chamei a atenção para alguns παρορᾶματα e erros que Grotius cometeu (temo que por obstinação) na formulação de seu pensamento sobre o assunto. Sua deplorável apostasia, chegando ao mais baixo nível de sua própria heresia, que ele mesmo (na opinião de alguns) contestou com todo o vigor, justifica que qualquer um venha a expor sua conduta traiçoeira em seu primeiro empreendimento. Se

---

[1] O Sr. Sprigge, depois de estudar em Oxford, obteve o grau de mestre em Edimburgo. Foi pregador em St. Mary, em Aldermanbury, e, mais tarde, em St. Pancras, em Londres. Depois da Restauração, comprou uma propriedade, conhecida como Crayford, em Kent, e ali viveu depois de se aposentar. Casou-se em 1673 com Frances, filha do Lord Wimbledon e viúva do Lord Say. Voltou a Londres e faleceu em Highgate. Foi autor de algumas obras de cunho político, *Anglia Rediviva* [Inglaterra restaurada], volume em folio que contava a história do exército sob o comando de Fairfax, publicado em 1647, e *Certain considerations tendered to the consideration of the High Court of Justice for trial of the king* [Considerações para exame da Alta Corte de Justiça quanto ao julgamento do rei], 1648. Suas obras teológicas são principalmente sermões. É bastante estranho que Owen não tenha citado o título da obra de Sprigge à qual se opõe com veemência. O Sr. Orme menciona que não sabia com certeza a que obra Owen dirige sua crítica. No entanto, trata-se de uma série de cinco sermões que Sprigge pregou em St. Pancras, publicada sob o título *A testimony to approaching glory* [Testemunho sobre a glória que se aproxima]. Anthony Wood afirma que eles continham "diversas blasfêmias" e motivaram a publicação de alguns panfletos, além deste apêndice de Owen, onde suas heresias foram expostas. Dois desses panfletos, publicados em 1652, receberam os títulos *The beacons quenched* [As tochas apagadas] e *The beacons flaming* [As tochas acesas] (N. do E.).

alguém duvida disso, basta estabelecer uma comparação entre a exposição de vários textos bíblicos em seu livro contra Socino e os textos que a mesma pessoa mais tarde escreveu em seus tão admirados (na verdade, em muitas coisas, tão abomináveis) *Comentários da Bíblia*; e, pela incongruência entre eles, logo se perceberá a firmeza desse homem em seus primeiros princípios. Por mais que tenha sido *grande*, ele não foi grande o bastante para contestar a verdade.[2]

Além disso, minha intenção era tentar eliminar (como eu então pensava) certos escrúpulos da mente de algumas pessoas bem intencionadas, que apreendiam erroneamente que o amor eterno de Deus por seus eleitos era incompatível com a reparação feita por Cristo; por isso, elas começavam a apreender e instantaneamente passavam a divulgar (pois é assim que se faz em nossos dias, ou seja, cada um joga sobre os outros as coisas desagradáveis que sente, espalhando conceitos não digeridos, esperando que outros se ocupem com suas questões deformadas, para ver o que outras mentes caprichosas podem fazer com aquilo que elas mesmas não sabem melhorar) que Cristo veio apenas para declarar o amor do Pai e manifestá-lo a nós, para que, compreendendo isso, pudéssemos ser atraídos a ele; de modo que a reparação e o mérito são apenas conceitos vazios que obscurecem o evangelho, visto que ele não fala dessas coisas. Ora, a esse respeito posso dizer o seguinte:

1. Essa nova livre graça, com dimensão e realização gloriosas, essa divindade envernizada, em sua origem, estava em seu "truncus ficulnus" — uma objeção arminiana antiga, podre, desgastada e levantada a partir das observações e soluções dos antigos escolásticos, como forma de se oporem à doutrina da redenção eficaz feita por Cristo, ou para derrubar a doutrina da eleição eterna. Pois eles a moldaram com vista para ambos os lados (ou não somos tão escolhidos, ou não somos tão redimidos), sem se importar a qual parte de seu trabalho isso se aplicava, desde que fosse útil de alguma forma. Assim se deram o nascimento e a ascensão dessa gloriosa descoberta.

2. Ela, por si só, se aproxima das profundezas da insensatez sociniana; em essência, trata-se da mesma tese com a qual eles têm afligido as igrejas de Deus por tanto tempo, sendo eles mesmos, com justiça, considerados malditos por pregarem outro evangelho. Por acaso, a essência dessa descoberta não consiste em negar a justiça retributiva de Deus, qualquer ira contra o pecado, qualquer

---

[2] Hugo Grócio, *Defensio fidei catholicae de satisfactione Christi Faustum Socinum* [Sobre a satisfação de Cristo contra as doutrinas de Fausto Socinus].

coisa pela qual ele exija reparação e afirmar que Cristo veio apenas declarar isso e indicar o caminho para o Pai? E não é esta a mesma Helena pela qual os socinianos têm lutado durante tanto tempo, com tanta fraude e sutileza, com tantas artes típicas do simonianismo?

3. Isso é extremamente desonroso para Jesus Cristo, nocivo à fé do evangelho e a qualquer consolação sólida, além de submeter as pessoas a um desprezo familista[3] ou a uma corrupção da Palavra de Deus possibilitada por sofismas. Com base nessas considerações e em outras afins, achei que seria válido refutar a principal afirmação e mostrar como se trata de algo miseravelmente irresponsável, ou seja, afirmar o amor eterno de Deus à custa da negação da reparação. Já expliquei ao leitor como o Senhor me motivou a fazer isso. Naquela época, eu havia apenas discutido o assunto com alguém; no que diz respeito a livros, havia visto apenas alguns, que eram tão insignificantes, tão plenamente familistas e forçados, marcados por tanto desprezo pela Palavra, que não tive disposição para perder um momento sequer com eles.

Alguns dias atrás, porém (o que ocasionou este apêndice), chegou-me às mãos um livro escrito pelo Sr. Sprigge que, tanto na introdução ao leitor quanto em várias passagens do próprio texto, procura defender a "descoberta gloriosa" de que Cristo não comprou a paz para nós, mas apenas nos pregou a paz; ele veio apenas para revelar e declarar o amor de Deus, não para obtê-lo; somos apenas reconciliados com Deus por meio dele, o que ele afirma com base em Romanos 5.11, mas nenhuma reconciliação com Deus foi obtida ou comprada. Essa suposta descoberta é o que, de acordo com o autor em seu prefácio, há tempos temos buscado em oração. Essa também é a afirmação principal em muitas outras passagens do livro, a exemplo do que se vê nas páginas 65 e 101. O fato é que esse é o grande objetivo de tudo o que ele escreve. Ele nos instrui a não pensarmos que o coração de Deus se dispôs a receber sangue (veja Ef 5.2) pelos pecados de seu povo (p. 59). Tais ideias são apenas histórias agradáveis e infantis usadas para nos atrair (p. 46). Em suma, o propósito precípuo do livro é fazer toda a ministração de Cristo ser vista como a descoberta de um mistério que não é revelado em nenhum lugar da Palavra.

---

[3]Os familistas eram uma seita antinomista. Ensinavam que os verdadeiros crentes vivem em um estado natural de graça sem pecado. As leis de Moisés e do homem não se aplicavam mais aos que haviam chegado a tal estado de perfeição. Os familistas eram criticados como imorais, carentes de virtude religiosa e antibíblicos. (N. do T.)

Minha intenção aqui não é examinar tudo, nem separar o joio do trigo, nem distinguir entre as verdades espirituais e os conceitos nebulosos a elas entrelaçados, mas apenas advertir o leitor sobre algo que já mencionei, fazendo agora algumas breves explanações a esse respeito.

Permita-me ainda informá-lo que minha motivação aqui não tem origem unicamente no livro em si, mas no suposto "imprimatur" que lhe foi dado. Em meu tratado, o leitor encontrará a própria verdade reiterada pelas Escrituras, em oposição a esse perigoso conceito (com uma exposição de toda a falácia). Espero que os cristãos não sejam facilmente abalados quanto à verdade da Palavra por quaisquer supostas revelações. Como a reputação[46] do respeitado e erudito licenciador está ligada à publicação (não sei se justamente), e até que ele tenha se defendido, para evitar que o livro se insinue aos outros com a ajuda de seu nome (neste ponto em particular e sem maiores considerações, a obra foi entregue por mim com elogios àquele em cujas mãos eu a vi pela primeira vez), ofereço aqui ao leitor algumas poucas observações a título de amostra, reservando-lhe a plena satisfação pelo que é apresentado nas Escrituras no tratado acima mencionado.

Então, em primeiro lugar, observe a consequência absurda dessa posição: Cristo não é a causa, mas o efeito do amor; ou seja, ele não comprou vida, paz e salvação para nós. Isso decorre apenas da ignorância do amor de Deus e confunde coisas que deveriam ser distintas. Alguns consideram o amor em Deus uma afeição inalterável, quando, na verdade, como afeição ou paixão, isso não tem relação alguma com Deus. Todos concordam que o amor em espíritos e em parte nos homens está no *appetitu intellectivo*, na vontade, no apetite intelectual, e ali definido como θέλειν τινί το αγαθόν, "desejar o bem de alguma pessoa". É claro que o amor de Deus é puramente um ato de sua vontade. Afirmo que o amor que o levou a enviar seu Filho é um ato de sua vontade, de seu beneplácito, não uma afeição natural reservada à criatura. Não há tal afeição em Deus, conforme as inúmeras provas apresentadas em meu tratado.

Então, esse amor, esse ato da vontade de Deus, não foi comprado, não foi adquirido por Cristo. Essa é uma grande verdade. Quem seria tolo a ponto de afirmar isso? Por acaso, uma coisa temporal pode ser causa do que é eterno? Esse não é, de modo algum, o sentido daqueles que afirmam que Cristo adquiriu o amor

---

[46] O respeitado licenciador informado sobre esse livro do Sr. Sprigge limitou-se a endossar apenas o sermão baseado em Ct 1.1.

de seu Pai por nós. Não; mas esses são os efeitos desse propósito, os frutos desse amor, geralmente chamados de "amor" pelas Escrituras, porquanto as afeições ou sentimentos são atribuídos a Deus em relação aos seus efeitos. Esse ato eterno da vontade de Deus, esse amor, que foi a razão de enviar Jesus Cristo, visava à sua glória nestes dois atos: primeiro, afastar a ira, morte, maldição e culpa daqueles para os quais ele foi enviado, por meio da reparação feita à sua justiça retributiva; segundo, a real aquisição de graça e glória para eles, por mérito e impetração. Essas coisas, embora não sejam o amor de Deus, que é imanente em si mesmo, são aquelas pelas quais desfrutamos do seu amor e são adquiridas por Cristo; não irei provar isso aqui para não fazer o que já foi feito.

Em segundo lugar, um ato eterno da vontade de Deus, imanente em si mesmo, não produz mudança de condição na criatura. Veja o que, apesar disso, as Escrituras dizem sobre os eleitos em Efésios 2.3 e João 3.36. Não despreze nem corrompa a palavra. Não seja sábio além do que está escrito. "Mas, ainda que nós mesmos ou um anjo do céu vos anuncie outro evangelho além do que já vos foi anunciado, seja anátema" (Gl 1.8). Até o momento em que ele nos atrair, o fruto de sua morte estará reservado para nós na justiça e fidelidade de Deus.

Em terceiro lugar, tendo esses pontos em mente para esclarecer a verdade sobre o assunto, desejo uma resposta justa e sincera às seguintes perguntas:

Primeira, qual é o significado da frase Εἰς τὸ ἱλάσκεσθαι τὰς ἁμαρτίας τοῦ λαοῦ, "fazer reconciliação pelos pecados do povo" (Hb 2.17), algo que ele fez como sacerdote diante de Deus (Hb 5.1)? Seu significado diz respeito ao amor de Deus pelo homem?

Segunda, o objetivo de vários sacrifícios típicos não era fazer expiação com Deus em nome daqueles por quem eram oferecidos? Isso é o que afirmam Êxodo 29.33,36; 30.10,15,16; Levítico 6—7; Números 16.46 e em muitos outros textos. A pergunta é se o objetivo desses sacrifícios era afastar a ira de Deus ou reconciliar as pessoas com ele.

Terceira, a morte de Cristo não é um verdadeiro sacrifício (Ef 5.2; Hb 9.26,28; Jo 1.29)? Ela não é o cumprimento ou antítipo de todos os sacrifícios, os quais eram apenas figuras? E não cumpriu com eficácia o que eles prefiguravam de maneira física e tipológica (Hb 9.11-14; 10.1-7)? E não foi oferecida a Deus?

Quarta, acaso Jesus Cristo não foi um sacerdote para o seu povo, em cujo favor ele atuou diante de Deus (Hb 2.17; 5.1,2; 7.26,27)? Não foi também um profeta para atuar diante do povo em nome de Deus? E todos os atos de seu ofício sacerdotal não visam imediatamente a Deus na obtenção do bem para aqueles em cujo favor ele é sacerdote?

Quinta, Cristo, por sua intercessão, apresenta-se diante de Deus para declarar o amor de Deus pelos seus ou para obter mais frutos desse amor por eles (Rm 8.34; Hb 7.25; 9.24)?

Sexta, Por acaso, através da oferta ou oblação que fez de si mesmo, por meio do Espírito eterno, Cristo não pagou ao Pai um resgate ou alto preço de redenção pelos pecados do povo (Mt 26.28; Mc 10.45; 1Tm 2.6; Ef 5.2; Jó 33.24)? E o resgate não seria um preço para libertação, que implica permuta ou comutação (Êx 21.30; 30.12)? Ou será que Cristo pagou um resgate ao Pai pelas almas e pecados de seu povo, a fim de declarar a esse povo que não havia necessidade de tal coisa? E o que dizer do antigo ditado de Tertuliano, "Omnia in imagines vertunt, imaginarii ipsi Christiani" (tudo se transforma em imagem, e os próprios cristãos são imaginativos)?

Sétima, não foi Cristo quem, em sua morte, levou sobre si os nossos pecados (Jo 1.29; 1Pe 2.24; Is 53.6,11; 2Co 5.21)? E, nas Escrituras, o sentido de "levar sobre si o pecado" não seria "levar sobre si a punição devida pelo pecado" (Lv 5.1)? Não seria se submeter ao castigo resultante do pecado, fazer reparação pelo pecado?"

Oitava, não foi Cristo, como nosso fiador, quem suportou todas as consequências impostas ao pecado pela justiça divina (Hb 4.15; 5.7; 7.22; Gl 3.13; 2Co 5.21; Lc 22.44)?

Nona, por acaso a morte de Cristo não está associada à aquisição e obtenção de coisas boas (Is 53.5; Hb 9.12; At 20.28; 1Ts 5.9; Lc 1.74; Rm 5.10; Ef 2.16)?

Décima, já que Romanos 5.11, "por quem agora recebemos a expiação" (KJV), é citado para negar a aquisição de paz e reconciliação com Deus para nós, por acaso o termo "expiação" ali empregado significa nossa reconciliação com Deus? E seria correto dizer que recebemos ou aceitamos nossa conversão ou reconciliação?

Décima primeira, ele afirma que tudo o que foi feito em Cristo e por Cristo era apenas um símbolo e uma representação do que é feito espiritualmente em nós; será que isso não subverte a primeira promessa, de Gênesis 3.15 e, na verdade, todo o evangelho, transformando-o em uma "coisa infantil"?

Décima segunda, é justo e aceitável que, em busca da verdade, os homens que professam o nome de Cristo rejeitem a Palavra de Deus? Não seria tal rejeição uma prova cabal de que são culpados de falsidade (Dt 4.2; 12.32; Js 1.7; Sl 19.7;

Pv 30.6; Is 8.20; Lc 1.4; 16.29; Jo 5.39; 20.30,31; Gl 1.8,9; 2Ts 2.2; 1Tm 6.20; 2Tm 3.16,17; 2Pe 1.19)?

Tendo dito isso, prezado leitor, achei importante mencionar que há uma nova oposição sendo feita a uma preciosa verdade de Deus, que o leitor encontrará devidamente explicada e reiterada neste meu tratado, embora um pouco fora da sequência esperada. Desejo não ter sido inconveniente por tomar essa liberdade, mas é importante lembrar que não estou lutando por questões destituídas de importância (postura que, aliás, abomino), mas pela fé entregue aos santos. "A paz, o amor e a fé, de Deus, o Pai, e do Senhor Jesus Cristo, sejam com todos os irmãos. Graça a todos os que amam sinceramente nosso Senhor Jesus Cristo. Amém."

Coggeshall, 25 de abril de 1648.

Esta obra foi composta em Adobe Caslon Pro,
impressa em papel offset 75 g/m², com capa 250 g/m²,
na Gráfica Imprensa da Fé, em fevereiro de 2024.